二标施工现场全景（上图镜头向南　下图镜头向北）

注浆孔钻孔施工

四标煤层露天开采坑路基回填施工现场（镜头向西）

注浆孔钻孔施工

一标注浆搅拌站

四标注浆搅拌站

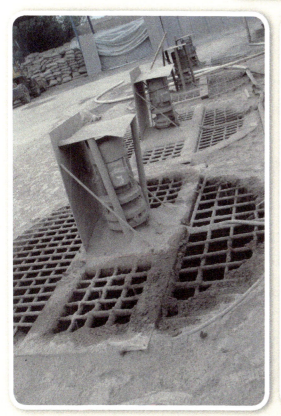

三标注浆搅拌站

钢筋混凝土地梁格栅施工场景

钢筋混凝土地梁格栅浇筑

钢筋混凝土网络地梁

高速公路下伏急倾斜采空区治理技术

包卫星 来弘鹏 任建军 蔡明娟 **编著**

人民交通出版社股份有限公司
China Communications Press Co.,Ltd.

内 容 提 要

本书针对高速公路经过急倾斜采空区面临的问题，以新疆乌鲁木齐绕城高速公路(东线)急倾斜煤层采空区治理工程为依托，介绍了急倾斜采空区治理技术。本书分十章，主要内容包括采空区勘察、采空区稳定性理论分析、采空区稳定性室内模型试验研究、采空区稳定性数值模拟分析、采空区注浆浆液配合比、采空区注浆治理设计、采空区处治施工技术、实体工程处治、采空区注浆工程质量检测。

本书图文并茂，资料全面，参考性强，可供采空区稳定性研究人员与采空区勘察、设计、施工、检测等相关技术人员参考，可为其他类似工程的研究治理提供一定的借鉴和思路，也可作为高等学校岩土工程、路基工程等专业师生的参考书。

图书在版编目(CIP)数据

高速公路下伏急倾斜采空区治理技术 / 包卫星等编著. — 北京：人民交通出版社股份有限公司，2019.3
ISBN 978-7-114-14972-6

Ⅰ. ①高… Ⅱ. ①包… Ⅲ. ①高速公路—急倾斜煤层—采空区—治理 Ⅳ. ①U412.36

中国版本图书馆 CIP 数据核字(2019)第 036200 号

书　　名：	高速公路下伏急倾斜采空区治理技术
著 作 者：	包卫星　来弘鹏　任建军　蔡明娟
责任编辑：	李　喆
责任校对：	宿秀英
责任印制：	张　凯
出版发行：	人民交通出版社股份有限公司
地　　址：	(100011)北京市朝阳区安定门外外馆斜街 3 号
网　　址：	http://www.ccpress.com.cn
销售电话：	(010)59757973
总 经 销：	人民交通出版社股份有限公司发行部
经　　销：	各地新华书店
印　　刷：	北京虎彩文化传播有限公司
开　　本：	787×1092　1/16
印　　张：	25.75
字　　数：	612 千
版　　次：	2019 年 3 月　第 1 版
印　　次：	2019 年 3 月　第 1 次印刷
书　　号：	ISBN 978-7-114-14972-6
定　　价：	145.00 元

(有印刷、装订质量问题的图书由本公司负责调换)

《高速公路下伏急倾斜采空区治理技术》
编著委员会

编　著　者：包卫星　　来弘鹏　　任建军　　蔡明娟

参与撰写人员：叶里扎提·吾林巴斯　　陈　锐　　郭　强

　　　　　　　李　杰　　贾龙海　　罗　雅　　赵子锋

　　　　　　　张梦醒　　曾冠华　　丁　杰　　沈鹏翔

　　　　　　　郭鹏展　　赵　军　　付刚飞　　杨俊生

　　　　　　　毛玉坤　　王　荣　　何军芳　　兰洪斌

　　　　　　　谈宇鹏

前言

近年来随着国家经济的高速发展,矿产资源不断被开采,在开采地区形成了大量的采空区,又随着全国高速公路网的不断完善,许多高速公路将不可避免经过采空区上方。虽然国内对高速公路下伏采空区的治理已有了许多年的经验,在采空区的勘察设计、稳定性评价和处治技术等方面积累了较为显著的成果,但由于各地高速公路下伏采空区的工程条件差别较大,新的工程实践中仍然存在许多难题,尤其是针对高速公路下伏急倾斜采空区的研究还较为少见,其致灾机理、稳定性评价方法、评价依据、治理理论与技术等方面的研究尚未成熟,也没有成熟的工程设计体系可供借鉴和指导,缺乏成功的经验,因此很有必要针对性地开展相关的研究工作。

本书以新疆乌鲁木齐绕城高速公路(东线)急倾斜采空区治理工程为依托,采用现场踏勘、理论分析、数值模拟、室内试验与现场试验等手段,从采空区的勘察技术、采空区的稳定性评价、采空区上覆岩层与高速公路路基的变形规律与影响因素、采空区的治理方法与参数、治理技术的检测与评价等方面系统地对高速公路下伏急倾斜采空区治理时面临的相关问题进行了研究,主要成果如下:在分析收集工程地质条件和水文条件的基础上,反演地球物理勘察资料并进行钻孔验证,得出采空区分布情况、各煤矿开采情况及煤层基本特征;分析了急倾斜煤层采空区地表稳定性因素,揭示了不同情况下采空区的致灾机理,并对依托工程中灾害较为严重的众兴二矿采空区治理路段进行了稳定性评价;揭示了不同煤层开采厚度与煤层倾角对采空区上覆岩层和高速公路路基的移动和变形规律;分析了依托工程典型路段采空区煤层开采后的稳定性,并针对高速公路通过下方空洞和安全煤柱两种情况,分析总结上覆层厚度与煤层倾角等参数对上覆地层的变形规律;研究分析了现场治理过程中涉及的注浆参数、钻进工艺与注浆方法,得到急倾斜采空区治理过程中的最佳注浆方法与参数设计,并采用多种检测方法对注浆质量进行了检测与分析。

本书相关成果的研究得到了天山雪松计划、新疆维吾尔自治区交通运输厅科技项目的资助,同时也得到了新疆维吾尔自治区交通建设管理局、中交通力建设股份有限公司、长安大学、苏交科集团股份有限公司等相关单位的大力支持与协助,在此表示衷心的感谢。另外,书中参考了部分国内外同行的有关论文、著作,引用和借鉴了他们的研究成果,在此一并表示感谢。

希望本书的出版,能够对提高、完善我国高速公路采空区治理技术贡献微薄之力。但是鉴于作者水平有限,书中难免存在疏漏和错误,敬请读者批评指正。

编著者
2019 年 3 月

目 录

第1章 绪论 ··· 001
 1.1 引言 ··· 001
 1.2 本书主要内容 ·· 002

第2章 采空区勘察 ·· 004
 2.1 依托工程概况 ·· 004
 2.2 沿线采空区工程地质特征 ·· 004
 2.3 既有采空区勘察技术 ·· 009
 2.4 测区地球物理特征及探测解释依据 ·· 010
 2.5 探测设备及测线的布设 ··· 011
 2.6 采空区勘察成果 ··· 012
 2.7 勘察结果综合分析 ··· 021
 2.8 本章小结 ·· 027

第3章 采空区稳定性理论分析 ·· 028
 3.1 采空区常见病害及影响因素分析 ··· 028
 3.2 急倾斜采空区致灾机理分析 ··· 030
 3.3 依托工程采空区稳定性分析与评价 ·· 037
 3.4 本章小结 ·· 049

第4章 采空区稳定性室内模型试验研究 ·· 051
 4.1 采空区上覆地层与公路路基变形移动规律模型试验设计 ··············· 051
 4.2 模型试验结果分析 ··· 064
 4.3 本章小结 ·· 085

第5章 采空区稳定性数值模拟分析 ·· 086
 5.1 依托工程采空区稳定性数值模拟分析 ······································· 086
 5.2 路线通过采空区下方空洞时上覆地层变形规律数值模拟分析 ········ 098
 5.3 路线通过采空区下方安全煤柱时上覆地层变形规律数值模拟分析 ··· 136
 5.4 本章小结 ·· 149

第6章 采空区注浆浆液配合比 ·· 151
 6.1 采空区处理方法的优选 ··· 151

  6.2 采空区注浆分类以及特点 … 152
  6.3 注浆材料及其配合比研究 … 155
  6.4 本章小结 … 177

第7章 采空区注浆治理设计 … 178
  7.1 设计总体要求 … 178
  7.2 依托工程注浆理论分析 … 179
  7.3 注浆参数设计确定 … 198
  7.4 二标段采空区注浆施工统计数据分析 … 204
  7.5 本章小结 … 208

第8章 采空区处治施工技术 … 209
  8.1 注浆施工工法概述 … 209
  8.2 施工工艺流程及操作要点 … 210
  8.3 注浆设备 … 222
  8.4 质量控制 … 235
  8.5 其他 … 237
  8.6 本章小结 … 239

第9章 实体工程处治 … 240
  9.1 注浆处治试验工程 … 240
  9.2 注浆处治现场试验结果分析 … 242
  9.3 辅助工程处理 … 263
  9.4 本章小结 … 276

第10章 采空区注浆工程质量检测 … 278
  10.1 概述 … 278
  10.2 采空区注浆工程质量检测标准及内容 … 278
  10.3 钻孔检测分析与研究 … 289
  10.4 单孔法波速检测和超声波检测分析与研究 … 310
  10.5 地面高密度电法检测分析与研究 … 346
  10.6 地面瞬变电磁法检测分析与研究 … 372
  10.7 地面变形监测分析与研究 … 379
  10.8 本章小结 … 393

参考文献 … 396

第1章 绪 论

1.1 引 言

我国幅员辽阔,地大物博,矿产资源丰富,其中煤炭作为我国的第一大能源,需求量在逐年攀升。新疆、内蒙古、山西和陕西的煤炭储量占全国的75%以上,其中新疆作为我国煤炭资源大省,煤炭资源储量在2万亿吨以上,其比例占到全国总储量的40%以上。近年来,随着经济的不断发展,对各种资源的需求不断增加,很多资源城市应运而生,但与之相伴的是大量采空区的形成,仅2012年因采煤形成的地下采空空间就有26.9亿立方米。与此同时,地面建设用地紧张问题日趋突出,交通、水利、化工、民用建筑占地正与地下采矿形成空间上的相互交叉。采空区引起的地表塌陷等地质灾害对人类的生命及生活威胁很大。房柱式开采大多形成空洞型采空区,从形成到现在其顶板还没有完全塌陷,多数仅靠预留的不规则煤柱支撑。随着煤柱的不断风化,支撑作用的不断弱化,顶板将会变形塌落,在安全上存在着极大的隐患。如何解决地面建(构)筑物受下伏采空区影响的安全问题,使得采空区治理技术在近二十年来成为一个研究热点,采空区的治理理论得到不断发展,治理技术也持续优化、创新。

随着对基础设施建设的投入不断增大,高速公路建设的迅速发展使其常常不可避免地需要经过煤矿采空区。高速公路是典型的超长线性构筑物,车辆运行密度大、速度高、承受的动载力大,对安全可靠性要求高。采空区段的高速公路受其影响有它独有的性质,其主要特征为:影响面积和范围一般很大,少则几百平方米,多则几平方千米,路基基础和路面受开采沉陷影响复杂;下伏采空区的存在造成地层移动变形,致使地面上的高速公路及桥涵受到破坏,有高速公路通过此处时,会影响其上车辆的安全行驶,严重时可能会造成交通事故,给高速公路的工程建设和运营带来了极大的安全隐患。

乌鲁木齐绕城高速公路(东线)工程是国家高速公路网重要组成部分,同时也是新疆维吾尔自治区2010~2020年高速公路网规划提出的"三横两纵两环八通道"网络中"环一"的重要组成部分,建成后可以极大改善乌鲁木齐现有的交通质量和环境质量。该项目沿线存在多处煤矿采空区,在这些采空区上修筑高速公路时,将面临以下几个突出问题:①沿线存在的采空区基本都是急倾斜、多煤层、近距离多水平面重复开采及露天开采的特殊类型采空区,对该高速公路下伏急倾斜采空区的致灾机理、上覆地层移动与变形规律及稳定性评价明显有别于缓倾斜煤层采空区。②国内外拟建的道路大多从安全煤柱上方通过,在安全煤柱上方修筑构筑物的研究还比较少,在已有资料中,涉及安全煤柱的问题大部分都是解决"三下"采煤时安全煤柱的留设问题,而乌鲁木齐绕城高速公路(东线)穿越采空区急需解决的是在已有的安全煤柱上方修建道路工程构筑物的问题,其主要研究和分析的是在已有煤柱自身和上覆附加荷载的共同作用下的稳定与破坏特性以及加固措施与效果。③在急倾斜煤层采空区上修筑高速公路,由于采空区的分布区域通常是随机的,在空间和时间上往往是不连续的,其引起的地表移动和变形对高速公路的影响十分显著,如何准确勘察采空区分布情况与规模并且安全、经济地对煤矿采空区进行治理的问题亟须解决。④采空区处治技术的研究涉及采矿学、工程地质学、岩土力学、材料力学等众多学科,地质力学模型建立相对较复杂,采空区的赋存情况又复杂多变,影响因素很多且各有不同,造成各采空区处理方法不具通用性和可比性,而且乌鲁木齐绕城高速公路(东线)存在的采空区煤层倾角之大、煤层层数之多、采矿方法之复杂,在国内外的工程中都是罕见的,可借鉴的经验少之又少。

1.2 本书主要内容

本书针对高速公路下伏急倾斜采空区治理工程中亟待解决的问题,分别从以下6方面有针对性地开展论述:

(1)采空区的勘察与反演

基于国内外勘察技术等资料进行采空区勘察技术研究,针对新疆乌鲁木齐绕城高速公路(东线)急倾斜煤层采空区的地形地貌特点,拟选线路走廊带的煤层分布特点,通过对既有采空区勘察技术进行比选,在现场采用高密度电法和瞬变电磁法进行勘察,并对物探异常点进行钻孔验证,得到采空区分布情况、各煤矿开采情况及煤层基本特征。

(2)采空区致灾机理的理论分析与典型路段的稳定性评价

高速公路下矿层的采空导致公路构筑物产生各种移动和变形,影响公路构筑物的稳定性,而影响地表沉陷的因素主要分为采矿因素和地质因素。急倾斜煤层上覆岩层的岩性(和上覆松散基层)直接影响到地表的沉陷分布形式和规律。本书对路线通过采空区空洞和安全煤柱两种不同工况时的稳定性进行理论分析,并对最大剩余沉降值为2360mm,沉降还未完成,剩余的各项地表变形值不满足规范条件,采空区的冒落带已经发展到地表的众兴二矿路段的采空治理区域进行稳定性评价。

(3)采空区上覆岩层和高速公路路基移动和变形规律的室内模型试验

模型试验方法可以模拟不同工况下的对比试验,解决了现场实测不可逆、不可改变影响因素的弊病,并且解决了现场实测的高额费用以及无法对采空区内部岩层进行观测的问题。

根据现场调查资料、地球物理勘探资料和钻探资料所反映信息,总结采空区(空洞)所处位置,以现场路段为原型,将现场情况简化为立体模型,对依托工程设计为3因素3水平的试验工况,对10 – 75°、20 – 65°、20 – 75°、20 – 85°和30 – 75°共5种工况的数据进行研究,得出采空区煤层开采厚度与煤层倾角的改变对急倾斜采空区上覆各地层及路基的移动和变形规律。

(4)采空区不同煤层参数影响下上覆地层变形规律的数值模拟分析

运用FLAC^{3D}数值模拟软件,模拟分析了依托工程典型路段煤层开采后,采空区的应力应变情况与稳定性,并针对高速公路通过下方空洞和安全煤柱两种情况,通过改变上覆层厚度、煤层倾角等参数,对上覆地层的变形规律进行了分析与总结。

(5)采空区治理中注浆参数、钻进工艺及注浆方法的现场试验与测试

首先比选采空区处治方法,对采空区施工工法资料进行整理分析。对治理过程中的注浆法及适用范围、注浆材料及配合比、钻进工艺等参数进行现场试验和现场测试,确定急倾斜采

空区治理时最佳注浆方法与参数设计。

(6)采空区多种检测技术与检测成果的分析

公路行业的矿床采空区注浆治理工程属隐蔽工程,对它的质量控制一直是个难题。单一的检测方法很难验证注浆效果的优劣,只有在经济合理的前提下采用多种方法的综合检测技术才能取得满意的结果。依托工程共采用了钻孔检测、钻孔超声波检测、单孔法波速检测、高密度电法检测、瞬变电磁法检测 5 种方法。针对每种检测方法,结合检测的资料,对检测成果进行了分析,评价治理过程中的注浆质量与效果。

本书的编写,从以上多个方面对乌鲁木齐绕城高速公路(东线)急倾斜煤层采空区治理技术进行了全面深入的研究,对于降低建设工程造价、提高采空区高速公路建设质量、保障公路安全运营都具有十分重要的社会经济意义,也可为其他类似工程的研究治理提供一定的借鉴和思路,具有重要的理论意义和工程实践价值。

第 2 章 采空区勘察

2.1 依托工程概况

乌鲁木齐绕城高速公路(东线)工程是国家高速公路系统的重要组成部分,同时也是新疆维吾尔自治区2010~2020年高速公路网规划中"三横两纵两环八通道"[1]网络中"环一"的重要组成部分,可以极大缓解乌鲁木齐的交通情况并改善环境质量。乌鲁木齐绕城高速公路(东线)起自甘泉堡工业园区,连接吐乌大高速公路(甘泉堡互通),经乌鲁木齐东,止于吐乌大高速公路乌拉泊互通,路线全长约62.5km,全线采用双向六车道高速公路标准,设计速度100km/h,路基宽度33.5m,路面设计荷载为单轴双轮组轴载100kN。

在新疆维吾尔自治区交通运输厅科技项目《乌鲁木齐绕城高速公路(东线)急倾斜煤层采空区公路治理技术研究》中,以乌鲁木齐市米东区铁厂沟急倾斜煤层采空区作为依托工程。拟建路线自北向南穿越铁厂沟煤田采空区,采空区分布在绕城高速公路第一合同段K19+600~K24+100路段内。其中铁厂沟煤田采空区位于米东区铁厂沟,属低山丘陵区域,地势走向南高北低,区域海拔高程在776~893m之间。该项目区域在大地构造的具体分布为:其南部山区为天山褶皱带,中部平原为山前凹陷带,北部沙漠区为准噶尔地块,其间以深大断裂为界。

根据乌鲁木齐绕城高速公路(东线)工程可行性研究报告的主要成果,结合路线总体走向,该工程项目不可避免地需穿越铁厂沟煤田采空区,该项目沿线存在多处煤矿采空区,且所经煤矿采空区基本为急倾斜煤层(倾角大于55°)采空区,拟建高速公路路基大部分处于移动区和变形区,必须经过处理才能满足道路工程要求。

2.2 沿线采空区工程地质特征

2.2.1 地形地貌

拟建场地位于米东区铁厂沟,属低山丘陵区,总体地势南高北低,采空区段海拔高程在776~893m之间,公路沿线有四条带西南至东北向煤层采空塌陷区,局部已回填,可见较多塌陷坑。

2.2.2 地质构造

路线所在区域在大地构造上,其南部山区为天山褶皱带,中部平原为山前凹陷带,北部沙漠区为准噶尔地块,其间以深大断裂为界,如图2.1所示。

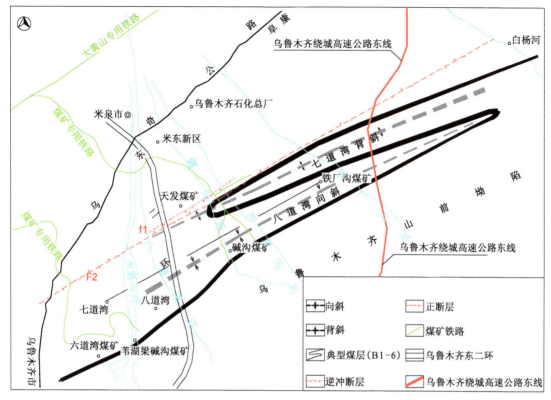

图 2.1　乌鲁木齐绕城高速公路东线采空区路段地质构造示意图

路线走廊带沿线总体属天山褶皱带,多由短轴向斜、背斜及逆冲性断裂组成,其中二级构造带中的次级褶皱有七道湾背斜、八道湾向斜。总的构造线方向为北东东向,与天山纬向构造带的展布方向基本一致,如图 2.2 所示。

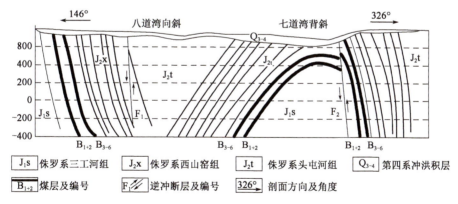

图 2.2　乌鲁木齐绕城高速公路东线采空区路段地质构造剖面示意图

1) 褶皱

(1) 七道湾背斜

分布在七道湾至水磨河以东,向东延伸到白杨河以东,其轴部位于推荐线路 K20+650 处,走向长 25~35km。背斜轴向 70°~75°,向西略转南为 60°,呈一弧背向北的弧形,轴面南倾,倾角为76°~88°。背斜向西倾伏,向东翘起。背斜北翼被F2断层切割,上盘形成北单斜,地层倾角一般为70°~80°,局部受断层影响成直立或倒转。

(2)八道湾向斜

位于七道湾背斜之南,两轴相距1.5km左右,其轴部位于推荐线路K22+190处,长度与七道湾背斜相同,西宽东窄。轴向方向与七道湾背斜基本平行,东部70°~75°向西转为60°~65°。轴面南倾,倾角为65°~75°。向斜自西向东缓缓翘起,两翼地层基本相同,依次为头屯河组(J_2t)、西山窑组(J_2x)、三工河组(J_1s)。南翼倾角较大,为70°~85°。北翼倾角较小,为45°~60°。

2)断层

从北向南依次为:碗窑沟断裂(F1/F2),水磨沟断裂(F1/F2)。根据收集的区域地质、地震资料,分别论述如下:

(1)碗窑沟断裂(F1/F2)

碗窑沟断裂F1横穿推荐线路K19+960处,F2横穿线路K22+060处,西起乌鲁木齐河经红光山、芦草沟、铁厂沟延伸至水磨沟以东,延伸长度大于35km,断层面西北倾,倾角为60°~83°,具逆冲性质。断裂位于七道湾背斜的北翼或背斜轴部,在红光山、碗窑沟煤矿、碱沟、芦草沟等地,断层北盘侏罗系向南逆冲到上更新统砾石和黄土层。

该断裂全新世含砾亚砂土被切割,但全新世晚期坡积物覆盖在断层顶端,由全新世含砾亚砂土的厚度可知其垂直断距至少有2.0m,属地壳浅层断裂,碗窑沟断裂发生极大地震的震级不会大于Ⅶ级。

(2)水磨沟断裂(F1/F2)

水磨沟断裂F1横穿推荐线路K24+650处,水磨沟断裂F2横穿线路K25+420处,东起乌鲁木齐河,经四道岔、大泉沟延伸至硫磺沟以西,东西方向展布在喀拉扎—西山背斜的北翼,延伸长度32km,断层面北倾,倾角为44°~57°,具逆冲性质,晚第四纪以来,特别是全新世以来断裂活动明显,在头屯河以东可见北盘中侏罗统西山窑组逆冲在上更新统砾石层上,根据钻探资料,大泉沟一带断裂两侧上更新统至全新统砾石落差可达30~60m。依据断层活动度的评定标准和评定方法,水磨沟断裂属C级活动断裂。推断水磨沟断裂古地震震级也不会大于Ⅶ级。

2.2.3 地层

路线所在区域出露的地层主要有侏罗系下统八道湾组(J_1b)、三工河组(J_1s)、侏罗系中统西山窑组(J_2x)、第四系(Q_3、Q_4)。由老而新分述如下。

1)侏罗系下统八道湾组(J_1b)

八道湾组岩性一般由灰色和深灰色泥岩、粉砂岩、泥质粉砂岩、砂砾岩、炭质页岩夹煤层及菱铁矿透镜体组成。地层平均厚度766m。

2)侏罗系下统三工河组(J_1s)

三工河组为灰色、灰绿色泥岩、砂岩不均匀互层,夹粗砂岩,粉砂岩,含植物化石。并夹薄煤层。地层平均厚度475m。

3)侏罗系中统西山窑组(J_2x)

西山窑组为一套以湖沼相~泥炭沼泽相沉积,伴有少量河流相沉积的含煤碎屑岩建造。

岩性一般由灰色和深灰色泥岩、粉砂岩、泥质粉砂岩、炭质泥岩等组成。夹杂不太稳定的中砂岩及粗砂岩。本组为该区域主要含煤地层,煤层层数多,厚度大。地层平均厚度765m。根据含煤情况,岩相、旋徊特征及煤层赋存特点等可划分为两个含煤段。

(1)西山窑组下段(J_2x^1)

岩性一般由灰色、深灰色泥岩、细砂岩互层组成。下部为灰白色中砂岩夹细砂岩及粉砂岩,中部夹炭质泥岩及煤线。底部为厚层灰白色中砂岩,全区稳定与下伏地层三工河组(J_1s)呈整合接触。本段地层厚度40m。

(2)西山窑组上段(J_2x^2)

岩性由灰色、深灰色、灰黑色炭质泥岩、泥岩、粉砂岩、细砂岩组成。中部夹杂有薄层中砂岩及菱铁矿层,较为稳定。下部夹杂薄层炭质泥岩及不稳定中粒及粗粒砂岩。底部为一套厚层状灰色粉砂岩、细砂岩互层及薄层炭质泥岩。本段地层厚度525m。

4)第四系(Q_3、Q_4)

该地层广泛覆盖于较老地层之上。可划分为以下两段:

①上更新统下段(Q_3^1)。为半胶结及未胶结的砾石层夹透镜状粉砂质黏土层。一般厚度71~81m。

②上更新统上段(Q_3^2)。为土黄色的粉砂质黏土及黏土质砂。一般厚度5~20m。

③全新统(Q_4)。为杂色的采空塌陷区回填物,主要成分为粉砂质黏土、砂砾石,混杂有大量煤矸石、煤灰及建筑、生活垃圾。一般厚度5~100m。

根据探井、钻孔揭露,拟建场地地层主要由杂填土、黄土状粉土、卵石土、全风化基岩、强风化基岩、煤、中~微风化基岩构成。现分别描述如下:

①杂填土。黄褐色、灰色、黑色、灰黑色,在拟建整个场地均有分布,厚度变化较大,厚度0.5~6.0m,局部地区大于10.0m,组成物质杂乱。主要回填物以建筑垃圾为主。采空塌陷区回填物,主要成分为粉砂质黏土、砂砾石,混杂有大量煤矸石、煤灰及建筑、生活垃圾。厚度5~100m。

②黄土状粉土(低液限粉土)。黄褐色、灰褐色,在场地内大部分区域有分布,埋深0.5~6.0m,厚0~20m,干强度高,韧性低。土体中含有较多白色钙质结核及小砾石,可见大孔隙。摇振反应中等,无光泽反应。

③卵石土。青灰色,在场地内大部分区域有分布,埋深0.5~20m,厚0~50m,亚圆状,一般颗粒2~5cm,最大0.5~1.0m,级配一般,骨架颗粒占60%~70%,充填物为中粗砂。母岩主要为变质岩碎屑,主要成分为石英、长石。

④全风化基岩。灰褐色、灰色、灰红色,整个场地均有揭露,埋深5~70m,以砂岩、泥岩为主,风化剧烈呈土状、碎块状,结构大部分破坏,矿物成分显著变化,岩石质量指标为极差。

⑤强风化基岩。灰色、灰绿色、灰黄色,整个场地均有揭露,地质年代属侏罗系西山窑组,岩性为泥岩、泥质粉砂岩、砂岩、炭质泥岩夹煤层,结构大部分破坏,矿物成分显著变化,风化裂隙发育,岩体破碎,岩石质量指标为极差。

⑥煤。灰黑色、黑色,整个场地均有揭露,受地层产状影响,埋深及揭露厚度均变化很大,地质年代属侏罗系西山窑组,呈沥青~弱玻璃光泽,煤岩成分以亮煤为主,次为镜煤和暗煤,半亮~光亮型,风化裂隙发育,岩体破碎,岩石质量指标为极差。

⑦中～微风化基岩。灰色、灰绿色、灰黄色,整个场地均有揭露,受地层产状影响,埋深及揭露厚度均变化很大,地质年代属侏罗系西山窑组,岩性为泥岩、砂岩、泥质粉砂岩、炭质泥岩。结构部分被破坏,风化裂隙发育,岩体被切割成岩块,岩石质量指标为差。

2.2.4 煤层分布情况

1)侏罗系中统西山窑组(J_2x)

侏罗系中统西山窑组(J_2x)共含煤29层,编号为17~46号。井田地表被第四系全新统冲洪积层覆盖。工程揭露地层划为侏罗系中统西山窑组,该组总体属于河湖～沼泽相含煤沉积,总厚684m,细划为三个岩性段。

①西山窑组下段(J_2x^1)。为主要含煤段,岩性组合以细砂岩、粉砂岩为主,夹炭质泥岩。含41~46号煤层。地层厚度370m。

②西山窑组中段(J_2x^2)。岩性组合仍以细砂岩、粉砂岩为主。含25~40号煤层。地层厚度182m。

③西山窑组上段(J_2x^3)。岩性组合以粉砂岩、细砂岩为主,夹炭质泥岩。含17~24号煤层。地层厚度132m。

2)侏罗系下统八道湾组(J_1b)

八道湾组岩性一般由灰色和深灰色泥岩、粉砂岩、泥质粉砂岩、砂砾岩、炭质页岩夹煤层及菱铁矿透镜体组成。地层平均厚度766m。该地层含3层薄煤层。

2.2.5 水文地质

井田内无常年河流,在西界外铁厂沟溪水自南向北流过,常年有水,溪水面高程为+750~+765m,年均流量134L/s。井田以东白杨沟河(溪)为一季节性河溪,大量融雪和雨季时有洪水通过,冬春季有时断流。平时流量很小,仅24~49L/s,年均流量32L/s。

井田边界附近有两条季节性水流,其中,碱泉子沟从井田东界通过、平时无水、仅在雨后和大量融雪时有短暂水流。井田东北角沟底高程+754m,为区内最低侵蚀基准面。河床宽40~50m,是井田地表洪水和矿井水的主要排泄通道。铁厂沟东支自南向北流经井田西界,沟谷宽可达100~150m,平时无水流,春洪和雨季有暂时性地表水通过。河床高程+780~+787m,它是地表洪水的另一个主要排泄渠道。

沿线的具体水文地质条件和工程地质特征,将含水层划分为两部分,即第四系松散岩土层和陆源相碎屑岩类含(隔)水层。

1)第四系松散岩土层

第四系松散半固结亚砂土和冲洪卵砾石层:上部亚砂土细而均匀,局部含砾石,主要分布于山包阶地之上,厚度在3~40m;下部为灰色砾石层,厚度为0~100m,一般可达35m,由于其含水,划分为含水层。

2)陆源相碎屑岩类含(隔)水层

碎屑岩类包括西山窑组和头屯河组地层,西山窑组岩性为泥炭沼泽相的灰色、深灰色泥岩、炭质泥岩、粉砂岩、细砂岩夹薄层不稳定的中～粗砂岩层。构成一套细屑为主、粗细相间、旋回式韵律沉积,主要含水层为细砂岩、薄层中～粗砂岩的孔隙裂隙水,特别是胶结不好的砂岩,含水性明显,在向斜南唯一补给源是现河谷,地层中泥岩、炭质泥岩、粉砂质泥岩等属隔水层。

目前受煤层采动影响,煤层与含水层导通后,形成降落漏斗,地下水渗入井下,被人工抽排出煤田,但随着煤矿停采封井,水位将会逐年上升,将对工程造成不利影响。

2.3 既有采空区勘察技术

2.3.1 采空区勘察的主要方法和手段

由于高速公路穿越采空区路段的地质条件的复杂程度要远远超过普通高速公路路段,所以采空区勘察技术是矿区高速公路建设和采空区治理的关键技术之一[2]。高速公路穿越采空区路段的勘察工作是整个路线勘察工作的重要组成部分,其勘察成果对公路选线、线路方案、工程造价及治理措施具有重要意义。目前,采空区勘察方法主要包括工程地质测绘、地球物理勘探及工程地质钻探。

1) 工程地质测绘

工程地质测绘是采空区勘察的基础工作,是整个采空区勘察中最先开展的工作,为后续其他工作收集数据,获取地质数据、变形观测、采矿情况及矿井施工情况等重要技术资料。工程地质测绘的主要目的是查清采空区分布的主要范围,对探测方案进行比选,确定下一步的地球物理勘探工作以及钻探工作的布点范围以及计划探测工作量。

采空区工程地质测绘工作主要包括:采空区工程地质情况调查;采空区范围调查;采空区地表变形监测;采空区稳定性评价。

2) 地球物理勘探

地球物理勘探是采用一定的仪器、设备收集和观测地球物理场的变化,通过对收集数据进行反演,来解决特定的地质问题的一种探测手段。地球物理勘探手段是采空区勘察工作的重要组成部分,主要应对地表以下较深部位、人力无法到达或到达费用较高与工程价值相比不值得的地质问题。

物探工作的核心原理是:岩土体差异会引起的物理场的变化,通过专门的仪器和设备对物理场异常区域的分布和变化特征进行观测,并结合已有的地质资料进行分析,从而推断地下岩土体内的工程地质情况。所以,根据物探所依据的物理场的不同,地球物理勘探一般分为重力勘探、磁法勘探、电法勘探、地震勘探和放射性勘探等。

物探方法具有工作效率高、成本低等特点,是工程各领域被广泛应用的重要勘察手段之一。

3) 工程地质钻探

钻探是被人们广泛使用的勘察方法,是采空区勘察工作最可靠的方法,可以为稳定性评价提供较准确的采空区空间分布特征及岩体力学参数。但是由于钻探以点的方式进行探测,勘察工作量大,造价高,大面积开展需要耗费大量的人力物力,所以在采空区勘察工作中,工程地质钻探方法一般用来对地质异常区域进行验证。

2.3.2 既有采空区物探方法的比选

物探是采空区地质勘察的重要技术手段之一,充分利用物探手段,合理选择和使用物探方法能够显著提高勘探工作质量,加速勘探工作进度,减低成本。

目前在采空区勘察中物探方法应用广泛,常用方法有地震勘探、地质雷达、高密度电法、瞬变电磁法(TEM)、放射性方法等。地震勘探方法是以水平层状均匀介质为地质模型建立起来的一种勘探手段,能够准确直观地勘探出地下采空区的位置及埋藏深度,但地震勘探的费用非常昂贵,此次工作区有村庄,地下采空区距离村庄较近,放炮时地下采空区容易坍塌,形成次生地质灾害,用锤击勘探深度达不到勘探要求,同时工区地层倾角大于45°,最大达85°,第四系覆盖砾石层较厚,因此从技术方法及安全和经济上考虑工区地震勘探方法不适用。地质雷达和地震方法中的面波勘探方法,其探测深度有限,达不到采空区勘察工作的目的。放射性测量方法,如α杯氡气测量和活性炭氡气测量只能探测出采空区的位置与范围以及影响区域,而不能定量给出煤矿地下采空区的埋藏深度。

因此,针对此次工作的目的任务,以及该测区的地质及地球物理特征,开展了高密度电阻率法以及瞬变电磁法测量。高密度电阻率法是将电剖面和电测深结合在一起的一种电阻率勘察方法,布极一次完成,减小观测误差,测量数据量大,解释精度较高,具有较强的抗干扰能力、较高的探测精度。瞬变电磁法是利用电磁感应原理的一种地球物理方法,采用不接地回线,通过多次脉冲激发,场的重复测量叠加和空间域多次覆盖技术应用,提高信噪比和观测精度,并且具有较高的探测深度。

2.4　测区地球物理特征及探测解释依据

通过对测区进行工程地质测绘和对已完成高密度电法测量结果进行总结,并经钻孔验证,形成以下电性规律,作为此次高密度电法探测解释的依据。

测区主要分布有4种电性差异地质单元,即第四系覆盖、煤、煤田采空及破坏区和基岩。测区上部的第四系覆盖因物质成分复杂,电性不均匀,在电阻率断面图上电阻率曲线表现为串珠状高阻或中低阻展布;中部第四系覆盖的上部为黄土,下伏砾石层,所反映的电阻率曲线为水平层状展布,电性表现黄土为低阻,砾石层因含泥和水不均匀,电性表现为中高阻或低阻,其电阻率等值线为长轴椭圆形态水平展布;下伏基岩含煤地层与上覆第四系的接触方式为不整合接触,含煤地层岩层陡倾,倾角大于45°,因此其电阻率曲线明显与沿地层倾向方向接近垂直,同上覆第四系分界明显;在基岩中,煤为相对中高阻,其他岩性(泥岩、粉砂、细砂岩)为低阻特征[3];基岩与采空区塌陷破坏带电性差异非常大,电阻率断面图上两者分界明显,电阻率曲线在分界面上呈垂直分布,采空及其塌陷区根据其积水程度,电性特征为特高阻或中低阻,同时因塌陷引起周围大面积岩层破坏,因而在电阻率断面上会形成较大面积的中高阻异常区,或地层变形裂隙发育积水形成"碗状"低阻异常区。根据煤矿采空区的开采是否规范,测区内采空区可划分成两类:煤矿规范开采形成的采空区和煤矿不规范开采形成的采空区。不同类型的采空区电性特征不同,煤矿规范开采形成的采空区,以大面积高阻为主,因塌陷积水也会出现局部中低阻,异常有规律的呈半圆隆起向深部延伸;煤矿不规范开采形成的采空区,局部出现高阻,范围较小,而且电阻率曲线比较凌乱。

2.5 探测设备及测线的布设

2.5.1 探测设备及主要参数

此次高密度电法探测工作所采用的仪器为重庆地质仪器厂生产的 DUK-2B 多功能高密度直流电法仪,电极数为 120,电极距为 5m,供电电压大于 350V,测量装置以温纳装置为主,局部辅以三极和偶极装置,长剖面温纳滚动测量重合电极数在重点区为 90 个,非重点区为 60 个。该仪器工作性能可靠,数据输出稳定。

此次瞬变电磁法探测工作所采用的仪器为中国地质科学院地球物理地球化学勘查研究所生产的 IGGETEM-20 瞬变电磁仪。发射线圈 20m×20m 共 2 匝,接收线圈 20m×20m 共 2 匝,发射电流 5.5A,供电电压 24V,前放增益 10 倍,叠加 512 次,采样时基 20ms,线框大小为 20m×20m,关断时间为 19μs。

此次探测工作开展前对设备以及所有的电缆、导线、电极都进行了检查,均满足规范中的性能要求。

2.5.2 测线布设及预计工作量

此次物探工作区分为 A3K 线和 K 线。

1)A3K 线

拟建公路 A3K26+180~A3K26+800 桩号小窑采空区沿改线前后拟建公路方向布置高密度电法 W4-1、W4-2、W4-3、W4-6 线和垂直于拟建公路沿煤层走向布置了 W4-4、W4-5、W4-7 线,在 W4-5、W4-6 线同时进行了瞬变电磁法测量;众兴二矿拟建公路桩号 A3K24+780~A3K25+620 沿拟建公路方向布置高密度电法 W1-1、W1-2、W1-3、W1-4、W1-5 线和垂直于拟建公路穿过众兴二矿采空塌陷区堆渣布置了 W1-6 线,在志强煤矿露天开采坑北部,沿坑边近东西向布置 W1-7 线,在 W1-4、W1-6、W1-5 线同时进行了瞬变电磁法测量;铁厂沟村煤矿拟建公路 A3K23+640~A3K24+780 桩号与拟建公路斜交布置高密度电法 W2-1、W2-2、W2-3、W2-4、W2-5、W2-6、W2-7 线,在 W2-1、W2-3、W2-4 线同时进行了瞬变电磁法测量;新峰联营煤矿拟建公路桩号 A3K21+380~A3K22+160 沿拟建公路方向布置高密度电法 W3-20、W3-21、W3-22 线和垂直于拟建公路穿过新峰联营煤矿采空区布置了 W3-10、W3-31 线,在 W3-30 线电极距 400~700m 段同时进行了瞬变电磁法测量。

2)K 线

里程桩号 K21+820~K22+940 位于八一煤矿及以北曙光六矿和众兴二矿的安全煤柱上,剖面 W5-1 电法测量线基本沿拟建公路轴线布置,里程桩号 K21+820~K22+940 以东和以西 100~200m 沿拟建高速公路轴线方向布置了 W5-10、W5-9、W5-12、W5-13、W5-11 剖面,并在 K22+610、K22+540、K22+490、K22+420、K22+240、K22+75、K21+995、K21+945、K21+800、K21+500、K21+400、K21+320、K21+90 里程桩号上交于公路轴线横向布置 WA-1、WA-9、WA-2、WA-10、WA-3、WA-14、WA-13、WA-13a、WA-12、WA-33、WA-4、WA-11、WA-15 等共 19 条高密度电法测量线;里程桩号 K19+300~K20+040 位于沙沟煤矿的安全煤柱上,

电法测量线沿拟建公路轴线及以西布置了 W6-1 和 W6-6 剖面,同时在 K19+990、K19+900、K19+820 里程桩号上交于公路轴线并两两相交布置 WA-5、WA-6、WA-7、WA-8 四条电法测量线,WK6-7 剖面交于里程桩号 K19+460,沙沟煤矿共布置 7 条高密度电法剖面线;里程桩号 K23+995 和 K24+060 布置了 WK4-5 和 WK4-4 高密度电法剖面线斜交于拟建公里轴线,以查明该段小窑采空分布情况。

3) 完成工作量

此次 A3K 线和 K 线总共完成 54 条高密度电法剖面 34.29km,瞬变电磁法共完成测线 9 条,测点共 178 个,其中 K 线完成 27 条高密度电法剖面 18.6km。

2.6 采空区勘察成果

2.6.1 采空区物探成果解释分析

1) 拟建公路 K23+995~K24+060 桩号

该段里程桩号以西小窑开采已影响到拟建公路轴线。WK4-5、WK4-4 剖面顺煤层走向测量,WK4-5 剖面 360m 电极交于 K23+995 里程桩号,WK4-4 剖面 320m 电极交于 K24+060 里程桩号。推断 WK4-5 剖面 0~315m 电极下伏小窑采巷连通,局部塌陷积水,推断 15~50m 深度已采空。推断 WK4-4 剖面 0~310m 电极下伏小窑采巷连通,局部塌陷积水,15~50m 深度已采空。

2) 拟建公路 K19+300~K22+940 桩号

此次电法测量按里程桩号段划分为两个工作区段,里程桩号 K21+080~K22+940 主要控制八一煤矿及以北曙光六矿和众兴二矿的安全煤柱,里程桩号 K19+300~K20+040 位于沙沟煤矿的安全煤柱上。根据电性剖面分析,八一煤矿及以北曙光六矿安全煤柱区内,第四系覆盖厚度 15~50m,煤层顶界为 20~50m,八一煤矿和曙光六矿煤矿开采对安全煤柱深部已造成局部破坏,K22+485~K22+600 桩号下伏 70~90m 深度以下煤层已被破坏,且曙光六矿煤矿拟建公路轴线其他区段为变形区,基岩破碎,在第四系与基岩接触面上(下)易受水蚀而局部形成小空洞。众兴二矿安全煤柱区域内,第四系覆盖与基岩电性分界反映清晰,各主要煤层与基岩差异明显,第四系覆盖厚度 5~55m,煤层顶界为 15~55m,众兴二矿煤矿采挖对拟建公路轴线下伏断面安全煤柱未破坏,但受局部采空塌陷变形影响,安全煤柱岩体破碎发育,里程桩号 K21+940~K22+50 安全煤柱被 27 号、26 号、25 号、24 号煤层开采破坏;沙沟煤矿安全煤柱区段内,第四系覆盖厚度 50~85m 左右,煤层顶界为 55~90m,煤矿开采对安全煤柱深部未破坏,但拟建公路轴线两侧采空并有塌陷变形影响,安全煤柱上覆第四系岩体裂隙和破碎发育。

八一煤矿、曙光六矿及众兴二矿纵向高密度电法剖面解释如下:W5-1 剖面基本与拟建公路轴线重合,其为滚动测量长剖面,位于拟建公路 K21+180~K22+940 桩号内,剖面在八一煤矿及以北曙光六矿安全煤柱区段内,电法解释第四系覆盖厚度 15~50m,煤层顶界为 20~50m,该剖面下伏煤矿开采对安全煤柱深部已造成局部破坏,K22+485~K22+600 桩号下约 70m 深度以下煤层已被破坏,且曙光六矿煤矿拟建公路轴线其他区段为变形区,基岩上部破碎,局部地段第四系中存在地表水侵蚀形成的土洞及粉土流失区,地表有明显塌陷,电阻率特征表现为相对中阻、球状或水平方向椭圆形状的异常特点,异常不向深部延伸,仅在25~40m深度范围内分布,660~710m电极段(K22+200~K22+280)下伏20~32m深度和900~960m电极(K21+960~K22+040)下伏22~36m深度推断为水蚀粉土流失土洞发育区段,905~1030m电极下110m深度以下为采空及塌陷变形区,在该水平上27号、26号、25号、24号煤层东西两侧开采,引起上覆基层变形使地表出现近东西向塌陷坑和裂缝,及基岩和第四系覆盖岩土力学性质差异较大,同时,在水蚀作用下基岩和第四系不整合接触面上下易形成小土洞;剖面在众兴二矿安全煤柱区内段,第四系覆盖与基岩电性分界反映清晰,各主要煤层中阻电性与低阻基岩差异明显,第四系覆盖厚度5~55m,煤层顶界为15~55m,众兴二矿煤矿采挖对安全煤柱未造成破坏,安全煤柱沿拟建公路轴线完整,但受拟建公路两侧采空影响,下伏基岩破碎变形。W5-12剖面与拟建公路走向基本一致,位于拟建公路以东50~85m,推断560~745m电极下90m深度以下为采空及变形区,其上覆煤和砂泥岩互层为采空变形破碎区,240~280m电极下20~30m深度和440~510m电极下20~35m深度推断基岩为采空变形破碎区,同时,为水蚀粉土流失土洞发育区段,0~180m电极下伏40m左右为采空区,180~280m为采空变形基岩裂隙发育区。W5-9剖面与拟建公路走向基本一致,位于拟建公路以东80~120m,推断110~240m、270~360m电极下95m深度以下为采空区及岩石变形破碎区,660~790m电极下60m深度以下为采空区。W5-11剖面与拟建公路走向基本一致,位于拟建公路以路40~130m,0~200m电极下70~90m深度以下推断为采空及塌陷区。W5-13剖面与拟建公路走向基本一致,位于拟建公路以西20~120m,推断0~210m电极下60~90m深度以下为采空及变形区;推断575~720m电极下30m深度以下为深部采空塌陷变形区;推断300~400m电极下15~30m深度为在采空变形影响及水蚀作用下粉土流失土洞发育区段。

八一煤矿及曙光六矿横向高密度电法剖面解释如下:WA-1剖面东西走向,400m电极斜交于拟建公路K22+610里程桩号,0~280m电极下为志强煤矿采空塌陷区及回填区,380~595m电极下伏110m左右推断为采空区,280~380m电极下20~30m深度以下为基岩,70m深度以下为安全煤柱,安全煤柱宽度约为100m。WA-9剖面东西走向,220m电极斜交于拟建公路K22+540里程桩号,剖面下伏为采空区,安全煤柱已被破坏,推断0~160m电极下50m深度以下为采空塌陷变形区,350~595m电极下60m左右推断为采空塌陷变形区,160~350m电极下20~30m深度为基岩,100~110m深度以下为采空区。WA-2剖面东西走向,280m电极交于拟建公路K22+490里程桩号,0~270m、330~590m电极下60~70m深度以下为采空及塌陷变形区,270~330m电极下伏为安全煤柱,宽60m。WA-10剖面东西走向,300m电极交于拟建公路K22+420里程桩号,0~265m、340~595m电极下90~100m深度以下为采空区,265~340m电极下为安全煤柱,宽为75m。WA-3剖面近东西走向,该剖面下伏岩层受南部采空塌陷变形影响,岩石裂隙发育,420m电极斜交于拟建公路K22+240里程桩号,150~220m电极下19~30m深度、320~595m电极下20~40m深度推断为第四系粉土流失土洞发育区。

众兴二矿横向高密度电法剖面解释如下:WA-12剖面近东西走向,180m电极斜交于拟建公路K21+800里程桩号,剖面电性特征反映了正常的地层电性特点,上部水平状高阻由第四系砂砾层引起,厚度20~35m,0~115m电极下85m深度以下推断为采空或采煤扰动区。WA-

33剖面东西走向,0m电极交于拟建公路K21+500里程桩号,0~45m电极下为众兴二矿安全煤柱,45~400m电极下30~80m深度为采空区及塌陷区。WA-4剖面近东西走向,250m电极斜交于拟建公路K21+400里程桩号,推断0~210m电极下约70m深度和330~595m电极下40~60m深度以下为煤矿采空区,210~330m电极下约55m深度为安全煤柱,宽度为120m。WA-11剖面近东西走向,70m电极斜交于拟建公路K21+320里程桩号,该剖面电性特征反映了正常的地层电性特点,上部水平状高阻由第四系砂砾层引起,80~445m电极下45m深度以下推断为采空及塌陷变形区。WA-13a剖面顺煤层走向测量,360m电极交于K21+945里程桩号,推断剖面第四系覆盖为8~40m厚,其具有西厚东薄特征,200~595m电极下110m深度以下为采空区,其上覆为采空变形基岩裂隙发育区。WA-13剖面顺煤层走向测量,380m电极交于K21+995里程桩号,推断剖面第四系覆盖为10~35m厚,其具有西厚东薄特征,180~595m电极下为采空塌陷变形岩层裂隙发育区,200~270m和330~400m电极下约75m深度推断为空洞。WA-14剖面顺煤层走向测量,340m电极交于K22+075里程桩号,推断剖面第四系覆盖为10~40m厚,其具有西厚东薄特征,受剖面北部采空影响,180~595m电极下为采空塌陷变形岩层裂隙发育区,因不同岩层和岩性岩石力学性质不同,其变形破碎程度不同,因此在地表水下浸过程的水动力作用下断面局部可能会形成空洞。

沙沟煤矿纵向高密度电法剖面解释如下:W6-1剖面位于沙沟幸福煤矿安全煤柱区内,40m电极交于拟建公路K20+040里程桩号。第四系覆盖厚度为50~95m,煤层顶界为60~80m,推断170~260m电极下25~45m深度和380~410m电极下45~50m深度可能存在空洞。W6-6剖面与拟建公路走向基本一致,位于拟建公路以西40~200m,95~260m电极下80~100m深度推断为采空及塌陷区。

沙沟煤矿横向高密度电法剖面解释如下:WA-5剖面近东西走向,360m电极斜交于拟建公路K19+990里程桩号,60~260m电极下约65m深度为采空区及塌陷变形区,390~410m电极下深度25~35m推断为空洞。WA-6剖面近东西走向,350m电极斜交于拟建公路K19+900里程桩号,260~595m电极下深度约85m为基岩,0~260m电极下伏采空区、采空塌陷及变形区。WA-7剖面东西走向,315m电极斜交于拟建公路K19+900里程桩号,0~270m、380~595m电极下深度约70m以下为沙沟煤矿采空区及塌陷变形区,270~380m电极下约60m深度推断为安全煤柱,宽度为110m。WA-8剖面东西走向,300m电极斜交于拟建公路K19+820里程桩号,0~255m、390~590m电极下约70m深度以下为沙沟煤矿采空区及塌陷区,255~390m电极下约75m深度推断为煤柱,宽度为135m。

WK6-7剖面东西走向,150m电极斜交于拟建公路K19+460里程桩号,剖面下伏第四系覆盖厚度为50~65m。

在WA-8剖面250m电极、WA-7剖面280m电极、WA-4剖面330m电极、W5-1剖面1080m电极、WA-10剖面300m电极、WA-9剖面350m电极、WA-2剖面200m电极钻孔验证,设计孔深分别为150m、150m、120m、120m、100m、120m、120m。

2.6.2 采空区物探钻孔验证情况及分析

在采空区勘探工作中,因为物探工作方法具有条件性、多解性、地区性,为了取得更好的勘探效果,物探必须与地质工作紧密结合,应采用综合分析方法,要重视物探异常的钻孔验证工作[4]。在采空区勘探工作中应以物探指导钻探,钻探修正物探,进行反复研究,反复认识,使复杂问题明了化。异常验证钻孔布设前,物探工作人员先对异常进行分析,综合各方资料,优选出最能解决问题、最可能是采空区引起的异常进行验证。忌验证结果没有反馈,没有对物探资料进行反复修正,使钻孔验证工作流于形式。在采空区物探勘察过程中一定要认清,科学的认识不是一步到位,而是一个不断重复,不断修正的过程。此次钻孔验证前对异常进行了优选,并综合项目组工程地质工作人员的认识,在物探解释采空及非采空重点区段布置了21个钻孔。对SH01、SH02、SH03、SH05、SH06、SH07、SH08、SH09、SH10、SH11、SH12、SH13、SH14、SH15、KY01、KY02、KY03、KY04、KY05、KY06、KY07钻孔进行验证。

在沙沟煤矿WK6-7剖面160~230m电极下伏40m深度以下发现有高阻异常,疑为土洞,在170m电极上布置SH07钻孔,钻进结果显示地层正常,WK4-4、WK4-5剖面位于拟建公路K23+995~K24+060桩号,两剖面340~400m电极下25~50m深度均发现球状高阻异常,疑为小窑采空,后经SH05、SH09钻孔验证未见采空,以上原因主要是在进行WK4-4、WK4-5、WK6-7剖面高密度电法测量时气温达零下18℃以下,受冰冻影响,特别是WK4-4、WK4-5剖面340~400m电极段位于铁厂沟河床上,河流处于枯水期,河床卵石间水冰冻严重。SH02、SH06、SH08、SH14、KY01、KY03钻孔均打到了采空或土洞;KY02、KY06、SH01、SH15钻孔位于采空边界破坏区,钻孔岩心较破碎,钻进时漏浆和卡钻严重;SH03、KY03、KY05、KY06钻孔位于安全煤柱区内;以上各孔钻孔验证结果与电法解释结果基本一致,仅在深度解释上存在误差,此主要原因是工作区采空扰动地表电性不均匀及雨雪影响,但探测范围和深度的相对误差均小于15%,远小于30%的标准。高密度电法测量结果结合验证钻孔资料对地质解释结果进行校正后圈定采空区边界及其稳定边界。

各主要电法剖面解释结果验证钻孔布置原因及验证结果分析如图2.3、图2.4所示。

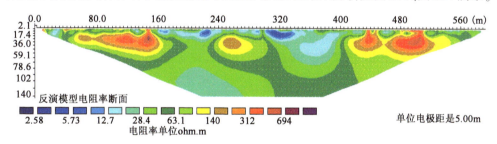

图2.3 WA-8高密度电法电阻率反演图

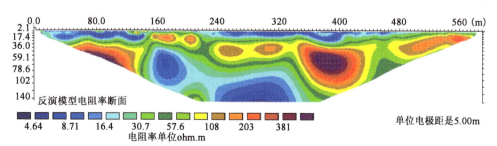

图2.4 W6-1高密度电法电阻率反演图

KY01钻孔布置于沙沟煤矿WA-8剖面250m电极与W6-1剖面225m电极相交点。WA-8电法剖面位于43号煤层顶板上方,其走向与煤层走向一致,W6-1电法剖面走向近垂直与WA-8相交,从图2.3可见,WA-8高密度电法电阻率反演图中,0～255m、390～590m电极下伏电阻率特征以高阻为主与255～390m电极下伏中阻电阻率特征差异明显,结合矿山资料推断剖面0～255m、390～590m电极下约70m深度以下为沙沟煤矿采空区及塌陷区,255～390m电极下75～85m深度以下推断为安全煤柱,宽度为135m。为了验证物探推断第四系厚度和采空边界的准确性,在WA-8剖面250m电极布置KY01钻孔,从图2.3、图2.4可见,250m和230m电极下33～40m球形高阻,推断此处为空洞,WA-8剖面0～220m电极深部采空塌陷对220～260m电极下伏第四系岩体破坏形成空洞。根据图2.3和图2.4两剖面电性特征推断解释KY01钻孔32～38m为空洞,75m以上为第四系砾石层,75m以下为基岩(泥岩、细砂岩)。根据KY01钻孔结果,34～41m为空洞,0～70m为第四系砾石层,70m以下为基岩。从验证结果可见物探解释结果与钻孔结果吻合非常好,物探解释可靠。

WA-7高密度电法电阻率反演图如图2.5所示。SH08钻孔布置于沙沟煤矿WA-7剖面390m电极点,KY06钻孔位于WA-7剖面280m电极以北10m,W6-1剖面145m以西5m。

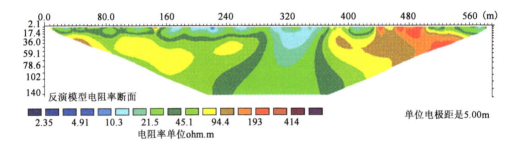

图2.5　WA-7高密度电法电阻率反演图

WA-7电法剖面位于45号煤层顶板上方,其走向与煤层走向一致,其290m电极交于W6-1电法剖面135m电极。从图2.5可见,WA-7高密度电法电阻率反演图中,0～270m、380～595m电极下电阻率特征以高阻为主,且其向深部延伸,与270～380m电极下中阻电阻率特征差异明显,结合矿山资料推断剖面0～270m、380～595m电极下约55m深度以下为沙沟煤矿采空区及塌陷区,270～380m电极下60～75m深度以下推断为安全煤柱,宽度为110m。为了验证WA-7、W6-1剖面物探推断第四系厚度和采空边界的准确性,布置SH8和KY01钻孔。根据图2.5和图2.4两剖面电性特征及矿山资料解释SH08钻孔50～65m为深部采空垮塌破坏,在基岩与上覆第四系砾石层接触面上形成空洞,55m以上为第四系砾石层,55m以下为基岩(泥岩、细砂岩)。SH08钻孔钻进63m,54m以上为砾石层,54～63m为空洞。物探推断KY06钻孔,45～55m以上为第四系砾石层,50～55m以下为基岩,根据KY06钻孔结果,0～49m为第四系砾石层,49m以下为基岩。从两个钻孔的验证结果可见物探解释结果与钻孔结果吻合非常好,物探解释可靠。

SH06钻孔布置于众兴二煤矿WA-11剖面95m电极点。WA-11高密度电法电阻率反演图如图2.6所示。

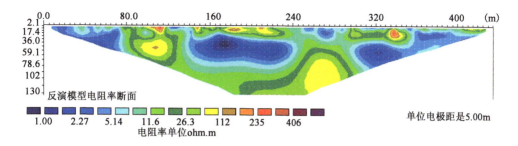

图2.6 WA-11高密度电法电阻率反演图

WA-11电法剖面位于45号煤层顶板上方,其走向与煤层走向一致,从图2.6可知,WA-11高密度电法电阻率反演图中,80~130m、200~320m电极下伏电阻率特征以中高阻为主,且其向深部和东边延伸,结合矿山资料推断剖面75~440m电极下伏为众兴二矿采空区及塌陷区。为了验证WA-11剖面物探推断第四系厚度和采空边界的准确性,布置SH06钻孔。根据图2.6 WA-11剖面电性特征及矿山资料解释SH06钻孔0~30m以上为第四系覆盖,40~80m为空洞。SH06钻孔钻进47m,0~26.4m为第四系覆盖,42m见空洞,未钻进到空洞底。从钻孔的验证结果可见物探解释结果与钻孔结果吻合较好,物探解释可靠。

KY02钻孔布置于众兴二煤矿WA-4剖面330m电极以南15m。WA-4高密度电法电阻率反演图如图2.7所示。

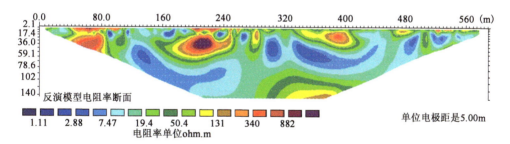

图2.7 WA-4高密度电法电阻率反演图

WA-4电法剖面位于42号、43号煤层顶板上方,其走向与煤层走向基本一致,由图2.7可知,WA-4高密度电法电阻率反演图中,310~400m电极下伏105m高阻向深部和西边延伸,结合矿山资料推断剖面320~590m电极下为众兴二矿采空区及塌陷区。为了验证WA-4剖面物探推断第四系厚度和采空边界的准确性,布置KY02钻孔。根据图2.6 WA-11剖面电性特征及矿山资料解释KY02钻孔杂填土1m左右,1~110m为基岩地,110m以下为45号煤层采空区。KY02钻孔位于采空边界破坏区,钻孔岩心较破碎,钻进时漏浆和卡钻严重,钻进91m后因漏浆和卡钻无法钻进。从钻孔的验证结果可见物探解释结果与钻孔结果基本吻合,解释可靠。SH06钻孔位于WA-4剖面220m电极以北70m,从图2.6、图2.7可见,WA-11高密度电法电阻率反演图中80~130m电极下伏高阻与WA-4高密度电法电阻率反演图中190~230m电极下伏高阻为同一煤矿采空塌陷引起。

WA-33高密度电法电阻率反演图如图2.8所示。

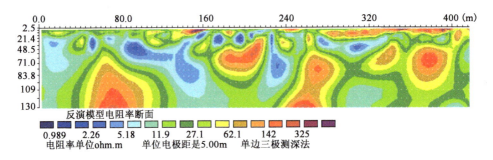

图2.8　WA-33高密度电法电阻率反演图

WA-33电法剖面垂直于W5-1剖面,WA-33剖面15m电极交W5-1剖面1465m电极。WA-33电法剖面走向与煤层走向一致,该剖面0m电极以东为众兴二矿井台及办公建筑物区,电缆无法通过,因此该剖面采用三极装置测量。从图2.8可见,45~410m电极下伏高低阻分布较零乱,物探推断该区段为采空区及采空塌陷区。120~410m电极现场观察明显为采空塌陷回填,120~350m电极回填物较厚,煤渣自然可见明火,WA-33剖面下伏电极差异大,电性不均匀明显。45~120m电极下高阻异常,推断为采空区,回填物厚度5~10m,85~100m深度以下为采空塌陷区。

KY07钻孔布置于WA-33剖面45m电极点以南30m,W5-1剖面1435m电极以西25m。根据KY07钻孔结果,杂填土厚度6.5m,6.5~73m为泥砂互层基岩,73~89m为43号煤层,89~100m为细砂岩,该钻孔未见采空,也没有明显漏浆现象,未揭穿45号煤层。KY07钻孔43号煤层未采,推断WA-33剖面下伏45号煤层已开采。

WA-2高密度电法电阻率反演图如图2.9所示。

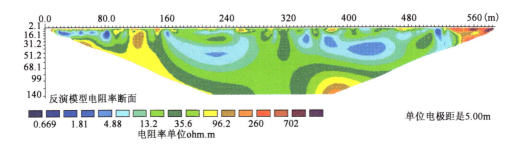

图2.9　WA-2高密度电法电阻率反演图

WA-2电法剖面近垂直相交于W5-1剖面,WA-2剖面270m电极交W5-1剖面440m电极。WA-2电法剖面走向与煤层走向一致,0~250m电极地表明显见采空塌陷坑和裂缝。从图2.9可见,WA-2高密度电法电阻率反演图0~270m、330~595m电极下电阻率特征以高阻为主,且其向深部延伸,同时高阻上覆有"碗"状低阻,与270~330m电极下中阻电阻率特征差异明显,推断剖面0~270m、330~595m电极下为采空区及塌陷积水区,270~330m电极下为安全煤柱,其裂隙发育,宽度为60m。为了验证WA-2剖面物探推断第四系厚度和采空边界的准确性,布置SH02钻孔于340m电极点,SH14钻孔于210m电极点以北15m。根据图2.9WA-2高密度电法电阻率反演图电性特征解释,SH02钻孔31~38m以上为第四系砾石层,下伏为基岩,50～60m为采空顶界;SH14钻孔45m左右见采空塌陷的破碎岩石。SH02钻孔钻进73m,35m以上为第四系,35～57m为基岩,57～64m为空洞;SH14钻孔43.6m见空洞及塌陷充填物。物探解释结果与钻孔结果吻合非常好,解释可靠。

WA-9高密度电法电阻率反演图如图2.10所示。

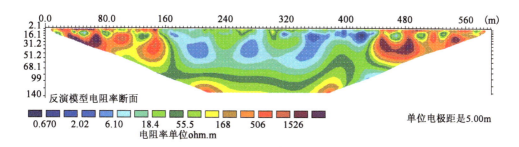

图2.10　WA-9高密度电法电阻率反演图

WA-9电法剖面垂直于W5-1剖面,WA-9剖面200m电极交W5-1剖面395m电极。WA-9电法剖面走向与煤层走向一致。从图2.10可见,WA-9高密度电法电阻率反演图0～180m、400～595m电极下电阻率特征以特高阻为主,且其向深部延伸,其表现为深部采空塌陷对上部第四系覆盖岩层力学结构破坏变形形成塌陷坑或裂缝的高阻特征;180～400m电极下100m以上为中低阻,为第四系覆盖和基岩电阻率表现特征,100m以下为水平走向高阻分布,为采空区电阻率特征。该剖面下伏煤层已采,安全煤柱已破坏。为了验证WA-9剖面物探推断采空区的准确性,布置SH010钻孔于200m电极点以北10m。根据图2.10中WA-9高密度电法电阻率反演图电性特征解释,SH10钻孔105～110m为采空顶界。SH10钻孔于104m发现采空空洞。物探解释结果与钻孔结果吻合非常好,解释可靠。

拟建公路K22+200～K22+280桩号局部地表有明显近东西走向串珠状塌陷坑和裂隙,W5-12电法剖面140～410m电极(图2.11)、W5-1电法剖面600～930m电极(图2.12)、W5-13电法剖面220～450m电极(图2.13)三条高密度电法剖面测量段从东向西排列,近南北走向控制了该区段。从图2.11～图2.13可见,三条端面高密度电法电阻率反演图20～40m深度椭圆状相对高阻异常水平分布,向深部延伸的特点不明显,其下伏为低阻。三条电法剖面高阻异常具有相同特征,异常源属同一性质,推断异常源位于第四系覆盖与下伏基岩不整合接触面上。为了验证该区异常性质,及曙光六矿开采是否掘进到该区段布置了KY03和SH01两个钻孔。KY03钻孔位于W5-1剖面680m电极点,钻孔结果为:0～24m为粉土(对应剖面低阻),24～26.3m为土洞及填充物,26.3～33m为砾石层(对应剖面高阻),33～121m为泥岩夹细砂岩和煤层(对应剖面低阻),钻孔未在含煤岩系中发现采空。SH01钻孔位于W5-13剖面230m电极,钻孔钻进150m,见两层煤,未见空洞,但上部钻孔钻进时有漏浆现象。该区段位于八道湾向斜上方及碗窑沟断裂F2以南,综合地质及矿山资料推断该地段受南部30～41号煤层采空塌陷变形影响,空区围岩应力的部分释放而产生围岩松弛带,引起围岩向空区的变位,造成岩块的滑动、垮落或挤鼓,进而形成了区内与煤层走向一致的成排状地面塌陷坑和裂缝,同时,该地段又为矿井排水区,因此在采空变形和水蚀作用下,第四系中存在地表水侵蚀形成的土洞及粉土流失区。

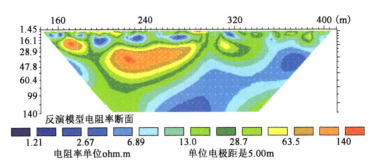

图 2.11 W5-12 电法剖面 140～410m 电极高密度电法电阻率反演图

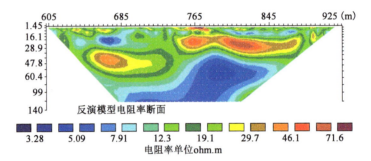

图 2.12 W5-1 电法剖面 600～930m 电极高密度电法电阻率反演图

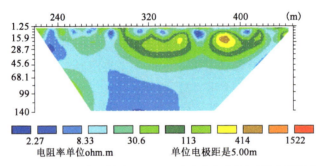

图 2.13 W5-13 电法剖面 220～450m 电极高密度电法电阻率反演图

图 2.14 为 WA-15 高密度电法电阻率反演图。

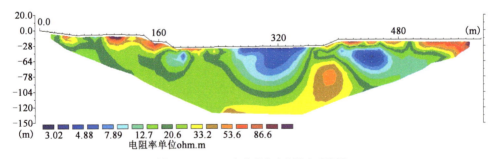

图 2.14 WA-15 高密度电法电阻率反演图

该高密度电法剖面测量目的是探测 K21+240～K21+320 里程桩号以西 45 号煤层露天开采回填物厚度,剖面 0m 电极点位于 K21+90 里程桩号。该露天采坑回填物以采矿废渣和粉土为主,回填区地势低凹,位于山脚,有利于溶雪和雨水汇集而使回填区带大量积水,形成电阻率低阻区带。从图 2.14 可见,190～380m 电极下明显为"U"形低阻区,其北缓南陡形态与 41 号煤层南倾形成的露天开采坑一致。回填厚度为 0～80m,采坑深度为 0～100m。240～450m 电极下伏 50～110m 深度电阻率高阻推断为地下开采采空区。

2.7　勘察结果综合分析

此次所有工作过程均满足直流电法规范中的性能要求,工作质量是可靠的、有效的。物探勘察结果非常成功,剖面反演结果清晰反映了不同电性单元空间分布特征。高密度电法 120 个电极,5m 电极距能满足探测 130m 深度横向和纵向分辨率要求,能推测到 150m 深度,其具有较强的抗干扰能力,较高的探测精度。由于结果受气候和地表条件等因素的影响很大,反演前用手工剔除明显突变点和用小波分析进行处理后再反演,经钻孔验证和地质对比,反演结果可靠。对地球物理勘探和钻探资料解释,得出采空区分布情况、各煤矿开采情况及煤层基本特征。

2.7.1　采空区分布情况

经物探得出急倾斜煤层采空区的详细分布特征如下:线路自北向南依次分布有:沙沟幸福煤矿 K19+630～K19+960、众兴二矿 K21+220～K21+600、曙光六矿 K22+300～K22+630及志强煤矿(原八一煤矿)K22+630～K22+880 段工业广场安全煤柱布线,煤柱宽度 80～210m。

沙沟幸福煤矿、曙光六矿、志强煤矿及小窑乱采区,因煤层陡倾呈 70°～80°,地表表现为沿煤层走向方向分布有 1 条或数条狭长近平行排列的呈串珠状沉陷坑,沉陷坑沿煤层倾向方向宽度 30～100m 不等,串珠状沉陷坑长度因矿区采掘规模不同而不同,一般沿工业广场东西两侧展布,长度 50～500m 不等。大部分沉陷坑被填平,沉陷坑南北方向有多条呈台阶状裂缝,走向 60°～65°,宽 1～10cm,长 15～30m。顶板方向较底板方向裂缝分布范围广、密度大。如沙沟煤矿因煤层厚、采深深,其造成的地表塌陷在影响范围、塌陷深度方面都较曙光六矿、小窑采区严重。

众兴二矿因煤层较缓呈 45°左右,地表表现为沿煤层走向方向分布有较广大的沉陷盆地,沉陷盆地沿煤层倾向方向宽度 200～500m 不等,长度因矿区采掘规模不同而不同,一般沿工业广场东西两侧展布,长度同各矿边界长度。大部分沉陷盆地被填平,地表已人工进行植被覆盖,沉陷盆地南北方向有多条呈台阶状裂缝,走向 60°～65°。顶板方向较底板方向裂缝分布范围广、密度大。

沙沟煤矿安全煤柱宽度为 110～135m,安全煤柱稳定区宽度为 90～100m,局部基岩上部破碎;众兴二矿安全煤柱宽度为 80～100m,安全煤柱稳定区宽度为 65～85m,众兴二矿煤矿采挖对拟建公路轴线下伏断面安全煤柱未破坏,但受局部采空塌陷变形影响,安全煤柱岩体裂隙发育,里程桩号 K21+940～K22+50 安全煤柱被 27 号、26 号、25 号、24 号煤层开采破坏;曙光六矿未破坏安全煤柱宽度为 55～90m,安全煤柱稳定区宽度为 35～70m,局部基岩上部破碎;

八一煤矿和曙光六矿煤矿开采对安全煤柱深部已局部破坏,里程桩号 K22+460~K22+600 下约 70m 深度以下煤层已被破坏,且曙光六矿煤矿拟建公路轴线其他区段基岩上部破碎;拟建公路桩号 K22+160~K22+280 地段受南部 30~41 号煤层采空塌陷变形影响,该地段又为矿井排水区,因此在采空变形和水蚀作用下,第四系中存在地表水侵蚀形成的土洞及粉土流失区,同时,区内未破坏安全煤柱较窄,区内生产的矿井及小窑采空,因采空区围岩应力的部分释放而产生围岩松弛带,引起围岩向空区的变位,造成岩块滑动、垮落或挤鼓,进而形成了采区内呈排状的地面塌陷坑;八一煤矿拟建公路以东因正在露天采矿施工,采坑深度大于 30m,无法进行横向垂直拟建公路轴线布置高密度电法物探勘探线,根据纵向 W5-1 勘查线及横向 WA-1 勘查线,同时结合矿山资料推断拟建公路西边(右侧)采空区和稳定区边界距轴线为 40~80m 和 25~65m。

具体分布情况如图 2.15、表 2.1 所示。

a) 志强(八一)露天开采

b) 众兴二矿采空区沉陷盆地

c) 众兴二矿北侧露天开采

d) 志强煤矿东侧沉陷坑

图 2.15 采空区分布情况

沿线采空区分布情况一览表　　　　表 2.1

类别	里程桩号	长度(m)	开采深度(m)	开采方向与线路走向	煤矿名称	不良地质说明
煤矿采空区	K19+630~K19+960	330	310~330	近正交 74°	沙沟幸福煤矿	路线穿越安全煤柱,路线左侧 40m,路线右侧 40m 为采空区
	K21+220~K21+880	600	200~250	近正交 80°~90°	众兴二矿	路线穿越安全煤柱,路线左侧 70m,路线右侧 40 为采空区

续上表

类别	里程桩号	长度（m）	开采深度（m）	开采方向与线路走向	煤矿名称	不良地质说明
煤矿采空区	K21+880~K22+280	400	100	近正交80°~90°	两矿间的变形区及乱掘区	薄细煤层已被乱掘
	K22+280~K22+600	320	170	近正交80°~90°	曙光六矿	路线穿越安全煤柱，路线左侧40~70m、路线右侧30~50m为采空区
	K22+600~K22+900	300	200~250	近正交80°~90°	志强煤矿	路线穿越安全煤柱，路线左侧40、路线右侧30m为采空区。井架以南的安全煤柱已被露天开采
煤矿采空区合计		2010				
小窑采空区	K23+980~K24+000	20	20~30		小窑	路线穿越小窑采空区，沿线两侧均有开采，地表形成较多塌陷坑、洞
	K24+050~K24+070	20	40~50		小窑	路线穿越小窑采空区，沿线范围内均有开采，地表形成较多塌陷坑、洞
小窑采空区合计		40				
露天开采煤矿	K21+120~K21+220	100	30		众兴二矿北侧露天矿	线路右侧
	K22+680~K22+880	200	50		志强煤矿	路线穿越露天煤矿（两侧存在采空）
露天煤矿合计		300				
路线途经采空区路段里程合计		2150	注：其中八一煤矿预留煤柱，部分路段已被露天开采			

2.7.2 煤层采空区开采情况

1）沙沟幸福煤矿

井田范围内现有长山子一号矿、长山子二号矿、长山子三号矿三个矿井，现3个矿+485m水平以上已全部采空，采煤方法为仓储式采煤法，各井的开采情况如下：

①一号矿。位于井田东部，东西走向长450~530m，南北宽195m，开采43号和45号二个煤层，井型30kt/a。现生产水平为+485m，采深约300m。该矿于2005年底关闭，现已停产。

②二号矿。位于井田中部，始建于1980年，1981年投产。东西走向长300m，南北宽250m，开采43号和45号两个煤层，井型30kt/a。现生产水平为+485m，采深约300m。

③三号矿。位于井田西部，始建于1993年，1994年投产，东西走向长290~346m，南北宽122~202m，开采43号和45号两个煤层，井型20kt/a。矿井最终生产水平为+485m，采深约300m。该矿现已停产。

井田地处七道湾背斜北单斜的东段，总体为单斜构造，岩、煤层走向65°~70°，倾向北西，倾角76°~86°。井田内煤层埋藏深度为50m左右，共含煤6层。自上而下分别为41号、42

号、43号、44号、45号、46号。井田内41号(厚度4.6m)、42号(厚度4.8m)、43号(厚度10.15m)、45号(厚度28.5m)煤层为全区可采煤层。具体纵断面分布图如图2.16所示。

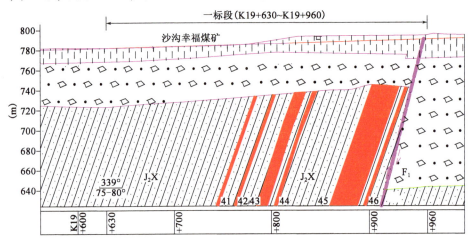

图2.16 一标段(沙沟幸福煤矿)纵断面示意图

2) 众兴二矿

众兴二矿原为铁厂沟二矿,位于八道湾向斜北翼,井田东西走向长964m,南北宽794m。开采42号、43号和45号三个煤层。众兴二矿开采水平593~643m,采深200~250m,煤层倾角41°~46°。采用仓储式采煤方法,现已停采。

采用"仓储式"采煤方法,采区回采率约30%。矿井开采范围内有主立井、副立井、风井、第一安全出口、第二安全出口共5个井筒,主采45号、42号、43号煤层。主立井位于井田东北部,井筒穿煤层布置,担负全矿井的煤炭提升任务。现开采水平为+643m,矿井向东采至300m处遇古火烧区下部附近停止,向西采至435m处,煤层变薄而停采,目前井田范围内+643m水平以上的煤层已开采完毕。副立井位于主立井的南部,井筒穿煤层布置,在+643m水平沿43号煤层底部向东、西两侧开拓运输巷,向东掘进了275m至矿界附近,向西掘进了110m后停止,而后在+678m水平43号煤层布置有回风巷,仅回采井筒东翼的43号煤层,井筒西翼43号煤层没有回采,其余煤层未回采。井田内西山窑组共含煤29层(17~45号煤层),平均总厚190.07m,含煤系数28%。其中可采12层,平均可采总厚99.24m。具体纵断面分布图如图2.17所示。

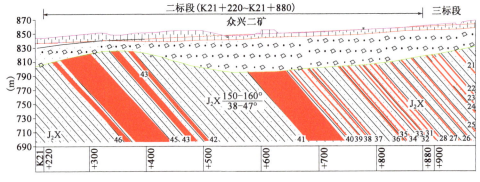

图2.17 二标段(众兴二矿)纵断面示意图

3)曙光六矿

原为新疆米泉市铁厂沟镇兵团农六师102团兴亚能建化实业总公司一煤矿,于1958年建成,为低瓦斯矿井,核定生产能力12万t,年生产能力9.6万t。2000年3月,被私人承包。矿井立井开拓,矿井目前开采水平为+710m水平,采深约170m,分东西两翼开采煤层,井田东西走向长932m,南北宽322m。矿井采煤方法为仓储式,主要开采31~41号等11层薄煤层,煤层厚度一般为3~10m,最大厚度约22m。该矿目前已停止开采。具体纵断面分布图如图2.18所示。

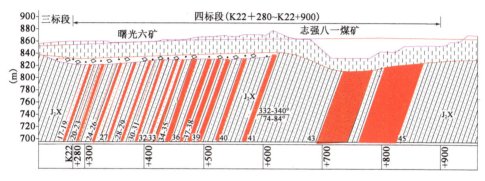

图2.18　四标段(曙光六矿和志强煤矿)纵断面示意图

4)志强(八一)煤矿

原为新疆米泉市铁厂沟镇煤矿,井田东西走向长1532m,南北宽350m。矿井立井开拓,共开采了5个水平。矿井目前开采水平为+602m水平,采深250m,单翼开采西翼煤层,开采走向长度为230m左右,矿井采煤方法为仓储式,主要开采43号、45号煤层,现已停采。矿井位于乌鲁木齐山前拗陷带八道湾向斜南翼,呈一陡倾的单斜岩层构造,矿区构造线方向与区域总体构造线方向一致,为东北方向,岩性沿走向和倾向变化不大。煤层平均倾角79°,水平厚度46m。煤层顶板为细砂岩,底板为粉砂岩。

矿井内含煤地层为西山窑组,共含可采及局部可采煤层16层,煤层平均总厚度142.83m。可采煤层为43号、45号煤层。43号煤层:厚度38.28~64.06m,平均厚度46.78m。煤层顶板为细砂岩,底板为粉砂岩,与41号煤层间距为104m。45号煤层:厚度29.61~43.62m,平均厚度39.60m。煤层顶板为粉砂岩,底板为粉砂岩,与43号煤层间距为12.30m。具体纵断面分布图如图2.18所示。

5)露天煤矿

据调查,拟研究线路经过露天煤矿两处。第一处:位于K21+220~K21+320(路右)众兴二矿北侧,开采深度约30m;第二处:位于K22+680~K22+880(路左)志强煤矿,开采深度约50m。现均已停止开采。

6)其他小窑采空

由于工作区煤矿密集,除正规开采煤矿外,多有小窑开采,形成小规模采空,工作区共发现小窑开采两处。第一处:位于K23+980~K24+000(横穿);第二处:位于K24+050~K24+070(横穿)。以上两处均属20世纪80年代初期无序开采的小窑,深度30~50m,目前在地表形成较多塌陷坑、洞。具体纵断面分布图如图2.19所示。

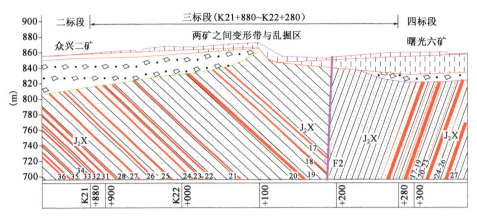

图 2.19　三标段(两矿之间变形与乱掘区)纵断面示意图

以上小窑采掘,均采用人工原始开采方式,均采掘厚度小于10m的薄煤层。

采掘方式1:先从地面挖竖井至煤层位置,保留上部3~5m风化煤不采,沿煤层走向方向采高2~4m,采长不大于100m。下一水平再预留2~3m水平煤柱,沿煤层走向方向采高2~4m。水平煤柱底部采用木板等简易方法支撑。该方法采掘深度不大于60m。

采掘方式2:沿煤层露头,顺煤层走向采掘。该方法采掘深度一般不大于30m。

煤矿开采方式:一般在广场安全煤柱设置主井及地面采煤设施,主井一般设置在煤层的底板。沿煤层倾向设置石门,沿煤层走向设置水平运输巷道。路线经过区域煤矿采煤方法为房柱式采煤法,房柱式采煤法为每隔一定距离先采煤房直至边界,再后退采出煤房之间煤柱的采煤方法。

采空区顶板管理:上述煤矿,井田范围内地表无建筑物,属丘陵荒地,采空区顶板管理采用陷落法即随采随放方式管理,若工作面顶板放不下来,采用强制放顶或超前预爆破的措施处理顶板。在地表形成了大小不一的塌陷区,塌陷区采取复垦措施,利用固体废物填垫塌陷坑,这样塌陷坑得到治理,同时减少了矸石堆放对井田所在区域土地资源的占用和破坏。塌陷坑的及时回填对煤柱起到反压作用,有利于减少安全煤柱凌空面,阻止和减缓安全煤柱侧向垮塌和变形。

2.7.3　各煤层倾角和开采厚度

各煤层倾角和开采厚度见表2.2。

各煤层倾角和开采厚度　　表2.2

矿区名称	对应采空煤层号	煤层倾角(°)	第四系厚度(m)	采空深度(m)	煤层厚度(m)	岩体摩擦角(°)
沙沟幸福煤矿	41~45	75	90	310~330	3~30	40
众兴二矿	42~45	45	10	200~250	30~40	40
曙光六矿	32~41	70~75	40~60	170	3~10	40
志强煤矿	43~45	75	30	200~250	20~50	40
小窑采空区(K23+960~K24+050)		75	25	30~50	10	40

2.8　本 章 小 结

（1）介绍了依托工程的工程概况和工程地质情况。

（2）目前,采空区常用探测方法主要包括:工程地质测绘、地球物理勘探及工程钻探,并分别对以上探测方法进行了详细介绍。

（3）介绍了既有采空区探测技术,主要包括物探和钻探,对比介绍了各自的优缺点,为了取得更好的勘探效果,物探必须与地质工作紧密结合,即采用物探与钻探相结合的勘察手段。通过对比分析确定了依托工程勘察采用的物探方法为高密度电阻率法和瞬变电磁法。

（4）详细介绍了物探勘察工作的实施过程和物探成果。

（5）由物探得出采空区的分布情况、各煤矿开采情况及煤层基本特征。

第3章　采空区稳定性理论分析

3.1　采空区常见病害及影响因素分析

近几年来,我国高速公路发展迅速,高速公路网也越来越完善。在公路穿越煤矿采空区时,将不可避免地遇到采空区治理难题。高速公路较其他构筑物来讲,有其自己的独特性:高速公路涉及地域范围大,公路的服务年限长,对路基变形的要求较高。由于煤层的开采,采空区的地表变形主要分为两种移动和三种变形:垂向下沉、水平向移动;倾斜变形、水平变形和曲率变形。因此公路修建在采空区上方时,可能会引起一系列问题:采空区上方地表的沉陷会引起路面低洼积水,长久之后引起路面破坏;路面倾斜导致车辆重心偏移,影响行车安全;水平方向的变形会导致路面的拉伸开裂或受压隆起,致使路面产生起伏的波浪状,严重后还可能使路面和路基产生局部破坏等。

3.1.1　路基病害

路基过量下沉,在竖直方向最可能产生的就是拉伸变形,这种变形将直接导致路堤的松弛,甚至有可能在压实度不同的层面中产生剥离,影响路堤的整体承载能力。这种松弛和剥离现象还会加大地表的倾斜程度和拉伸变形量,对路基的承载力和稳定性产生一定的影响。如果路堑的上方边坡中存在着煤层采空区,因为开挖边坡形成了一个临空面,这时应考虑水平拉伸变形量和地面倾斜程度对这个边坡的稳定性影响,特别应注意可能产生滑坡灾害。路基在采空区上方修建时,最严重的情况就是基底的突然坍塌,可能会引起路堤的塌陷。

路基在竖向沉降的同时,往往伴随着水平方向的移动变形,这种水平方向的变形可能会导致路线偏离原有的设计方向,产生一个破坏变形。平行于路线纵向的水平变形会对路基产生一个拉伸或压缩。这两种变形是不均匀的。产生这两种变形会使路面在坡度、路线的方向等方面发生变化。

采空区引起的地表水平变形和地表倾斜,会影响路基的稳定性,对于高路堤这种影响还可能导致边坡的滑坡灾害。因此,对采空区影响范围内的路基,在设计施工前要对其稳定性进行验算。可以根据《公路路基设计规范》(JTG D30—2015)中的圆弧滑动法进行稳定性验算。

3.1.2　路面病害

地表的下沉引起地基的沉降,路面因为路基的不连续变形和不规律沉降而出现有坡度的不规则变化和破坏。当地表的沉降倾斜方向和路线的坡度相同时,会导致路线坡度的增加;相反,当两者的方向不同时,路线原有的坡度就会减小甚至出现相反的坡度。路线这种坡度的改变,会影响路面上的车辆在移动变形盆地内的阻力增加或者减小。

路面会因为采空区地表水平方向的变形和移动而开裂或隆起,导致路面产生波浪状的起伏。这种波浪状的起伏路面很容易引起高速行驶的车辆产生腾空,严重的可能会导致翻车事故。图3.1为该项目采空区附近的一条乡村公路,由于受到采空区地表下沉的影响,地面已经产生开裂隆起。

3.1.3 桥梁病害

在采空区影响范围内修建桥梁构筑物的时候,主要影响桥梁稳定和安全性的是桥梁桩基修筑的可行性和稳定性,其次还要考虑桥梁桥面结构的抗变形能力和桥梁完工后的运营安全性和维护难易程度等问题。采空区塌陷变形区桥梁的主要病害是基础和墩台的大变形、拱桥的断裂,以及桥梁整体结构的下沉和横向错动位移变形过大等。桥梁的结构特殊,抗变形能力比较小,产生变形后消除变形的影响也比较难。所以目前为止,采空区上方修建桥梁结构还没有成熟的理论和施工技术经验。图3.2是铁厂沟煤矿采空区的一个小窑附近的桥梁桩基,由于桩基距离采空区很近,为避免桥梁在修建和使用过程中由于采空区的影响而产生安全问题,保证采空区附近桥梁桩基的稳定性,需要对(桩)小窑采空区加固处理。从图中可以看到注浆后出露表面的注浆管。

图3.1 公路开裂隆起　　　　　　图3.2 桥梁桩基附近采空区加固

3.1.4 隧道病害

当隧道构筑物修建在采空区的上方时,由于煤层的开采,采空区上覆岩体会坍塌形成三带,采空区上方的岩体冒落,围岩内部的节理、裂隙发育。当在此基础上再修建隧道时,隧道周围的岩体很难再继续保持稳定状态,极有可能产生较大的变形,这种大变形严重时能够使隧道的衬砌结构破坏,产生变形和裂缝,影响到隧道围岩的稳定性,给隧道施工和运营过程带来很大的安全隐患。同时隧道下部岩体变形严重,将可能导致隧道的下沉,极容易造成隧道的侵限,同时隧道也会造成水平方向的移动变形。特别是在开采急倾斜煤层的时候,隧道位于采空区的上坡方向,这种变形影响会更大,造成隧道中线偏离设计位置。

如果隧道修建在煤层采空区的下方时,由于采空区的空洞内往往会积储着地下水,采空区内的地下积水和地表渗流下来的地表水会经过岩体的裂隙渗入到隧道的围岩和结构内,造成隧道围岩和结构的弱化,降低围岩的自承载能力,导致隧道的变形和破坏。

另外，隧道开挖完成后，会造成周围岩体的应力重分布，而隧道周围的岩体由于处在采空区的冒落带和裂隙带内，围岩的完整性和力学性能大大降低。围岩稳定的时间要比通常情况下所需的时间长，松弛流变的时间也要延长，这也是造成采空区附近隧道容易变形破坏的原因。

3.2 急倾斜采空区致灾机理分析

采空区地表沉陷规律是指地下煤层采出后所引起的地表的变形移动大小，空间变化形态以及与采空区地质、开采条件和方法之间的关系。目前，国内外研究较多的是在水平煤层或缓倾斜煤层开采后的地表沉陷规律和沉陷稳定后上覆修建简单构筑物的条件下的地层沉陷规律，在此基础上也取得了很多的研究成果。但是急倾斜煤层采空区的地表变形特征和沉降理论以及上覆修建构筑物后的稳定性研究还存在一定的欠缺[5-11]。

3.2.1 采空区公路病害影响因素分析

1）采空区自身影响因素

（1）采煤方法

本书依托工程经过的采空区采用的是仓储式开采方式。该采煤方法的主要特点就是工作面较小，采煤后先将采下的煤存储在开采面内，回采率也比较低。而工作面开采的面积和回采率将直接影响到煤层开采后覆岩变形与地表移动破坏的程度，工作面越小、回采率越低路基受采空区影响就越小，路基也就越稳定，反之对路基的影响就越大，路基越不稳定。因此就开采方法而言，仓储式是稳定公路路基的比较有利的采煤方式。

小窑露天煤矿在此工程段内有两处，均属20世纪80年代初期无序开采的小窑，均采用人工原始开采方式，为采掘厚度小于2m的薄煤层。水平煤柱底采用木板等简易方法支撑。这两处小窑开采缺乏标准化支撑，开采方式方法都不规范，缺少矿区巷道分布图。这给施工前勘察和施工过程带来了极大的不便，也对后续施工安全提出了更高的要求。

（2）煤层赋存条件

该工程煤层赋存特点为煤层倾角大、开采深度深、煤层厚度厚、煤层层组多。煤层倾角大于55°，而且75°以上的倾角存在普遍。煤层开采深度最大达到300m。从现场来看地表塌陷严重，出现珠连状塌陷孔洞。这是因为地表移动破坏范围受开采深度的影响，开采深度越大，地表的移动范围也会随之扩大。但煤层的开采深度越大，采空区地表的移动变形和沉降程度就会越小，即随着开采深度的增大，移动破坏的程度随之减轻。

（3）地形地貌

该工程拟建场地属于低山丘陵区，总体的地势北低南高。由于采空区的地表沉降变形是一个向上传递的过程，山区不同的坡体受采空区影响的范围和程度与采空区所处的平面位置有很大关系。当采煤工作面是从上坡向下坡方向开采时，坡体的移动发展是自上而下的，在坡体的顶部由于受到拉应力的作用会产生裂缝，从而降低坡体的稳定性，使坡体产生一个向下坡方向的作用力；如果采煤工作面是逆向的由下坡向上坡方向开采时，坡体的移动趋势是从下到上的，坡体受到的主要是牵引力的作用。采空区顺坡采动不论是在对地表的沉降影响程度上还是在产生的频率上都要比逆坡大。

(4) 采深采厚比

影响采空区地表变形的因素很多，而采深采厚比是综合反映开采煤层赋存条件的一种指标，在采矿前常把采深采厚比作为预测地表沉降变形大小的一个重要因素。分析新疆乌鲁木齐绕城高速公路（东线）采空区各个矿区的采深采厚比情况：沙沟幸福煤矿平均开采深度为300m，煤层的平均厚度为12m，采深采厚比为25；众兴二矿煤层的开采深度为200～250m，其中可采12层，平均可采总厚99.24m，采深采厚比约为2；志强煤矿煤层开采深度为250m，平均开采厚度为46m，采深采厚比为5.4。

煤层的埋藏深度和煤层厚度与采空区的地表变形沉降规律有着密切的关系。一般情况下，采深采厚比越小，地表的沉降变形趋势也就越强烈，变形的影响范围也就越大，对采空区上覆构筑物的危害也就越大。根据已有的资料和工程实例总结分析，当采深采厚比小于30时，地表的变形多比较明显，地表也容易出现台阶状的下沉坑或者产生较大的地表裂缝等非连续地表变形现象。随着采空区的采深采厚比的增加，采空区上覆地表的变形趋势也逐渐减小。当煤层的采深采厚比达到一定的比例时，地表的变形就会变得舒缓，变形趋势也有所减弱。图3.3为采空区采深采厚比较小时，地表随处可见的较大塌陷坑。

a)　　　　　　　　　　　　　　　b)

图3.3　地表塌陷坑

(5) 煤层倾角的影响

采空区上覆地层和地表的沉降变形受煤层倾角变化的影响很大。当煤层为水平煤层或缓倾斜煤层时，煤层采出后，上覆盖层岩层的移动形式主要是沿岩层的法向方向产生弯曲和崩落，会形成马鞍形的冒落带和裂隙带，地表下沉盆地的形状也多为对称的盘形或者碗形。

当煤层为急倾斜煤层时，煤层采出后，上覆盖层岩土体的移动形式除了法向方向的弯曲外，还会产生沿岩层面的平行滑移，上覆岩层的破坏形态多为抛物线形，地表的下沉盆地也由对称向非对称形态转变，多会形成非对称的碗形或者盘形。

该工程矿区空区大部分煤层都是急倾斜煤层，煤层采出后，剥离冒落到采空空洞内的煤和岩块，除了滚动外，还会沿煤层倾斜方向滑动。冒落带和裂隙带多呈椭圆形，采空区地表的下沉盆地多呈兜形或瓢形。当采空区煤层倾角超过75°后，煤层底板的岩层也会产生滑移，靠近底板一侧的地表也会出现许多裂缝或形成台阶状沉陷盆地。在煤层倾角接近垂直时，地表的下沉盆地的剖面形状又转为比较对称的兜形。

2）复杂地质条件对采空区的影响

（1）断层对采空区的影响

如果采空区的上覆岩层中存在断层，采空区形成后可能引起断层的上下盘层面的相对移动。如果存在的断层倾角大于20°，断层的落差大于10m时，煤层开采后，断层将会对采空区产生较大的影响。这种影响主要表现在两个方面：一是会在断层的露头处产生一个台阶状的裂缝；二是将改变地表沉陷的影响范围。

（2）向斜构造对地表变形的影响

该项目所在区域的南部是天山褶皱带，与天山平行有一系列背斜与向斜。当煤层遇到有向斜构造的地质情况时，地表的移动形式和特征较没有向斜构造的情况有很大的不同。在向斜上方，尤其是轴上方的地表会出现台阶状的沉陷坑。

（3）山区地表对地表变形的影响

该项目的拟建场地位于低山丘地带，总体地势北低南高。当有山区地表的时候，采空区地表的沉降与平原地带有着不同的变形规律。山区地表变形除了以往的常规移动形式以外，还可能产生两种地表移动形式——滑坡或滑移。滑坡是因为该山区本来就有发生滑坡所需的条件以及有旧的滑坡体存在，当煤层采空后会诱发产生新的滑动。这种滑坡的移动速度和移动变形量都比较大，滑坡的移动方向也不一定指向下坡的方向。滑移是当煤层被采空后地表的表土层或者风化层在扰动和自重的作用下向下坡方向产生的缓慢的滑移。

（4）露天矿的岩层移动问题

据调查，拟研究线路经过露天煤矿二处。露天矿中的岩层移动问题最主要的是边坡稳定问题。如果露天矿的边坡角选得较小，虽然能保证边坡稳定，但要增加剥离量，这不符合经济的原则；如果边坡角选得偏大，则不能保证岩层稳定性，容易发生滑坡。因此合理的选择边坡角才能保证在安全与经济的原则下，以露天开采方式充分采出矿产资源。通过地勘资料和现场实际勘察，志强煤矿采空区段的露天煤矿边坡角较大，坡面很不稳定，现场可见剥离面，如图3.4所示。

a)

b)

图3.4 露天煤矿边坡剥离

3.2.2 路线通过采空区下方空洞时致灾机理研究

依托工程路线大部分都在采空区的安全煤柱上经过，但由于部分里程不可避免地要经过地下空洞部分，如小窑采空区和众兴二矿的部分采空区等，根据工程概况可知，在该项目中，存在两个小窑乱掘区埋深20~40m,众兴二矿局部地段有空洞埋深5~30m。

这些采空区残留的空洞和破碎的岩体随着时间的平衡,也会稳定到应力相对平衡的状态(采动稳定或基本稳定)。但是当再次受到高速公路路面施工和运行过程中的车辆荷载的作用后,可能会打破这种平衡状态,从而引起受采动破坏的破碎岩体的二次移动("活化")。参考中南大学童立元的《高速公路下伏采空区危害性评价与处治技术》[12],认为高速公路各种荷载引起采动破碎岩体"活化"的临界深度为高速公路路基最大扰动深度和导水裂缝带最大高度之和。因此当煤层的开采达到一定的深度时,路基的附加荷载就不会影响老采空区出现"活化"现象[13-21]。

1) 裂缝带高度计算

根据《建筑物、水体、铁路及主要井巷煤柱留设与压煤开采规程》与《矿山开采沉陷学》中关于冒落带高度的计算,结合矿区的实际情况,急倾斜煤层开采后的裂缝带发育高度可用经验公式计算确定,见表3.1。

急倾斜煤层开采后导水裂隙带高度计算公式　　　　表3.1

岩　性	裂缝带高度(m)	备　注
坚硬	$H_i = \dfrac{100\sum\delta h}{4.1h+133} \pm 8.4$	h——回采阶段高度; δ——煤层的法向厚度
中硬、较软	$H_i = \dfrac{100\sum\delta h}{7.5h+293} \pm 7.3$	

2) 路堤荷载影响深度计算

假设路堤荷载高度为H,路面车辆荷载为P,地基受梯形分布荷载作用,如图3.5所示。

路基的工作区深度计算公式:

$$z_a = \sqrt[3]{\dfrac{KnP}{\gamma}} \quad (3.1)$$

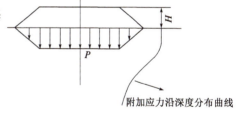

图3.5　路堤荷载示意图

式中:P——车辆荷载;

K——系数,取0.5;

γ——土的重度;

n——系数,取1/10~1/5。

因车辆荷载的影响深度有限,一般的重载汽车影响深度也只有3~4m,因此计算路堤荷载扰动深度时,可以忽略车辆荷载的影响。

受采动影响的上覆盖层,一般当路基在上覆盖层产生的附加应力为上覆盖层自重应力的10%时,就认为公路对这个深度的上覆盖层影响可以忽略不计。此深度称为"受压层"深度。受压层以下的岩土体的附加应力很小,可以忽略其对上覆盖层的沉降影响。但考虑煤矿采空沉陷的复杂性,为安全起见,选用地基中附加应力等于自重应力5%为临界值,作为公路对采空区上覆岩层扰动变形影响忽略与否的评价标准,来确定采空区上方路基荷载地基扰动深度。

设地基岩土的重度为γ_i,各层厚度为z_i,则深度为z处的地基上的自重应力为:

$$\sigma_{cz} = \sum \gamma_i \cdot z_i \quad (3.2)$$

路基基底的地面面积为均布荷载作用,基底中任意一点 M 的附加应力计算可以根据《土质学与土力学》的竖向分布荷载下的应力计算公式和查表取得。

矩形地基的均布荷载作用下土中的竖向应力计算如下:

$$\sigma_z = \alpha_0 p \tag{3.3}$$

式中:α_0——中点下竖向应力系数;
p——竖向分布荷载。

其中当在中点下时,可查表3.2选取;当在角点下时,可查表3.3选取。

矩形面积上均布荷载作用时,中点下竖向应力系数值　　　　表3.2

深宽比	矩形面积长宽比									
	1.0	1.2	1.4	1.6	1.8	2.0	3.0	4.0	5.0	≥10
0	1.000	1.000	1.000	1.000	1.000	1.000	1.000	1.000	1.000	1.000
0.2	0.960	0.968	0.972	0.974	0.975	0.976	0.977	0.977	0.977	0.977
0.4	0.800	0.830	0.848	0.859	0.866	0.870	0.879	0.880	0.881	0.881
0.6	0.606	0.651	0.682	0.703	0.717	0.727	0.748	0.753	0.754	0.755
0.8	0.449	0.496	0.532	0.558	0.579	0.593	0.627	0.636	0.639	0.642
1.0	0.334	0.378	0.414	0.441	0.463	0.481	0.524	0.540	0.545	0.550
1.2	0.257	0.294	0.325	0.352	0.374	0.392	0.44	0.462	0.470	0.477
1.4	0.201	0.232	0.260	0.284	0.304	0.321	0.376	0.400	0.410	0.420

矩形面积上均布荷载作用时,角点下竖向应力系数值　　　　表3.3

深宽比	矩形面积长宽比									
	1.0	1.2	1.4	1.6	1.8	2.0	3.0	4.0	5.0	≥10
0	0.250	0.250	0.250	0.250	0.250	0.250	0.250	0.250	0.250	0.250
0.2	0.249	0.249	0.249	0.249	0.249	0.249	0.249	0.249	0.249	0.249
0.4	0.240	0.242	0.243	0.243	0.244	0.244	0.244	0.244	0.244	0.244
0.6	0.223	0.228	0.230	0.232	0.232	0.233	0.234	0.234	0.234	0.234
0.8	0.200	0.208	0.212	0.215	0.217	0.218	0.220	0.220	0.220	0.220
1.0	0.175	0.185	0.191	0.196	0.198	0.200	0.203	0.204	0.204	0.205
1.2	0.152	0.163	0.171	0.176	0.179	0.182	0.187	0.188	0.189	0.189
1.4	0.131	0.142	0.151	0.157	0.161	0.164	0.171	0.173	0.174	0.174

土中任意一点的竖向应力值可以根据角点法的叠加原理计算,即:

$$\sigma_z = 0.05\sigma_{cz} \tag{3.4}$$

通过试算确定。

当修筑路基时,在路基荷载作用下,上覆盖层原本稳定的导水裂隙带的平衡状态可能会被破坏,从而引起采空区上覆基岩的多次移动(活化),从而引起地基沉陷和变形的加剧。因此,修筑路线结构物引起上覆盖层破坏的临界采深应该大于路面荷载附加应力的最大扰动深度和导水裂隙带最大延伸高度之和,即:

$$H_c \geqslant H_{Dz} + h_{max} \tag{3.5}$$

当满足上述条件时,路堤荷载一般不会使采空区上覆地层产生二次移动"活化"问题。

3)评价原则

导水裂隙带的发育高度与路堤荷载影响深度之间的相互关系存在以下3种情况:

(1)两者之间存在一定距离,如图3.6a)所示,这种情况下修筑构筑物产生的荷载不会影响到采空区导水裂隙带的稳定性。图中 P 为地基中基底附加应力。

(2)两者刚好接触,如图3.6b)所示,这种情况下的路堤荷载为采空区稳定的临界荷载。

(3)两者相互重合,如图3.6c)所示,这种情况下的路堤会受到导水裂隙带的稳定性的影响,路堤会受到采空区地表较大不均匀沉降的影响。但是在该工程实际计算中,考虑到采矿地质因素复杂等因素,两者之间要留设10m的安全距离。

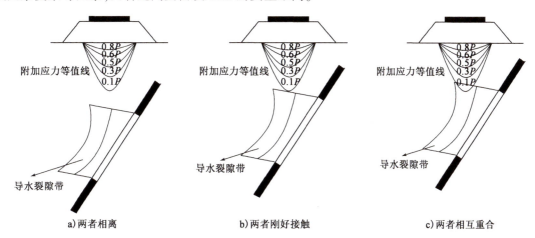

图3.6 导水裂隙带与路基荷载影响深度关系图

依托工程中在 K21+600～K22+300 公路里程中没有成型的安全煤柱,在 K23+980～K24+000 与 K24+050～K24+070 为小窑乱掘采空区,路线经过采空区的采空空洞上方,采空区空洞上方覆盖层厚度在 5～40m 之间。根据已有资料,煤柱顶露头处与上覆盖层接触,参考《土质学与土力学》,将上覆土层的重度定义为:$\gamma = 18kN/m^3$,小窑采空区的埋深为 20～40m。采高为 2～4m,小窑的采掘厚度小于2m,煤层属于急倾斜煤层。根据表3.1中公式:

$$H_i = \frac{100\sum \delta h}{4.1h + 133} \pm 8.4 \tag{3.6}$$

计算出导水裂隙带的最大高度达到12.5m。

乌鲁木齐绕城高速公路路基的最大回填高度以10m计算,路面的设计宽度为33.5m,放坡坡度按1:1.5计算,则路基基底地面宽度63.5m。土体重度按 $19.5kN/m^3$ 计算,则基底应力为0.195MPa,按均匀分布力作用计算,路基中心下方不同深度条件下的应力分布见表3.4。

基底附加应力分布　　表3.4

深度(m)	0	12.7	25.4	38.1	50.8
σ_z(MPa)	0.195	0.182	0.156	0.118	0.087

当埋深为12.7m时,基底附加应力为0.182MPa,大于基底自重应力的5%(0.18MPa × 12.7 × 5% = 0.114MPa)。考虑到小窑采空区的复杂情况,保留5～10m的安全埋藏深度,所以

基底附加应力对埋深小于30m的采空区空洞的上覆岩体都会产生影响。根据地勘资料,小窑采空区上覆盖层厚度小于30m。因此,都需要进行加固后才能消除修建路基带来的影响。

3.2.3 路线通过采空区下方安全煤柱时致灾机理研究

煤矿采空区工程地质灾害种类较多,涉及公路建设的有大面积地表塌陷、地裂缝、老采空区活化、老窑和小煤窑采空区塌陷等,地质灾害较为特殊与典型。经过地勘,依托工程线路K19+630～K22+880段从煤矿预留安全煤柱上通过,拟建线路经过的采空区多为急倾斜煤层采空区,大部分处于移动区与变形区。采煤方法采用仓储式采煤法,采空区顶板管理采用自然陷落法管理。

随着煤层的不断开采,采空面积不断增加,上覆顶板岩土体的压力就只能由安全煤柱来承担。在安全煤柱上方修建高速公路构筑物时,煤柱极有可能在已有土层荷载和公路构筑物与车辆荷载的共同作用下逐渐流变失稳,发生屈服,从而导致上覆盖层的岩土体因为失去安全煤柱的支撑而发生垮塌变形,影响公路的使用性能。煤柱在支撑上覆盖层稳定时,其内部形成两个力学性质不同的区域:弹核区和屈服区。

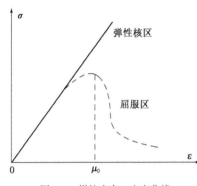

图3.7 煤柱应力—应变曲线

煤柱弹核区的关系曲线与屈服区的本构关系曲线是不同的,在弹核区内呈线性关系,表现为应变硬化行为;在屈服区内煤柱的本构关系是具有应变软化性质的非线性关系,如图3.7所示,表现为应变软化行为的煤柱一旦达到峰值强度后会很快卸载。

此外,在安全煤柱上方修筑路堤时,采空区对其稳定性影响主要分为两大类:一是当上覆盖层厚度足够厚、安全煤柱顶宽很大时,路基基底在上覆盖层的稳定区内,影响路基稳定性的因素主要是路基下方安全煤柱的稳定性;二是当上覆盖层较薄、安全煤柱顶宽较窄时,路基下方的覆盖层会受到采空区的影响,位于上覆盖层的塌陷变形区。这时采空区不但受到煤柱稳定性的影响,还受到上方覆盖层塌陷区可能产生的变形或破坏影响。

工程实践证明,采空区安全煤柱的失稳与破坏,多是与时间因素有关的。安全煤柱的煤岩在一定的应力(公路荷载或温度)条件下,会产生具有时间效应的变形和破坏,包括安全煤柱体的蠕变、应力松弛、弹性后效和长时强度4个方面,但主要影响安全煤柱体稳定的是蠕变和长时强度作用。

该项目的采空区形成时间较久,蠕变影响基本趋于某一定值,长时强度成为重要的力学指标。若忽视了煤柱强度的时间因素,煤柱设计时仅仅依靠煤柱的瞬时强度,就不能保证安全煤柱的长期稳定性。长时强度可以通过各种应力水平长期恒载破坏试验和不同应力水平的蠕变试验确定。根据李世平的《岩体力学简明教程》中安全煤柱的长时强度规定,根据其强度性质可以估取瞬时强度的45%～65%。

安全煤柱的破坏失稳分为突变和渐变两种形式。安全煤柱发生突变破坏的最主要原因是在刚度比不大于1时才会发生,即安全煤柱发生突变破坏并不是煤柱的强度不够,而是煤柱的刚度比不够,并是在路基构筑物等外界因素的扰动下造成的,是一种煤柱非稳定的现象。因此在实际工程中可以考虑对这一类安全煤柱进行注浆加固,增加安全煤柱的刚度,保证其刚度满足要求,就能有效地防止安全煤柱突变破坏。

根据《采空区公路设计与施工技术细则》(JTG/T D31-03—2011)对于路基下采空区加固宽度的规定,公路下保护煤柱的留设应符合以下要求:

$$L = D + 2d + 2(h\cot\phi + H\cot\delta) \tag{3.7}$$

式中:D——公路路基底面宽度;

d——路基维护带宽度,取 10m;

H——采空区上覆基岩厚度;

ϕ——松散层移动角;

δ——走向方向覆基岩移动角;

h——松散层厚度。

煤层的安全煤柱由于开采卸载,上部产生较大变形,可能会发生片帮破坏。这是因为煤层较厚的煤柱的弹核区比较宽,但是在煤柱体中越靠近安全煤柱的外侧,塑性表现就越明显,加上煤柱普遍存在节理裂隙等,开采后的扰动也会产生一些破碎,所以煤柱很容易片帮,而后一层层开始发生破坏。这种破坏将直接影响安全煤柱的稳定性,所以需要进行安全煤柱的岩体质量评价。

根据已有预留安全煤柱岩体基本质量评定,根据岩体单轴抗压强度(R_c),并结合岩体的完整性指数(K_v),对预留安全煤柱岩体基本质量指标 BQ 进行初步测定:

$$BQ = 90 + 3R_c + 250K_v \tag{3.8}$$

式中,$R_c = 2.5$MPa,$K_v = 0.1 \sim 0.75$,BQ = 122.5 ~ 285。

考虑地下水影响系数($K_1 = 0.2$)、主要软弱结构面产状影响系数($K_2 = 0.2$)和初始应力状态影响修正系数($K_3 = 0$),对岩体基本质量指标进行修正:

$$[BQ] = BQ - 100(K_1 + K_2 + K_3) \tag{3.9a}$$

$$[BQ] = 100 \sim 255 \tag{3.9b}$$

初步评定预留安全煤柱基本质量级别为Ⅳ~Ⅴ。所以该工程中,采空区需要进行加固后才能保证煤柱上方修建公路的稳定性。

3.3 依托工程采空区稳定性分析与评价

3.3.1 概述

国内外对于采空区稳定性的研究已经有相当长的历史,也提出了很多稳定性的评价方法,主要的评价方法可以分为预计法、解析法、半预计半解析法和数值模拟法。

但由于各采空区的工程条件与地质参数差别较大,一种方法并不适用于各种情况,目前国内外对于采空区稳定性评价问题也并未形成一套系统的评价标准。所以根据工程的实际情况选择合适的评价方法,才能准确地对采空区的稳定性[22-24]作出评价。选取众兴二矿采空区处治标段为研究对象,先运用预计法中的经验公式法和解析法中的结构力学法,对煤层开采后地表稳定性进行分析;再运用预计法中的概率积分法对煤层开采后的地表剩余变形值进行计算;最后运用解析法中的垂线法和图解法,分析煤柱对拟建高速公路稳定性影响。

3.3.2 地表稳定性分析

1) 倾斜煤层岩层移动模式

倾斜煤层条件下,煤层采出后,采空区倾向方向横截面的岩层主要发生了如图3.8所示两种形式的移动[25-27]。

(1) 岩层的垮落。煤层被开采后,在自重力作用下顶板直接承受拉应力。岩体的抗拉强度远小于其抗压强度,若拉应力大于其抗拉强度,则会产生断裂、破碎甚至垮落。根据煤层顶板及其上覆岩层破坏程度的不同,可以划分为冒落带、裂隙带和弯曲带。

(2) 岩体的滑移。如图3.8所示,采空区上山方向的覆岩,受到自重力作用,可能发生沿层面的位移,岩层被剪断,地表出现塌陷坑。

2) 岩层移动对地表影响

通常将冒落带和裂隙带合称为冒落裂隙带,是破坏比较严重的区域。若冒落裂隙带高度一定,采空区的埋深越大,则地表受采空区的破坏程度就越小。若采空区的埋深很小,而采空区的冒落裂隙带很大,则冒落带与裂隙带可能发展到地表,地表会发生较为严重的沉降变形。而冒落裂隙带上山方向的岩层,在自重作用下,发生了岩层间的滑动,同样致使地表产生塌陷[28-30]。

3) 不同岩层移动模式下地表稳定性评价

(1) 冒落裂隙带高度评价地表稳定性

将冒落裂隙带高度与采空区埋深的比值作为评价采空区稳定性的指标。

评价步骤为:根据实际的地勘资料与相关规范,计算出采空区的冒落裂隙带高度,再将煤层顶板埋深与冒落裂隙带高度相比较。若煤层顶板埋深与冒落裂隙带高度的比值大于1,则冒落裂隙带还未发展到地表,地表可以看作稳定或者基本稳定;相反,如果比值小于1,则冒落裂隙带与地表相连通,地表会发生严重的塌陷变形,视为不稳定。倾斜煤层冒落裂隙带大致分布如图3.9所示。

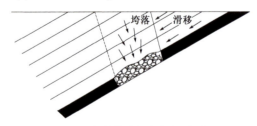

图3.8 倾斜煤层岩层移动示意图

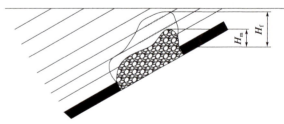

图3.9 倾斜煤层冒落裂隙带示意图

图中 H_f 表示冒落裂隙带最大高度,H_m 表示冒落裂隙带最大高度。

根据《建筑物、水体、铁路及主要井巷煤柱留设与压煤开采规程》中关于冒落裂隙带的计算方法,与矿区的实际地勘情况结合,选用合理计算公式如下:

$$H_{\mathrm{f}} = \frac{100m \times h}{7.5 \times h + 293} + 7.3 \qquad (3.10)$$

式中：H_{f}——冒落裂隙带高度(m)；

m——煤层厚度；

h——回采阶段高度。

根据公式，计算出采空区的冒落裂隙带高度，再与采空区顶板埋深相互比较，对采空区地表稳定性进行评价，评价标准如表 3.5 所示。

采空区稳定性评价标准　　　　　　　　　　　　　　表 3.5

稳定性分级	地面塌陷发育状况	评 价 说 明	顶板埋深 H 与冒落裂隙带高度 H_{f} 比值
不稳定	正在持续扩展或者间歇性缓慢扩展	正在活动的采空区，促进其扩展的动力因素在持续作用；不具备极限平衡条件，具塌陷趋势	$H/H_{\mathrm{f}} < 1$
基本稳定	休止状态	基本处于极限平衡状态，当环境条件改变时可能复活	$1 < H/H_{\mathrm{f}} < 1.5$
稳定	消亡状态	稳定平衡状态，复活的可能性较小，一般不具备塌陷趋势	$H/H_{\mathrm{f}} > 1.5$（经验值）

选取众兴二矿中包含的 42 号、43 号、45 号煤层进行研究。根据实地勘察资料，计算导水裂隙带高度，并与埋深大小进行比较，得到的计算结果如表 3.6 所示。

采空区稳定性评价结果　　　　　　　　　　　　　　表 3.6

开采煤层编号	煤层厚度 m	回采阶段高度 h	冒落裂隙带高度 H_{f}	采空区顶板埋深 H	H/H_{f}	稳定性
42	22	25	114	25	<1	不稳定
43	7.4	25	39	20	<1	不稳定
45	38	25	197	30	<1	不稳定

由表 3.6 可知，众兴二矿中 42 号、43 号、45 号煤层，顶板埋深与冒落裂隙带的比值均小于 1，则冒落裂隙带已经发展到了采空区的地表。其中 42 号、45 号煤层，由于煤层较厚，冒落裂隙带高度远大于采空区顶板的埋深，初步推测采空区的冒落带已经发展到地表，地表会出现严重的塌陷，地层极不稳定。若在采空区上方修建道路，进行施工时，采空区容易再一次的"活化"，导致塌陷的发生，影响高速公路的建设和运营。

(2)岩体滑移受力分析

研究表明，倾斜煤层开采时，工作面上山方向的岩体可能会在重力作用下沿层面进行滑移。当岩体受到沿层面的剪切力大于其抗剪能力时，岩体会发生错位，向下山方向进行滑动。取沿煤层走向方向单位长度岩体作为分析对象，受力分析如图 3.10 所示。

选取滑落岩体 C_2 作为研究对象，滑落岩体

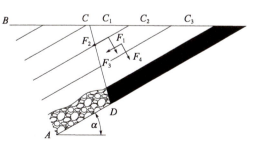

图 3.10　滑落岩体受力分析

上覆岩层沿法向的分力 F_1 作用于滑落岩体垂直面，F_2 作用于滑落岩体沿层理方向，同时滑落岩体还受到自身重力沿法向分力 F_4、倾向分力 F_3 的作用。滑落岩体发生滑动时有如下受力关系：

$$(F_1+F_4)f_2 \leq F_2+F_3 \tag{3.11}$$

式中，$F_1=G_1\cos\alpha$，G_1 为滑动岩体上覆岩层的自重，α 为煤层倾角；$F_2=F_1f_1$，因为在倾斜煤层中，若 C_2 岩体将产生滑动，C_1 岩体必将先于 C_2 岩体进行滑动，所以 C_1 岩体对 C_2 岩体会作用一个沿层面向下的力，大小为 C_1 岩体在自重作用下滑动所受到的摩擦力；$F_3=G_2\sin\alpha$，$F_4=G_2\cos\alpha$，G_2 为滑落岩体自身的重量；f_1 和 f_2 分别为滑落岩体上下表面之间的摩擦系数。将上述取值代入式（3.11）中可以得到：

$$\frac{G_1}{G_2}\cos\alpha(f_2-f_1) \leq \sin\alpha - \cos\alpha f_2 \tag{3.12}$$

由于 C_3、C_2、C_1、C 岩体都处于同一地层当中，它们的物理、力学性质以及构造都大致相同，所以岩层之间的摩擦系数都近似一样。若取 $f_1=f_2$，则式（3.12）的左端恒为零。对式（3.12）进行变形可以得到：

$$\alpha \geq \arctan f_1 \tag{3.13}$$

当 $\alpha \geq \arctan f_1$ 时，C_2 岩体存在滑落危险。而当 $\alpha \leq \arctan f_1$ 时，C_2 岩体不会发生向下的滑动。

根据众兴二矿中的地勘资料，煤层的倾角都在 41°～46°之间。而 $\tan 45°=1$，f_1 为岩层间的摩擦系数，是一个比 1 小的数，所以众兴二矿工作面上山方向的岩体，在煤层开挖或者受到扰动二次"活化"后，都会产生沿层面方向的滑动，使地表产生塌陷坑或者沉陷盆地。

3.3.3 地表沉降变形量预计

1）概率积分法计算原理

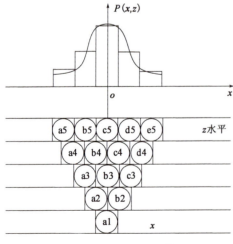

图 3.11 随机过程理论模型

（1）地下单元体开采对地表下沉影响计算原理

概率积分法是以随机介质理论为基础的计算方法。用随机介质的颗粒体介质模型来模拟矿区开采引起的岩层和地表的移动。随机介质的颗粒体介质模型可以简化为图 3.11 所示随机过程理论模型。

当抽出 a1 格中球的时候，z 水平上 5 个球都有可能会发生下沉，填补拿走 a1 格中球产生的空洞。而 z 水平 5 个球下沉的概率都可以计算出来，这样可以绘制成颗粒移动概率分布图。而如果每个格子中含有相当数量的球，则 z 水平上每个小球下沉的概率趋近于一条光滑的曲线。

而在采空区实际问题中,煤层的开挖相当于从 a1 格中取出无数的小球,而 z 水平格子中球的下沉相当于地表产生的沉陷。

用 $P(x,z)$ 表示当下方单元球体被取走时,点 (x,z) 处格子中的小球发生下沉的概率。根据概率积分推导得:

$$P(x,z) = \frac{1}{\sqrt{4A\pi z}} e^{-\frac{x^2}{4A\pi}} \tag{3.14}$$

式中:A——一个反映格子尺寸的常数。

此时 $P(x,z)$ 在数值上等于下方单元球体被取走后,引起 (x,z) 点下沉值 $W_i(x,z)$。对于地表来说,z 等于开采深度 H,为常数。令 $r = \sqrt{4A\pi z}$,r 也为常数,则式(3.14)可以变成:

$$W_i(x) = \frac{1}{r} e^{-H\frac{x^2}{r^2}} \tag{3.15}$$

(2)半无限开采时地表移动和变形预计

如图 3.12 所示,假设煤层厚度为 m,开采深度为 H。选择工作面边界正上方的地表点 o 为坐标原点。$W(x)$ 为地表点的下沉值,$U(x)$ 为地表点的水平移动值。

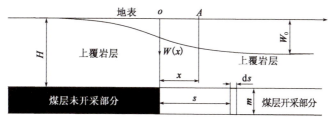

图 3.12 半无限开采计算示意图

若只开采单元厚度的煤层,横坐标为 x 的地标点的下沉值为零到正无穷范围内各单元的开采引起的下沉值的总和。

设煤层开采单元横坐标为 s,地表上 A 处的横坐标为 x,由煤层开采单元引起 A 点的下沉值为 $W_i(x-s)$。利用积分,则半无限单元煤层开采对 A 点的影响为:

$$W(x) = \int_0^\infty W_i(x-s)\,\mathrm{d}s$$

代入式(3.15),得到:

$$W(x) = \int_0^\infty \frac{1}{r} e^{-H\frac{(x-s)^2}{r^2}} \,\mathrm{d}s \tag{3.16}$$

而开采厚度为 m,并非单元厚度,并且岩石充填采空区时,采空区顶板不能下沉 m,需要考虑到下沉系数 q。采空区下沉过程中还受到了煤层倾角的影响。所以在计算过程中采厚应取 $mq\cos\alpha$。

$$W_0 = mq\cos\alpha$$

则有:

$$W(x) = W_0 \int_0^\infty \frac{1}{r} e^{-H\frac{(x-s)^2}{r^2}} \,\mathrm{d}s \tag{3.17}$$

应用概率积分函数 erf,上式写成:

$$W(x) = \frac{W_0}{2}\left[\text{erf}\left(\frac{\sqrt{\pi}}{r}x\right) + 1\right] \tag{3.18}$$

而沿 x 方向的地表倾斜 $i(x)$ 可以按照定义对式(3.18)求一阶导数,可得:

$$i(x) = \frac{W_0}{r}e^{-\frac{\pi x^2}{r}} \tag{3.19}$$

而沿 x 方向的地表曲率 $K(x)$ 可以按照定义对式(3.19)求一阶导数,可得:

$$K(x) = \frac{2\pi W_0}{r^3}xe^{-\frac{\pi x^2}{r^2}} \tag{3.20}$$

而水平位移 $U(x)$ 与水平变形 $\varepsilon(x)$ 可由地表倾斜 $i(x)$ 和地表曲率 $K(x)$ 得到,关系为:

$$U(x) = bri(x) \tag{3.21}$$

$$\varepsilon(x) = brK(x) \tag{3.22}$$

其中 b 为常数,称为水平移动系数,可以由观察得到。

(3)倾斜煤层地表移动与变形预计

如图3.13所示,假想在采空区的上、下山方向各有一水平煤层,水平煤层的顶、底板边界与实际倾斜煤层开采边界的顶、底板边界重合,两个假想煤层厚度都为 $m\cos\alpha$,x 轴沿地表(设为水平地面)指向上山方向,选点在 o 处。

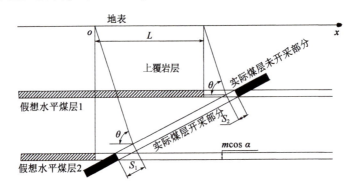

图3.13 倾斜煤层倾向主断面移动和变形计算原理图

运用等影响原理:把计算急倾斜煤层采空区引起的地表移动和变形的问题,等效为分别求出这两个假想的水平煤层半无限开采引起的地表移动和变形,再求出它们的差。

根据式(3.18)~式(3.22),关于半无限开采时地表移动与变形的公式,得到倾斜煤层开采地表移动变形的公式为:

$$W(x) = \frac{W_0}{2}\left\{\text{erf}\left(\frac{\sqrt{\pi}}{r_1}x\right) - \text{erf}\left[\frac{\sqrt{\pi}}{r_1}(x-l)\right]\right\} \tag{3.23}$$

$$i(x) = \frac{W_0}{r_1}e^{-\frac{\pi x^2}{r_1^2}} - \frac{W_0}{r_2}e^{-\frac{\pi (x-l)^2}{r_2^2}} \tag{3.24}$$

$$K(x) = \frac{2\pi W_0}{r_2^3}(x-l)e^{-\frac{\pi (x-l)^2}{r_2^2}} - \frac{2\pi W_0}{r_1^3}xe^{-\frac{\pi x^2}{r_1^2}} \tag{3.25}$$

$$U(x) = (b_1r_1 - b_2r_2)i(x) \tag{3.26}$$

$$\varepsilon(x) = (b_1 r_1 - b_2 r_2) K(x) \tag{3.27}$$
$$l = d - S_1 - S_2 \tag{3.28}$$

式中：r_1、r_2——采空区下山方向与上山方向的采空区影响半径；

S_1、S_2——下、上山方向拐点偏距；

d——工作面长度；

b_1、b_2——采空区下、上山方向的水平移动系数[31-34]。

(4)剩余地表移动与变形预计

由大量采空区沉降经验统计得到,前3年为采空区剧烈变化阶段,地表沉降量占到了总变形量的75%；在以后的时间里,沉降趋势变缓,速率变慢,采空区停采3～10年内,达到了总变形量的85%左右,剩余大约15%还未完成；若采空区停采在10年以上,则已完成总变形量的90%,变形已由活跃阶段转入衰退阶段而逐渐趋于稳定[35]。众兴二矿在2010年停产,综合剩余沉降系数取0.15。

2) 依托工程计算

(1)众兴二矿45号煤层地表剩余移动与变形预计

据该项目的勘察设计资料,以及类似工程经验,对概率积分中涉及的参数进行取值。下沉系数 $q = 0.6$；水平移动系数分别为 $b_1 = 0.27$，$b_2 = 0.23$；拐点偏移值分别为 $S_1 = 30$m，$S_2 = 2.5$m；采空区影响半径由公式 $r = H/\tan\beta$ 计算得到，β 为影响角，求得 $r_1 = 160$m，$r_2 = 25$m，开采影响传播角 θ 取 $70°$，煤层厚度为38m，综合沉降系数取0.15。

由式(3.23)～式(3.28),将各参数代入其中进行计算,对横坐标 x 取不同值,然后将不同 x 值对应的变形值连成平滑的曲线,绘制出倾斜主断面上剩余变形曲线,结果如图3.14所示。

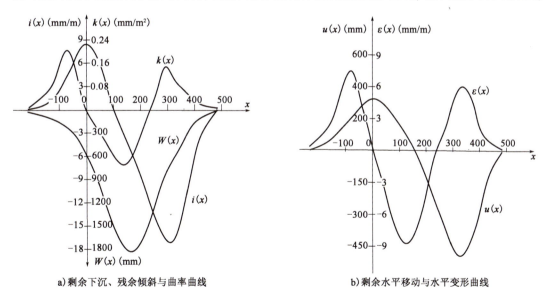

a) 剩余下沉、残余倾斜与曲率曲线　　b) 剩余水平移动与水平变形曲线

图3.14　45号煤层地表剩余移动与变形曲线

图3.14中所示均为煤层倾向方向不同横坐标下地表剩余位移与变形值。

从图中可以看出：经计算45号煤层开采引起的地表下沉值最大为2000mm,水平移动最大值为500mm,曲率值最大为0.20mm/m²,倾斜值最大为17.0mm/m,水平变形值正的最大值为7.5mm/m,负的最大值为9mm/m。

根据《建筑物、水体、铁路及主要井巷煤柱留设与压煤开采规程》规定,高速公路下伏采空区情况下地表位移与变形值评价标准:沉降值 $w<0.2$ m;倾斜值 $i<3$ mm/m;水平变形值 $\varepsilon<2$ mm/m;曲率值 $k<0.2\times10^{-3}$ mm/m²。进行比较可知,这些剩余变形值都大于设计规范规定的变形值。45号煤层地表剩余变形量将使公路路基路面产生裂缝,以及不均匀沉降,对高速公路的运营安全产生影响。所以该路段采空区进行治理后,方可修建高速公路。

(2)众兴二矿43号煤层地表剩余移动与变形预计

据该项目勘察设计资料以及类似工程经验,对概率积分中涉及的参数进行取值。下沉系数 $q=0.6$;水平移动系数分别为 $b_1=0.27$, $b_2=0.23$;拐点偏移值分别为 $S_1=26$m, $S_2=1.8$m;采空区影响半径由公式 $r=H/\tan\beta$ 计算得到,β 为影响角,求得 $r_1=145$m, $r_2=18$m,开采影响传播角 θ 取70°,煤层厚度为7.4m,综合沉降系数取0.15。

由式(3.23)~式(3.28),将各参数代入其中进行计算,对横坐标 x 取不同值,然后将不同 x 值对应的变形值连成平滑的曲线,绘制出倾斜主断面上剩余变形曲线,结果如图3.15所示。

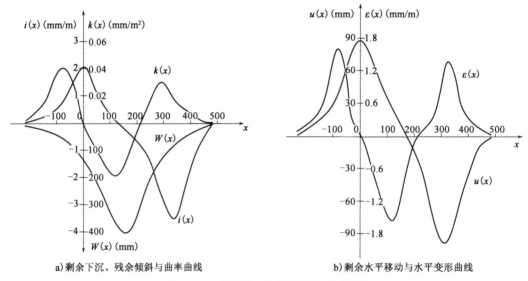

a)剩余下沉、残余倾斜与曲率曲线　　　b)剩余水平移动与水平变形曲线

图3.15　43号煤层地表剩余移动与变形曲线

图3.15中所示均为煤层倾向方向不同横坐标下地表剩余位移与变形值。

从图中可以看出:经计算43号煤层开采引起的地表下沉最大值为400mm,水平移动最大值为100mm,曲率值最大为0.040mm/m²,倾斜值最大为3.5mm/m,水平变形值正的最大值为1.7mm/m,负的最大值为1.6mm/m。

根据《建筑物、水体、铁路及主要井巷煤柱留设与压煤开采规程》规定,高速公路下伏采空区情况下地表位移与变形值评价标准:沉降值 $w<0.2$ m;倾斜值 $i<3$ mm/m;水平变形值 $\varepsilon<2$ mm/m;曲率值 $k<0.2\times10^{-3}$ mm/m²。进行比较可知,这些剩余变形值都大于设计规范规定的变形值。43号煤层地表剩余变形量将使公路路基路面产生裂缝,以及不均匀沉降,对高速公路的运营安全产生影响。所以该路段采空区进行治理后,方可修建高速公路。

(3) 众兴二矿 42 号煤层地表剩余移动与变形预计

根据该项目勘察设计资料以及类似工程经验,对概率积分中涉及的参数进行取值。下沉系数 $q=0.6$;水平移动系数分别为 $b_1=0.27$, $b_2=0.23$;拐点偏移值分别为 $S_1=28\mathrm{m}$, $S_2=2\mathrm{m}$;采空区影响半径由公式 $r=H/\tan\beta$ 计算得到,β 为影响角,求得 $r_1=150\mathrm{m}$, $r_2=20\mathrm{m}$,开采影响传播角 θ 取 $70°$,煤层厚度为 $22\mathrm{m}$,综合沉降系数取 0.15。

由式(3.23)~式(3.28),将各参数代入其中进行计算,对横坐标 x 取不同值,然后将不同 x 值对应的变形值连成平滑的曲线,绘制出倾斜主断面上剩余变形曲线,结果如图 3.16 所示。

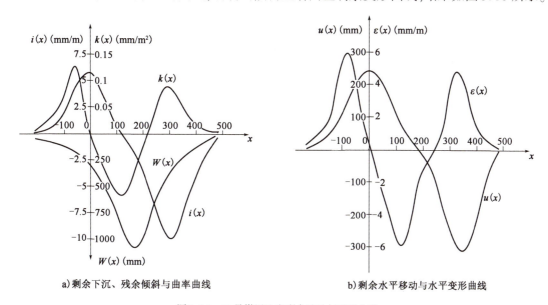

a) 剩余下沉、残余倾斜与曲率曲线   b) 剩余水平移动与水平变形曲线

图 3.16 42 号煤层地表剩余移动与变形曲线

图 3.16 中所示均为煤层倾向方向不同横坐标下地表剩余位移与变形值。

从图中可以看出:经计算 42 号煤层开采引起的地表下沉值最大为 1150mm,水平移动值最大为 300mm,曲率值最大为 $0.120\mathrm{mm/m^2}$,倾斜值最大为 10.0mm/m,水平变形值正的最大值为 6mm/m,负的最大值为 5.9mm/m。

根据《建筑物、水体、铁路及主要井巷煤柱留设与压煤开采规程》规定,高速公路下伏采空区情况下地表位移与变形值评价标准:沉降值 $w<0.2\mathrm{m}$;倾斜值 $i<3\mathrm{mm/m}$;水平变形值 $\varepsilon<2\mathrm{mm/m}$;曲率值 $k<0.2\times10^{-3}\mathrm{mm/m^2}$。进行比较可知,这些剩余变形值都大于设计规范规定的变形值。42 号煤层地表剩余变形量将使公路路基路面产生裂缝,以及不均匀沉降,对高速公路的运营安全产生影响。所以该路段采空区进行治理后,方可修建高速公路。

3.3.4 安全煤柱对道路稳定性影响分析

1) 道路应设保护煤柱边界计算

(1) 概述

拟建道路 K19+630~K22+880 段,拟从煤矿预留的安全煤柱上通过,因此,煤田采空区对安全煤柱的稳定性影响,对拟建道路安全至关重要。煤矿工业广场预留煤柱与线路位置关系见表 3.7。

煤矿工业广场预留煤柱与线路位置关系   表3.7

编号	公路里程	煤柱宽度(m)	勘察煤柱宽度	开采深度(m)	采空或煤柱与线路关系	煤矿名称	开采方向与线路走向
1	K19+630～K19+960	140	安全煤柱顶宽 0～120m	310～330	路左 50～80m 路右 40～50m	沙沟幸福煤矿	斜交74°
2	K21+230～K21+600	260	安全煤柱顶宽 70～100m	200～250	路左 12～27m 路右 50～70m	众兴二矿	近正交 80°～90°
3	K21+600～K22+300	—	无成形煤柱	100	—	采空变形移动区	正交90°
4	K22+300～K22+630	117	安全煤柱顶宽 50～130m	170	路左 35～95m 路右 7～35m	曙光六矿	近正交83°
5	K22+630～K22+880	117	安全煤柱顶宽 210～230m	200～250	路左 150～160m 路右 50m	志强煤矿	近正交83°

(2)计算方法

在《矿山开采沉陷学》[36]保护煤柱留设问题中,为了确保地表建筑物不受到影响,对于煤炭开采过程中保护煤柱留设的方法进行了详细介绍。其中常用的垂线法,即为用解析的方法留设保护煤柱。主要步骤是:先计算地表建筑物的边界,然后做边界的垂线,根据计算得到的垂线长度,在图上按照比例量出,最后连接垂线各端点即为应设保护煤柱面积。

依托工程高速公路K21+220～K21+660经过众兴二矿,该矿区系老采空区,已经停采多年。为了防止地表过分塌陷,矿区内部已留设有安全煤柱。在选线设计中,工程总体设计思路就是尽可能让道路修筑在安全煤柱上。所以现有的安全煤柱能否对道路起到足够的保护作用是计算关键。

评价思路是运用《矿山开采沉陷学》中介绍的垂线法,根据高速公路的受护面积计算出所需要的保护煤柱边界,然后与既有安全煤柱面积进行比较,判断既有的安全煤柱能否保证道路的施工与运营。

先在平面图上直接作平行于道路边界的直线,再在它们的外围画出维护带,得到受护面积边界,维护带宽度取10m。再在受护面积边界的基础上向外扩大一段距离s,得到松散层保护边界,使$s = h\cot\varphi$。计算垂线长度,计算公式为:

$$q = \frac{(H_i - h)\cot\beta}{1 + \cot\beta\tan\alpha\cos\theta} \tag{3.29}$$

$$l = \frac{(H_i - h)\cot\beta}{1 - \cot\beta\tan\alpha\cos\theta} \tag{3.30}$$

式中:q——上山方向的垂线长度(m);

l——下山方向的垂线长度(m);

H_i——地表各点的埋深(m);

α——煤层倾角(°);

h——松散层厚度(m);

β——移动角(°);

θ——受护面积边界与煤层走向所交的锐角(°)。

设求得的保护煤柱边界 4 个点为 a、b、c、d，各点对应的垂线长度为 S_a、S_b、S_c、S_d。将 4 个点对应的埋深代入式(3.29)、式(3.30)中计算得到 S_a、S_b、S_c、S_d。

然后垂直于松散层边界，于各点按比例尺作长度为 S_a、S_b、S_c、S_d 的垂线，最后用直线分别连接垂点各端点，即为求得的保护煤柱边界 $abcd$。

(3) 保护煤柱边界范围计算

将众兴二矿 45 号、43 号、42 号煤层应设保护煤柱作为计算对象。因为进行计算的受护对象为高速公路，并且根据地勘资料，该高速公路方向与煤层走向方向正交。则可以推测出由道路两侧受护边界做出的垂线必定与煤层走向方向平行，即 $\theta=90°$。采空区走向方向岩层移动角为 67°，上覆层移动角为 45°。结合每个煤层的实际工况，得到应设保护煤柱边界如图 3.17 所示。

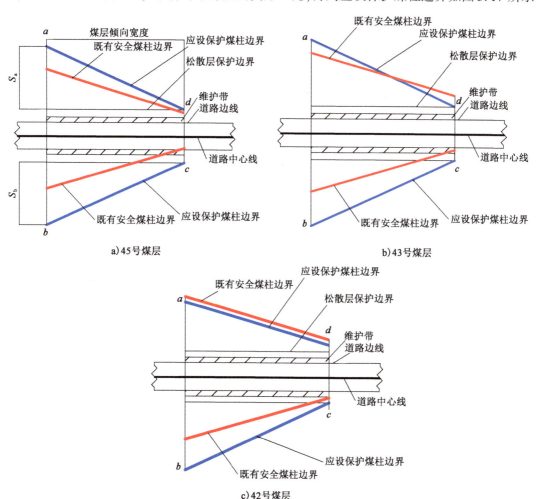

图 3.17 垂线法留设保护煤柱(俯视图)

为保证道路不受到采空区的影响，由图 3.17 可知：既有安全煤柱边界，并没有全部覆盖应设保护煤柱边界。说明既有安全煤柱的面积不足以保护高速公路的施工与运营，需要对高速公路下伏采空区进行治理。

2)图解法对煤柱稳定性评价

煤层的走向稳定角,是指在煤层走向方向,地表移动和变形都为零的盆地边界点,至采空区边界的连线与水平线在矿柱一侧的夹角。

评价煤柱稳定性的过程中,走向的稳定角是一个很重要的参数。对于拥有地表移动观测资料的矿区,其值可以对观测成果进行综合分析而得。对于缺乏观测资料的矿区,可采用类比法确定。据六道湾采空区治理经验:走向稳定角为68°,移动破裂角为70°,煤层走向破坏角为85°,矿区安全煤柱开采坡角都为75°。

将安全煤柱划分为稳定区与变形区。变形区的煤层,可能发生破坏,使得上面的地层产生塌陷。若拟建高速公路位于变形区上部,则应该进行治理。众兴二矿中45号、43号、42号煤层斜截面中,安全煤柱采空区、变形区、稳定区在现有断面上的分布情况如图3.18所示。

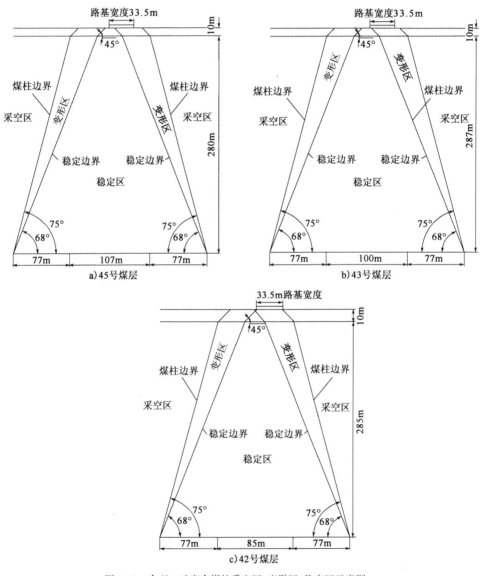

图3.18 众兴二矿安全煤柱采空区、变形区、稳定区示意图

由图 3.18 可以直观地观察到,拟建的高速公路,全部或者部分位于安全煤柱变形区上方。若直接修建公路,煤柱变形区会继续产生变形;受到道路荷载的影响,已经沉降稳定的区域,也可能产生二次活化。使得煤柱上方产生沉降,影响高速公路的正常运营。经分析判定,拟建高速公路下方安全煤柱及其两侧采空区,需进行治理。

3.3.5 场地适应性评价

经过综合分析认为:由概率积分法估算的采区最大剩余沉降值为 2360mm,沉降还未完成,剩余的各项地表变形值不满足《建筑物、水体、铁路及主要井巷煤柱留设与压煤开采规程》中对高速公路下伏采空区地表位移与变形的规定。将顶板的埋深与冒落裂隙带高度的比值作为地表发生破坏变形的定量评价标准。经计算,煤层的顶板埋深 H 与冒落裂隙带高度 H_f 的比值都小于 1,并且其中 42 号、45 号煤层由于煤层较厚,冒落裂隙带高度远大于采空区顶板的埋深,初步推测采空区的冒落带已经发展到地表,所以采空区大都不稳定;对煤层上山方向滑移变形的岩体,进行了受力分析,分析结果表明众兴二矿各煤层上山方向的岩体在采空区顶板塌陷的同时,也会发生沿岩体层理方向的滑移。最后评价安全煤柱对道路稳定性影响,结果表明:预留安全煤柱的边界不足以对拟建道路提供保护作用;对煤柱进行稳定区和变形区的划分,拟建道路全部或部分位于变形区上。所以为确保拟建道路的安全施工和运营,应先对下方的采空区进行处治。

3.4 本章小结

(1)高速公路下矿层的采空导致公路构筑物产生各种移动和变形,影响公路构筑物的稳定性。

(2)影响地表沉陷的因素主要分为采矿因素和地质因素。急倾斜煤层上覆岩层的岩性和上覆松散基层对地表移动直接影响到地表的沉陷分布形式和规律。

(3)经过理论分析与计算,该依托工程路线经过的小窑煤矿和其他空洞上方的上覆盖层不能满足路基修筑时稳定性要求。需要经过加固后才能满足工程的要求。

(4)路线经过的煤层岩石质量较差,路线大部分经过采空区安全煤柱的破坏区和变形区,需要经过加固处理才能满足设计和施工的要求。

(5)分析倾斜煤层岩层移动模式,将岩层移动模式分成垮落与滑移两种。垮落部分的岩块根据其垮落裂隙带高度与煤层开采深度相比较分析地表稳定性,滑移部分运用受力分析判别。对众兴二矿实际地质条件进行分析,分析表明,在煤层开采过程中,地表会产生塌陷坑或者沉陷盆地,影响了高速公路的建设和运营,应予以治理。

(6)根据概率积分法的基本原理,逐步推导出概率积分法在半无限开采条件下,倾斜煤层情况下开采地表移动变形的公式。采用概率积分法对由于众兴二矿 45 号、43 号、42 号煤层开采引起的地表变形进行预计,并将预计结果与地表变形控制指标进行比较。比较后发现,地表剩余变形量将使公路路基路面产生裂缝,以及不均匀沉降,对高速公路的运营安全产生影响。

所以该路段采空区进行治理后,方可修建高速公路。

(7)运用垂线法计算出为保证上方高速公路正常运营应留设的保护煤柱宽度,将已有安全煤柱宽度与应设保护煤柱宽度对比得到,已有安全煤柱宽度不能保证上方高速公路的安全施工与运营。再对已有煤柱划分稳定区与变形区,判别已有安全煤柱在不进行治理的情况下不能为上方道路提供安全保障。

第4章 采空区稳定性室内模型试验研究

4.1 采空区上覆地层与公路路基变形移动规律模型试验设计

有关急倾斜煤层开采形成采空区的上覆岩层移动及高速公路路基变形移动规律的研究方法基本可以分为三类:应用各种仪器设备在工程现场的地表或其下的岩体内部进行的实测方法、在室内进行的物理模型试验研究方法和计算机数值模拟研究方法。这几种研究手段的出发点和采用的方法各有不同,各有利弊。

现场观测所取得的数据,具有真实性、可靠性、直观性等特点,但是大规模的现场实测需要大量的人力物力以及很长的时间,同时现场也会有各种不利的条件,给现场实测带来了很多困难。并且现场实测通常仅用于对地表变形指标的观测,对于采空区内部由于难以埋设测试元件,又因为采空区的复杂和不稳定特性,无法直接进入采空区观测,所以仅依靠现场实测的地表沉陷数据难以揭示采空区上覆岩层及高速公路路基的变形移动规律[37]。室内物理模型试验又称相似模型试验或物理模拟试验,是根据相似理论、现场情况和研究方向,用相似材料将依托工程地层简化为相似模型,在模型中模拟形成急倾斜采空区。在几何尺寸缩小、时间比例缩小、强度比例缩小的情况下,通过预埋测试元件来对采空区上覆岩层及高速公路路基的移动变形进行观测。通过观测由于采空区形成导致路基顶面、路基底面和上覆地层的竖向位移,来研究上覆地层和高速公路路基的变形移动规律。与现场实测研究方法相比,模型试验方法可以模拟不同工况下的对比试验,解决了现场实测不可逆、不可改变影响因素的弊病,并且解决了现场实测的高额费用以及无法对采空区内部岩层进行观测的问题。有利于深入研究急倾斜煤层采空区上覆岩层及高速公路路基的变形移动规律。又因为对模型相似材料以及模型的制作有着较高的要求,从而确保了试验数据的准确性,并且可在模拟其他影响因素不变的情况下改变单因素,反映各影响因素对采空区上覆地层和高速公路路基的影响。所以,本章采用室内物理模型试验的方法对急倾斜采空区上覆地层及高速公路路基的变形移动规律进行研究。

4.1.1 模型试验原型简介及试验目的

乌鲁木齐绕城高速公路(东线),路线全长约62.5km,全线采用双向六车道高速公路标准,设计速度100km/h,路基宽度33.5m。依托工程位于绕城高速公路第一合同段的铁厂沟煤田,其中急倾斜煤层采空区分布在第一合同段K19+600~K24+100路段内。建设项目沿线分布很多煤矿,含煤地层为侏罗系西山窑组和八道湾组,共计含煤32层。煤层单层厚度0.7~64m,煤层走向65°~70°,倾角67°~86°。开采方式以地下水平开采为主,部分为露天开采和小窑开采。其中地下开采深度170~300m,露天及小窑开采深度约50m。线路自北向南依次穿越:沙沟幸福煤矿(K19+630~K19+960)、众兴二矿(K21+220~K21+880)、曙光六矿(K22+280~K22+600)、志强煤矿(K22+600~K22+900)、小窑乱采区(K23+985~K24+070)。沿线煤矿采空区分布位置如图4.1所示,煤矿采空区域地质图如图4.2所示。

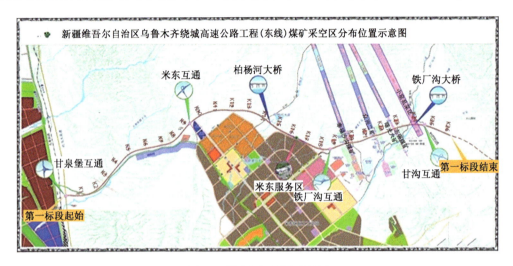

图4.1　煤矿采空区分布位置图

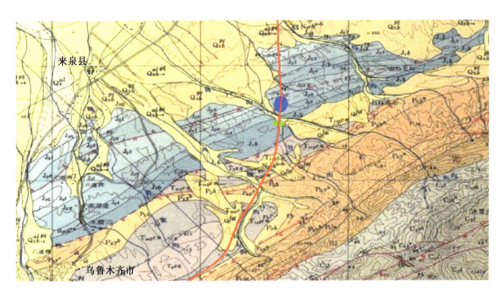

图4.2　煤矿采空区域地质图

通过对急倾斜煤层采空区采用高密度电法和瞬变电磁法联合勘探,并经钻孔验证后,集中选取K23+980~K24+070的小窑路段为研究对象,作为该模型试验的原型。急倾斜煤层采空区是一个复杂、受众多因素影响、有着十分复杂的物理力学性质的采空区,与一般煤层采空区的受力特征有很大的区别。局部矿体被采出后,在岩体内部形成一个空洞,其周围原有的应力平衡状态受到破坏,引起岩体的应力重新分布,直至达到新的应力平衡,在这一过程中,地层将产生移动和变形。本节将借助大型立体试验模型箱对急倾斜煤层采空区上覆地层的变形移动规律进行深入分析研究。

该试验的试验目的为：

（1）得出采空区上覆地层和高速公路路基变形移动区域随煤层开采厚度和煤层倾角变化的变化趋势。

（2）得出采空区上覆地层和高速公路路基随时间的变形移动规律。

（3）得出采空区对上覆地层和高速公路路基的影响规律。

4.1.2　相似概念及相似常数确定

1）基本概念

在相似模型试验中，只有模型和原型以一定比例相似，才能由模型试验的数据和结果反推出原型结构的数据和结果。这个比例就是在相似模型试验中，各物理量的原型与模型值之比，称为相似常数。

$$相似常数 = \frac{原型物理量}{模型物理量}$$

2）基本相似常数

在国际单位制中，一般物理量的基本单位为：长度的基本单位为 m，时间的基本单位为 s，力的基本单位为 N，质量的基本单位为 kg，以上物理量的相似常数称为基本相似常数。在结构相似模型试验中，一般取长度、时间、力和质量为基本相似常数。

3）相似常数确定

在以下模型试验中，长度用 L 表示，重度用 γ 表示，弹性模型用 E 表示，内聚力用 c 表示，内摩擦角用 φ 表示，泊松比用 μ 表示。

以时间相似常数、几何相似常数、强度相似常数作为基本相似常数，根据平衡微分方程、物理方程、几何方程、边界条件和相似关系，推导出其他物理力学参数的相似常数：

（1）几何相似常数：$C_L = 50$。

（2）重度相似常数：$C_\gamma = 1$。

（3）内摩擦角相似常数、泊松比相似常数：$C_\varphi = C_\mu = 1$。

（4）弹性模量相似常数、黏聚力相似常数、强度相似常数：$C_E = C_c = C_R = 50$。

4.1.3　模型试验材料确定

通过查阅大量有关相似模型材料的文献资料[38]，该模型试验采用黏土、细砂、水和凡士林的混合物作为中风化砂岩、第四系砾石层和高速公路路基的相似材料。通过改变土砂比、含水率和凡士林含量，制作不同配比的相似材料，并通过 CRMS 万能压力机来测定相似材料的弹性模量。图 4.3 为测定相似材料弹性模量的过程。在试验过程中，保持围压为 0，同时逐渐增加轴向压力至试件抗压强度峰值的 1/4 左右后，卸载至轴向压力为 0。将上述过程重复 3 次后加载至试件破坏，取试验过程中最后一个滞回圈的两个端点，将两个端点连成直线，该直线的斜率即为试件的弹性模量[39]。

选取黏土与细砂的比例为 1∶1 制作试件，通过改变含水率和凡士林的掺量来做出多组试件，分别测定的各组试件的弹性模量见表 4.1、表 4.2。

a) CRMS万能压力机

b) 弹性模量试验

c) 试件的养护

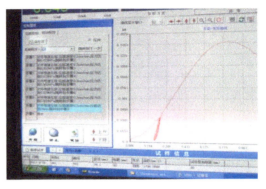

d) 万能压力机自动控制软件

e) 弹性模量测定过程

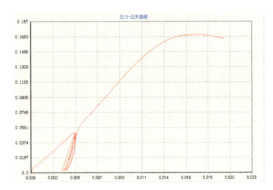

f) 相似材料的应力应变曲线

图4.3 弹性模量的测定过程

当 $m_土:m_砂=1:1$、$\rho=2.2g/cm^3$、$\omega=6\%$ 时不同凡士林含量的弹性模量　　　表4.1

凡士林百分比(%)	0	1	2	3	4
弹性模量(MPa)	110.25	121.59	125.74	111.57	87.49
	123.79	121.17	99.53	98.37	90.53
	125.78	117.51	130.62	113.40	80.66
弹性模量平均值(MPa)	119.94	120.09	118.63	107.78	86.23

由表4.1可得:当$m_土:m_砂=1:1$、$\rho=2.2\text{g/cm}^3$、$\omega=6\%$时,随着凡士林质量比例的增大,弹性模量变化呈逐渐减小的趋势,但是当凡士林的含量处于1%附近时,相似材料的弹性模量基本保持在120MPa不变。

当$m_土:m_砂=1:1$、$\rho=2.0\text{g/cm}^3$、$\omega=6\%$时不同凡士林含量的弹性模量   表4.2

凡士林百分比(%)	0	1	2
弹性模量(MPa)	97.44	92.81	81.74
	121.70	83.86	86.41
	122.27	101.48	84.26
弹性模量平均值(MPa)	113.80	92.72	84.14

由表4.2得出:当$m_土:m_砂=1:1$、$\rho=2.0\text{g/cm}^3$、$\omega=6\%$时,随着凡士林质量比例的增大,弹性模量变化呈逐渐减小的趋势,这与表4.1所反映的结果相似;但并没有和表4.1一样。当凡士林的含量在1%左右时,弹性模量基本稳定在某一个值附近,而且弹性模量仍然呈逐渐减小的趋势,这说明凡士林质量比例与弹性模量数值之间的关系和密度也有一定的联系。

上述试验表明:在相似材料中不含凡士林时,其弹性模量较大,可以满足中风化砂岩相似材料弹性模量的范围,但是难以达到第四系砾石层相似材料的弹性模量,所以分别采用在黏土、细砂和水的混合材料中不掺加凡士林和掺加凡士林的方式制备中风化砂岩和第四系砾石层的相似材料。下面分别制备中风化砂岩和第四系砾石层的相似材料。

1)制备第四系砾石层的相似材料

选取黏土与细砂的比例为1:1、1:2制作试件,通过改变材料密度和含水率、土砂质量比来做出多组试件,测定的各组试件的弹性模量见表4.3~表4.6。

当$m_土:m_砂=1:1$、$\omega=7.5\%$、凡士林含量为5%时不同密度的弹性模量   表4.3

密度(g/cm³)	1.8	1.9	2.0	2.1	2.2
弹性模量(MPa)	49.37	53.60	68.34	87.21	92.46
	45.42	56.95	66.08	84.17	95.54
	48.34	46.47	66.19	84.25	96.76
弹性模量平均值(MPa)	47.71	52.34	66.87	85.21	94.92

由表4.3可知,当$m_土:m_砂=1:1$、$\omega=7.5\%$、凡士林含量为5%时,弹性模量随着密度的增大而增大。

当$m_土:m_砂=1:1$、$\rho=1.8\text{g/cm}^3$、凡士林含量为6%时不同含水率的弹性模量   表4.4

含水率(%)	6	7.5	10
弹性模量(MPa)	65.27	44.16	37.89
	61.62	41.59	32.96
	60.25	40.82	34.99
弹性模量平均值(MPa)	62.38	42.19	35.28

由表4.4可知,当$m_土:m_砂=1:1$、$\rho=1.8\text{g/cm}^3$、凡士林含量为6%时,弹性模量随着含水率的增大而减小。

当 $m_\text{土}:m_\text{砂}=1:2$、$\rho=2.0\text{g/cm}^3$、凡士林含量为6%时不同含水率的弹性模量　　表4.5

含水率(%)	10	11	12	13	14
弹性模量(MPa)	42.75	31.28	26.95	15.43	9.21
	39.51	27.62	23.85	13.11	6.58
	42.66	29.93	21.38	15.35	5.93
弹性模量平均值(MPa)	41.64	29.61	24.06	14.63	7.24

由表4.5可知,当 $m_\text{土}:m_\text{砂}=1:2$、$\rho=2.0\text{g/cm}^3$、凡士林含量为6%时,弹性模量随着含水率的增大而减小。

当 $\omega=10\%$、$\rho=2.0\text{g/cm}^3$、凡士林含量为6%时不同土砂质量比的弹性模量　　表4.6

$m_\text{土}:m_\text{砂}$	1:1	1:2
弹性模量(MPa)	32.17	25.55
	37.42	29.84
	36.25	29.24
弹性模量平均值(MPa)	35.28	28.21

由表4.6可知,当 $\omega=10\%$、$\rho=2.0\text{g/cm}^3$、凡士林含量为6%时,弹性模量随着黏土与细砂质量比的减小而减小。

根据试验要求,最终选择第四系覆盖杂填土的相似材料的配比为 $m_\text{土}:m_\text{砂}=1:2$,$\rho=2.0\text{g/cm}^3$,$\omega=10\%$,凡士林含量为6%,弹性模量为28.21MPa,相似材料物理力学性质满足试验要求。

2)制备中风化砂岩的相似材料

选取黏土与细砂的比例为1:1、2:1制作试件,通过改变材料密度、含水率、土砂质量比来做出多组试件,测定的各组试件的弹性模量见表4.7~表4.10。

当 $m_\text{土}:m_\text{砂}=1:1$、$\omega=7.5\%$、无凡士林时不同密度的弹性模量　　表4.7

密度(g/cm³)	1.8	1.9	2.0	2.1	2.2
弹性模量(MPa)	55.26	62.37	76.12	87.53	101.59
	62.44	75.88	87.46	96.28	108.43
	59.93	57.47	80.53	91.38	103.39
弹性模量平均值(MPa)	59.21	65.24	81.37	91.73	104.47

由表4.7可知,当 $m_\text{土}:m_\text{砂}=1:1$、$\omega=7.5\%$ 时,不含凡士林的情况下弹性模量随着密度的增大而增大。

当 $m_\text{土}:m_\text{砂}=1:1$、$\rho=2.0\text{g/cm}^3$、无凡士林时不同含水率的弹性模量　　表4.8

含水率(%)	6	7.5	10
弹性模量(MPa)	95.26	87.19	54.33
	122.10	75.82	44.06
	121.25	78.34	42.39
弹性模量平均值(MPa)	112.87	80.45	46.03

由表4.8可知,当$m_土:m_砂=1:1$、$\rho=2.0\text{g/cm}^3$、无凡士林时,弹性模量随着含水率的增大而减小。

当$m_土:m_砂=2:1$、$\rho=1.75\text{g/cm}^3$、无凡士林时不同含水率的弹性模量 表4.9

含水率(%)	8	10	12	13	14
弹性模量(MPa)	92.45	71.62	48.35	33.26	15.14
	90.53	69.66	45.74	31.78	14.89
	87.20	75.56	48.80	31.44	20.31
弹性模量平均值(MPa)	90.06	72.28	47.63	32.16	16.78

由表4.9可知,当$m_土:m_砂=2:1$、$\rho=1.75\text{g/cm}^3$、无凡士林时,弹性模量随着含水率的增大而减小。

当$\omega=10\%$、$\rho=2.2\text{g/cm}^3$、无凡士林时不同土砂质量比的弹性模量 表4.10

$m_土:m_砂$	1:1	2:1
弹性模量(MPa)	57.46	85.55
	73.27	90.27
	61.99	97.78
弹性模量平均值(MPa)	64.24	91.20

由表4.10可知,当$\omega=10\%$、$\rho=2.2\text{g/cm}^3$、无凡士林时,弹性模量随着黏土与细砂质量比的增大而增大。

根据试验要求,最终选择中风化砂岩的相似材料的配比为$m_土:m_砂=2:1$,$\rho=2.2\text{g/cm}^3$,$\omega=10\%$,弹性模量为91.20MPa,相似材料物理力学性质满足试验要求。

4.1.4 试验平台及量测元件

1)试验模型箱

该试验采用大比例尺三维立体试验模型箱,几何尺寸长×宽×高为320cm×64cm×200cm。模型箱的前后两侧采用12mm厚的透明有机钢化玻璃封闭,并在其上下部横梁用圆钢支撑;左右两侧开口部位设卡槽,采用长×宽为63cm×15cm的活动木板,随填筑高度增加随时增加木板,及时封堵两侧开口,以便向上填筑相似材料。在正面钢化玻璃中心的位置切割一个半圆形的空洞,便于抽取填筑相似材料时埋在土层下的支撑气囊,便于模拟煤矿采空区。采空区(空洞)高为60cm,两侧有基岩,采空区(空洞)上覆盖有50cm厚的第四系砾石层,并在其上填筑10cm路基。该试验几何相似常数为50,且采空区(空洞)有足够的塌落高度(60cm),从而满足采空区上方岩土体塌落直至变形稳定所需空间。

2)采空区模拟系统

该试验通过充气胶囊支撑模拟煤层采空区,通过充气胶囊与木板填筑后将充气胶囊取出来模拟急倾斜采空区。充气胶囊尺寸长×宽×高为:22cm×11cm×11cm,木板尺寸长×宽×高:60cm×50cm×2cm。用木板调整采空区倾角,采用一边填土一边向上适时抽动木板,并在木板间填充充气胶囊和细木条临时支承,填筑到采空区顶面高程后抽出木板,填筑排状充气胶囊的方式来模拟急倾斜采空区。采空区模拟过程如图4.4所示。

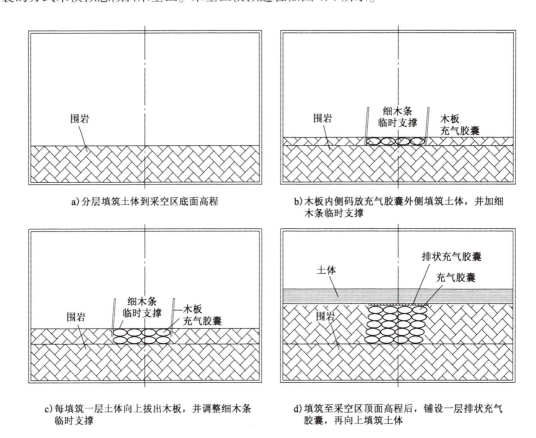

图4.4 采空区模拟过程

3)岩土体内部位移测试系统

该试验采用自制简易多点位移计测定岩土体内部沉陷变形。自制简易多点位移计由PVC线管(直径为16mm)、通丝螺杆牙条短棒、渔线、方形塑料板、扎带、百分表(量程0~50mm)和磁性表座等部分组成。具体制作过程为:①采用16mm的PVC线管,根据试验设计方案截取成70cm长的管段若干[图4.5a)]。②在截取管段上,距一端10cm、30cm、50cm用冲击钻钻取50mm长的长条孔洞,孔洞宽度比通丝螺杆牙条短棒略宽,保证牙条短棒可以在PVC线管内沿径向自由移动,PVC线管在地表一端留有10cm左右长度[图4.5b)]。③在通丝螺杆牙条短棒中部用渔线一端缠绕系紧固定并涂502胶水,另一端按合适长度剪断。将系好渔线的通丝螺杆牙条短棒从PVC线管在地表的一端穿入,从方孔处拉出,使通丝螺杆牙条短棒从PVC线管两侧露出长度相等,将自由端的渔线用透明胶带临时固定在PVC线管的外侧并用标签标明[图4.5c)]。④在通丝螺杆牙条短棒露出PVC线管的两端,用扎带将已经穿孔的硬塑料板固定,使测点与岩土体接触良好并与其同时移动,并在地表一端用透明胶带封堵[图4.5d)、图4.5e)]。图4.5为自制多点位移计的简单制作过程。图4.6为制作好的多点位移计。

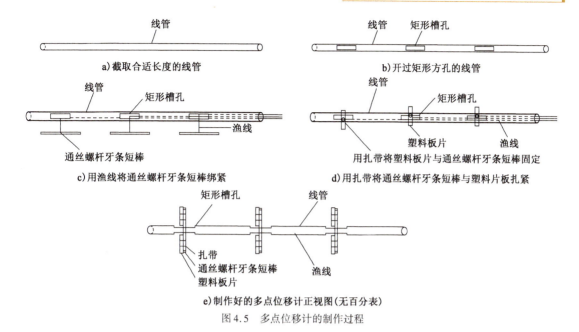

图4.5 多点位移计的制作过程

4.1.5 模型试验设计

1）试验模型设计

小窑采空区的开采深度为20~50m，煤层为急倾斜煤层，倾角在65°~85°，采空区两侧岩层为中风化砂岩，上覆地层为第四系砾石层，高速公路路线穿越采空区。简化模型尺寸为：160m×32cm×100m，其中高速公路路基厚度为5m，路基宽度为32m，上覆层厚度为25m，采空区高度为30m，采空区下基岩厚度为40m。

具体模型及模型中各部分尺寸如图4.7所示。

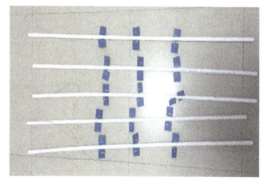

图4.6 制作好的多点位移计

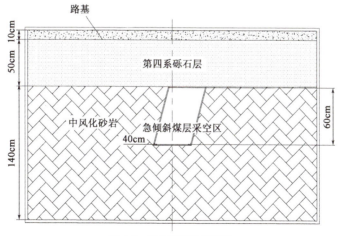

图4.7 采空区试验模型图

2)试验方案设计

高速公路穿越急倾斜采空区时,采空区对上覆地层及高速公路路基[46]的影响应为高速公路下伏急倾斜煤层采空区路段模型各测点位移值与高速公路下伏急倾斜煤层未开采普通路段模型各测点位移值之差。该试验先填筑模型到地表高程,抽出充气胶囊,待变形基本稳定后填筑路基架设百分表,读取修筑高速公路路基后各测点的竖向位移值,得出采空区对上覆地层及高速公路路基的稳定影响。

根据理论研究和现场调研,由于下伏采空区的存在引起的地层的变形移动过程,受多种因素的影响,随着上覆层厚度、开采厚度及煤层倾角等因素的不同,地层变形移动的形式也发生变化。该次试验考虑的试验因素有两个:①开采厚度。②煤层倾角。试验选取3个水平,即采空区开采厚度分别为10m、20m、30m,采空区煤层倾角分别为65°、75°、85°。基于煤层开采厚度以及煤层倾角等影响因素的不同,考虑以下几种工况模拟下伏采空区地表沉陷机理,如表4.11所示。

试验各因素水平　　　　　　　　　　表4.11

水平	开采厚度(A)	煤层倾角(B)
1	10m(1)	65°(1)
2	20m(2)	75°(2)
3	30m(3)	85°(3)

试验方案工况如表4.12所示。

试验方案工况　　　　　　　　　　表4.12

试验号	水平组合	试验条件	
		采空区开采厚度(m)	采空区煤层倾角(°)
1	A_1B_1	10	65
2	A_1B_2	10	75
3	A_1B_3	10	85
4	A_2B_1	20	65
5	A_2B_2	20	75
6	A_2B_3	20	85
7	A_3B_1	30	65
8	A_3B_2	30	75
9	A_3B_3	30	85

3)测试元件布设

该试验布设20个百分表及多点位移计测点,其中在模型表面架设5个百分表,在模型土层中预埋15个多点位移计测点。多点位移计测点分别放置在5个多点位移计中,每个多点位移计组成一个测线,每条测线中埋设3个测点。多点位移计水平方向上布置在采空区底部中心正上方处,以及其两侧10cm、30cm处,多点位移计测点的竖直位置分别位于路基顶面、路基底面及路基底面以下20cm和40cm处,即模型表面及以下10cm、30cm、50cm处。在地表架设的5个百分表分别位于多点位移计露出地表点的附近。在模型箱中,在模型表面以下10cm、

30cm 和 50cm 的位置铺设一层彩砂,与百分表测点对应同一水平位置,每层彩砂厚度为 5mm。具体测试原件布设位置如图 4.8 所示。

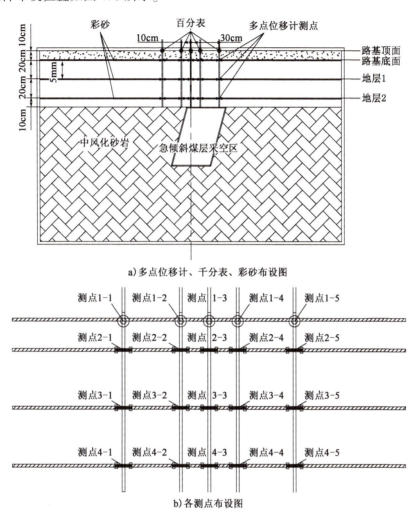

图 4.8 多点位移计、千分表、彩砂及各测点布置设计图

4.1.6 试验过程

试验过程大体上可以分为模型填筑、采空区模拟、埋设多点位移计和采砂、煤层开采、路基填筑、测试元件架设等部分。由于本书所研究的采空区是急倾斜煤层采空区,在物理模型的填筑过程中,预埋的充气胶囊是按煤层开采厚度和煤层倾角固定在指定位置。具体采空区模拟系统填筑过程如图 4.4 所示,其后按测试元件布设图埋设自制简易多点位移计(自制简易多点位移计制作过程如图 4.5 所示)。在模拟煤层开采过程时只需要取出固定位置的充气胶囊,使采空区附近土体的压力得到释放,模拟采空区的形成过程。试验中数据的主要获取方式是通过与预埋到岩土体内的多点位移测点连接的百分表和架设在岩土体表面的百分表读数。同时辅以分层填筑的采砂位移加以验证。

模型分别按照试验方案中所设计的9种工况填筑。试验前,先按照确定的模型试验相似材料的土砂比配置围岩材料。在土体含水率为最佳含水率时,分层在试验模型箱内填筑(图4.5),中风化砂岩部分逐层夯实到密度2200kg/m³,第四系覆盖杂填土部分逐层夯实到密度2000kg/m³。下面以一种工况为例,其他工况只是改变采空区的几何形状,具体试验过程如下:

工况一:采空区开采厚度为30m,煤层倾角为85°。

(1)从模型箱底面分层填土至试验预定采空区底面高程。

(2)用木板将预留孔洞盖紧,并用土袋倚靠在木板背面确保牢固。

(3)向上填筑一薄层土,用夯锤子夯实,确保底部平整密实,并在指定采空区位置挖除土体到指定高度。

(4)在指定位置嵌入木板,调整木板间距为60cm,木板与采空区底面呈85°。在木板间底部铺一层松软土层后码放充气胶囊,在木板背后填土,在木板内层加设临时细木条支撑。

(5)在两块木板背后分层填土,并逐层夯击密实,在木板外侧填筑土体的同时在木板内侧码放充气胶囊,在充气胶囊之间的缝隙撒一些细土。每填筑10cm后将木板向上拔出,并调整细木条临时支撑。

(6)在木板背后的土体和木板内侧的充气胶囊同时填筑到采空区顶面高程位置后,抽出细木条临时支撑,并在充气胶囊上放置2层排状充气胶囊。

(7)在排状充气胶囊上填筑一薄层土并加以固定后,抽去两侧支撑木板。

(8)继续向上填筑一层土体,并夯击密实后,在试验方案预定埋设多点位移计位置,插入多点位移计,并在多点位移计周围填筑土体使之固定良好。

(9)继续向上分层填筑土体,随填筑高度增加随时增加木板,及时封堵两侧开口,并将填筑土体夯击密实。在填筑到多点位移计测点位置时,将通丝螺杆牙条短棒向上推送至多点位移计长条形孔洞的上端后,将塑料板片水平放置,其下用土体填筑密实,便于百分表读数的归零。

(10)在埋设多点位移计测点的同一水平位置,铺设一层5mm厚的彩砂,继续向上分层填筑土体至下一多点位移计水平位置,每层彩砂的颜色以红、绿、紫按多点位移计水平位置间隔铺设。

(11)填筑至地表位置,埋设好此层多点位移计测点并夯击密实后,静止放置一段时间。待土体固结沉降后移开依靠木板的土袋,揭开预留孔洞上盖住的木板,逐层取出充气胶囊,动作要轻缓、迅速,深处的充气胶囊用木棍夹出,切勿将手臂伸入模型箱内,以防上覆土体塌落砸伤。

(12)充气胶囊的取出过程即为急倾斜煤层的开采过程,待充气胶囊完全取出后,在地表位置向上继续填筑采空区路基,此时,用橡胶锤轻微夯击整平密实,快速填筑至模型顶面高程。

(13)在模型箱顶部放置方形钢管,保证稳固,不发生移动。再将磁性表座牢固吸附在钢板和模型箱钢梁上,将百分表按预定位置架在磁性表座上并拧紧,并将渔线按标签上的编号与对应的百分表表针系紧并用电工胶带绑好固定,渔线与(与)表针伸缩方向应平行。

(14)在路基顶面多点位移计露出的位置架设百分表,同样将百分表按预定位置架在磁性表座上并拧紧。

(15)百分表安装完毕后,记录初始读数,同时采用数字摄影系统对采砂位置进行记录。之后每隔12小时记录一次百分表的读数,同时采用数字摄影系统对采砂位置进行观测。

具体试验过程如图4.9~图4.18所示。

图4.9 大比例尺试验模型箱

图4.10 采空区模拟系统

图4.11 埋设多点位移计

图4.12 揭开预留孔洞上木板

图4.13 取出充气胶囊

图4.14 采空区模拟系统正面图

在试验观测过程中要注意以下几点:

(1)由于百分表架设在模型箱顶部,位置较高,观测时需要借助梯子,爬上时要注意安全,并且由于接触模型箱会使百分表读数受到扰动,所以爬上时不可接触模型箱。

(2)观测百分表时,视线要与百分表表面相垂直。

(3)标记采砂位置的双面胶贴在采砂初始位置的正中处,今后的观测也以双面胶的中心位置为准。

图 4.15 填筑土体至模型箱顶面高程

图 4.16 架设百分表

图 4.17 完整结构试验模型

图 4.18 彩砂位移量测系统

(4)采用数字摄影系统对彩砂位置进行观测时,做到定点定位,保证观测角度的一致性。

4.2 模型试验结果分析

4.2.1 采空区上覆地层变形移动主要影响因素分析

1)开采厚度

开采厚度是造成采空区上覆岩体变形移动的根本因素之一。研究资料表明:随着开采厚度的增加,冒落带和裂隙带的高度呈线性比例增加,即在相同条件下,开采厚度越大,导致上覆岩体破坏影响的范围就越大,岩体的破坏也就越严重。

(1)各平面测点竖向位移

在大比例尺物理模型试验中,对工况 10 − 75°、20 − 75°和工况 30 − 75°等不同开采厚度工况的试验结果,以各测线的水平位置为横坐标,以各测点的竖向位移为纵坐标。以路基顶面、路基底面、地层 1 和地层 2 上各测点的竖向位移连成曲线,路基顶面测点由左向右依次为测点 1 − 1、测点 1 − 2、测点 1 − 3、测点 1 − 4 和测点 1 − 5,路基底面测点由左向右依次为测点 2 − 1、测点 2-2、测点 2-3、测点 2-4 和测点 2-5,地层 1 测点由左向右依次为测点 3-1、测点 3-2、测点 3-3、测点 3-4 和测点 3-5,地层 2 测点由左向右依次为测点 4-1、测点 4-2、测点 4-3、测点 4-4 和测点 4-5,得出各平面的竖向位移曲线如图 4.19 所示。

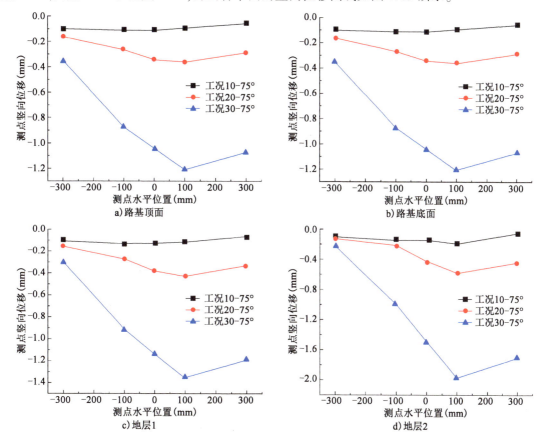

图 4.19　工况(10/20/30)-75°测点竖向位移对比图

从各测点竖向位移图来看:在工况 10-75°中,路基顶面的最大位移值为-0.112mm,路基底面的最大位移值为-0.112mm,地层 1 的最大位移值为-0.129mm,地层 2 的最大位移值为-0.190mm;在工况 20-75°中,路基顶面的最大位移值为-0.363mm,路基底面的最大位移值为-0.363mm,地层 1 的最大位移值为-0.427mm,地层 2 的最大位移值为-0.579mm;在工况 30-75°中,路基顶面的最大位移值为-1.208mm,路基底面的最大位移值为-1.208mm,地层 1 的最大位移值为-1.355mm,地层 2 的最大位移值为-1.973mm。

具体各平面的最大竖向位移值如表 4.13 所示。

工况(10/20/30)-75°各平面最大竖向位移值(mm)　　表 4.13

工况	路基顶面	路基底面	地层 1	地层 2
10-75°	-0.112	-0.112	-0.129	-0.190
20-75°	-0.363	-0.363	-0.427	-0.579
30-75°	-1.208	-1.208	-1.355	-1.973

在工况 10-75°中,由于土基的弹性模量较小,路基顶面、路基底面的竖向位移基本相同,与其下地层1和地层2的竖向位移差别不大,各层竖向移动变形均匀;在工况 20-75°中,路基顶面、路基底面的竖向位移基本相同,与其下地层1和地层2的竖向位移差值增大,各层竖向移动变形较为均匀;在工况 30-75°中,路基顶面、路基底面的竖向位移基本相同,与其下地层1和地层2的竖向位移差值继续增大,各层竖向移动变形逐渐增大,呈分层变形趋势,地层间可能形成冒落带、裂缝带及弯曲带。

随着急倾斜煤层开采厚度的增加,路基顶面、路基底面和各地层的最大位移值随之急剧增加,各工况中较下层的最大位移值大于较上层的最大位移值。特别当开采厚度超过30m时,急倾斜采空区上覆各地层已呈不稳定发展趋势。

总的来看:采空区高速公路路基及上覆各地层竖向位移曲线呈漏斗状,并且随着开采厚度的增加,采空区高速公路路基及上覆各地层的变形移动影响范围逐渐扩大,影响深度逐渐加深,并逐渐向上波及地表,漏斗两侧也不断向远处扩展,且漏斗形状也逐渐由内凹形状变为饱满形状。漏斗尖端位置为采空区底边中心偏右,随着开采厚度的增加,漏斗尖端向下移动。漏斗状移动变形区域从左下方向上扩展,漏斗轴线与水平面夹角接近于煤层倾角。

(2)各测线测点竖向位移

在大比例尺物理模型试验中,对工况 10-75°、20-75°和工况 30-75°等不同开采厚度工况的试验结果,以时间为横坐标,以每条测线(在一根多点位移计中的所有测点和其正上方岩土体表面的百分表组成一条测线)上的各测点在0d、1d、2d、3d 和 4d 处的竖向位移为纵坐标,做出测线1、测线2、测线3、测线4和测线5中各测点所在地层随时间的竖向位移变化曲线,如图4.20~图4.24所示。

从测线1(图4.20)来看:在工况 10-75°中,各测点竖向位移由小到大排列分别是测点4-1、测点2-1、测点1-1和测点3-1;在工况 20-75°和工况 30-75°中,各测点竖向位移由小到大排列分别是测点4-1、测点3-1、测点2-1和测点1-1,其中,测点1-1和测点2-1的竖向位移基本相同,可以理解为路基顶面和路基底面共同变形。

在工况 10-75°、工况 20-75°和工况 30-75°中,在第1d之前,各测点竖向位移变化较快,在第1d之后,竖向位移变化速度逐渐减小,位移趋于稳定。第1d的竖向位移值基本占到总竖向位移值的80%以上,且随着开采厚度的增大,第1d的竖向位移值占总竖向位移值的比重逐渐增大;随着开采厚度增大,各地层竖向位移变形移动发展越快,后期沉降变化越小。

各工况测线1各测点最大竖向位移值如表4.14所示。

工况(10/20/30)-75°测线1各测点最大竖向位移值(mm)　　表4.14

工况	测点1-1	测点2-1	测点3-1	测点4-1
10-75°	-0.102	-0.102	-0.107	-0.101
20-75°	-0.165	-0.165	-0.153	-0.129
30-75°	-0.357	-0.357	-0.305	-0.225

总的来看:随着开采厚度的增加,测线中各测点的竖向位移逐渐增大,竖向位移变化速度也逐渐加快。同一测线中,下侧测点的竖向位移小于上侧测点。测线1所在位置的岩层基本保持稳定,岩体完整,不发生破坏。

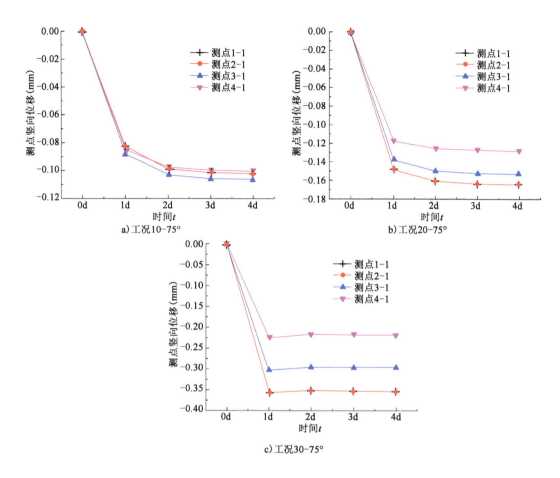

图4.20 工况(10/20/30)-75°测线1各测点竖向位移图

在实际中,测线1对应的是与岩层倾角相反方向最外侧的测线位置,由于该位置下侧有较为坚固的中风化砂岩地层,该位置受采空区变形移动影响最小。由于采空区开采后,围岩压力释放,中风化砂岩产生一定向上的变形,所以,下侧测点受围岩释放压力影响,产生一定向上竖向位移,从而下侧测点的竖向位移比上侧测点小。

从测线2(图4.21)来看:在工况10-75°和工况30-75°中,各测点竖向位移由小到大排列分别是测点1-2、测点2-2、测点3-2和测点4-2;在工况20-75°中,各测点竖向位移由小到大排列分别是测点4-2、测点1-2、测点2-2和测点3-2,其中,测点1-2和测点2-2的竖向位移基本相同,可以理解为路基顶面和路基底面共同变形。

在工况10-75°、工况20-75°和工况30-75°中,在第1d之前,各测点竖向位移变化较快,在第1d之后,竖向位移变化速度逐渐减小,位移趋于稳定。第1d的竖向位移值基本占到总竖向位移值的80%以上,且随着开采厚度的增大,第1d的竖向位移值占总竖向位移值的比重逐渐增大;随着开采厚度增大,各地层竖向位移变形移动发展越快,后期沉降变化越小。

各工况测线2各测点最大竖向位移值如表4.15所示。

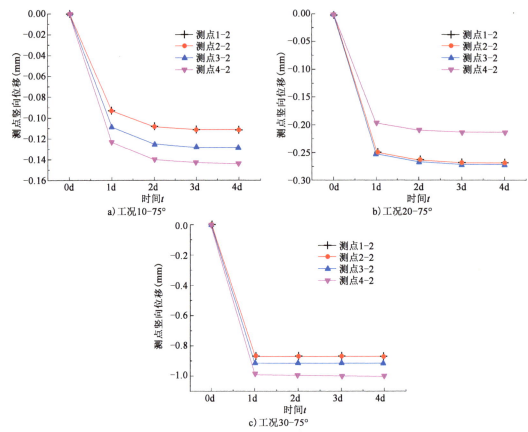

图 4.21 工况(10/20/30)-75°测线 2 各测点竖向位移图

工况(10/20/30)-75°测线 2 各测点最大竖向位移值(mm) 表 4.15

工 况	测点 1-2	测点 2-2	测点 3-2	测点 4-2
10-75°	-0.112	-0.112	-0.129	-0.144
20-75°	-0.269	-0.269	-0.271	-0.215
30-75°	-0.873	-0.873	-0.912	-1.001

总的来看:随着开采厚度的增加,测线中各测点的竖向位移逐渐增大,竖向位移变化速度也逐渐加快。同一测线中,下侧测点的竖向位移小于上侧测点。当开采厚度由 20m 增加到 30m 时,测线 2 上各测点的竖向位移急剧增大,各地层产生较大竖向位移。当开采厚度小于等于 20m 时,测线 2 所在位置的岩层基本保持稳定,岩体完整,不发生破坏。

在实际中,测线 2 对应的是与急倾斜煤层倾角相反方向次外侧的测线位置,当开采厚度为 10m 和 20m 时,由于开采厚度较小,采空区体积相对较小且该位置下侧有较为坚固的中风化砂岩地层,该位置受采空区变形移动影响较小。由于采空区开采后,围岩压力释放,中风化砂岩产生一定向上的变形,所以,下侧测点受围岩释放压力影响,产生一定向上竖向位移,从而下侧测点的竖向位移比上侧测点小。当开采厚度达到 30m 时,该位置下为急倾斜煤层采空区,随着开采厚度增大,急倾斜采空区对上覆各地层的影响范围增大,所以该位置受采空区变形移动的影响逐渐变大。

从测线 3(图 4.22)来看:在工况 10 - 75°、工况 20 - 75°和工况 30 - 75°中,各测点竖向位移由小到大排列分别是测点 1 - 3、测点 2 - 3、测点 3 - 3 和测点 4 - 3;其中,测点 1 - 3 和测点 2 - 3 的竖向位移基本相同,可以理解为路基顶面和路基底面共同变形。

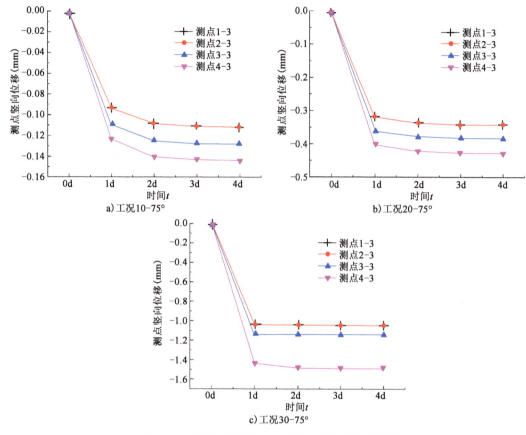

图 4.22　工况(10/20/30) - 75°测线 3 各测点竖向位移图

在工况 10 - 75°、工况 20 - 75°和工况 30 - 75°中,在第 1d 之前,各测点竖向位移变化较快,在第 1d 之后,竖向位移变化速度逐渐减小,位移趋于稳定。第 1d 的竖向位移值基本占到总竖向位移值的 80% 以上,且随着开采厚度的增大,第 1d 的竖向位移值占总竖向位移值的比重逐渐增大;随着开采厚度增大,各地层竖向位移变形移动发展越快,后期沉降变化越小。

各工况测线 3 各测点最大竖向位移值如表 4.16 所示。

工况(10/20/30) - 75°测线 3 各测点最大竖向位移值(mm)　　表 4.16

工　况	测点 1 - 3	测点 2 - 3	测点 3 - 3	测点 4 - 3
10 - 75°	- 0.112	- 0.112	- 0.129	- 0.144
20 - 75°	- 0.343	- 0.343	- 0.384	- 0.428
30 - 75°	- 1.047	- 1.047	- 1.142	- 1.493

总的来看:随着开采厚度的增加,测线中各测点的竖向位移逐渐增大,竖向位移变化速度也逐渐加快。同一测线中,下侧测点的竖向位移小于上侧测点。当开采厚度由 20m 增加到

30m时,测线3上各测点的竖向位移急剧增大,各地层产生较大竖向位移。当开采厚度小于等于20m时,测线3所在位置的岩层基本保持稳定,岩体完整,不发生破坏。

在实际中,测线3对应的是与急倾斜煤层采空区地面中心正上方的位置,当开采厚度为10m和20m时,由于开采厚度较小,采空区体积相对较小,采空区上覆土体以梁模型方式变形,该位置受采空区变形移动影响较小。当开采厚度达到30m时,该位置下为急倾斜煤层采空区,随着开采厚度增大,急倾斜采空区对上覆各地层的影响范围增大,所以该位置受采空区变形移动的影响逐渐变大。

从测线4(图4.23)来看:在工况10-75°、工况20-75°和工况30-75°中,各测点竖向位移由小到大排列分别是测点1-4、测点2-4、测点3-4和测点4-4;其中,测点1-4和测点2-4的竖向位移基本相同,可以理解为路基顶面和路基底面共同变形。

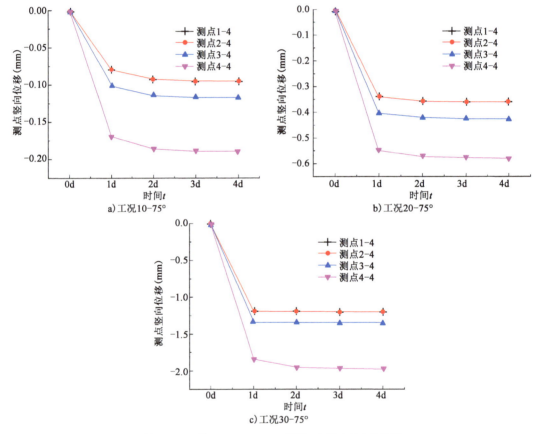

图4.23 工况(10/20/30)-75°测线4各测点竖向位移图

在工况10-75°、工况20-75°和工况30-75°中,在第1d之前,各测点竖向位移变化较快,在第1d之后,竖向位移变化速度逐渐减小,位移趋于稳定。第1d的竖向位移值基本占到总竖向位移值的80%以上,且随着开采厚度的增大,第1d的竖向位移值占总竖向位移值的比重逐渐增大;随着开采厚度增大,各地层竖向位移变形移动发展越快,后期沉降变化越小。

各工况测线4各测点最大竖向位移值如表4.17所示。

工况(10/20/30)-75°测线4各测点最大竖向位移值(mm)　　　表4.17

工况	测点1-4	测点2-4	测点3-4	测点4-4
10-75°	-0.095	-0.095	-0.118	-0.190
20-75°	-0.363	-0.363	-0.427	-0.579
30-75°	-1.208	-1.208	-1.355	-1.973

总的来看:随着开采厚度的增加,测线中各测点的竖向位移逐渐增大,竖向位移变化速度也逐渐加快。同一测线中,下侧测点的竖向位移小于上侧测点。当开采厚度由20m增加到30m时,测线4上各测点的竖向位移急剧增大,各地层产生较大竖向位移。当开采厚度小于等于20m时,测线4所在位置的岩层基本保持稳定,岩体完整,不发生破坏。

在实际中,测线4对应的是与急倾斜煤层倾角相同方向次外侧的测线位置,当开采厚度为10m和20m时,由于开采厚度较小,采空区体积相对较小且该位置下侧有较为坚固的中风化砂岩地层,采空区上覆土体以梁模型方式变形,该位置受采空区变形移动影响较小。当开采厚度达到30m时,该位置下为急倾斜煤层采空区,随着开采厚度增大,急倾斜采空区对上覆各地层的影响范围增大,所以该位置受采空区变形移动的影响逐渐变大。

从测线5(图4.24)来看:在工况10-75°中,各测点竖向位移由小到大排列分别是测点1-5、测点2-5、测点4-5和测点3-5;在工况20-75°和工况30-75°中,各测点竖向位移由

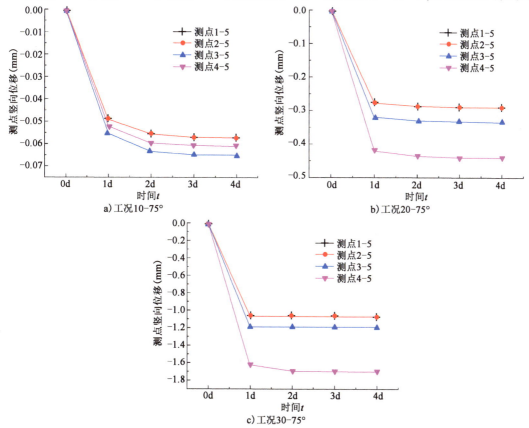

图4.24　工况(10/20/30)-75°测线5各测点竖向位移图

小到大排列分别是测点 1-5、测点 2-5、测点 3-5 和测点 4-5;其中,测点 1-5 和测点 2-5 的竖向位移基本相同,可以理解为路基顶面和路基底面共同变形。

在工况 10-75°、工况 20-75° 和工况 30-75°中,在第 1d 之前,各测点竖向位移变化较快,在第 1d 之后,竖向位移变化速度逐渐减小,位移趋于稳定。第 1d 的竖向位移值基本占到总竖向位移值的 80% 以上,且随着开采厚度的增大,第 1d 的竖向位移值占总竖向位移值的比重逐渐增大;随着开采厚度增大,各地层竖向位移变形移动发展越快,后期沉降变化越小。

各工况测线 5 各测点最大竖向位移值如表 4.18 所示。

工况(10/20/30)-75°测线 5 各测点最大竖向位移值(mm) 表 4.18

工况	测点 1-5	测点 2-5	测点 3-5	测点 4-5
10-75°	-0.057	-0.057	-0.065	-0.061
20-75°	-0.291	-0.291	-0.334	-0.441
30-75°	-1.073	-1.073	-1.193	-1.707

总的来看:随着开采厚度的增加,测线中各测点的竖向位移逐渐增大,竖向位移变化速度也逐渐加快。同一测线中,下侧测点的竖向位移小于上侧测点。当开采厚度由 20m 增加到 30m 时,测线 5 上各测点的竖向位移急剧增大,各地层产生较大竖向位移。当开采厚度小于等于 20m 时,测线 5 所在位置的岩层基本保持稳定,岩体完整,不发生破坏。

在实际中,测线 5 对应的是与急倾斜煤层倾角相同方向最外侧的测线位置,当开采厚度为 10m 和 20m 时,由于开采厚度较小,采空区体积相对较小且该位置下侧有较为坚固的中风化砂岩地层,采空区上覆土体以梁模型方式变形,该位置受采空区变形移动影响较小。而且当开采厚度为 10m 时,由于采空区开采后,围岩压力释放,中风化砂岩产生一定向上的变形,所以,下侧测点受围岩释放压力影响,产生一定向上竖向位移,从而下侧测点的竖向位移比上侧测点小。当开采厚度达到 30m 时,该位置下为急倾斜煤层采空区,随着开采厚度增大,急倾斜采空区对上覆各地层的影响范围增大,所以该位置受采空区变形移动的影响逐渐变大。

2)煤层倾角

倾斜煤层使上覆地层的应力分布趋于更加复杂,造成采空区及其以上各地层形成不对称分布,尤其会对主要影响角产生较大影响。倾角增大,会使上覆岩层的水平位移增加,出现裂缝的可能性增加,上覆岩层出现不均匀变形移动的可能性也会增加;同时,煤层倾角较大会使上部地层中的裂隙和节理更加发育。

(1)各平面测点竖向位移

在大比例尺物理模型试验中,对工况 20-65°、20-75° 和 20-85° 等不同煤层倾角工况的试验结果,以各测线的水平位置为横坐标,以各测点的竖向位移为纵坐标。以路基顶面、路基底面、地层 1 和地层 2 上各测点的竖向位移连成曲线,路基顶面测点由左向右依次为测点 1-1、测点 1-2、测点 1-3、测点 1-4 和测点 1-5,路基底面测点由左向右依次为测点 2-1、测点 2-2、测点 2-3、测点 2-4 和测点 2-5,地层 1 测点由左向右依次为测点 3-1、测点 3-2、测点 3-3、测点 3-4 和测点 3-5,地层 2 测点由左向右依次为测点 4-1、测点 4-2、测点 4-3、测点 4-4 和测点 4-5,得出各平面的竖向位移曲线如图 4.25 所示。

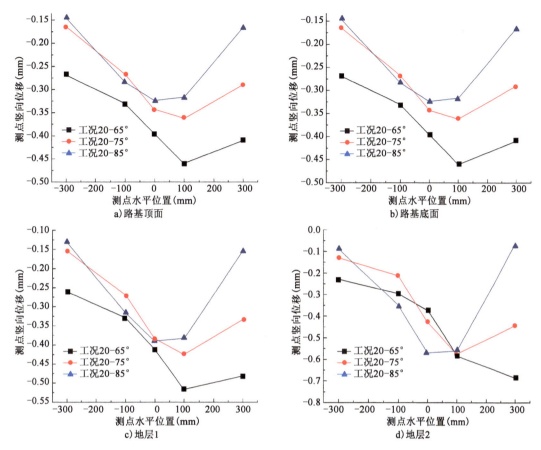

图 4.25　工况 20 -（65/75/85）°测点竖向位移对比图

从各测点竖向位移图来看：在工况 20 - 65°中，路基顶面的最大位移值为 - 0.461mm，路基底面的最大位移值为 - 0.461mm，地层 1 的最大位移值为 - 0.517mm，地层 2 的最大位移值为 - 0.685mm；在工况 20 - 75°中，路基顶面的最大位移值为 - 0.363mm，路基底面的最大位移值为 - 0.363mm，地层 1 的最大位移值为 - 0.427mm，地层 2 的最大位移值为 - 0.579mm；在工况 20 - 85°中，路基顶面的最大位移值为 - 0.324mm，路基底面的最大位移值为 - 0.324mm，地层 1 的最大位移值为 - 0.390mm，地层 2 的最大位移值为 - 0.568mm。

具体各平面的最大竖向位移值如表 4.19 所示。

工况 60 -（65/75/85）°各平面最大竖向位移值（mm）　　　表 4.19

工　况	路基顶面	路基底面	地层 1	地层 2
20 - 65°	- 0.461	- 0.461	- 0.517	- 0.685
20 - 75°	- 0.363	- 0.363	- 0.427	- 0.579
20 - 85°	- 0.324	- 0.324	- 0.390	- 0.568

在工况 20 - 65°、工况 20 - 75°和工况 20 - 85°中，由于土基的弹性模量较小，路基顶面和路基底面所在地层的竖向位移基本相同，路基顶面和路基底面共同变形，与其下地层 1 和地层

2的竖向位移差别不大,各层竖向移动变形均匀。

在工况20-65°中,路基顶面的最大竖向位移在平面中心偏右100mm处,路基底面的最大竖向位移在平面中心偏右100mm处,地层1的最大竖向位移在平面中心偏右100mm处,地层2的最大竖向位移在平面中心偏右300mm处;在工况20-75°中,路基顶面的最大竖向位移在平面中心偏右100mm处,路基底面的最大竖向位移在平面中心偏右100mm处,地层1的最大竖向位移在平面中心偏右100mm处,地层2的最大竖向位移在平面中心偏右100mm处;在工况20-85°中,路基顶面的最大竖向位移在平面中心处,路基底面的最大竖向位移在平面中心处,地层1的最大竖向位移在平面中心处,地层2的最大竖向位移在平面中心处。随着急倾斜煤层倾角的增大,路基顶面、路基底面和各地层的最大位移值随之略有减小,各工况位移曲线整体向煤层倾角增大方向移动,各工况中较下层的最大位移值大于较上层的最大位移值。

总的来看:采空区高速公路路基及上覆各地层竖向位移曲线呈漏斗状,并且随着煤层倾角的增加,采空区高速公路路基及上覆各地层的变形移动影响范围整体向煤层倾角增大方向移动,移动影响范围逐渐减小,移动影响深度略有减小,且漏斗形状也逐渐由内凹形状变为饱满形状。漏斗尖端位置为采空区底边中心偏右,随着开采厚度的增加,漏斗尖端向左移动。漏斗状移动变形区域从左下方向上扩展,漏斗轴线与水平面夹角接近于煤层倾角。

(2)各测线测点竖向位移

在大比例尺物理模型试验中,对工况20-65°、20-75°和20-85°等不同煤层倾角工况的试验结果,以时间为横坐标,以一条测线(在一根多点位移计中的所有测点和其正上方岩土体表面的百分表组成一条测线)上的各测点在0d、1d、2d、3d和4d处的竖向位移为纵坐标,做出测线1、测线2、测线3、测线4和测线5中各测点所在岩土层随时间的竖向位移变化曲线,如图4.26~图4.30所示。

从测线1(图4.26)来看:在工况20-65°、工况20-75°和工况20-85°中,各测点竖向位移由小到大排列分别是测点4-1、测点3-1、测点2-1和测点1-1。其中,测点1-1和测点2-1的竖向位移基本相同,可以理解为路基顶面和路基底面共同变形。

在工况20-65°、工况20-75°和工况20-85°中,在第1d之前,各测点竖向位移变化较快,在第1d之后,竖向位移变化速度逐渐减小,位移趋于稳定。第1d的竖向位移值基本占到总竖向位移值的80%以上,且随着煤层倾角的增大,第1d的竖向位移值占总竖向位移值的比重逐渐增大。随着煤层倾角增大,各地层竖向位移变形移动发展越快,后期沉降变化越小。

各工况测线1各测点最大竖向位移值如表4.20所示。

工况20-(65/75/85)°测线1各测点最大竖向位移值(mm)　　　表4.20

工况	测点1-1	测点2-1	测点3-1	测点4-1
20-65°	-0.269	-0.269	-0.261	-0.231
20-75°	-0.165	-0.165	-0.153	-0.129
20-85°	-0.146	-0.146	-0.132	-0.091

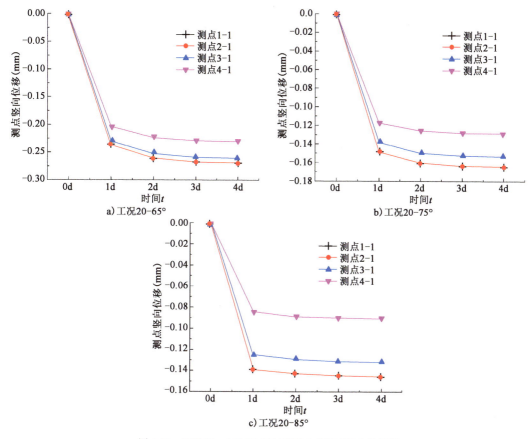

图4.26 工况20-(65/75/85)°测线1各测点竖向位移图

总的来看:随着煤层倾角的增加,测线中各测点的竖向位移曲线向左移动,竖向位移略有减小,但竖向位移变化速度也逐渐加快。同一测线中,下侧测点的竖向位移小于上侧测点。测线1所在位置的岩层基本保持稳定,岩体完整,不发生破坏。

在实际中,测线1对应的是与急倾斜煤层倾角相反方向最外侧的测线位置,当开采厚度为20m,煤层倾角为65°、75°和85°时,由于开采厚度较小,采空区体积相对较小,采空区上覆土体以梁模型方式变形,该位置受采空区变形移动影响较小。随煤层倾角逐渐增大,地表沉陷盆地逐渐向煤层倾角增大方向移动。

从测线2(图4.27)来看:在工况20-65°中,各测点竖向位移由小到大排列分别是测点4-2、测点3-2、测点1-2和测点2-2;在工况20-75°中,各测点竖向位移由小到大排列分别是测点4-2、测点1-2、测点2-2和测点3-2;在工况20-85°中,各测点竖向位移由小到大排列分别是测点1-2、测点2-2、测点3-2和测点4-2;其中,测点1-2和测点2-2的竖向位移基本相同,可以理解为路基顶面和路基底面共同变形。

在工况20-65°、工况20-75°和工况20-85°中,在第1d之前,各测点竖向位移变化较快,在第1d之后,竖向位移变化速度逐渐减小,位移趋于稳定。第1d的竖向位移值基本占到总竖向位移值的80%以上,且随着煤层倾角的增大,第1d的竖向位移值占总竖向位移值的比重逐渐增大;随着煤层倾角增大,各地层竖向位移变形移动发展越快,后期沉降变化越小。

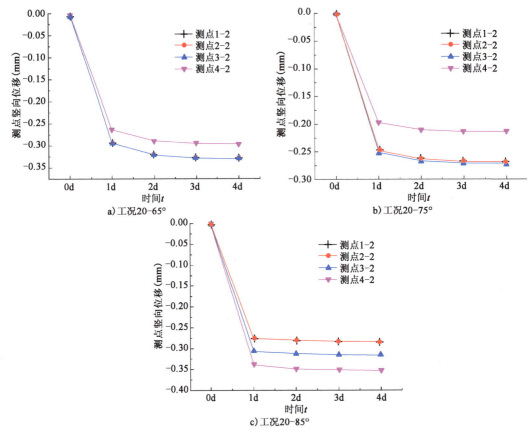

图 4.27 工况 20 -（65/75/85）°测线 2 各测点竖向位移图

各工况测线 2 各测点最大竖向位移值如表 4.21 所示。

工况 20 -（65/75/85）°测线 2 各测点最大竖向位移值（mm）　　　　表 4.21

工 况	测点 1-2	测点 2-2	测点 3-2	测点 4-2
20 - 65°	-0.331	-0.331	-0.331	-0.297
20 - 75°	-0.269	-0.269	-0.271	-0.215
20 - 85°	-0.284	-0.284	-0.317	-0.353

总的来看：随着煤层倾角的增加，测线中各测点的竖向位移曲线向左移动，竖向位移略有减小，但竖向位移变化速度也逐渐加快。同一测线中，下侧测点的竖向位移小于上侧测点。测线 2 所在位置的岩层基本保持稳定，岩体完整，不发生破坏。

在实际中，测线 2 对应的是与急倾斜煤层倾角相反方向次外侧的测线位置，当开采厚度为 20m，煤层倾角为 65°、75° 和 85° 时，由于开采厚度较小，采空区体积相对较小，采空区上覆土体以梁模型方式变形，该位置受采空区变形移动影响较小。随煤层倾角逐渐增大，地表沉陷盆地逐渐向煤层倾角增大方向移动。

从测线 3（图 4.28）来看：在工况 20 - 65° 中，各测点竖向位移由小到大排列分别是测点 4-3、测点 1-3、测点 2-3 和测点 3-3；在工况 20 - 75° 和工况 20 - 85° 中，各测点竖向位移由小到大排列分别是测点 1-3、测点 2-3、测点 3-3 和测点 4-3。其中,测点 1-3 和测点 2-3 的竖向位移基本相同,可以理解为路基顶面和路基底面共同变形。

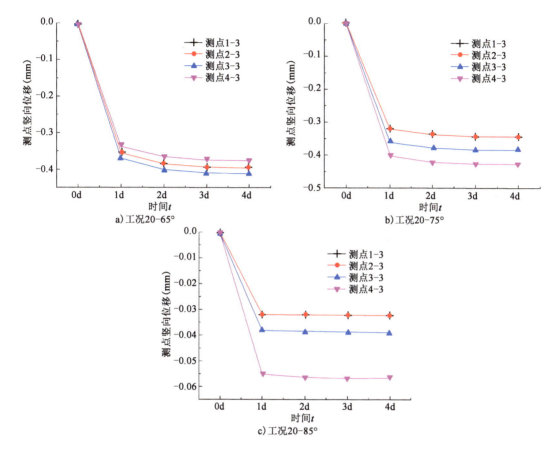

图 4.28　工况 20-(65/75/85)°测线 3 各测点竖向位移图

在工况 20-65°、工况 20-75° 和工况 20-85° 中,在第 1d 之前,各测点竖向位移变化较快,在第 1d 之后,竖向位移变化速度逐渐减小,位移趋于稳定。第 1d 的竖向位移值基本占到总竖向位移值的 80% 以上,且随着煤层倾角的增大,第 1d 的竖向位移值占总竖向位移值的比重逐渐增大;随着煤层倾角增大,各地层竖向位移变形移动发展越快,后期沉降变化越小。

各工况测线 3 各测点最大竖向位移值如表 4.22 所示。

工况 20-(65/75/85)°测线 3 各测点最大竖向位移值(mm)　　表 4.22

工　况	测点 1-3	测点 2-3	测点 3-3	测点 4-3
20-65°	-0.396	-0.396	-0.412	-0.376
20-75°	-0.343	-0.343	-0.384	-0.428
20-85°	-0.324	-0.324	-0.390	-0.568

总的来看:随着煤层倾角的增加,测线中各测点的竖向位移曲线向左移动,竖向位移略有减小,但竖向位移变化速度也逐渐加快。同一测线中,下侧测点的竖向位移小于上侧测点。测线 3 所在位置的岩层基本保持稳定,岩体完整,不发生破坏。

在实际中,测线 3 对应的是急倾斜煤层采空区地面中心正上方的位置,当开采厚度为 20m,煤层倾角为 65°、75°和 85°时,由于开采厚度较小,采空区体积相对较小,采空区上覆土体以梁模型方式变形,该位置受采空区变形移动影响较小。随煤层倾角逐渐增大,地表沉陷盆地逐渐向煤层倾角增大方向移动。

从测线 4(图 4.29)来看:在工况 20 - 65°、工况 20 - 75°和工况 20 - 85°中,各测点竖向位移由小到大排列分别是测点 1 - 3、测点 2 - 3、测点 3 - 3 和测点 4 - 3。其中,测点 1 - 3 和测点 2 - 3 的竖向位移基本相同,可以理解为路基顶面和路基底面共同变形。

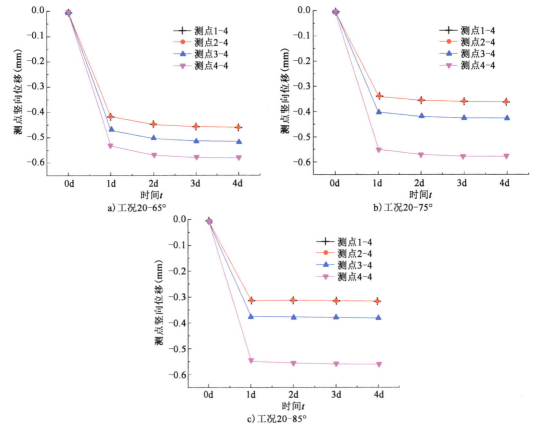

图 4.29　工况 20 - (65/75/85)°测线 4 各测点竖向位移图

在工况 20 - 65°、工况 20 - 75°和工况 20 - 85°中,在第 1d 之前,各测点竖向位移变化较快,在第 1d 之后,竖向位移变化速度逐渐减小,位移趋于稳定。第 1d 的竖向位移值基本占到总竖向位移值的 80% 以上,且随着煤层倾角的增大,第 1d 的竖向位移值占总竖向位移值的比重逐渐增大。随着煤层倾角增大,各地层竖向位移变形移动发展越快,后期沉降变化越小。

各工况测线 4 各测点最大竖向位移值如表 4.23 所示。

工况20-(65/75/85)°测线4各测点最大竖向位移值(mm)   表4.23

工 况	测点1-4	测点2-4	测点3-4	测点4-4
20-65°	-0.461	-0.461	-0.517	-0.583
20-75°	-0.363	-0.363	-0.427	-0.579
20-85°	-0.317	-0.317	-0.382	-0.562

总的来看:随着煤层倾角的增加,测线中各测点的竖向位移曲线向左移动,竖向位移略有减小,但竖向位移变化速度也逐渐加快。同一测线中,下侧测点的竖向位移小于上侧测点。测线4所在位置的岩层基本保持稳定,岩体完整,不发生破坏。

在实际中,测线4对应的是与急倾斜煤层倾角相同方向次外侧的测线位置,当开采厚度为20m,煤层倾角为65°、75°和85°时,由于开采厚度较小,采空区体积相对较小,采空区上覆土体以梁模型方式变形,该位置受采空区变形移动影响较小。随煤层倾角逐渐增大,地表沉陷盆地逐渐向煤层倾角增大方向移动。

从测线5(图4.30)来看:在工况20-65°、工况20-75°中,各测点竖向位移由小到大排列分别是测点1-5、测点2-5、测点3-5和测点4-5;在工况20-85°中,各测点竖向位移由小到大排列分别是测点4-5、测点3-5、测点1-5和测点2-5。其中,测点1-5和测点2-5的竖向位移基本相同,可以理解为路基顶面和路基底面共同变形。

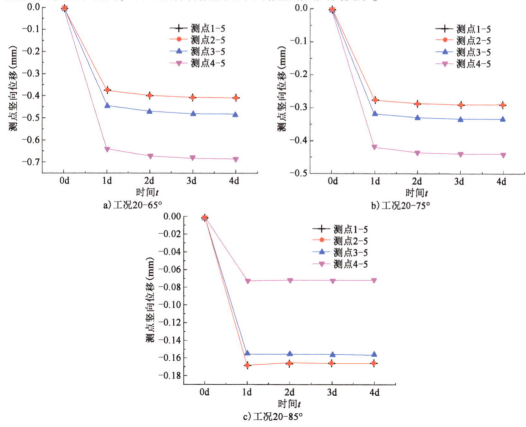

图4.30 工况20-(65/75/85)°测线5各测点竖向位移图

在工况 20 – 65°、工况 20 – 75°和工况 20 – 85°中，在第 1d 之前，各测点竖向位移变化较快，在第 1d 之后，竖向位移变化速度逐渐减小，位移趋于稳定。第 1d 的竖向位移值基本占到总竖向位移值的 80% 以上，且随着煤层倾角的增大，第 1d 的竖向位移值占总竖向位移值的比重逐渐增大；随着煤层倾角增大，各地层竖向位移变形移动发展越快，后期沉降变化越小。

各工况测线 5 各测点最大竖向位移值如表 4.24 所示。

工况 20 – (65/75/85)°测线 5 各测点最大竖向位移值(mm)　　　　　　表 4.24

工况	测点 1 – 5	测点 2 – 5	测点 3 – 5	测点 4 – 5
20 – 65°	– 0.410	– 0.410	– 0.483	– 0.685
20 – 75°	– 0.291	– 0.291	– 0.334	– 0.441
20 – 85°	– 0.168	– 0.168	– 0.157	– 0.073

总的来看：随着煤层倾角的增加，测线中各测点的竖向位移曲线向左移动，竖向位移略有减小，但竖向位移变化速度也逐渐加快。同一测线中，下侧测点的竖向位移小于上侧测点。测线 5 所在位置的岩层基本保持稳定，岩体完整，不发生破坏。

在实际中，测线 5 对应的是与急倾斜煤层倾角相同方向最外侧的测线位置，当开采厚度为 20m，煤层倾角为 65°、75°和 85°时，由于开采厚度较小，采空区体积相对较小，采空区上覆土体以梁模型方式变形，该位置受采空区变形移动影响较小。随煤层倾角逐渐增大，地表沉陷盆地逐渐向煤层倾角增大方向移动。

4.2.2　试验结果分析与结论

1) 试验结果分析

工况 (10/20/30) – 75°地层位移如图 4.31、表 4.25 所示。

工况 (10/20/30) – 75°路基顶面、路基底面和各地层最大位移及位置　　　　　表 4.25

工况	路基顶面	路基底面	地层 1	地层 2
10 – 75°	– 0.112/100	– 0.112/100	– 0.129/100	– 0.190/100
20 – 75°	– 0.363/100	– 0.363/100	– 0.427/100	– 0.579/100
30 – 75°	– 1.208/100	– 1.208/100	– 1.355/100	– 1.973/100

如图 4.31、表 4.25 所示，在工况 10 – 75°、工况 20 – 75°和工况 30 – 75°中，采空区高速公路路基及上覆各地层的最大竖向位移都出现在采空区底面中心偏右 100mm 处。随着开采厚度逐渐增大，各地层的最大竖向位移逐渐增大，特别当开采厚度从 20m 增加到 30m 时，各地层的最大竖向位移急剧增大。各地层最大竖向位移出现在一条直线上，随开采厚度的增大，最大竖向位移值水平位置基本保持不变，采空区移动变形影响范围急剧增大，影响深度急剧加深。

随着开采厚度的增大，路基底面位移急剧增大，竖向位移最大值的水平位置基本保持不变，路基变形范围也急剧增大，采空区上覆岩层移动变形范围呈倒置漏斗形状，此时路基对开采厚度影响因素十分敏感。

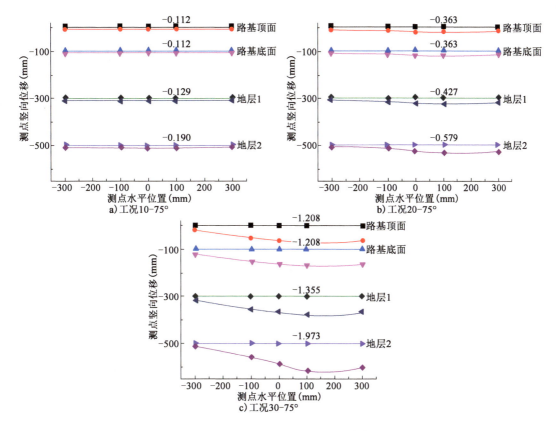

图 4.31 工况(10/20/30)-75°地层位移图

工况 20-(65/75/85)°地层位移如图 4.32、表 4.26 所示。

工况 20-(65/75/85)°路基顶面、路基底面和各地层最大位移及位置   表 4.26

工况	路基顶面	路基底面	地层 1	地层 2
20-65°	-0.461/300	-0.461/300	-0.517/300	-0.685/300
20-75°	-0.363/100	-0.363/100	-0.427/100	-0.579/100
20-85°	-0.324/0	-0.324/0	-0.390/0	-0.568/0

如图 4.32、表 4.26 所示,在工况 20-65°中,采空区高速公路路基及上覆各地层的最大竖向位移都出现在采空区底面中心偏右 300mm 处;在工况 20-75°中,采空区高速公路路基及上覆各地层的最大竖向位移都出现在采空区底面中心偏右 100mm 处;在工况 20-85°中,采空区高速公路路基及上覆各地层的最大竖向位移都出现在采空区底面中心处。

随着煤层倾角逐渐增大,各地层的最大竖向位移略有减小。各地层的最大竖向位移出现在一条直线上,随煤层倾角的增大,最大竖向位移值的水平位置有向煤层倾角增大方向移动的趋势,采空区移动变形影响范围略有减小,影响深度略有减小。

当开采厚度等于 20m,上覆层厚度为 25m 时,路基底面最大竖向位移均较小,路基与各地层均较为稳定。随着煤层倾角增大,路基底面最大竖向位移略有减小,竖向位移最大位置有向煤层倾角增大方向移动的趋势,采空区上覆路基顶面、路基底面及各地层移动变形范围呈倒置漏斗形状,此时路基对煤层倾角影响因素不太敏感。

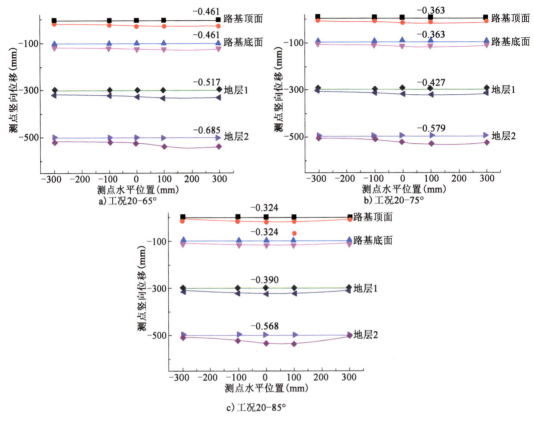

图 4.32　工况 20 - (65/75/85)°地层位移图

2)采空区上覆地层变形移动规律

比较工况 10 - 75°、20 - 75°和 30 - 75°中,随着煤层开采厚度的增大,路基顶面、路基底面及各地层的竖向位移逐渐增大,采空区移动变形影响范围也增大,采空区移动变形影响深度略有增加,采空区上覆岩层移动变形范围呈倒置漏斗形状。路基顶面竖向位移也随之增大。

比较工况 20 - 65°、20 - 75°和 20 - 85°中,随着煤层倾角的增大,路基顶面、路基底面及各地层的最大位移位置向煤层倾角增大方向移动,各层的竖向位移略有减小,采空区移动变形影响范围略有减小,采空区移动变形影响深度略有减小,采空区上覆岩层移动变形范围呈倒置漏斗形状。路基顶面竖向位移也随之减小。

采空区上覆地层变形移动规律如表 4.27 所示。

采空区上覆地层变形移动规律　　　　表 4.27

情　况	各层最大位移	各层竖向位移	采空区移动变形影响范围	采空区移动变形影响深度	路基顶面竖向位移
煤层开采厚度增大	增大	增大	增大	增大	增大
煤层倾角增大	减小	减小	减小	减小	减小

采空区上覆高速公路路基及各地层的竖向位移、采空区移动变形影响范围、影响深度与煤层开采厚度正相关,与煤层倾角负相关。其中,采空区移动变形影响范围为漏斗状,采空区地层移动变形范围呈倒置漏斗状。覆岩内部变形移动呈一个连续变化过程,从下至上变形移动逐渐减弱,变形移动影响范围逐渐增大。

4.2.3 急倾斜煤层采空区稳定性评价原则

根据《岩土工程勘察规范》(GB 50021—2001)规定,得出采空区路段定性评价的基本原则如表 4.28 所示。

采空区路段定性评价基本原则　　　　　　表 4.28

路段	不宜进行公路建设的地段	可以进行建设,但应专题研究的地段	可以进行建设的地段
原则	(1)正在开采的地段或处于地表移动活跃阶段的路段,即下沉速度大于 1.67mm/d; (2)可能出现突然塌陷等非连续变形的路段,如地方小煤窑老采区,地表下沉的主要方式是塌陷坑和塌陷盆地; (3)特厚煤层、急倾斜煤层露头地段; (4)由于地表变形可能引起边坡失稳和山崖坍塌的地段; (5)地面塌陷积水较深,导致路堤长期浸泡在水中的路段; (6)地表倾斜大于 10mm/m,或地表曲率大于 0.6mm/m² 或水平变形大于 6mm/m 的路段	(1)采空区深厚比小于 30 的路段; (2)采深小,上覆岩层极坚硬并采用非正规开采方式的道路; (3)临近区段正在开采或将要开采的区段; (4)地表倾斜为 3～10mm/m,曲率为 0.2～0.6mm/m²,地表水平变形为 2～6mm/m 的路段	(1)正规开采,时间在 5 年以上,无大面积积水的路段; (2)充分采动,无重复开采可能的地表移动盆地的中间区; (3)预计的地表变形值小于下列数值的路段:地表倾斜 3mm/m,地表曲率 0.2mm/m²,地表水平变形 2mm/m

在《岩土工程勘察规范》(GB 50021—2001)及《岩土工程手册》中,提供了可供初步工程计算的参考公式:

当充分采动情况下的最大下沉值(mm):

$$W_{\max} = \eta \cdot m\cos\alpha$$

最大倾斜(mm/m):

$$T_{\max} = \frac{W_{\max}}{R}$$

最大曲率(mm/m²):

$$K_{\max} = \frac{1.52 W_{\max}}{R^2}$$

最大水平位移(mm):

$$U_{\max} = \lambda W_{\max}$$

最大水平变形(mm/m):

$$\varepsilon_{\max} = \frac{1.52\lambda W_{\max}}{R}$$

地面影响半径(m):

$$R = \frac{H}{\tan \beta}$$

式中：α——煤层倾角(°)；
　　　η——下沉系数(mm/m)；
　　　H——采深(m)；
　　　m——采空煤层法线采厚(m)；
　　　β——移动角(°)；
　　　λ——水平变形系数。

根据各煤矿开采现状、方式及管理水平，取值如下：$\eta = 0.8$，$\beta = 67°$，得出表4.29。

各工况地表最大变形　　　　　　　　　　　　　　　表4.29

工况	开采厚度(m)	煤层倾角(°)	最大下沉(mm)	最大倾斜(mm/m)	最大曲率(mm/m²)	最大水平位移(mm)	最大水平变形(mm/m)
10-75°	10	75	2.071	162	19.339	0.62	74
20-65°	20	65	6.762	531	63.388	2.03	242
20-75°	20	75	4.141	325	38.797	1.24	148
20-85°	20	85	1.394	109	13.012	0.42	50
30-75°	30	75	6.212	487	58.136	1.86	222

根据采空区路段定性评价的基本原则，该路段深厚比小于30，采深小，采用小窑非正规方式开采，且临近区段后续会继续开采，出于一定安全系数考虑，各工况均属于可以进行建设但应专题研究的路段。

4.2.4　急倾斜煤层采空区沉陷模型试验误差分析

采用模型试验这一手段来进行急倾斜煤层采空区上覆地层变形移动规律研究的过程中难免会出现误差，尽管通过多种试验手段去尽可能地降低试验中可控误差的影响，但在试验过程中仍有很多不可预见的误差影响因素[41]。总而言之，在此次模型试验中，产生的试验误差包括以下几个方面：

（1）模型试验系统误差。
（2）模型制作及模型参数误差。
（3）测量数据误差。

比例模型试验依据实体特征简化原则和相似定律，不可避免地产生与原型之间的差异，被忽略的非主要研究特征和规律与主要研究特征和规律之间的关系复杂[42]，可能会对主要研究特征和规律产生影响。

由于模型试验是截取所研究原型的主要影响区域，对影响区域内的原型进行比例缩小和简化，受模型试验箱尺寸限制，模型箱与土体不可避免地产生一定的约束条件，与原型产生显著差异，从而产生较为显著的边界效应的影响[43]。另一方面，在模型制作及相似材料配置过程中，包括模型尺寸、拌制过程中的均匀程度、含水率等由于人的控制因素可能会产生一定波动,从而对模型试验中的试验参数产生影响。

在试验过程中埋设测试元件具有一定尺寸,由于模型箱尺寸和模型比例尺较小,测试元件的尺寸效应影响较大,包括多点位移计线管对土体的加筋补强[44],模型箱有机玻璃面板对彩砂以及土体的摩阻力。

模型试验中的测量数据误差主要包括人为判断差异,以及光线影响,由于百分表架设较为密集,以及表盘与视线可能会产生一定夹角从而影响观察者的判断。另一方面,由于模型箱对土体约束条件产生的边界效应,以及土体颗粒之间的摩阻力,也使测试读数偏小。

4.3 本章小结

本章主要研究高速公路下伏急倾斜煤层采空区的上覆地层及路基的移动变形规律,通过模型试验进行研究。结合理论研究、现场考察以及相关资料收集,设计为3因素3水平的试验工况,对10−75°、20−65°、20−75°、20−85°和30−75°等5种工况的数据进行研究分析,得到以下结论:

(1)随着煤层开采厚度的增大,急倾斜煤层采空区上覆各地层及路基的竖向位移随之增大,特别当开采厚度由20m增大到30m时,各地层的最大竖向位移急剧增大。

(2)随着煤层倾角的增大,急倾斜煤层采空区上覆各地层及路基的变形移动影响范围向煤层倾角增大方向整体发生移动。

(3)随着煤层开采厚度的增大,对路基的移动变形急剧增加,当开采厚度达到30m以上时,路基变形过大,各地层已呈不稳定状态,易产生突然性坍塌。

(4)覆岩内部变形移动呈一个连续变化过程,从下至上变形移动逐渐减弱,变形移动影响范围逐渐增大。

第5章 采空区稳定性数值模拟分析

5.1 依托工程采空区稳定性数值模拟分析

5.1.1 地层稳定性分析

为尽可能地模拟出工程实际情况,我们将已有的地勘资料进行分析,选取其中比较典型的地勘剖面图,如图5.1所示

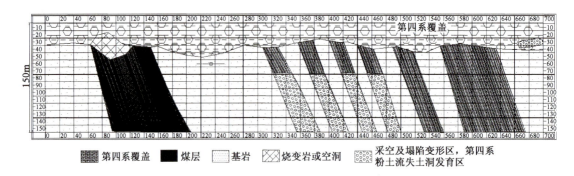

图 5.1 路线纵断面地质剖面图

该剖面基本与拟建公路轴线重合,其为滚动测量长剖面,位于拟建公路 K22+940~K21+180 桩号内,剖面在八一煤矿及以北曙光六矿安全煤柱区内,根据地勘资料可知:第四系覆盖厚度 25~50m,煤层顶界为 25~50m,该剖面下伏煤矿开采对安全煤柱深部已局部破坏,下伏采空区顶界为 70~80m;在该水平上 27 号、26 号、25 号、24 号煤层往东西两侧开采。

为研究急倾斜煤层开采对上覆基岩的影响,我们需要对模型进行简化,只考虑煤柱采空部分对地表的影响。而且为了保证模拟有足够的准确性,煤层倾角、厚度等都按地勘实际情况进行建模。忽略次要条件,将预留比较完整的煤柱煤层当成基岩,只是在建模过程中先将 24 号~27 号煤层当作开挖破坏的煤层。后续再对保留完整的煤柱进行分析。

模型上覆盖层第四季松散堆积物的厚度为 40m,采空区的深度为 -160~-77m,下伏基岩的厚度为 20m。模型长度 700m,采空区的范围在 330~570m 之间,按照地勘资料的地质情况分布。采用矩形网格划分,模型共 16700 个单元。纵断面网格划分如图 5.2 所示。

经测量该煤层的四个采空区的角度平均为 70°,属于急倾斜煤层采空区,且采空区分布范围比较广。采用摩尔库仑塑性模型,各个区域参数赋值参考表 5.1 选取。

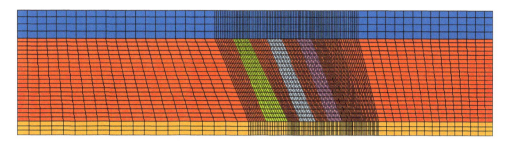

图 5.2　纵断面网格划分图

模型物理力学参数　　　　　　　　　　　　　　　表 5.1

岩性	重度(kg/m³)	弹性模量(GPa)	泊松比	黏聚力(MPa)	内摩擦角(°)
路基	1800	0.1	0.28	0.02	27
第四季松散层	1780	1.0	0.27	0.023	14
泥岩	2120	1.5	0.3	1.6	34
煤	1400	0.9	0.29	0.8	20
中砂岩	2230	4.5	0.25	2.7	35

上述模型属于二维地质模型,在确定边界条件时,考虑到实际情况中开挖对底部的影响不是很大,所以模型底部固定。模型的两边界 x 方向约束,z 方向自由。模型的初始应力为岩土体的自重应力场。参考该工程的现场施工和煤岩及注浆的物理力学试验结果,选取近似理想的弹塑性模型,其破坏准则选取 Mohr-Coulomb 准则。

重力平衡后,煤层上方会出现一些沉降变形。但是在实际情况中,煤层形成后经过长时间的地层运动,上方的沉降也会被第四季覆盖层所填平。所以在进行采空区开挖时,要对重力平衡后的位移进行清零。这样所模拟出来的结果才与实际情况比较符合。利用 model null 命令,来模拟采空区的形成。开采急倾斜煤层时,不仅顶板岩石可能发生冒落,底板岩石也可能沿底板发生滑移,造成底板岩层移动。如果两个或多个急倾斜煤层间距较近,上煤层开采造成的煤层底板岩层发生移动,将使下煤层的巷道维护困难,甚至使煤层遭到破坏,影响正常开采。所以,在模拟开采急倾斜煤层时,将四个煤层间的开挖顺序近似成同时开挖,从而减小了各个煤层之间的相互影响,这也与实际开采比较相符。在实际生产中,开采急倾斜煤层时,也需要合理安排协调上、下煤层上下区段顺序和分段高度,以免上、下煤层开采时影响邻近煤层的正常开采。通过模拟,观察地层的位移变化规律和应力变化规律,来分析煤层开挖对该区域的影响[45-51]。位移量等值阴影图如图 5.3、图 5.4 所示。

观察图 5.3 与图 5.4,基本和前一章节的结论一致。急倾斜煤层采空后,下沉盆地并非对称的碗形,而是趋于下山方向沉降区域和沉降值增加较为明显。下山方向受到的影响范围远远大于上山方向受到的影响范围。而且最大沉降值出现在急倾斜煤层组的中间部分,这是因为中间部分的上覆盖层受到的扰动和变形都较大,因而产生的变形也较其他位置更为明显。

根据上述工况,急倾斜煤层采空区开挖时,记录开挖过程中地表及煤层顶板的沉降变化值。监测点如图 5.5 所示。

开挖完成后,各监测点的沉降值如表 5.2 所示。地表沉降曲线如图 5.6 所示。

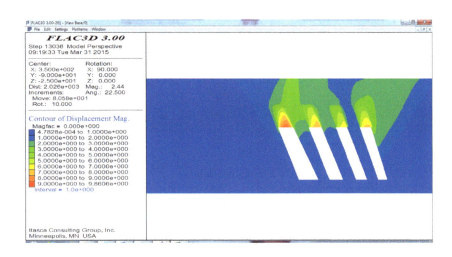

图 5.3　开挖后位移量等值阴影图

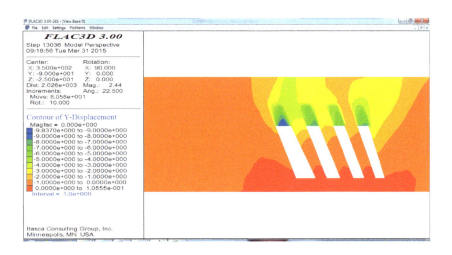

图 5.4　垂直位移量等值阴影图

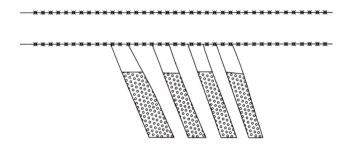

图 5.5　急倾斜采空区沉降监测点

各监测点沉降记录(m) 表5.2

水平距离	地表沉降值	煤层顶板沉降值	水平距离	地表沉降值	煤层顶板沉降值
200	-0.097	-0.067	390	-2.243	-2.676
220	-0.212	-0.068	400	-2.252	-2.608
230	-0.412	-0.077	410	-2.044	-2.567
240	-0.612	-0.128	420	-1.838	-2.461
250	-0.612	-0.128	430	-1.633	-2.000
260	-0.744	-0.318	440	-1.552	-1.881
270	-0.828	-0.622	450	-1.684	-2.007
280	-0.828	-0.622	460	-1.859	-3.296
290	-0.937	-0.780	470	-1.895	-3.364
300	-1.285	-1.054	480	-2.030	-2.986
310	-1.498	-1.454	490	-2.148	-2.473
320	-1.683	-1.963	500	-2.293	-2.344
330	-1.762	-2.938	510	-2.279	-2.260
340	-2.306	-3.467	520	-2.279	-2.260
350	-3.115	-3.588	540	-1.883	-1.442
360	-3.213	-3.459	560	-1.594	-0.931
370	-2.181	-2.751	580	-0.956	-0.239
380	-2.176	-2.786	600	-0.632	-0.102

从表5.2中可以清晰地反映出,在煤层被开挖形成采空区后,煤层顶板基岩和地层表面都出现了沉降,说明急倾斜煤层开采对地表的影响还是比较大的。图5.6中地表沉降曲线在采空区的上山方向出现了台阶状的下降趋势。这是因为急倾斜煤层条件下,开采第一层时地表会产生一个主要的裂缝和沉降,当第二层、第三层等分层开采时裂缝和沉降再次出现,这种开采方式形成了地表台阶状的分布。

地层沉降主要范围集中在采空区的方向并有偏向于采空区的下山方向的趋势。沉降区并不像水平煤层那样,急倾斜煤层出现的是瓢形塌陷坑,在25号煤层采空上方还出现了漏斗状的塌陷。这是急倾斜煤层明显的地表变形特征,与现场的实际观测相符合。

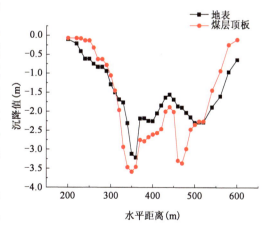

图5.6 地表及煤层顶板开采最终沉降值

图 5.6 中,煤层顶板和地表的沉降曲线基本一致,说明急倾斜煤层组采空区对上覆基岩整体的稳定性都产生了破坏。这是因为煤层采空后,上覆基岩在自重应力的作用下产生一个向下的力,由于急倾斜煤层采空区空洞的竖向空间较大,上覆岩土的掉落很难填满整个空洞,所以空洞的形成会越来越大。因此才在地表产生沉陷坑。

5.1.2 煤层开采时采空区稳定性分析

选取众兴二矿采空区为数值模拟对象,该矿区采空区埋深比较大,采深达到 200~250 m。采煤过程中顶板管理采用落陷法即随采随放方式管理。采空区塌陷过程中,由于基岩变形引起了较多的裂缝和空隙,同时安全煤柱发生破坏变形,风化裂隙发育,岩体被切割成岩块,岩石质量指标差。依据依托工程《铁厂沟煤田采空区段工程勘察报告说明书》,结合实际地质情况,运用 FLAC^{3D} 软件,对该采空区稳定性进行数值模拟[52]。

1) 本构模型的选取

土体的应力应变关系十分复杂,目前每一种本构模型都只能模拟特定的加载条件下某类土的主要特性。没有一种本构模型能全面地、准确地表示任何一种情况。经验表明,模型计算的准确性,除了和模型理论基础有关,与参数取值的准确性也有很大关系,有些模型理论严密,但是参数取值复杂,造成了计算结果的偏差;而有一些模型虽然形式简单,但是参数物理意义明确,容易确定,使得计算结果合理。在选择本构模型的时候,尽量选择参数简单,便于确定,同时又运用广泛受到业界认可的本构模型。

摩尔—库仑模型在弹塑性理论的基础上加入塑性理论,考虑了土体的塑性破坏作用,是岩土界应用广泛且十分成熟的本构模型之一。摩尔—库仑模型能很好地反映出土体的非线性力学特性,相比其他弹塑性模型所需要的参数较少,容易根据类似工程确定其参数,特别适用于土体、岩石等松散胶结的颗粒材料,在采空区稳定性方面的数值模拟中经常用到。所以本章在 FLAC^{3D} 数值模拟中对其采用摩尔—库仑模型。

2) 数值计算中的基本假设

FLAC^{3D} 不可能完全模拟出采空区开挖的过程,在进行数值模拟时,应忽略次要因素,突出主要因素,使得模拟得到简化又不失真。假设如下[53,54]:

(1) 将岩体看作是均匀且各向同性的介质,符合摩尔—库仑屈服准则。
(2) 在建模过程中忽略了结构弱面以及温度等因素的影响,只考虑对岩体参数的弱化。
(3) 在模拟过程中,初始应力只考虑了自重应力,忽略了其他应力的影响。
(4) 模拟过程中忽略了地形地貌对工程带来的影响。

3) 地质参数的选取

根据地勘资料,众兴二矿开采的煤层全部集中在侏罗系下统西山窑组(J_2x)地层,该地层厚度为 565 m,岩性一般由灰色和深灰色泥岩、粉砂岩、泥质粉砂岩等组成,而第四系土层主要由杂填土、黄土状粉土、卵石土等组成。岩类力学性质不同,岩性也有区别,但计算时以考虑力学性质为主,因而对岩类进行简化,计算中的力学指标不以岩性而是以岩类来划分。在建立的模型中,将地层由上至下近似分成两层,即第四系土层和基岩(侏罗系下统西山窑组)。岩石材料参数参照铁厂沟矿区相似工程设计参数取值建议[55],如表 5.3 所示。

模型物理力学参数　　　　　　　　表5.3

岩性	密度(kg/m³)	弹性模量(GPa)	泊松比	黏聚力(MPa)	内摩擦角(°)	抗拉强度(MPa)
第四季土层	1780	1.0	0.27	0.23	20	0.01
基岩	2120	1.8	0.27	1.8	30	0.86
煤	1400	0.9	0.29	0.6	20	0.05

在 FLAC^{3D} 中,对于摩尔—库仑模型不直接用弹性模量 E 和泊松比 μ 来描述材料的属性,而用切变模量 G 和体积模量 K 来进行描述。它们之间按下式进行换算[56]:

$$\begin{cases} K = \dfrac{E}{3(1-2\mu)} \\ G = \dfrac{E}{2(1+\mu)} \end{cases} \tag{5.1}$$

4)模型的建立及边界条件

根据依托工程《铁厂沟煤田采空区段工程勘察报告说明书》,众兴二矿开采45号、43号、42号煤层,煤层倾角都为45°,煤层上覆层厚度都为10m,煤层厚度分别为38m、7.5m、22m,安全煤柱顶宽分别为85m、100m、107m,高度均为287m,煤柱两侧为采空区及塌陷变形区。如图5.7、图5.8 所示。

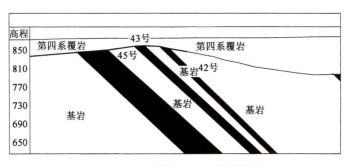

图 5.7　众兴二矿采空区地质纵断面图

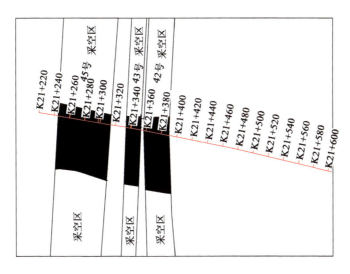

图 5.8　众兴二矿采空区俯视图

整个模型上部取至地表,下部取至安全煤柱以下60m,煤层倾向方向取700m,走向方向取450m。模型内含42号、43号、45号煤层,煤层倾角均取45°,上覆层厚度均取10m。安全煤柱大小根据实际数据取值,位于整个模型中央。最终所建的模型尺寸为700m×450m×362m(长×宽×高),所建模型中划分52343个单元和54643个节点。模型如图5.9、图5.10所示。

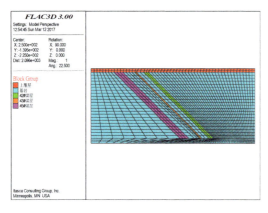 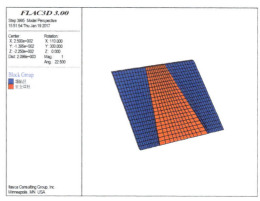

图5.9 采空区模型侧面网格图　　　　　　图5.10 煤层模型网格图

计算时边界条件为:地表为自由表面,未施加任何约束,模型的前后左右边界为单向位移约束边界,模型的底部边界为三向位移约束边界[57]。

5)计算过程

模拟的过程中,首先计算在采空区未开挖之前,岩体在自重应力下的位移。待重力平衡后,对产生的初始位移进行清零处理。由于模型当中含有三层煤层,并且煤层之间距离较近,在实际工程中,上煤层开采使得顶底板发生移动变形,将使下煤层开采困难,甚至产生塌陷。所以在模拟过程中,为了减少各个煤层之间的相互影响,将三个煤层的开采顺序近似视为同步开采,这也和实际情况相符。模拟煤层开采过程中采用分步开挖的命令,每30m为一步,从上至下对煤层进行开采,这样的开采方式与实际情况比较相符。最后对模型进行求解,直至平衡[58]。

6)计算结果及分析

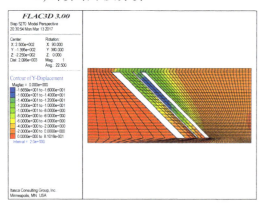

图5.11 模型位移场侧面图

(1)采空区覆岩移动破坏规律

模型位移场侧面图如图5.11所示。

由图5.11可知,岩层的位移主要体现在各煤层的上方,而煤层群下方的岩层,并未发生移动。这是由于该煤层群倾角为45°,属于倾斜煤层,煤层的开挖不会和急倾斜煤层($\alpha > 55°$)一样,引起下盘岩层的移动,相反由于煤层顶板产生坍塌滑落的同时,对下层岩层有挤压的作用,导致下层岩层有轻微的隆起。

煤层开采后,可以把塌陷变形后的岩层分为三个部分,即冒落带、裂隙带和弯曲带。在冒落带和裂隙带中,岩层产生了断裂,破碎成块,进而垮落,属于破坏性影响区;弯曲带中岩层发生法向弯曲,出现微小裂缝。由图5.11中沉降值的大小可以大致划分出三带,橘红色部分为弯曲带,黄色、绿色与蓝色部分为冒落带和裂隙带。45号、43号、42号煤层上方地表发生了十几米的沉降,可以推断出采空区的裂隙带,甚至是冒落带已经发展到地表,地表会出现较为严重的崩塌现象[59]。

对45号、43号、42号煤层顶板布设监控点,对煤层顶板竖向位移进行记录。每个顶板平均布设12个监控点。位移稳定后,将煤层顶板监测点竖向位移值描绘成图表,如图5.12所示。

由图5.12可知,43号煤层顶板产生的沉降值最大,并且沉降值有一个由小变大,再变小的过程,这是由于43号煤层顶板最薄,导致顶板中部相对于顶板顶部成了整个顶板中承载能力最弱的部位,所以沉降量也最大。42号煤层顶板沉降值略大于45号煤层顶板沉降值,沉降值都是从大变小。由沉降值的大小可以看出,开采后各煤层顶板均产生了垮落。

(2)煤层开挖应力重分布规律

图5.13为模型XY方向应力场侧面图,由图中坐标所示,XY方向垂直于煤层,该应力图主要用来分析垂直于采空区顶底板的应力分布情况。图中各煤层的顶板都受到了拉应力的作用,拉应力的产生是顶板的自重力及其上覆岩层的作用。图中显示应力大小为1~2MPa,而基岩的抗拉强度为0.86MPa,推测图中采空区顶板受拉区域已经进入塑性状态。

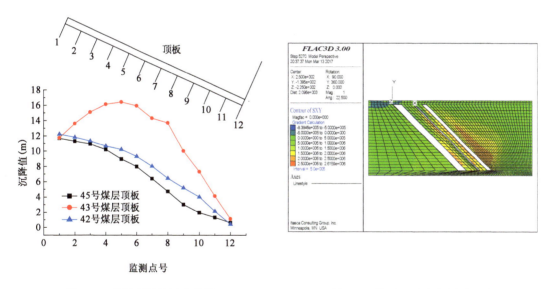

图5.12 采空区顶板竖向位移图　　图5.13 模型XY方向应力场侧面图

模型最大、最小主应力场侧面图如图5.14、图5.15所示。

由图5.14可知,各煤层顶底板及其上覆岩层都呈现为卸压状态,压应力为3~5MPa,采空区地层主要以压应力为主。由图5.15可知,最小主应力在煤层顶板及其上覆岩层表现为拉应力,其余部分均为压应力。

在应力图中,压应力集中区域均位于42号煤层底部前方基岩。这是由于煤层采空后,致使顶板岩层悬空,引起了采空区周围岩体内的应力重分布,在顶、底板岩层内形成卸载压力区,其压力小于开采前的正常压力。而应力重分布过程中,顶板及其上覆岩层部分重量同时传递到周围未直接开采的岩体上,导致了煤层前方支撑压力区的产生。

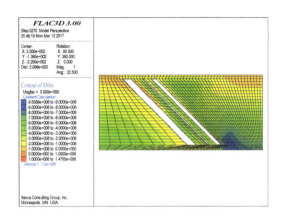

图5.14　模型最大主应力场侧面图

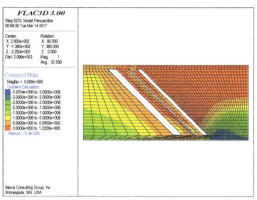

图5.15　模型最小主应力场侧面图

(3)采空区塑性区规律

岩体材料采用的是弹塑性模型,开始的时候处于弹性阶段,某部分应力超过模型的承载能力,会进入到塑性阶段。岩体失稳的过程,是塑性区不断发展的过程,当单元不断被破坏,微小裂缝贯穿成破裂面,岩土体力学性质发生了较大的变化,则岩体会发生塌落滑移现象。

图5.16为塌陷稳定后的塑性破坏图,塑性破坏区域主要集中在开挖煤层的顶板及其上覆岩层。42号煤层上方岩层主要以张拉破坏为主,43号和45号煤层顶板的破坏呈现剪切和拉张破坏相互交替。

(4)地表变形规律

地表沉降、水平位移变形图如图5.17、图5.18所示。

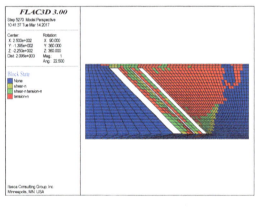

图5.16　模型塑性破坏侧面图

由图5.17和图5.18可知,煤层开挖后,地表形成移动盆地,盆地位于采空区上方,地表最大沉降值和最大水平位移值均位于煤层群中部正上方位置,数值沿上山和下山方向逐渐减小。45号煤层上山方向的地表有轻微的隆起,这是因为上覆岩层塌陷过程中,对下层岩层的挤压作用。煤层开采后,安全煤柱上方的地表沉降值与水平变形值均在2m以内,相对于煤柱两侧塌陷区,沉降值大大减小。在实际工程中,反映的情况就是除了安全煤柱所在的场地内的地表变形值较小,其他采空区上方地表沿煤层走向方向会分布较广大的沉陷盆地。模拟结果与众兴二矿实际勘察结果基本吻合。

在45号、43号、42号煤层顶部的正上方地表布设3条测线,对地表的沉降值进行监测,每条测线布置13个监测点。监测点布设如图5.19所示。

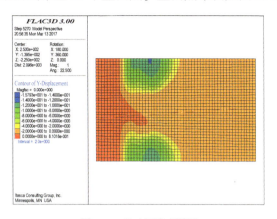

图5.17 地表沉降变形图

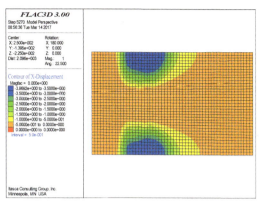

图5.18 地表水平位移变形图

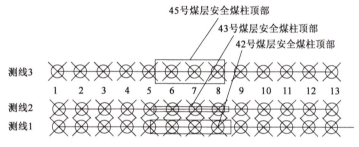

图5.19 地表监测点布设示意图

位移稳定后,监测值如图5.20所示。

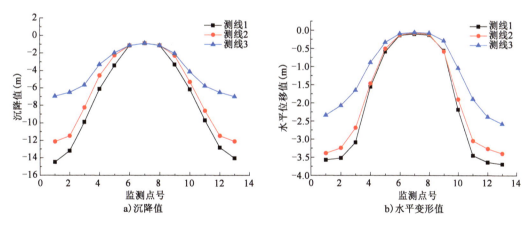

图5.20 地表监测点变形值图

由图5.20可知,煤柱上方地表发生的位移变形很小,均在2m以内,说明预留安全煤柱遏制了其上方岩层的继续坍塌,对于地表的稳定性起到了至关重要的作用。距离安全煤柱越远,产生的位移变形值越大,位移变形值主要发生在煤层两侧采空区。

(5)安全煤柱竖向位移变形值分析

安全煤柱竖向位移变形如图5.21所示。

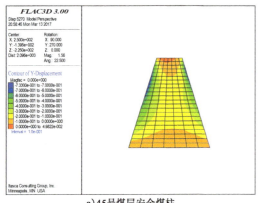
a) 45号煤层安全煤柱

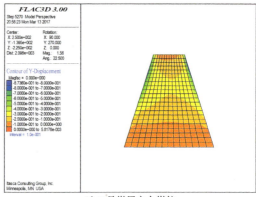
b) 43号煤层安全煤柱

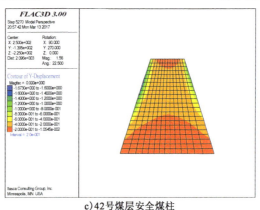
c) 42号煤层安全煤柱

图5.21 安全煤柱竖向位移变形图

由图5.21可知,安全煤柱的竖向破坏主要出现在煤柱最外侧,越靠近内侧位移越小。根据产生的竖向变形的大小,能够很明显地将安全煤柱划分为稳定区和变形区。产生这种现象是因为安全煤柱由于开采卸载,两侧产生凌空面,越靠近煤柱外侧,塑性区表现越明显,受扰动后很容易片帮,从最外侧开始被破坏。图中煤柱两侧最大竖向变形值达到了0.7~1.6m,说明煤柱最外侧片帮破坏已经发生。

对45号、43号、42号煤层安全煤柱各布设3条测线,测线的埋深分别为70m、140m、210m,每条测线布置8个监测点,对其竖向位移值进行监测。监测点布设如图5.22所示。

位移稳定后,将安全煤柱监测点竖向位移值描绘成图表,如图5.23所示。

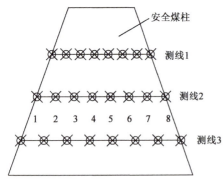
图5.22 安全煤柱监测点布设示意图

由图5.23可知,煤柱埋深70m处竖向位移值最大,并且埋深越大,竖向位移值越小。煤柱两侧的竖向位移值远大于其内侧竖向位移变形值,由位移大小推测煤柱外侧部分区域已发生片帮破坏,而煤柱内侧仍处于稳定状态。

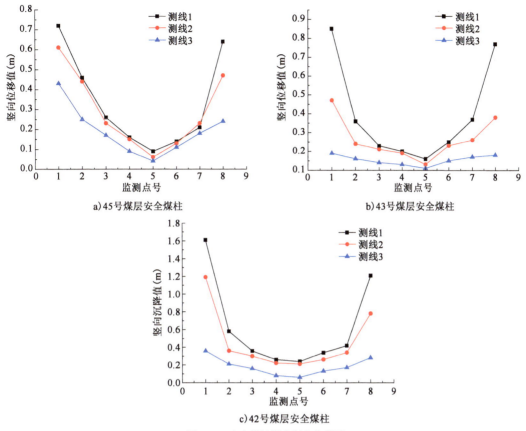

图 5.23 安全煤柱测点竖向位移图

(6) 安全煤柱塑性区规律

安全煤柱塑性破坏图如图 5.24 所示。

如图 5.24 所示,采空区塌陷稳定后,由于煤层顶板及其上覆岩层的自重应力更多地由煤柱承担,导致安全煤柱外侧区域由开采前的弹性状态进入到塑性状态,而煤柱内侧仍然处于弹性状态。

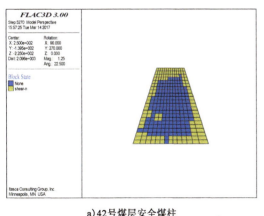

a) 42号煤层安全煤柱

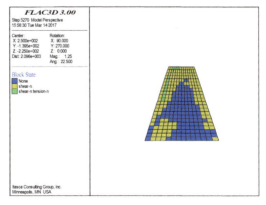

b) 43号煤层安全煤柱

图 5.24

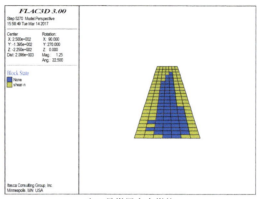

c) 45号煤层安全煤柱

图 5.24　安全煤柱塑性破坏图

5.2　路线通过采空区下方空洞时上覆地层变形规律数值模拟分析

5.2.1　研究思路与数值模拟过程

根据理论研究分析并结合依托工程实际情况,体现实际工程中采空区对上覆地层及高速公路路基的影响特征。数值模型选取小窑采空区及其上方160m公路路基作为研究对象,模型尺寸长×宽×高为:160m×32m×100m。采用3D实体单元建立数值模型,模拟急倾斜煤层采空区及其上覆地层与高速公路路基[60-62]。

1)研究思路及数值模拟工况

高速公路穿越急倾斜煤层采空区时,采空区对上覆地层及高速公路路基[40]的影响应为高速公路下伏急倾斜煤层采空区路段模型各测点位移值与高速公路下伏急倾斜煤层未开采普通路段模型各测点位移值之差。

根据研究思路设计两种数值模型,一种为高速公路下伏急倾斜煤层采空区路段的数值模型,另一种为高速公路下伏急倾斜煤层未开采普通路段的数值模型,以上覆层厚度为25m,开采厚度分别为10m、20m和30m的数值模型为例,分别如图5.25~图5.30所示。

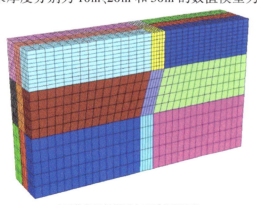
a) 下伏急倾斜煤层未开采普通路段

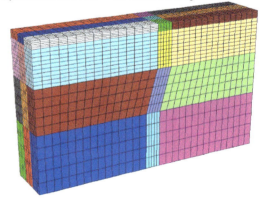
b) 未开采普通路段填筑路基

图 5.25　工况10-75°-25数值模拟模型图(不开采)

第5章 采空区稳定性数值模拟分析

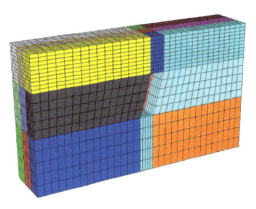

a) 下伏急倾斜煤层采空区路段　　　　　　　b) 采空区路段填筑路基

图 5.26　工况 10-75°-25 数值模拟模型图(开采)

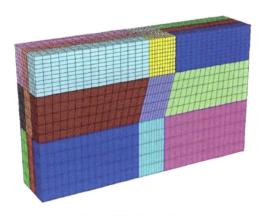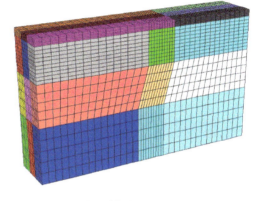

a) 下伏急倾斜煤层未开采普通路段　　　　　　　b) 未开采普通路段填筑路基

图 5.27　工况 20-75°-25 数值模拟模型图(不开采)

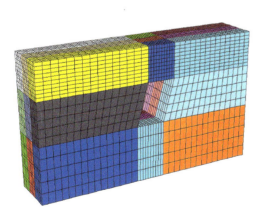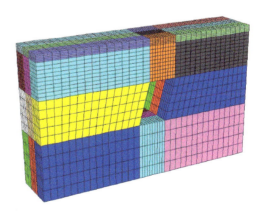

a) 下伏急倾斜煤层采空区路段　　　　　　　b) 采空区路段填筑路基

图 5.28　工况 20-75°-25 数值模拟模型图(开采)

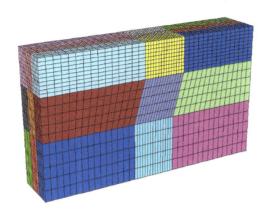
a) 下伏急倾斜煤层未开采普通路段

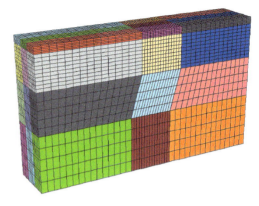
b) 未开采普通路段填筑路基

图 5.29　工况 30 - 75° - 25 数值模拟模型图(不开采)

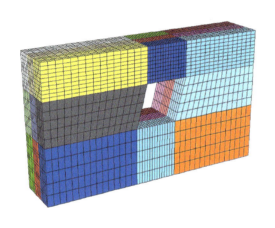
a) 下伏急倾斜煤层采空区路段

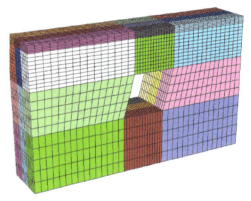
b) 采空区路段填筑路基

图 5.30　工况 30 - 75° - 25 数值模拟模型图(开采)

急倾斜煤层采空区对上覆地层及高速公路路基变形移动影响因素主要有:开采厚度、煤层倾角及上覆层厚度。根据影响因素的不同(表 5.4),以及各影响因素间的相互关系,每个因素选取 3 个水平,做正交设计为 27 种计算工况(表 5.5)。

采空区对上覆地层及路基移动变形主要影响因素　　　　表 5.4

影响因素	水平 1	水平 2	水平 3
开采厚度(m)	10	20	30
煤层倾角(°)	65	75	85
上覆盖厚度(m)	20	25	30

试 验 工 况   表5.5

试验号	试验条件			试验号	试验条件		
	开采厚度(m)	煤层倾角(°)	上覆盖层厚度(m)		开采厚度(m)	煤层倾角(°)	上覆盖层厚度(m)
1	10	65	20	15	20	75	30
2	10	65	25	16	20	85	20
3	10	65	30	17	20	85	25
4	10	75	20	18	20	85	30
5	10	75	25	19	30	65	20
6	10	75	30	20	30	65	25
7	10	85	20	21	30	65	30
8	10	85	25	22	30	75	20
9	10	85	30	23	30	75	25
10	20	65	20	24	30	75	30
11	20	65	25	25	30	85	20
12	20	65	30	26	30	85	25
13	20	75	20	27	30	85	30
14	20	75	25				

各因素按开采厚度(m)—煤层倾角(°)—上覆盖厚度(m)的顺序,组成27组对比工况,各组对比工况见表5.6。

试 验 对 比 工 况   表5.6

组号	开采厚度(m)—煤层倾角(°)—上覆层厚度(m)			对比工况
1	工况 10-65-20	工况 20-65-20	工况 30-65-20	工况(10/20/30)-65-20
2	工况 10-65-25	工况 20-65-25	工况 30-65-25	工况(10/20/30)-65-25
3	工况 10-65-30	工况 20-65-30	工况 30-65-30	工况(10/20/30)-65-30
4	工况 10-75-20	工况 20-75-20	工况 30-75-20	工况(10/20/30)-75-20
5	工况 10-75-25	工况 20-75-25	工况 30-75-25	工况(10/20/30)-75-25
6	工况 10-75-30	工况 20-75-30	工况 30-75-30	工况(10/20/30)-75-30
7	工况 10-85-20	工况 20-85-20	工况 30-85-20	工况(10/20/30)-85-20
8	工况 10-85-25	工况 20-85-25	工况 30-85-25	工况(10/20/30)-85-25

续上表

组号	开采厚度(m)—煤层倾角(°)—上覆层厚度(m)			对比工况
9	工况10-85-30	工况20-85-30	工况30-85-30	工况(10/20/30)-85-30
10	工况10-65-20	工况10-75-20	工况10-85-20	工况10-(65/75/85)-20
11	工况10-65-25	工况10-75-25	工况10-85-25	工况10-(65/75/85)-25
12	工况10-65-30	工况10-75-30	工况10-85-30	工况10-(65/75/85)-30
13	工况20-65-20	工况20-75-20	工况20-85-20	工况20-(65/75/85)-20
14	工况20-65-25	工况20-75-25	工况20-85-25	工况20-(65/75/85)-25
15	工况20-65-30	工况20-75-30	工况20-85-30	工况20-(65/75/85)-30
16	工况30-65-20	工况30-75-20	工况30-85-20	工况30-(65/75/85)-20
17	工况30-65-25	工况30-75-25	工况30-85-25	工况30-(65/75/85)-25
18	工况30-65-30	工况30-75-30	工况30-85-30	工况30-(65/75/85)-30
19	工况10-65-20	工况10-65-25	工况10-65-30	工况10-65-(20/25/30)
20	工况10-75-20	工况10-75-25	工况10-75-30	工况10-75-(20/25/30)
21	工况10-85-20	工况10-85-25	工况10-85-30	工况10-85-(20/25/30)
22	工况20-65-20	工况20-65-25	工况20-65-30	工况20-65-(20/25/30)
23	工况20-75-20	工况20-75-25	工况20-75-30	工况20-75-(20/25/30)
24	工况20-85-20	工况20-85-25	工况20-85-30	工况20-85-(20/25/30)
25	工况30-65-20	工况30-65-25	工况30-65-30	工况30-65-(20/25/30)
26	工况30-75-20	工况30-75-25	工况30-75-30	工况30-75-(20/25/30)
27	工况30-85-20	工况30-85-25	工况30-85-30	工况30-85-(20/25/30)

2)数值模型参数

采空区地层在数值模型中简化为4部分,即高速公路路基、第四系砾石层、中风化砂岩地层和煤层,地层计算参数如表5.7所示。

地层物理力学参数　　　　　　　　表5.7

地层类型	弹性模量 E(MPa)	泊松比 μ	密度 ρ(km/m³)
第四系砾石层	1.4×10^3	0.3	2.0×10^3
中风化砂岩	4.5×10^3	0.26	2.2×10^3
煤层	9.5×10^2	0.29	1.4×10^3
路基	0.1×10^3	0.3	1.8×10^3

3)测点布设

由于数值模型尺寸为160m×32m×100m,高速公路路基厚度为5m,上覆层厚度为20~30m,测点布设在路基顶面、路基底面以及采空区上覆地层中,横坐标在40~120m之间,测点间距为5m,每5m布设一层,从上到下分别为路基顶面、路基底面、地层1和地层2,每层布设17个监测点,共计68个监测点。测点布设位置如图5.31所示。

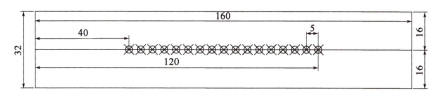

a)测点布设位置水平剖面

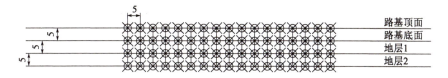

b)测点布设位置竖向剖面

图5.31 测点布设图(尺寸单位:m)

4)数值模拟过程

(1)依据3种影响因素和3种水平正交组成的27种设计工况,计算出对应的高速公路下伏急倾斜煤层未开采普通路段和高速公路下伏急倾斜煤层采空区两种数值模型尺寸,建立FLAC^{3D}数值模型。

(2)对高速公路下伏急倾斜煤层未开采普通路段,在地层自重平衡情况下,铺筑高速公路路基,考虑路基结构自重荷载。

(3)对高速公路下伏急倾斜采空区路段,在地层自重平衡情况下,进行采空区开采,因考虑最不利荷载,采取一次全面开挖并不考虑支护措施,在其上铺筑高速公路路基,考虑路基结构自重荷载。

(4)提取监测点数据,得出各测点位移曲线,并分别按设计对比工况,分析在影响因素改变条件下曲线的变化趋势,得出急倾斜煤层采空区上覆地层与高速公路路基的影响规律。

5.2.2 数值模拟结果分析

现将不同开采厚度、煤层倾角及上覆层厚度的各工况数值模拟结果,以各测点水平坐标为横坐标,各测点的竖向位移为纵坐标,得出各工况测点竖向位移如图5.32所示。

1)开采厚度对上覆地层及路基影响分析

工况(10/20/30)-65°-20测点竖向位移如图5.33、表5.8所示。

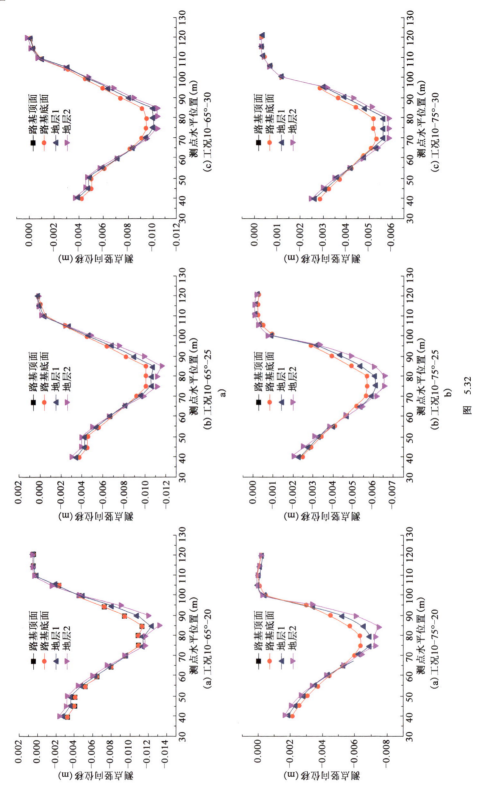

图 5.32

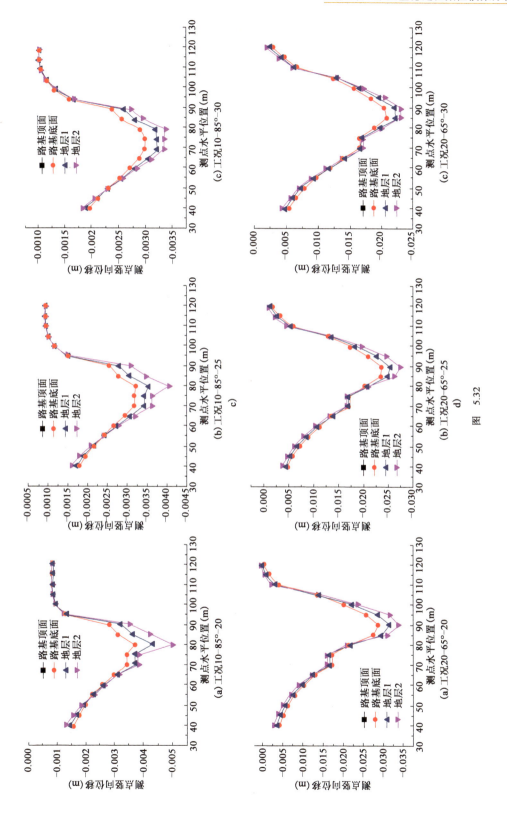

图 5.32

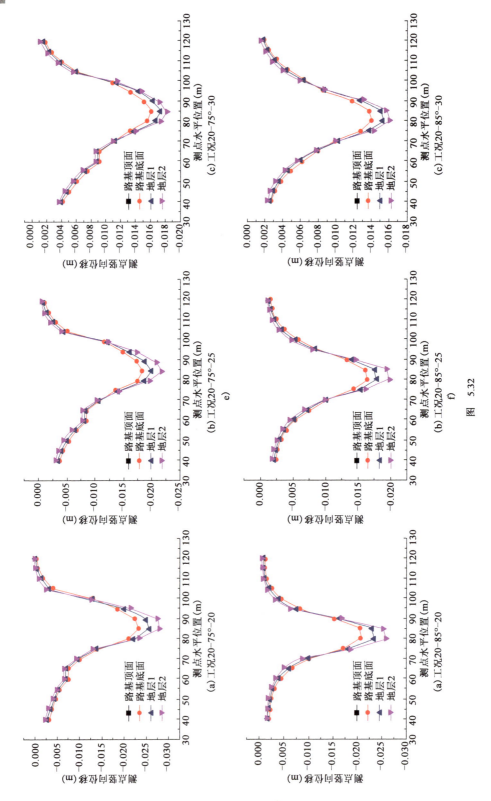

图 5.32

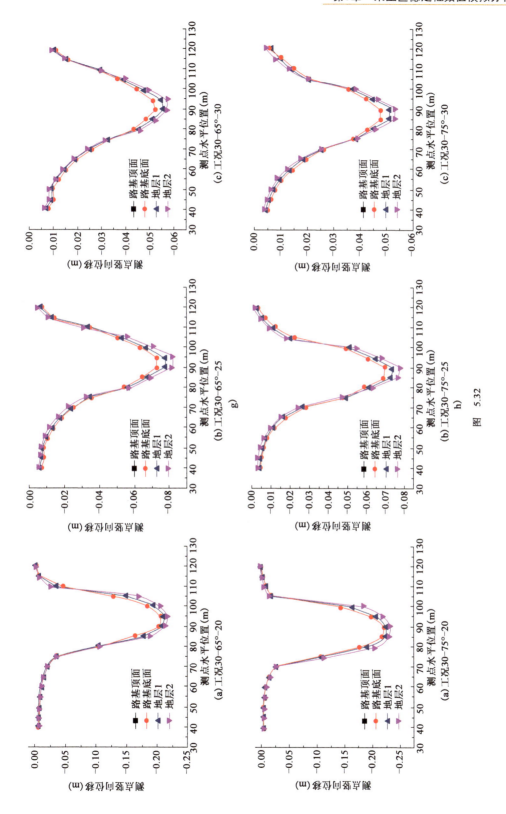

图 5.32

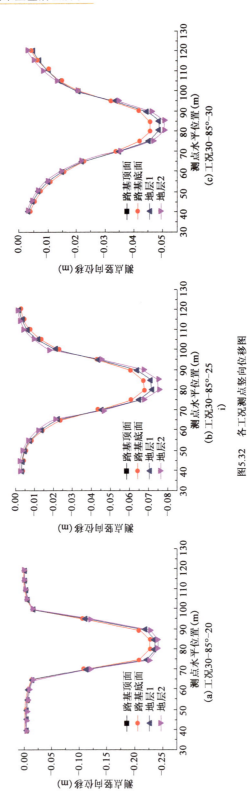

图5.32 各工况测点竖向位移图

第5章 采空区稳定性数值模拟分析

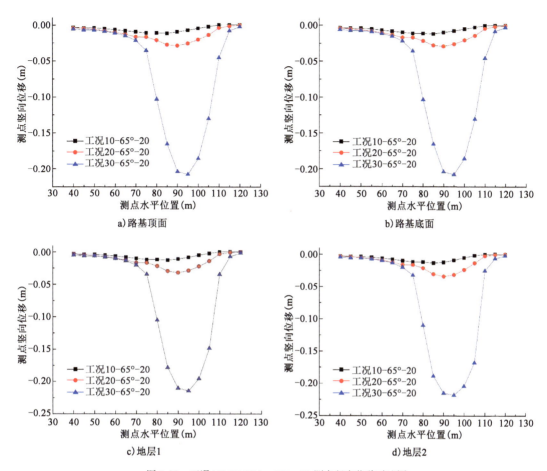

图 5.33 工况(10/20/30)-65°-20 测点竖向位移对比图

工况(10/20/30)-65°-20 测点最大竖向位移   表 5.8

开采厚度 (m)	煤层倾角 (°)	上覆层厚度 (m)	路基顶面 (m)	路基底面 (m)	地层1 (m)	地层2 (m)	最大值位置 (m)
10	65	20	-0.0114	-0.0114	-0.0124	-0.0131	85
20	65	20	-0.0288	-0.0288	-0.0317	-0.0341	90
30	65	20	-0.2078	-0.2078	-0.2145	-0.2182	95

由图 5.33、表 5.8 可知,对比工况 10-65°-20、工况 20-65°-20 和工况 30-65°-20,当煤层倾角为 65°,上覆层厚度为 20m 时,随着开采厚度逐渐增大,各地层的最大竖向位移逐渐增大,特别当开采厚度从 20m 增加到 30m 时,各地层的最大竖向位移急剧增大。各地层最大竖向位移出现在一条直线上,随开采厚度的增大,最大值位置逐渐向采空区底面中心方向移动,采空区移动变形影响范围急剧增大,影响深度急剧加深。

随着开采厚度的增大,路基底面位移急剧增大,竖向位移最大位置逐渐向采空区底面中心方向移动,路基变形范围也急剧增大,即此时路基对开采厚度影响因素十分敏感。

工况(10/20/30)-65°-25 测点竖向位移如图 5.34、表 5.9 所示。

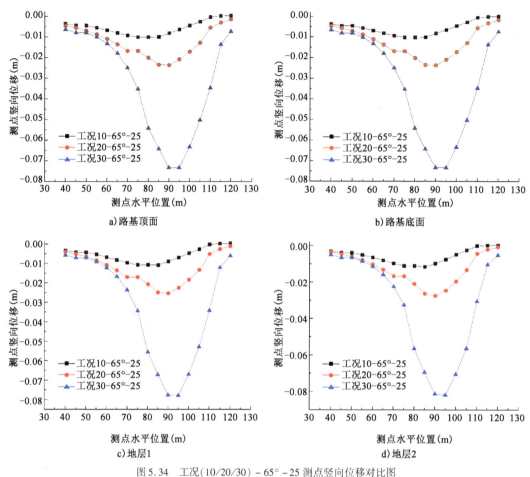

图 5.34 工况(10/20/30) - 65° - 25 测点竖向位移对比图

工况(10/20/30) - 65° - 25 测点最大竖向位移　　　　表 5.9

开采厚度 (m)	煤层倾角 (°)	上覆层厚度 (m)	路基顶面 (m)	路基底面 (m)	地层 1 (m)	地层 2 (m)	最大值位置 (m)
10	65	25	-0.0101	-0.0101	-0.0109	-0.0116	85
20	65	25	-0.0237	-0.0237	-0.0255	-0.0275	90
30	65	25	-0.0734	-0.0734	-0.0779	-0.0820	95

由图 5.34、表 5.9 可知,对比工况 10 - 65° - 25、工况 20 - 65° - 25 和工况 30 - 65° - 25,当煤层倾角为 65°,上覆层厚度为 25m 时,随着开采厚度逐渐增大,各地层的最大竖向位移逐渐增大,特别当开采厚度从 20m 增加到 30m 时,各地层的最大竖向位移增大速度较快。各地层最大竖向位移出现在一条直线上,随开采厚度的增大,最大值位置逐渐向采空区底面中心方向移动,采空区移动变形影响范围逐渐增大,影响深度逐渐加深。

随着开采厚度的增大,路基底面位移增大速度也较快,竖向位移最大位置逐渐向采空区底面中心方向移动,路基变形范围也逐渐增大,即此时路基对开采厚度影响因素较为敏感。

工况(10/20/30) - 65° - 30 测点竖向位移如图 5.35、表 5.10 所示。

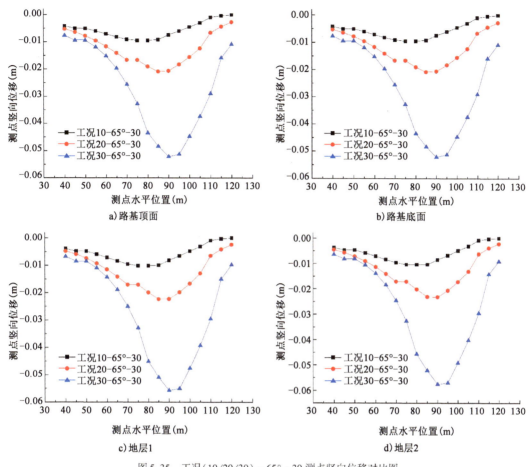

图 5.35　工况(10/20/30)−65°−30 测点竖向位移对比图

工况(10/20/30)−65°−30 测点最大竖向位移　　　表 5.10

开采厚度 (m)	煤层倾角 (°)	上覆层厚度 (m)	路基顶面 (m)	路基底面 (m)	地层 1 (m)	地层 2 (m)	最大值位置 (m)
10	65	30	−0.0095	−0.0095	−0.0101	−0.0104	80
20	65	30	−0.0209	−0.0209	−0.0224	−0.0232	90
30	65	30	−0.0521	−0.0521	−0.0558	−0.0576	90

由图 5.35、表 5.10 可知,对比工况 10−65°−30、工况 20−65°−30 和工况 30−65°−30,当煤层倾角为 65°,上覆层厚度为 30m 时,随着开采厚度逐渐增大,各地层的最大竖向位移逐渐增大,特别当开采厚度从 20m 增加到 30m 时,各地层的最大竖向位移增大速度较快。各地层最大竖向位移出现在一条直线上,随开采厚度的增大,最大值位置逐渐向采空区底面中心方向移动,采空区移动变形影响范围逐渐增大,影响深度逐渐加深。

随着开采厚度的增大,路基底面位移增大速度也较快,竖向位移最大位置逐渐向采空区底面中心方向移动,路基变形范围也逐渐增大,即此时路基对开采厚度影响因素较为敏感。

工况(10/20/30)−75°−20 测点竖向位移如图 5.36、表 5.11 所示。

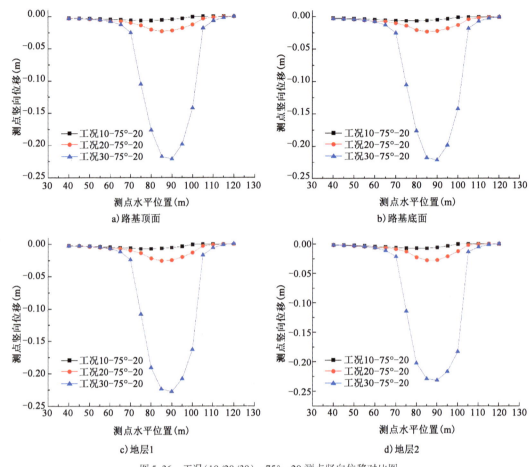

图 5.36 工况(10/20/30)-75°-20 测点竖向位移对比图

工况(10/20/30)-75°-20 测点最大竖向位移　　　　表 5.11

开采厚度 (m)	煤层倾角 (°)	上覆层厚度 (m)	路基顶面 (m)	路基底面 (m)	地层 1 (m)	地层 2 (m)	最大值位置 (m)
10	75	20	-0.0063	-0.0063	-0.0069	-0.0075	85
20	75	20	-0.0233	-0.0233	-0.0258	-0.0279	85
30	75	20	-0.2215	-0.2215	-0.2280	-0.2316	90

由图 5.36、表 5.11 可知，对比工况 10-75°-20、工况 20-75°-20 和工况 30-75°-20，当煤层倾角为 75°，上覆层厚度为 20m 时，随着开采厚度逐渐增大，各地层的最大竖向位移逐渐增大，特别当开采厚度从 20m 增加到 30m 时，各地层的最大竖向位移急剧增大。各地层最大竖向位移出现在一条直线上，随开采厚度的增大，最大值位置逐渐向采空区底面中心方向移动，采空区移动变形影响范围急剧增大，影响深度急剧加深。

随着开采厚度的增大，路基底面位移急剧增大，竖向位移最大位置逐渐向采空区底面中心方向移动，路基变形范围也急剧增大，即此时路基对开采厚度影响因素十分敏感。

工况(10/20/30)-75°-25 测点竖向位移如图 5.37、表 5.12 所示。

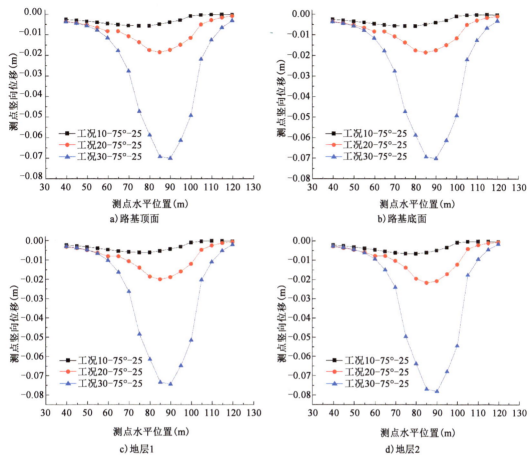

图 5.37　工况(10/20/30)-75°-25 测点竖向位移对比图

工况(10/20/30)-75°-25 测点最大竖向位移　　　表 5.12

开采厚度 (m)	煤层倾角 (°)	上覆层厚度 (m)	路基顶面 (m)	路基底面 (m)	地层1 (m)	地层2 (m)	最大值位置 (m)
10	75	25	-0.0057	-0.0057	-0.0061	-0.0065	80
20	75	25	-0.0185	-0.0185	-0.0200	-0.0218	85
30	75	25	-0.0701	-0.0701	-0.0744	-0.0782	90

由图 5.37、表 5.12 可知,对比工况 10-75°-25、工况 20-75°-25 和工况 30-75°-25,当煤层倾角为 75°,上覆层厚度为 25m 时,随着开采厚度逐渐增大,各地层的最大竖向位移逐渐增大,特别当开采厚度从 20m 增加到 30m 时,各地层的最大竖向位移增大速度较快。各地层最大竖向位移出现在一条直线上,随开采厚度的增大,最大值位置逐渐向采空区底面中心方向移动,采空区移动变形影响范围逐渐增大,影响深度逐渐加深。

随着开采厚度的增大,路基底面位移增大速度也较快,竖向位移最大位置逐渐向采空区底面中心方向移动,路基变形范围也逐渐增大,即此时路基对开采厚度影响因素较为敏感。

工况(10/20/30)-75°-30 测点竖向位移如图 5.38、表 5.13 所示。

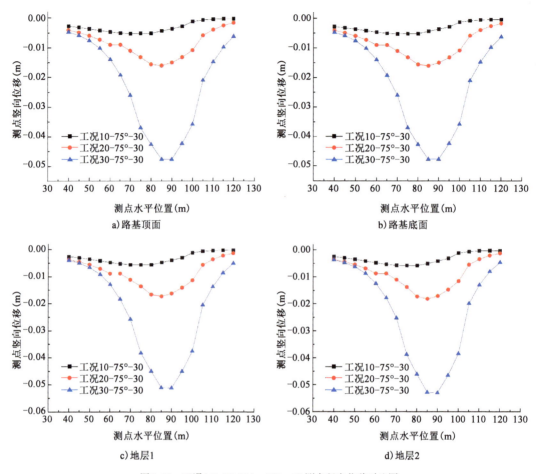

图 5.38　工况(10/20/30)-75°-30 测点竖向位移对比图

工况(10/20/30)-75°-30 测点最大竖向位移　　　　　表 5.13

开采厚度 (m)	煤层倾角 (°)	上覆层厚度 (m)	路基顶面 (m)	路基底面 (m)	地层 1 (m)	地层 2 (m)	最大值位置 (m)
10	75	30	-0.0053	-0.0053	-0.0056	-0.0058	80
20	75	30	-0.0161	-0.0161	-0.0174	-0.0182	85
30	75	30	-0.0477	-0.0477	-0.0513	-0.0531	90

由图 5.38、表 5.13 可知,对比工况 10-75°-30、工况 20-75°-30 和工况 30-75°-30,当煤层倾角为 75°,上覆层厚度为 30m 时,随着开采厚度逐渐增大,各地层的最大竖向位移逐渐增大,特别当开采厚度从 20m 增加到 30m 时,各地层的最大竖向位移增大速度较快。各地层最大竖向位移出现在一条直线上,随开采厚度的增大,最大值位置逐渐向采空区底面中心方向移动,采空区移动变形影响范围逐渐增大,影响深度逐渐加深。

随着开采厚度的增大,路基底面位移增大速度也较快,竖向位移最大位置逐渐向采空区底面中心方向移动,路基变形范围也逐渐增大,即此时路基对开采厚度影响因素较为敏感。

工况(10/20/30)-85°-20 测点竖向位移如图 5.39、表 5.14 所示。

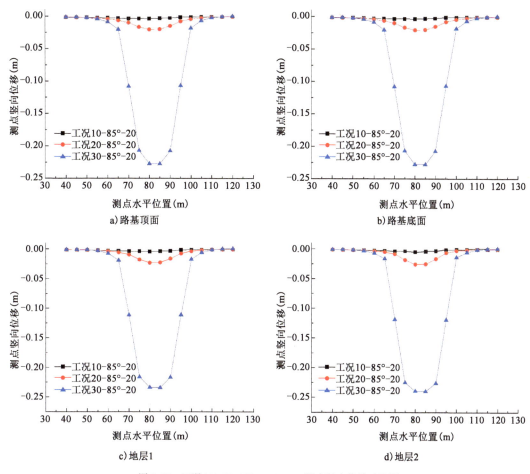

图 5.39 工况(10/20/30)-85°-20 测点竖向位移对比图

工况(10/20/30)-85°-20 测点最大竖向位移　　　　表 5.14

开采厚度 (m)	煤层倾角 (°)	上覆层厚度 (m)	路基顶面 (m)	路基底面 (m)	地层1 (m)	地层2 (m)	最大值位置 (m)
10	85	20	-0.0037	-0.0037	-0.0044	-0.0051	80
20	85	20	-0.0209	-0.0209	-0.0235	-0.0260	80
30	85	20	-0.2280	-0.2280	-0.2344	-0.2400	85

由图 5.39、表 5.14 可知,对比工况 10-85°-20、工况 20-85°-20 和工况 30-85°-20,当煤层倾角为 85°,上覆层厚度为 20m 时,随着开采厚度逐渐增大,各地层的最大竖向位移逐渐增大,特别当开采厚度从 20m 增加到 30m 时,各地层的最大竖向位移急剧增大。各地层最大竖向位移出现在一条直线上,随开采厚度的增大,最大值位置逐渐向采空区底面中心方向移动,采空区移动变形影响范围急剧增大,影响深度急剧加深。

随着开采厚度的增大,路基底面位移急剧增大,竖向位移最大位置逐渐向采空区底面中心方向移动,路基变形范围也急剧增大,即此时路基对开采厚度影响因素十分敏感。

工况(10/20/30)-85°-25 测点竖向位移如图 5.40、表 5.15 所示。

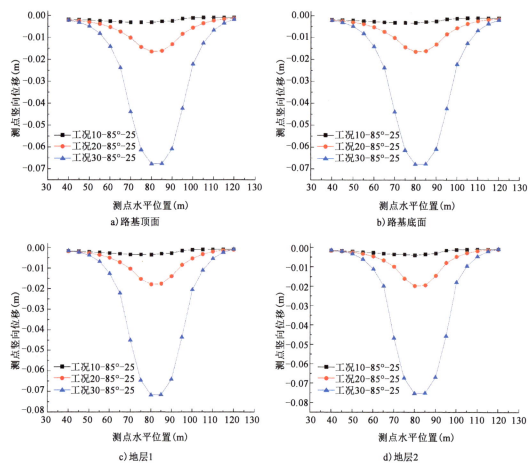

图 5.40 工况(10/20/30)-85°-25 测点竖向位移对比图

工况(10/20/30)-85°-25 测点最大竖向位移 表 5.15

开采厚度 (m)	煤层倾角 (°)	上覆层厚度 (m)	路基顶面 (m)	路基底面 (m)	地层 1 (m)	地层 2 (m)	最大值位置 (m)
10	85	25	-0.0032	-0.0032	-0.0036	-0.0041	80
20	85	25	-0.0165	-0.0165	-0.0180	-0.0199	80
30	85	25	-0.0678	-0.0678	-0.0718	-0.0753	80

由图 5.40、表 5.15 可知,对比工况 10-85°-25、工况 20-85°-25 和工况 30-85°-25,当煤层倾角为 85°,上覆层厚度为 25m 时,随着开采厚度逐渐增大,各地层的最大竖向位移逐渐增大,特别当开采厚度从 20m 增加到 30m 时,各地层的最大竖向位移增大速度较快。各地层最大竖向位移出现在一条直线上,随开采厚度的增大,最大值位置逐渐向采空区底面中心方向移动,采空区移动变形影响范围逐渐增大,影响深度逐渐加深。

随着开采厚度的增大,路基底面位移增大速度也较快,竖向位移最大位置逐渐向采空区底面中心方向移动,路基变形范围也逐渐增大,即此时路基对开采厚度影响因素较为敏感。

工况(10/20/30)-85°-30 测点竖向位移如图 5.41、表 5.16 所示。

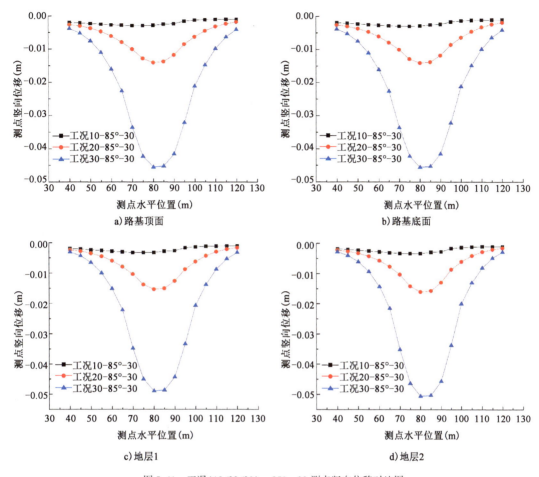

图 5.41 工况(10/20/30)-85°-30 测点竖向位移对比图

工况(10/20/30)-85°-30 测点最大竖向位移 表 5.16

开采厚度 (m)	煤层倾角 (°)	上覆层厚度 (m)	路基顶面 (m)	路基底面 (m)	地层1 (m)	地层2 (m)	最大值位置 (m)
10	85	30	-0.0030	-0.0030	-0.0032	-0.0034	75
20	85	30	-0.0141	-0.0141	-0.0153	-0.0161	80
30	85	30	-0.0456	-0.0456	-0.0489	-0.0506	80

由图 5.41、表 5.16 可知,对比工况 10-85°-30、工况 20-85°-30 和工况 30-85°-30,当煤层倾角为 85°,上覆层厚度为 30m 时,随着开采厚度逐渐增大,各地层的最大竖向位移逐渐增大,特别当开采厚度从 20m 增加到 30m 时,各地层的最大竖向位移增大速度较快。各地层最大竖向位移出现在一条直线上,随开采厚度的增大,最大值位置逐渐向采空区底面中心方向移动,采空区移动变形影响范围逐渐增大,影响深度逐渐加深。

随着开采厚度的增大,路基底面位移增大速度也较快,竖向位移最大位置逐渐向采空区底面中心方向移动,路基变形范围也逐渐增大,即此时路基对开采厚度影响因素较为敏感。

2)煤层倾角对上覆地层及路基影响分析

工况 10 -(65/75/85)°-20 测点竖向位移如图 5.42、表 5.17 所示。

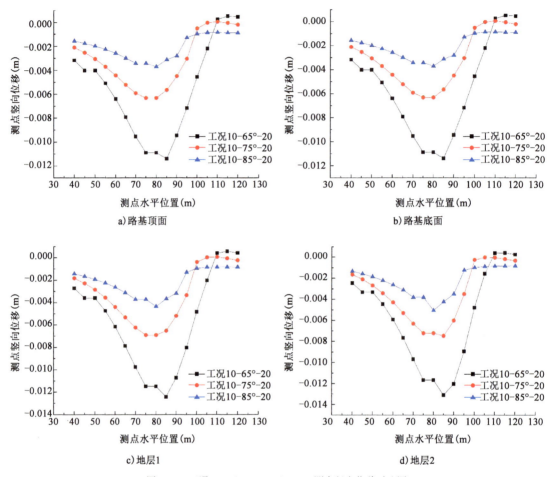

图 5.42 工况 10 -(65/75/85)°-20 测点竖向位移对比图

工况 10 -(65/75/85)°-20 测点最大竖向位移　　　　表 5.17

开采厚度(m)	煤层倾角(°)	上覆层厚度(m)	路基顶面(m)	路基底面(m)	地层1(m)	地层2(m)	最大值位置(m)
10	65	20	-0.0114	-0.0114	-0.0124	-0.0131	85
10	75	20	-0.0063	-0.0063	-0.0069	-0.0075	85
10	85	20	-0.0037	-0.0037	-0.0044	-0.0051	80

由图 5.42、表 5.17 可知,对比工况 10 -65°-20、工况 10 -75°-20 和工况 10 -85°-20,当开采厚度为 10m,上覆层厚度为 20m 时,各地层最大竖向位移均较小。随着煤层倾角逐渐增大,各地层的最大竖向位移逐渐减小,各地层略有向煤层倾角增大方向水平移动的趋势,采空区移动变形影响范围逐渐减小,影响深度也逐渐减小。

当开采厚度等于 10m,上覆层厚度为 20m 时,路基底面最大竖向位移均较小,路基与各地层均较为稳定。随着煤层倾角增大,路基底面最大竖向位移略有减小,竖向位移最大位置略有向煤层倾角增大方向移动的趋势,即此时路基对煤层倾角影响因素不太敏感。

工况10-(65/75/85)°-25测点竖向位移如图5.43、表5.18所示。

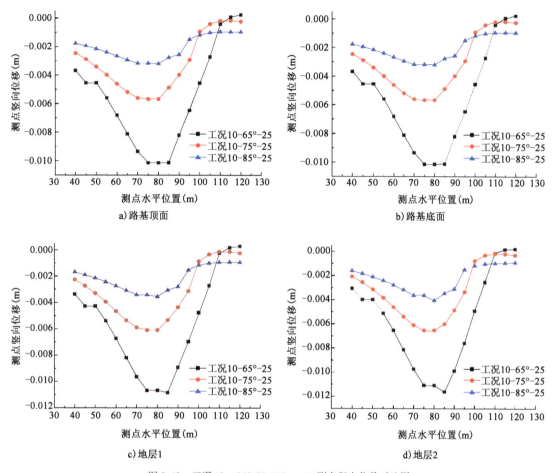

图5.43 工况10-(65/75/85)°-25测点竖向位移对比图

工况10-(65/75/85)°-25测点最大竖向位移　　　表5.18

开采厚度 (m)	煤层倾角 (°)	上覆层厚度 (m)	路基顶面 (m)	路基底面 (m)	地层1 (m)	地层2 (m)	最大值位置 (m)
10	65	25	-0.0101	-0.0101	-0.0109	-0.0116	85
10	75	25	-0.0057	-0.0057	-0.0061	-0.0065	80
10	85	25	-0.0032	-0.0032	-0.0036	-0.0041	80

由图5.43、表5.18可知,对比工况10-65°-25、工况10-75°-25和工况10-85°-25,当开采厚度为10m,上覆层厚度为25m时,各地层最大竖向位移均较小。随着煤层倾角逐渐增大,各地层的最大竖向位移逐渐减小,各地层略有向煤层倾角增大方向水平移动的趋势,采空区移动变形影响范围逐渐减小,影响深度也逐渐减小。

当开采厚度等于10m,上覆层厚度为25m时,路基底面最大竖向位移均较小,路基与各地层均较为稳定。随着煤层倾角增大,路基底面最大竖向位移略有减小,竖向位移最大位置略有向煤层倾角增大方向移动的趋势,即此时路基对煤层倾角影响因素不太敏感。

工况 10-(65/75/85)°-30 测点竖向位移如图 5.44、表 5.19 所示。

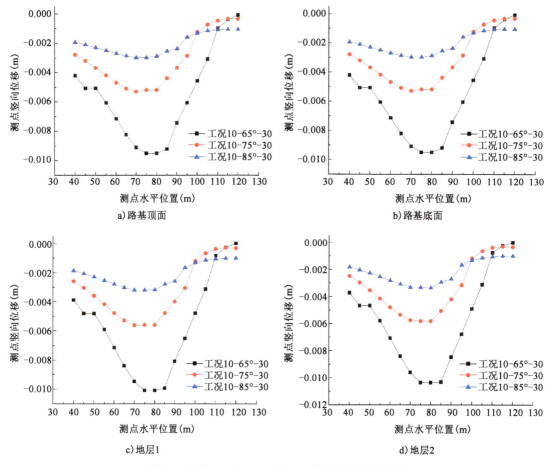

图 5.44 工况 10-(65/75/85)°-30 测点竖向位移对比图

工况 10-(65/75/85)°-30 测点最大竖向位移   表 5.19

开采厚度 (m)	煤层倾角 (°)	上覆层厚度 (m)	路基顶面 (m)	路基底面 (m)	地层1 (m)	地层2 (m)	最大值位置 (m)
10	65	30	-0.0095	-0.0095	-0.0101	-0.0104	80
10	75	30	-0.0053	-0.0053	-0.0056	-0.0058	80
10	85	30	-0.0030	-0.0030	-0.0032	-0.0034	75

由图 5.44、表 5.19 可知,对比工况 10-65°-30、工况 10-75°-30 和工况 10-85°-30,当开采厚度为 10m,上覆层厚度为 30m 时,各地层最大竖向位移均较小。随着煤层倾角逐渐增大,各地层的最大竖向位移逐渐减小,各地层略有向煤层倾角增大方向水平移动的趋势,采空区移动变形影响范围逐渐减小,影响深度也逐渐减小。

当开采厚度等于 10m,上覆层厚度为 30m 时,路基底面最大竖向位移均较小,路基与各地层均较为稳定。随着煤层倾角增大,路基底面最大竖向位移略有减小,竖向位移最大位置略有向煤层倾角增大方向移动的趋势,即此时路基对煤层倾角影响因素不太敏感。

工况 20 - (65/75/85)° - 20 测点竖向位移如图 5.45、表 5.20 所示。

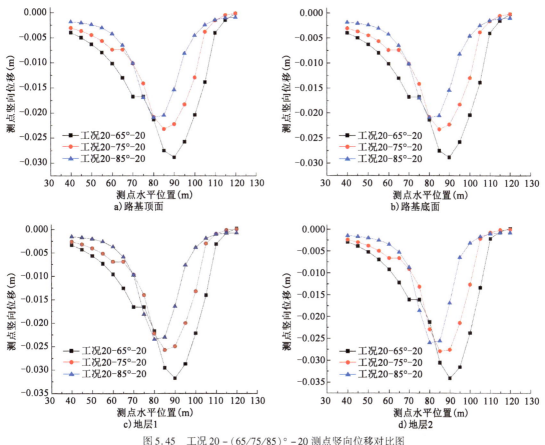

图 5.45　工况 20 - (65/75/85)° - 20 测点竖向位移对比图

工况 20 - (65/75/85)° - 20 测点最大竖向位移　　表 5.20

开采厚度 (m)	煤层倾角 (°)	上覆层厚度 (m)	路基顶面 (m)	路基底面 (m)	地层 1 (m)	地层 2 (m)	最大值位置 (m)
20	65	20	-0.0288	-0.0288	-0.0317	-0.0341	90
20	75	20	-0.0233	-0.0233	-0.0258	-0.0279	85
20	85	20	-0.0209	-0.0209	-0.0235	-0.0260	80

由图 5.45、表 5.20 可知,对比工况 20 - 65° - 20、工况 20 - 75° - 20 和工况 20 - 85° - 20,当开采厚度为 20m,上覆层厚度为 20m 时,各地层最大竖向位移均较小。随着煤层倾角逐渐增大,各地层的最大竖向位移逐渐减小,各地层略有向煤层倾角增大方向水平移动的趋势,采空区移动变形影响范围逐渐减小,影响深度也逐渐减小。

当开采厚度等于 20m,上覆层厚度为 20m 时,路基底面最大竖向位移均较小,路基与各地层均较为稳定。随着煤层倾角增大,路基底面最大竖向位移略有减小,竖向位移最大位置略有向煤层倾角增大方向移动的趋势,即此时路基对煤层倾角影响因素不太敏感。

工况 20 -（65/75/85）°-25 测点竖向位移如图 5.46、表 5.21 所示。

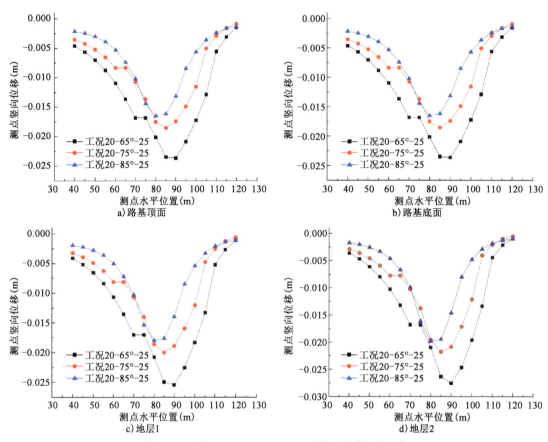

图 5.46　工况 20 -（65/75/85）°-25 测点竖向位移对比图

工况 20 -（65/75/85）°-25 测点最大竖向位移　　　　表 5.21

开采厚度（m）	煤层倾角（°）	上覆层厚度（m）	路基顶面（m）	路基底面（m）	地层1（m）	地层2（m）	最大值位置（m）
20	65	25	-0.0237	-0.0237	-0.0255	-0.0275	90
20	75	25	-0.0185	-0.0185	-0.0200	-0.0218	85
20	85	25	-0.0165	-0.0165	-0.0180	-0.0199	80

由图 5.46、表 5.21，对比工况 20 - 65°-25、工况 20 - 75°-25 和工况 20 - 85°-25，当开采厚度为 20m，上覆层厚度为 25m 时，各地层最大竖向位移均较小。随着煤层倾角逐渐增大，各地层的最大竖向位移逐渐减小，各地层略有向煤层倾角增大方向水平移动的趋势，采空区移动变形影响范围逐渐减小，影响深度也逐渐减小。

当开采厚度等于 20m，上覆层厚度为 25m 时，路基底面最大竖向位移均较小，路基与各地层均较为稳定。随着煤层倾角增大，路基底面最大竖向位移略有减小，竖向位移最大位置略有向煤层倾角增大方向移动的趋势，即此时路基对煤层倾角影响因素不太敏感。

工况 20 -（65/75/85）°-30 测点竖向位移如图 5.47、表 5.22 所示。

第5章 采空区稳定性数值模拟分析

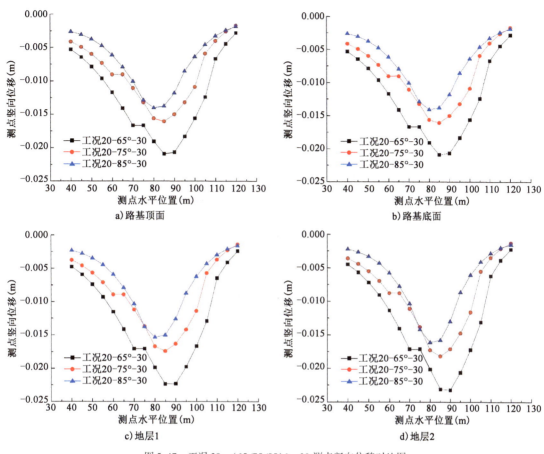

图 5.47 工况 20 -(65/75/85)°-30 测点竖向位移对比图

工况 20 -(65/75/85)°-30 测点最大竖向位移　　表 5.22

开采厚度 (m)	煤层倾角 (°)	上覆层厚度 (m)	路基顶面 (m)	路基底面 (m)	地层1 (m)	地层2 (m)	最大值位置 (m)
20	65	30	-0.0209	-0.0209	-0.0224	-0.0232	90
20	75	30	-0.0161	-0.0161	-0.0174	-0.0182	85
20	85	30	-0.0141	-0.0141	-0.0153	-0.0161	80

由图 5.47、表 5.22 可知,对比工况 20 - 65°-30、工况 20 -75°-30 和工况 20 - 85°-30,当开采厚度为 20m,上覆层厚度为 30m 时,各地层最大竖向位移均较小。随着煤层倾角逐渐增大,各地层的最大竖向位移逐渐减小,各地层略有向煤层倾角增大方向水平移动的趋势,采空区移动变形影响范围逐渐减小,影响深度也逐渐减小。

当开采厚度等于 20m,上覆层厚度为 30m 时,路基底面最大竖向位移均较小,路基与各地层均较为稳定。随着煤层倾角增大,路基底面最大竖向位移略有减小,竖向位移最大位置略有向煤层倾角增大方向移动的趋势,即此时路基对煤层倾角影响因素不太敏感。

工况 30 -(65/75/85)°-20 测点竖向位移如图 5.48、表 5.23 所示。

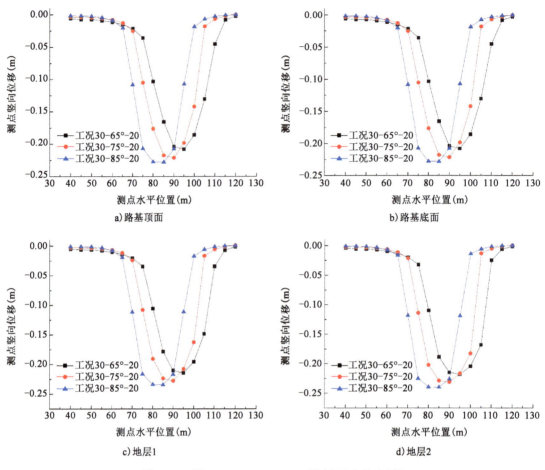

图 5.48　工况 30 -（65/75/85）° -20 测点竖向位移对比图

工况 30 -（65/75/85）° -20 测点最大竖向位移　　　　表 5.23

开采厚度 (m)	煤层倾角 (°)	上覆层厚度 (m)	路基顶面 (m)	路基底面 (m)	地层1 (m)	地层2 (m)	最大值位置 (m)
30	65	20	-0.2078	-0.2078	-0.2145	-0.2182	95
30	75	20	-0.2215	-0.2215	-0.2280	-0.2316	90
30	85	20	-0.2280	-0.2280	-0.2344	-0.2400	85

由图 5.48、表 5.23 可知,对比工况 30 - 65° -20、工况 30 - 75° -20 和工况 30 - 85° -20,当开采厚度为 30m,上覆层厚度为 20m 时,各地层最大竖向位移均较大。随着煤层倾角逐渐增大,各地层的最大竖向位移略有增大,各地层有向煤层倾角增大方向水平移动的趋势,采空区移动变形影响范围向煤层倾角增大方向移动,影响深度略有增加。

当开采厚度等于 30m,上覆层厚度为 20m 时,路基底面最大竖向位移均较大,路基与各地层已呈不稳定状态。随着煤层倾角增大,路基底面最大竖向位移略有增大,竖向位移最大位置略有向煤层倾角增大方向移动的趋势,即此时路基对煤层倾角影响因素较为敏感。

工况 30 – (65/75/85)° – 25 测点竖向位移如图 5.49、表 5.24 所示。

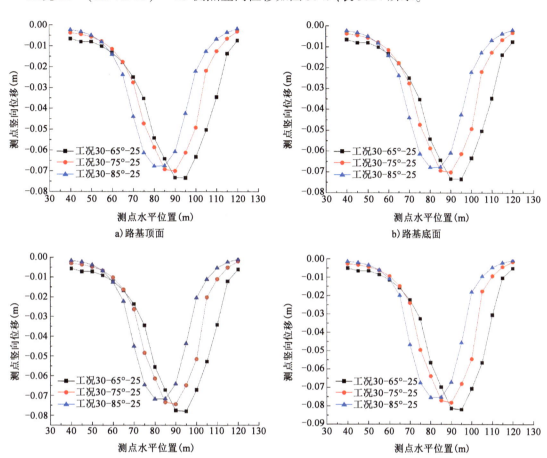

图 5.49　工况 30 – (65/75/85)° – 25 测点竖向位移对比图

工况 30 – (65/75/85)° – 25 测点最大竖向位移　　　　表 5.24

开采厚度 (m)	煤层倾角 (°)	上覆层厚度 (m)	路基顶面 (m)	路基底面 (m)	地层 1 (m)	地层 2 (m)	最大值位置 (m)
30	65	25	-0.0734	-0.0734	-0.0779	-0.0820	95
30	75	25	-0.0701	-0.0701	-0.0744	-0.0782	90
30	85	25	-0.0678	-0.0678	-0.0718	-0.0753	80

由图 5.49、表 5.24 可知，对比工况 30 – 65° – 25、工况 30 – 75° – 25 和工况 30 – 85° – 25，当开采厚度为 30m，上覆层厚度为 25m 时，各地层最大竖向位移均较小。随着煤层倾角逐渐增大，各地层的最大竖向位移逐渐减小，各地层略有向煤层倾角增大方向水平移动的趋势，采空区移动变形影响范围逐渐减小，影响深度也逐渐减小。

当开采厚度等于 30m，上覆层厚度为 25m 时，路基底面最大竖向位移均较小，路基与各地层均较为稳定。随着煤层倾角增大，路基底面最大竖向位移略有减小，竖向位移最大位置略有向煤层倾角增大方向移动的趋势，即此时路基对煤层倾角影响因素不太敏感。

工况 30 -（65/75/85）°-30 测点竖向位移如图 5.50、表 5.25 所示。

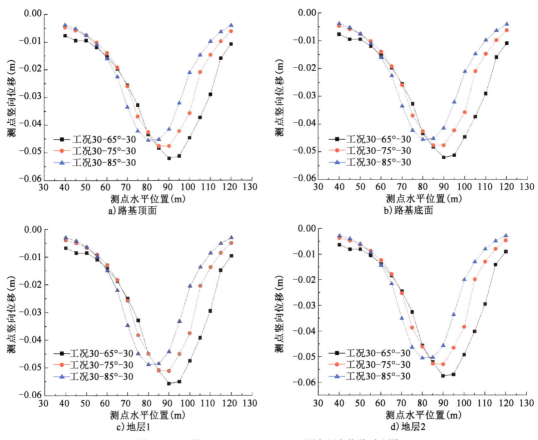

图 5.50　工况 30 -（65/75/85）°-30 测点竖向位移对比图

工况 30 -（65/75/85）°-30 测点最大竖向位移　　表 5.25

开采厚度 （m）	煤层倾角 （°）	上覆层厚度 （m）	路基顶面 （m）	路基底面 （m）	地层 1 （m）	地层 2 （m）	最大值位置 （m）
30	65	30	-0.0521	-0.0521	-0.0558	-0.0576	90
30	75	30	-0.0477	-0.0477	-0.0513	-0.0531	90
30	85	30	-0.0456	-0.0456	-0.0489	-0.0506	80

由图 5.50、表 5.25 可知，对比工况 30 - 65°- 30、工况 30 - 75°- 30 和工况 30 - 85°- 30，当开采厚度为 30m，上覆层厚度为 30m 时，各地层最大竖向位移均较小。随着煤层倾角逐渐增大，各地层的最大竖向位移逐渐减小，各地层略有向煤层倾角增大方向水平移动的趋势，采空区移动变形影响范围逐渐减小，影响深度也逐渐减小。

当开采厚度等于 30m，上覆层厚度为 30m 时，路基底面最大竖向位移均较小，路基与各地层均较为稳定。随着煤层倾角增大，路基底面最大竖向位移略有减小，竖向位移最大位置略有向煤层倾角增大方向移动的趋势，即此时路基对煤层倾角影响因素不太敏感。

3）上覆层厚度对上覆地层及路基影响分析

工况 10 - 65°-（20/25/30）测点竖向位移如图 5.51、表 5.26 所示。

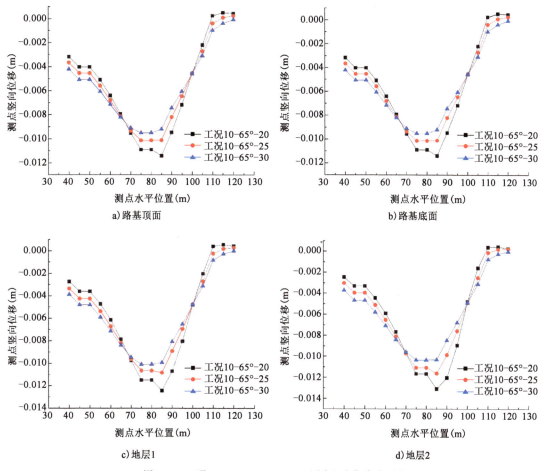

图 5.51 工况 10 - 65° - (20/25/30)测点竖向位移对比图

工况 10 - 65° - (20/25/30)测点最大竖向位移 表 5.26

开采厚度 （m）	煤层倾角 （°）	上覆层厚度 （m）	路基顶面 （m）	路基底面 （m）	地层1 （m）	地层2 （m）	最大值位置 （m）
10	65	20	-0.0114	-0.0114	-0.0124	-0.0131	85
10	65	25	-0.0101	-0.0101	-0.0109	-0.0116	85
10	65	30	-0.0095	-0.0095	-0.0101	-0.0104	80

由图 5.51、表 5.26 可知，对比工况 10 - 65° - 20、工况 10 - 65° - 25 和工况 10 - 65° - 30，当开采厚度为 10m，煤层倾角为 65°时，各地层最大竖向位移均较小。随着上覆层厚度逐渐增大，各地层的最大竖向位移逐渐减小。各地层最大竖向位移出现在一条直线上，随上覆层厚度的减小，最大值位置基本保持不变，采空区移动变形影响范围略有增大，影响深度略有减小。

当开采厚度等于 10m，煤层倾角为 65°时，路基底面最大竖向位移均较小，路基与各地层均较为稳定。随着上覆层厚度增大，路基底面最大竖向位移略有减小，即此时路基对煤层倾角影响因素不太敏感。

工况 10 - 75° - (20/25/30)测点竖向位移如图 5.52、表 5.27 所示。

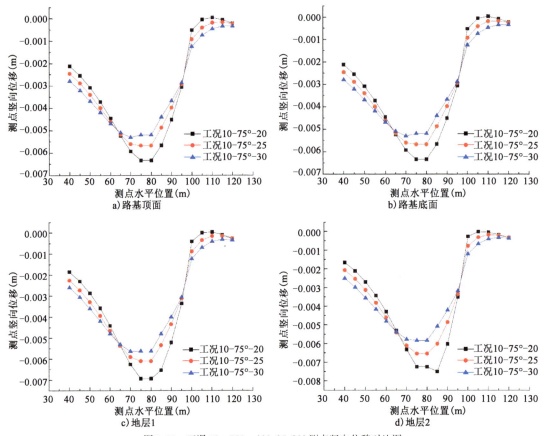

图 5.52　工况 10 -75°-(20/25/30)测点竖向位移对比图

工况 10 -75°-(20/25/30)测点最大竖向位移　　表 5.27

开采厚度 (m)	煤层倾角 (°)	上覆层厚度 (m)	路基顶面 (m)	路基底面 (m)	地层 1 (m)	地层 2 (m)	最大值位置 (m)
10	75	20	-0.0063	-0.0063	-0.0069	-0.0075	85
10	75	25	-0.0057	-0.0057	-0.0061	-0.0065	80
10	75	30	-0.0053	-0.0053	-0.0056	-0.0058	80

由图 5.52、表 5.27 可知,对比工况 10 -75°-20、工况 10 -75°-25 和工况 10 -75°-30,当开采厚度为 10m,煤层倾角为 75°时,各地层最大竖向位移均较小。随着上覆层厚度逐渐增大,各地层的最大竖向位移逐渐减小。各地层最大竖向位移出现在一条直线上,随上覆层厚度的减小,最大值位置基本保持不变,采空区移动变形影响范围略有增大,影响深度略有减小。

当开采厚度等于 10m,煤层倾角为 75°时,路基底面最大竖向位移均较小,路基与各地层均较为稳定。随着上覆层厚度增大,路基底面最大竖向位移略有减小,即此时路基对煤层倾角影响因素不太敏感。

工况 10 -85°-(20/25/30)测点竖向位移如图 5.53、表 5.28 所示。

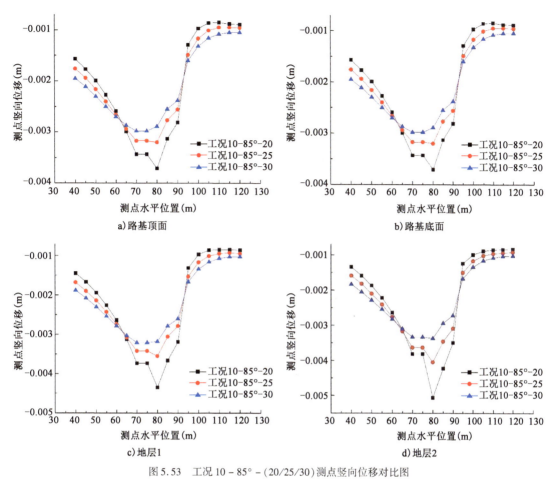

图 5.53 工况 10-85°-(20/25/30)测点竖向位移对比图

工况 10-85°-(20/25/30)测点最大竖向位移 表 5.28

开采厚度 (m)	煤层倾角 (°)	上覆层厚度 (m)	路基顶面 (m)	路基底面 (m)	地层1 (m)	地层2 (m)	最大值位置 (m)
10	85	20	-0.0037	-0.0037	-0.0044	-0.0051	80
10	85	25	-0.0032	-0.0032	-0.0036	-0.0041	80
10	85	30	-0.0030	-0.0030	-0.0032	-0.0034	75

由图 5.53、表 5.28 可知,对比工况 10-85°-20、工况 10-85°-25 和工况 10-85°-30,当开采厚度为 10m,煤层倾角为 85°时,各地层最大竖向位移均较小。随着上覆层厚度逐渐增大,各地层的最大竖向位移逐渐减小。各地层最大竖向位移出现在一条直线上,随上覆层厚度的减小,最大值位置基本保持不变,采空区移动变形影响范围略有增大,影响深度略有减小。

当开采厚度等于 10m,煤层倾角为 85°时,路基底面最大竖向位移均较小,路基与各地层均较为稳定。随着上覆层厚度增大,路基底面最大竖向位移略有减小,即此时路基对煤层倾角影响因素不太敏感。

工况 20-65°-(20/25/30)测点竖向位移如图 5.54、表 5.29 所示。

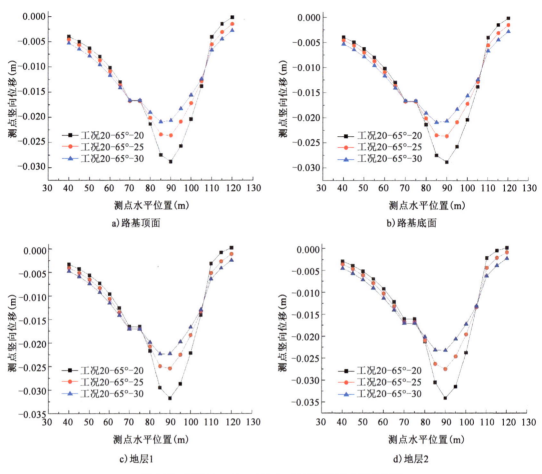

图 5.54　工况 20-65°-(20/25/30)测点竖向位移对比图

工况 20-65°-(20/25/30)测点最大竖向位移　　　　表 5.29

开采厚度 (m)	煤层倾角 (°)	上覆层厚度 (m)	路基顶面 (m)	路基底面 (m)	地层1 (m)	地层2 (m)	最大值位置 (m)
20	65	20	-0.0288	-0.0288	-0.0317	-0.0341	90
20	65	25	-0.0237	-0.0237	-0.0255	-0.0275	90
20	65	30	-0.0209	-0.0209	-0.0224	-0.0232	90

由图 5.54、表 5.29 可知，对比工况 20-65°-20、工况 20-65°-25 和工况 20-65°-30，当开采厚度为 20m，煤层倾角为 65°时，各地层最大竖向位移均较小。随着上覆层厚度逐渐增大，各地层的最大竖向位移逐渐减小。各地层最大竖向位移出现在一条直线上，随上覆层厚度的减小，最大值位置基本保持不变，采空区移动变形影响范围略有增大，影响深度略有减小。

当开采厚度等于 20m，煤层倾角为 65°时，路基底面最大竖向位移均较小，路基与各地层均较为稳定。随着上覆层厚度增大，路基底面最大竖向位移略有减小，即此时路基对煤层倾角影响因素不太敏感。

工况 20 - 75°-(20/25/30)测点竖向位移如图 5.55、表 5.30 所示。

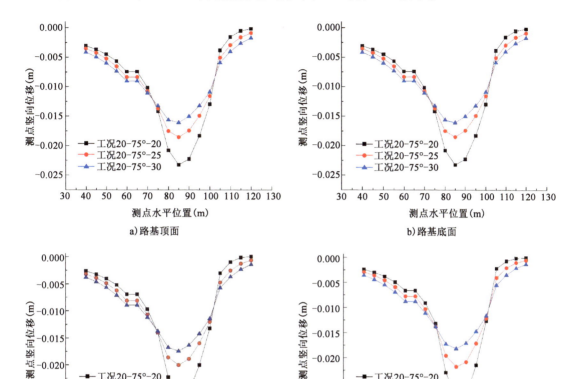

图 5.55　工况 20 - 75°-(20/25/30)测点竖向位移对比图

工况 20 - 75°-(20/25/30)测点最大竖向位移　　表 5.30

开采厚度 (m)	煤层倾角 (°)	上覆层厚度 (m)	路基顶面 (m)	路基底面 (m)	地层 1 (m)	地层 2 (m)	最大值位置 (m)
20	75	20	-0.0233	-0.0233	-0.0258	-0.0279	85
20	75	25	-0.0185	-0.0185	-0.0200	-0.0218	85
20	75	30	-0.0161	-0.0161	-0.0174	-0.0182	85

由图 5.55、表 5.30 可知,对比工况 20 - 75°-20、工况 20 - 75°-25 和工况 20 - 75°-30,当开采厚度为 20m,煤层倾角为 75°时,各地层最大竖向位移均较小。随着上覆层厚度逐渐增大,各地层的最大竖向位移逐渐减小。各地层最大竖向位移出现在一条直线上,随上覆层厚度的减小,最大值位置基本保持不变,采空区移动变形影响范围略有增大,影响深度略有减小。

当开采厚度等于 20m,煤层倾角为 75°时,路基底面最大竖向位移较小,路基与各地层均较为稳定。随着上覆层厚度增大,路基底面最大竖向位移略有减小,即此时路基对煤层倾角影响因素不太敏感。

工况 20 - 85° - (20/25/30)测点竖向位移如图 5.56、表 5.31 所示。

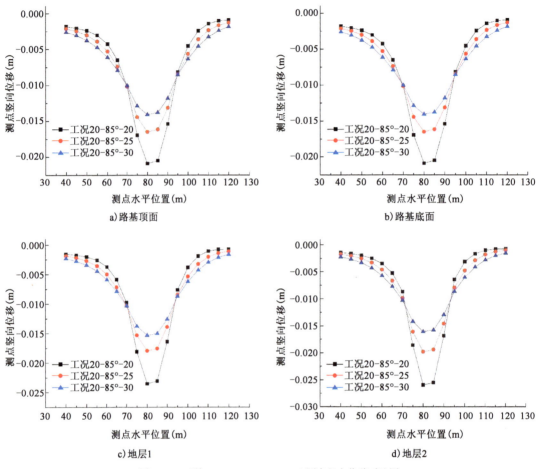

图 5.56 工况 20 - 85° - (20/25/30)测点竖向位移对比图

工况 20 - 85° - (20/25/30)测点最大竖向位移　　表 5.31

开采厚度 (m)	煤层倾角 (°)	上覆层厚度 (m)	路基顶面 (m)	路基底面 (m)	地层 1 (m)	地层 2 (m)	最大值位置 (m)
20	85	20	-0.0209	-0.0209	-0.0235	-0.0260	80
20	85	25	-0.0165	-0.0165	-0.0180	-0.0199	80
20	85	30	-0.0141	-0.0141	-0.0153	-0.0161	80

由图 5.56、表 5.31 可知,对比工况 20 - 85° - 20、工况 20 - 85° - 25 和工况 20 - 85° - 30,当开采厚度为 20m,煤层倾角为 85°时,各地层最大竖向位移均较小。随着上覆层厚度逐渐增大,各地层的最大竖向位移逐渐减小。各地层最大竖向位移出现在一条直线上,随上覆层厚度的减小,最大值位置基本保持不变,采空区移动变形影响范围略有增大,影响深度略有减小。

当开采厚度等于 20m,煤层倾角为 85°时,路基底面最大竖向位移均较小,路基与各地层均较为稳定。随着上覆层厚度增大,路基底面最大竖向位移略有减小,即此时路基对煤层倾角影响因素不太敏感。

工况 30 - 65° - (20/25/30)测点竖向位移如图 5.57、表 5.32 所示。

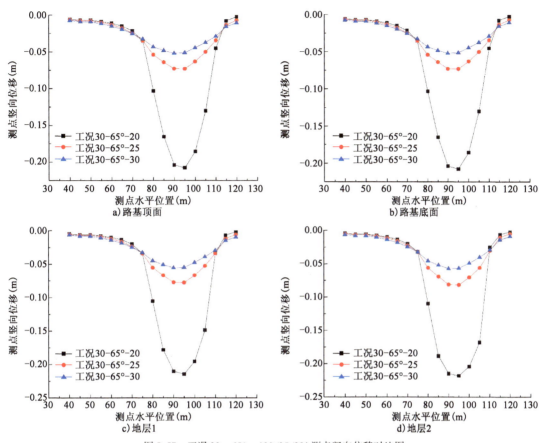

图 5.57　工况 30 - 65° - (20/25/30)测点竖向位移对比图

工况 30 - 65° - (20/25/30)测点最大竖向位移　　表 5.32

开采厚度 (m)	煤层倾角 (°)	上覆层厚度 (m)	路基顶面 (m)	路基底面 (m)	地层 1 (m)	地层 2 (m)	最大值位置 (m)
30	65	20	-0.2078	-0.2078	-0.2145	-0.2182	95
30	65	25	-0.0734	-0.0734	-0.0779	-0.0820	95
30	65	30	-0.0521	-0.0521	-0.0558	-0.0576	90

由图 5.57、表 5.32 可知，对比工况 30 - 65° - 20、工况 30 - 65° - 25 和工况 30 - 65° - 30，当开采厚度为 30m，煤层倾角为 65°时，随着上覆层厚度逐渐减小，各地层的最大竖向位移逐渐增大，特别当上覆层厚度从 25m 减小到 20m 时，各地层的最大竖向位移急剧增大。各地层最大竖向位移出现在一条直线上，随上覆层厚度的减小，最大值位置基本保持不变，采空区移动变形影响范围急剧增大，影响深度急剧加深。

当开采厚度等于 30m，煤层倾角为 65°时，路基底面最大竖向位移均较大，路基与各地层已呈不稳定趋势。随上覆层厚度减小，路基底面最大竖向位移急剧增大，即此时路基对煤层倾角影响因素十分敏感。

工况 30 - 75° - (20/25/30)测点竖向位移如图 5.58、表 5.33 所示。

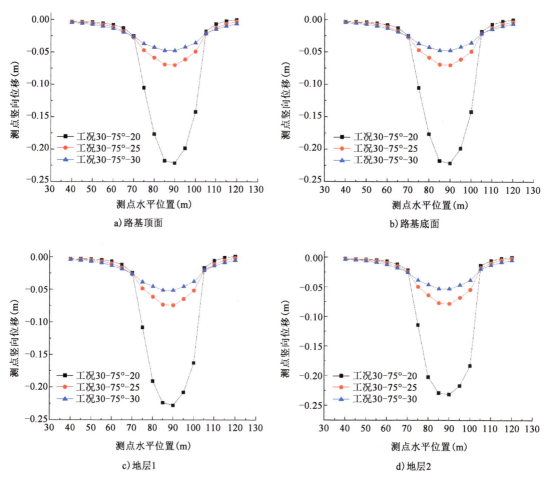

图 5.58 工况 30 − 75° − (20/25/30)测点竖向位移对比图

工况 30 − 75° − (20/25/30)测点最大竖向位移 表 5.33

开采厚度 (m)	煤层倾角 (°)	上覆层厚度 (m)	路基顶面 (m)	路基底面 (m)	地层1 (m)	地层2 (m)	最大值位置 (m)
30	75	20	−0.2215	−0.2215	−0.2280	−0.2316	90
30	75	25	−0.0701	−0.0701	−0.0744	−0.0782	90
30	75	30	−0.0477	−0.0477	−0.0513	−0.0531	90

由图 5.58、表 5.33 可知，对比工况 30 − 75° − 20、工况 30 − 75° − 25 和工况 30 − 75° − 30，当开采厚度为 30m，煤层倾角为 75°时，随着上覆层厚度逐渐减小，各地层的最大竖向位移逐渐增大，特别当上覆层厚度从 25m 减小到 20m 时，各地层的最大竖向位移急剧增大。各地层最大竖向位移出现在一条直线上，随上覆层厚度的减小，最大值位置基本保持不变，采空区移动变形影响范围急剧增大，影响深度急剧加深。

当开采厚度等于 30m，煤层倾角为 75°时，路基底面最大竖向位移均较大，路基与各地层已呈不稳定趋势。随上覆层厚度减小，路基底面最大竖向位移急剧增大，即此时路基对煤层倾角影响因素十分敏感。

工况 30 - 85°-(20/25/30)测点竖向位移如图 5.59、表 5.34 所示。

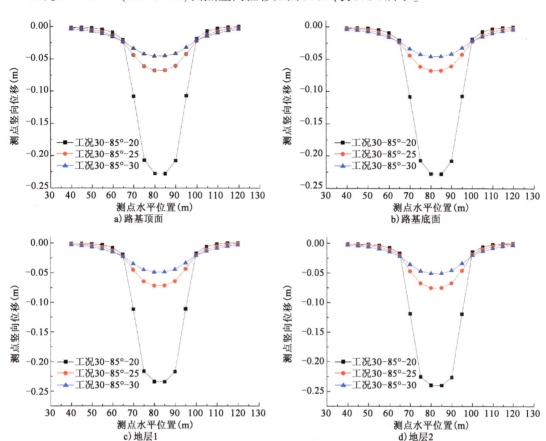

图 5.59　工况 30 - 85°-(20/25/30)测点竖向位移对比图

工况 30 - 85°-(20/25/30)测点最大竖向位移　　表 5.34

开采厚度 (m)	煤层倾角 (°)	上覆层厚度 (m)	路基顶面 (m)	路基底面 (m)	地层1 (m)	地层2 (m)	最大值位置 (m)
30	85	20	-0.2280	-0.2280	-0.2344	-0.2400	85
30	85	25	-0.0678	-0.0678	-0.0718	-0.0753	80
30	85	30	-0.0456	-0.0456	-0.0489	-0.0506	80

由图 5.59、表 5.34 可知,对比工况 30 - 85°-20、工况 30 - 85°-25 和工况 30 - 85°-30,当开采厚度为 30m,煤层倾角为 85°时,随着上覆层厚度逐渐减小,各地层的最大竖向位移逐渐增大,特别当上覆层厚度从 25m 减小到 20m 时,各地层的最大竖向位移急剧增大。各地层最大竖向位移出现在一条直线上,随上覆层厚度的减小,最大值位置基本保持不变,采空区移动变形影响范围急剧增大,影响深度急剧加深。

当开采厚度等于 30m,煤层倾角为 85°时,路基底面最大竖向位移均较大,路基与各地层已呈不稳定趋势。随上覆层厚度减小,路基底面最大竖向位移急剧增大,即此时路基对煤层倾角影响因素十分敏感。

5.2.3 急倾斜煤层采空区上覆地层及路基移动变形规律

本节所有工况均是在覆盖层较薄时的工况,路基顶面、路基底面与各地层竖向位移差值很小,属于路基与上覆层整体移动变形。

当煤层开采厚度为10m时,路基顶面、路基底面以及各地层的竖向位移均在0.005~0.01m之间;当开采厚度为20m时,路基顶面、路基底面以及各地层的竖向位移均在0.02~0.04m之间,即在开采厚度为10m和20m时,上覆层及路基比较稳定;当煤层开采厚度为30m时,路基顶面、路基底面以及各地层的竖向位移均在0.06~0.25m之间;其中当开采厚度为30m,上覆层厚度为20m时,路基顶面、路基底面以及各地层的竖向位移达到0.21~0.25m,各地层竖向位移较大,发生整体垮塌。开采厚度对路基及各地层的稳定性影响较大。

当煤层倾角增大时,急倾斜煤层采空区影响区域整体向煤层倾角增大方向移动。当上覆层厚度为25m和30m时,路基顶面、路基底面以及各地层的竖向位移随煤层倾角变化不十分显著,当开采厚度为30m、上覆层厚度为20m时,随煤层倾角增大,路基顶面、路基底面以及各地层的竖向位移随煤层倾角的增大而增大,此时煤层倾角对路基及各地层的稳定性影响较大。

当上覆层厚度为25m和30m时,路基顶面、路基底面以及各地层的竖向位移均较小,上覆层和路基比较稳定;当上覆层厚度为20m,开采厚度为30m以上时,路基顶面、路基底面以及各地层的竖向位移达到0.21~0.25m,各地层竖向位移较大,发生整体垮塌。上覆层厚度对路基及各地层的稳定性影响较大。

综合以上数据,开采厚度、煤层倾角和上覆层厚度是影响路基和各地层稳定的主要因素,上覆层及路基的移动变形随煤层开采厚度的增大而增大,随上覆层厚度的减小而增大,随煤层倾角的增大而整体向煤层倾角增大方向移动。

当煤层开采厚度小于20m且上覆层厚度大于25m时,路基顶面、路基底面及各地层的最大竖向位移均较小,上覆层及路基比较稳定。当开采厚度大于等于30m且上覆层厚度小于等于20m时,随着煤层倾角增大,急倾斜煤层采空区影响区域整体向煤层倾角增大方向移动,路基顶面、路基底面以及各地层的竖向位移随煤层倾角的增大而增大。此时,路基顶面、路基底面以及各地层的竖向位移变化较为剧烈,各层位移和位移差值急剧增大,路基由比较稳定急剧转化为失稳状态。

当煤层开采厚度小于20m且上覆层厚度大于25m时,路基顶面、路基底面及各地层的最大竖向位移均较小,上覆层及路基比较稳定。当开采厚度大于等于30m且上覆层厚度小于等于20m时,路基顶面、路基底面以及各地层的竖向位移变化较为剧烈,各层位移和位移差值急剧增大,路基由比较稳定急剧转化为失稳状态,易产生整体性坍塌。

5.3 路线通过采空区下方安全煤柱时上覆地层变形规律数值模拟分析

依托工程的高速公路拟建线路K19+630~K22+880段从煤矿预留安全煤柱上通过,工程总体设计思路就是尽可能将道路修筑在安全煤柱上。但是煤层开挖预留的安全煤柱在卸载和时间的共同作用下,会形成移动区和变形区。所以为了保证此工程的安全性,满足路基沉降设计要求,需要对安全煤柱上方修筑路堤建筑物时的稳定性加以验证。

依托工程中,安全煤柱的预留角度都在 75°左右,铁厂沟煤矿内的煤层倾角大、煤层厚度厚,根据资料将该段煤层设定为 10m。考虑到影响安全煤柱稳定性的主要因素主要是上覆盖层厚度和岩性、安全煤柱顶预留宽度和煤柱煤体的岩石质量。根据地勘资料,依托工程上覆盖层厚度在 5~90m 之间,主要以粉土和碎石土为主。安全煤柱顶宽在 50~200m 之间居多。因为上覆盖层的岩性比较单一、煤柱的岩石质量根据地勘资料也在 Ⅳ~Ⅴ。所以影响采空区稳定性的因素主要是上覆盖层厚度和煤柱顶宽。下面就分别从这两个因素考虑公路修筑后对采空区稳定性的影响。

图 5.60、图 5.61 为简化后建的地质模型,考虑到在实际开采中,煤层对地层基岩的影响不是特别的大,可以忽略。所以在模型的地面固定,模型两侧竖向自由,横向位移加以约束。初始的应力场只考虑自重的作用。故将实际问题中的煤层开采和修建公路工程简化为简单的弹塑性问题来研究。参考现场的实际地勘资料和已有的数值分析实例,选择该模型为近似理想的弹塑性模型,其破坏准则采用 Mohr-Coulomb 准则。

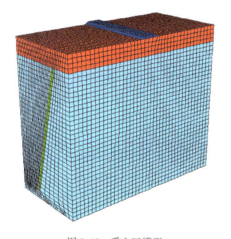
图 5.60 采空区模型

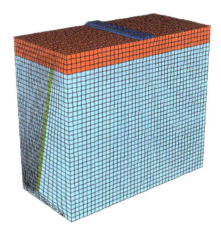
图 5.61 煤层的开挖区与安全煤柱模型

5.3.1 上覆盖层厚度的影响

固定安全煤柱顶宽 100m 不变,将上覆盖层的厚度划分为 10m、20m 和 40m 共 3 种工况。分别分析这 3 种工况下,在煤层开采后和修筑公路构筑物时,安全煤柱和上覆盖层的位移变化情况。3 种工况如图 5.62~图 5.64 所示。

根据模型和地勘资料,以及相似的已有研究资料,给土层煤层和基岩赋各自的物理力学参数,重力场平衡后根据模拟的情况进行分布开挖,分别给出开采后的上覆岩层的位移沉降值和煤层的位移沉降值(图 5.65)。

由图 5.65 可以看出,急倾斜煤层采出后上覆基岩的沉降趋势与上覆盖层厚度的关系。当上覆盖层的厚度达到 40m,可以在图 5.65c)中看出安全煤柱上方的岩土体的沉降趋势明显呈三角形分布。这是因为煤柱上方的岩土体由于受到煤柱的支撑作用,受到的破坏会小得多,这样就会在安全煤柱的上方形成一个相对稳定的三角形稳定区。由于不同岩土体的岩石物理力学性质不同,稳定区的稳定角也不同。图 5.65a)、b)是因为上覆盖层较薄,所以煤柱上方都在三角形稳定区内。

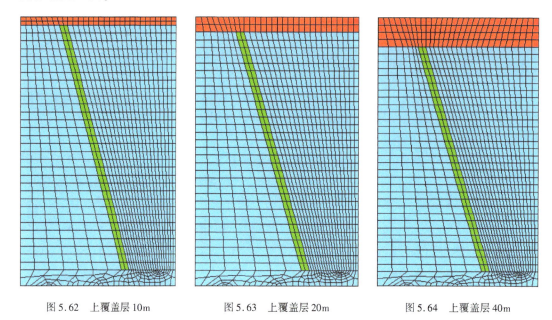

图5.62　上覆盖层10m　　　　图5.63　上覆盖层20m　　　　图5.64　上覆盖层40m

图5.65中的覆岩移动范围是呈逐渐增大的趋势的。原因是覆岩内部位移变化是一个连续的过程,从下至上,覆盖层内岩土体的沉降变形是逐渐减弱的,但是它的影响范围是逐渐扩大的。

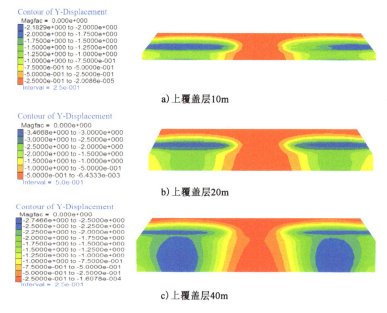

a)上覆盖层10m

b)上覆盖层20m

c)上覆盖层40m

图5.65　煤层开采后上覆基岩沉降等值阴影图

安全煤柱竖向位移等值阴影图如图5.66所示。

观察图5.66中3个安全煤柱的竖向位移,明显地能将安全煤柱分为稳定区、变形区和破坏区。在安全煤柱最外层的煤产生了很大的位移,在实际工程中表现出的可能就是片帮剥离。产生这种现象的原因是:安全煤柱由于开采卸荷,产生了一个凌空面。煤层较厚的煤柱弹劾区比较宽,但是越靠近煤柱的外侧,塑性区就表现得越明显,加上由于煤体本身原因或者采动的影响会在安全煤柱中产生好多的裂隙,这些裂隙受到开采扰动的影响就会一层层的发生剥离破坏。煤柱的这种形态与地勘资料中的煤柱形态类似。煤柱的稳定区边界角也在60°~70°之间。

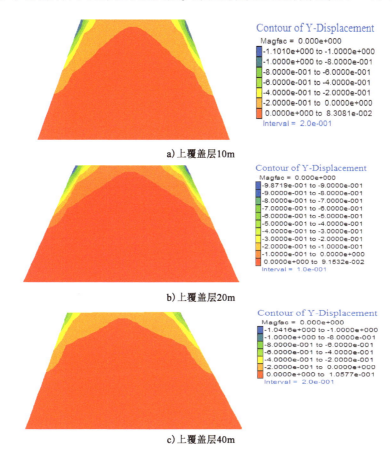

图5.66 安全煤柱竖向位移等值阴影图

开挖时,将上覆盖层的几个不同高度层的沉降值分别进行记录,得到的数据整理如表5.35所示。

开挖后各监测点沉降值(m)　　　　　　表5.35

工况	测点(m)	-45	-35	-25	-15	-5	5	15	25	35	45
上覆盖成10m	地表	-0.73	-0.44	-0.23	-0.12	-0.05	-0.03	-0.04	-0.09	-0.09	-0.19
上覆盖成20m	地表	-1.37	-0.82	-0.45	-0.26	-0.12	-0.09	-0.09	-0.16	-0.16	-0.29
	-10	-1.28	-0.69	-0.34	-0.18	-0.05	-0.04	-0.05	-0.09	-0.15	-0.32
上覆盖成40m	地表	-1.03	-0.88	-0.26	-0.31	-0.18	-0.14	-0.15	-0.24	-0.24	-0.38
	-10	-1.27	-0.78	-0.26	-0.17	-0.11	-0.08	-0.10	-0.16	-0.27	-0.33
	-20	-1.09	-0.52	-0.27	-0.15	-0.09	-0.05	-0.06	-0.10	-0.18	-0.33
	-30	-1.29	-0.63	-0.15	-0.08	-0.04	-0.02	-0.02	-0.06	-0.12	-0.22

上覆盖层沉降变形曲线如图 5.67 所示。

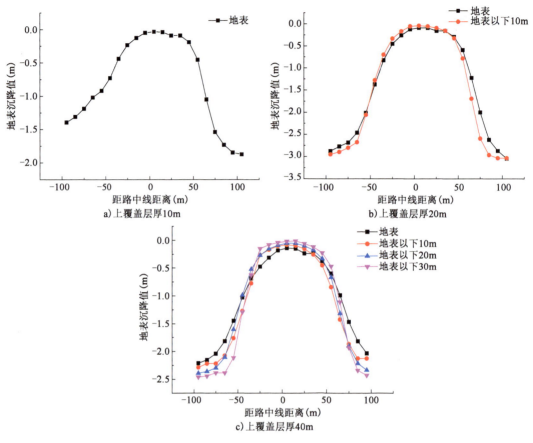

图 5.67 上覆盖层沉降变形曲线

从图 5.67 看出,安全煤柱对上覆基岩的稳定性起到了至关重要的作用,在煤层开挖过程中,安全煤柱上方的基岩变形值均在 50cm 以内。煤柱两侧采空区的地表变形较大,沉降值在 1~3m 之间。反映在工程实际中就是,随着煤层的采出除安全煤柱所在的工业广场内的地表沉降值较小,其他采空区地表表现出大大小小的沉降坑,这些沉降坑都是在开采过程中,由于煤的采出,上覆基岩的煤层顶板一层层剥落破坏,形成冒落带并波及地表形成的。

随着上覆盖层厚度的增加采空区安全煤柱上方的地表沉降差别不大,但是在采空部分沉降值的差别变化很大。10m、20m、40m 不同上覆盖层厚度沉降值变化先增加后减小。这是因为,当厚度小于一定值时,煤层顶板的围岩受上覆盖层压力较小,顶板自稳性比较好,所以沉降较小。当上覆盖层达到一定厚度时,如:此算例中的 20m 和 40m,较厚的上覆盖层虽然使顶板岩层受到的应力比较大,但是其破坏过程中能够自呈拱,承担上部的压力,从而减小上部的位移。这也是为什么当上覆盖层达到一定厚度时,采空对地表的影响就会减小甚至忽略其影响。

在模拟路基修筑时,记录基底表面沉降值的变化。路面宽按设计要求取 33.5m,坡度按 1:1.5 考虑,采空区路基最大回填高度取 10m 进行模拟,土体的重度按 19.5kN/m³ 计算,则基底的应力为 0.195MPa,按均匀分布力考虑。注浆工况模拟采用将注浆范围内的岩土体的模型参数改变,变为注浆加固后理想的模型参数。对比工况结果如图5.68～图5.70所示。

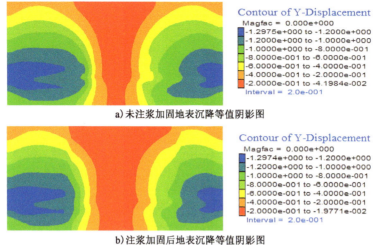

图5.68　上覆盖层10m注浆前后地表沉降值

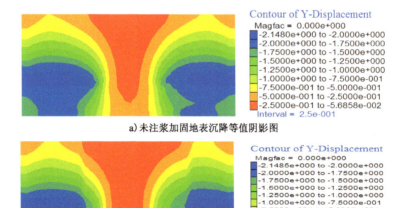

图5.69　上覆盖层20m注浆前后地表沉降值

通过图5.68～图5.70可以看出,注浆加固前后效果明显。注浆加固后的稳定区明显变宽,在注浆加固范围内,采空区上方由于路基的扰动明显得到了很好的抑制。这是因为,注浆后采空区上覆基岩和安全煤柱的弹性模量提高,内聚力和内摩擦角增大,原本受开采影响的上覆盖层和煤柱的强度增大,抗破坏和变形能力也随之增强。

在整个采空区内三种上覆盖层厚度的注浆效果:10m注浆后稳定效果最明显、20m次之、40m的稳定效果较前两种情况最差。因为煤层顶板岩层开采后,在自重和上覆岩层的压力作用下,会产生破坏。在一定的深度条件下,覆盖层越厚顶板岩层受到的压力就越大,产生的破碎和变形就越大,顶板岩层的破坏面也就越大,所以注浆后的煤柱稳定上覆岩层的效果也就越差。

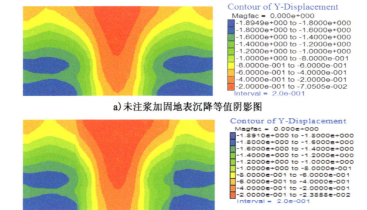

a) 未注浆加固地表沉降等值阴影图

b) 注浆加固后地表沉降等值阴影图

图 5.70 上覆盖层 40m 注浆前后地表沉降值

将地表注浆前后路基修筑时基底沉降值统计,如表 5.36 所示。

各工况注浆前后地表沉降值(m)　　表 5.36

工况	距离（m）									
	-45	-35	-25	-15	-5	5	15	25	35	45
	未注浆加固									
上覆盖成 10m	-0.46	-0.333	-0.23	-0.177	-0.137	-0.123	-0.138	-0.175	-0.175	-0.233
上覆盖成 20m	-0.943	-0.639	-0.421	-0.313	-0.225	-0.197	-0.206	-0.253	-0.253	-0.337
上覆盖成 40m	-0.809	-0.633	-0.517	-0.426	-0.327	-0.301	-0.302	-0.375	-0.375	-0.472
工况	注浆加固后									
上覆盖成 10m	-0.158	-0.073	-0.023	-0.002	0.001	0.011	0.011	0.001	0.001	-0.007
上覆盖成 20m	-0.258	-0.171	-0.108	-0.074	-0.051	-0.044	-0.045	-0.058	-0.058	-0.081
上覆盖成 40m	-0.294	-0.171	-0.102	-0.049	-0.01	-0.001	-0.001	-0.023	-0.023	-0.067

根据上边沉降沿路线走向垂线方向的沉降趋势如图 5.71 所示。

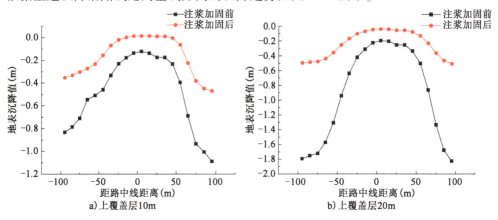

a) 上覆盖层 10m　　　　b) 上覆盖层 20m

图 5.71

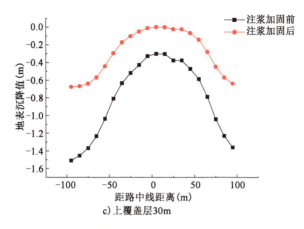

c) 上覆盖层30m

图 5.71　注浆前后地表沉降变化

根据《公路路基设计规范》(JTG D30—2015)的有关规定,高速公路路基建成后的工后允许最大沉降值为30cm,桥台与路基的相邻处允许的最大沉降值为10cm。当急倾斜煤层的露头处直接与上覆盖层接触时,上覆盖层厚度在60m之内,在煤层采空区安全煤柱上方修建高速公路时,不能满足厚路基沉降的最低要求,且随着上覆盖层厚度的增加修筑路基的沉降值呈增加趋势。这是因为在一定的范围内上覆盖层较厚,路基基底对采空区产生的影响大部分都集中在上覆盖层,煤柱对基底抗变形的抗力很小。这时需要在注浆加固的同时,采用一定的施工方法,增加基底的抗变形能力。

注浆加固后,在与路线垂直的采空区正上方路基顶面的沉降值明显减小,在基底的50m范围内均能够满足规范要求,所以注浆时对覆盖层在10~60m有很好的效果,并且在此范围内覆盖层越高工后效果越明显。因为浆液注入到安全煤柱中后,使安全煤柱中原来的破坏区和变形区更加稳定,这在增加安全煤柱稳定的前提下,也相当于增加安全煤柱顶部的承载宽度。煤柱顶部承载宽度增加,上覆盖层的稳定区域也就相应地增加。且上覆盖层越厚,上覆岩层的稳定区域越大,加固效果也就越明显。

根据地勘资料和已有的现场资料,该工程煤层的上覆盖层厚度主要在5~70m之间,采空区的范围与模拟情况类似,所以该工程在经过采空区的时候必须经过采空区稳定处理后才能满足路基修筑的要求。

5.3.2　安全煤柱宽度的影响

考虑到急倾斜煤层采空区安全煤柱上方地表的稳定除了与覆盖层的厚度和岩性有关,还与安全煤柱的预留顶宽有关。下面模拟在不同的安全煤柱顶宽上修筑高速公路建筑物对路基基底稳定性的影响。将采空区上方的覆盖层厚度设置为60m固定不变,安全煤柱顶宽分别为60m、100m和140m。这样分组将尽可能地模拟出该工程所能遇到的安全煤柱顶宽的实际情况。模型详见图5.72~图5.75。

同上一种分析情况类似,根据模型和地勘资料将上覆盖层和煤层附上参数,自重应力场平衡后,用 model null 命令将煤层循环开挖,保留图5.73~图5.75中的安全煤柱形态,在此基础上研究分析因为煤层开挖对安全煤柱的影响,分析不同顶宽的安全煤柱地表沉降对应的规律。

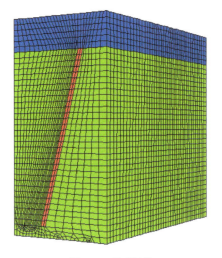

图 5.72 模型整体

图 5.73 顶宽 60m 安全煤柱

图 5.74 顶宽 100m 安全煤柱

图 5.75 顶宽 140m 安全煤柱

煤层开采后上覆基岩沉降等值阴影图如图 5.76 所示。

随着煤层的开挖,在安全煤柱两侧的采空区上方沉降较大,越靠近安全煤柱岩层的沉降越小。观察图 5.76a)、b)、c)三个图,可以发现,随着安全煤柱顶宽的增加上覆基岩的稳定性也有所提高。这是因为当采空发生时,煤柱抑制了上覆基岩的沉降变形,使上方保护的地层不会发生过大的移动和变形。

煤层开采后安全煤柱沉降等值阴影图如图 5.77 所示。

从图 5.77 可以看出,煤层开采完后,煤柱外侧会沿一定的角度产生一个移动区和变形稳定区,这也与理论和实际勘察相符。煤柱最外侧的变形随着安全煤柱顶宽增加呈减小的趋势。观察煤柱的应力云图可以看出,煤柱外侧的应力随着煤柱宽度的增加而减小。在上覆盖层的厚度相同的条件下,煤柱承担的均布荷载随着面积增加而减小,其产生的受力变形也会有所减小。

地表的变形值和不同煤柱顶宽对应的地表沉降曲线如图 5.78、表 5.37 所示。

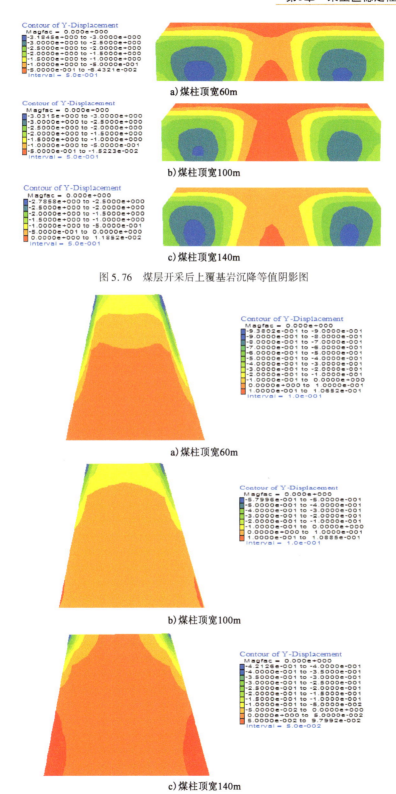

图 5.76 煤层开采后上覆基岩沉降等值阴影图

图 5.77 煤层开采后安全煤柱沉降等值阴影图

不同工况地表开挖后沉降值(m)　　　　　　　　　表5.37

工况	距离（m）									
	-45	-35	-25	-15	-5	5	15	25	35	45
顶宽60m	-1.135	-0.965	-0.801	-0.658	-0.490	-0.444	-0.460	-0.597	-0.597	-0.921
顶宽100m	-0.718	-0.543	-0.410	-0.305	-0.198	-0.152	-0.168	-0.252	-0.252	-0.368
顶宽140m	-0.399	-0.275	-0.183	-0.107	-0.053	-0.032	-0.036	-0.073	-0.073	-0.142

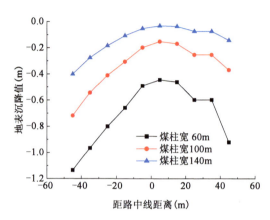

图5.78　不同工况地表开挖后沉降曲线

通过图5.78可以看出,在上覆盖层厚度不变的情况下,煤柱开挖后采空区地表的沉降值随着煤柱宽度的增加而减小。煤柱越宽,被安全煤柱保护的上覆地层的稳定性越好。

下面分析在上覆盖层厚度和岩性一定的情况下,不同安全煤柱顶宽对公路工程修筑后对采空区的影响程度;以及在通过注浆加固前后的工程对比,讨论在不同工况下注浆效果评价。注浆前后修筑路基对地表沉降影响的等值阴影图如图5.79~图5.81所示。

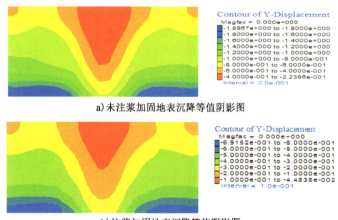

a) 未注浆加固地表沉降等值阴影图

b) 注浆加固地表沉降等值阴影图

图5.79　安全煤柱顶宽60m

从图5.79~图5.81分析可以得出如下结论:当路基经过采空区上方时,由于在安全煤柱上方通过,所以安全煤柱上方的沉降值相对于采空区较小。未进行注浆加固时路基宽度下方和路中线左右100m的沉降较大,可以看出不进行注浆加固时,地表的沉陷值过大,不能满足路基设计规范的要求。

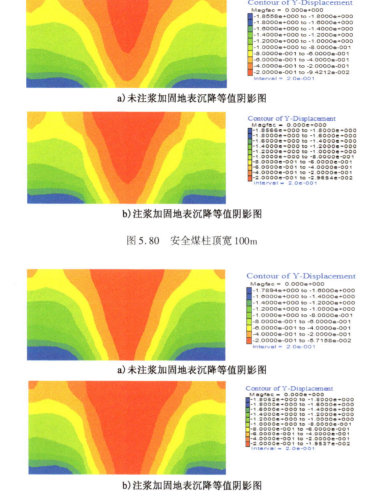

a) 未注浆加固地表沉降等值阴影图

b) 注浆加固地表沉降等值阴影图

图 5.80 安全煤柱顶宽 100m

a) 未注浆加固地表沉降等值阴影图

b) 注浆加固地表沉降等值阴影图

图 5.81 安全煤柱顶宽 140m

当安全煤柱的顶宽增加后,采空区上覆岩层的稳定性也在增加;采空区加固后的效果也是随煤柱顶宽的增加而表现得更好。因为采空区下方煤柱顶宽的增加,加大了煤柱的承载力,上覆基岩产生的荷载在煤柱上产生的应力也就大大减小,所以煤柱抵抗上覆岩层的变形能力也大大增加。采空区注浆加固,主要的一个方面就是加固采空区的安全煤柱,通过浆液的胶结作用,将安全煤柱的破坏区和变形区加固,同时增加煤柱自身的物理力学性能,提高煤柱的承载力和抗变形能力。所以注浆加固后,安全煤柱上方一定范围内的岩层稳定性得到了大大的提高。

在公路修筑的时候,检测采空区安全煤柱上方的地表沉降值。监测点布设在沿路线走向垂直的方向,覆盖了安全煤柱和采空区范围。记录的注浆加固前后的地表沉降值和沉降曲线如表5.38、表5.39和图5.82～图5.86所示。

未注浆加固时不同工况地表沉降值(m)　　　　　　　　　　表5.38

工况	距离 (m)									
	-45	-35	-25	-15	-5	5	15	25	35	45
顶宽60m	-0.934	-0.736	-0.620	-0.527	-0.397	-0.385	-0.390	-0.450	-0.526	-0.634
顶宽100m	-0.625	-0.477	-0.365	-0.307	-0.270	-0.258	-0.270	-0.309	-0.330	-0.369
顶宽140m	-0.275	-0.186	-0.128	-0.088	-0.063	-0.055	-0.061	-0.063	-0.086	-0.133

注浆加固后不同工况地表沉降值(m)　　　　　　　　　　表5.39

工况	距离 (m)									
	-45	-35	-25	-15	-5	5	15	25	35	45
顶宽60m	-0.808	-0.517	-0.297	-0.21	-0.128	-0.102	-0.117	-0.190	-0.302	-0.460
顶宽100m	-0.529	-0.387	-0.193	-0.143	-0.106	-0.096	-0.110	-0.146	-0.201	-0.291
顶宽140m	-0.211	-0.136	-0.085	-0.051	-0.030	-0.024	-0.029	-0.029	-0.050	-0.089

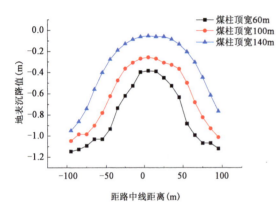

图 5.82　注浆前地表沉降变化

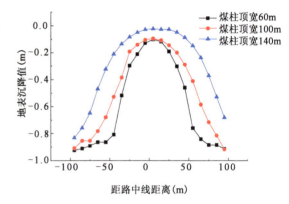

图 5.83　注浆后地表沉降变化

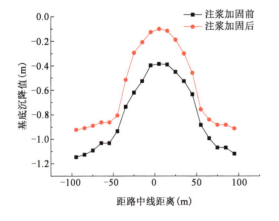

图 5.84　煤柱顶宽60m注浆前后地表沉降对比

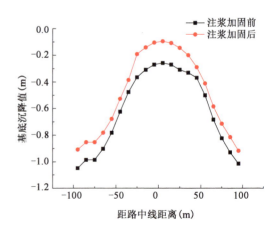

图 5.85　煤柱顶宽100m注浆前后地表沉降对比

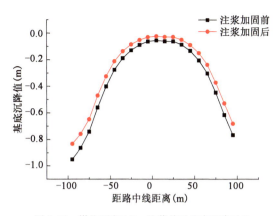

图 5.86　煤柱顶宽 140m 注浆前后地表沉降对比

对比注浆前后两种工况的地表沉降值和沉降变化曲线,得出如下结论:安全煤柱顶宽越小,注浆加固后的效果越明显。未进行采空区加固直接在安全煤柱上方修建公路工程时,安全煤柱顶宽 60m 的工况下,基底不能满足《公路路基设计规范》(JTG D30—2015)中路基建成后的工后允许最大沉降值为 30cm 的规定,所以必须进行注浆加固后,才能满足设计和施工的要求。当采空区安全煤柱的宽度在 100m 时,约为路基基底 33.5m 的 3 倍时,基底的沉降值在 30cm 以内,满足规范的要求。通过该模拟可以得出结构:当安全煤柱顶宽大于路基基底 3 倍范围时,基底的沉降值基本能够满足路基设计规范的要求。安全煤柱顶宽为 140m 的工况下,基底 50m 范围内监测的基底沉降数据在 30cm 范围以内。但是上述两种工况在加固段路基中线左右各 100m 的范围内,受到公路建设的影响仍然存在较大的变形。考虑到实际工程中可能存在安全煤柱超挖等现象,并且数值模拟的过程中不可能很好地模拟出复杂的采矿地质条件和采煤方法,所以出于安全的考虑,认为不加固处理可能会存在一定的安全隐患,所以仍需加固后才能满足设计要求。三种工况注浆加固后公路路基的基底沉降都能满足设计规范的要求。

以上模拟是在上覆盖层 60m 厚度不变的条件下,结合该工程的地勘资料,勘察的煤柱宽度大部分在 50～120m 范围内,K22+630～K22+880 段煤柱宽度左 200m 左右,安全煤柱露头处的上覆盖层平均厚度在 50～60m 之间。急倾斜煤柱的露头处直接与上覆盖层接触,煤层厚度大、层组多,模拟情况基本涵盖了工程实际情况。所以根据 FLAC 模拟结果,必须进行采空区加固才能保证其上方路基的稳定性和安全性。

5.4　本章小结

(1)根据该项目的实际矿区地层情况以及矿区开采地质因素的情况,充分考虑矿区内煤层的倾角和煤层厚度等煤层赋存条件,对模型做出一定的简化和优化,用 FLAC^{3D} 软件进行多种工况的数值模拟对比分析。发现采空区对路基的影响很大,修筑路基后基底沉降值不能达到设计和规范的要求,需要进行采空区加固后,方可修筑路面构筑物。

(2)模拟煤层开采后,地表与安全煤柱的应力和变形规律。模拟结果表明:除了安全煤柱所在的场地内的地表变形值较小,其他采空区上方地表沿煤层走向方向会分布较广大的沉陷盆地；采空区的裂隙带与冒落带已经发展到地表，地表呈现出塌陷和崩落；煤层顶板在 XY 方向受到拉应力影响，各煤层顶板均产生了垮落，顶板主要受到了拉伸破坏；安全煤柱根据竖向位移大小可以划分为稳定区、变形区和破坏区，煤柱外侧进入到塑性状态，而煤柱内侧仍然处于弹性状态。

(3) 模拟了采空区上覆盖层不同高度和不同安全煤柱顶宽对地面稳定性的影响。模拟结果表明：上覆盖层在一定厚度内存在着自稳性，地表沉降的最大值随着地层厚度的增加先增大后减小。煤层开挖后，安全煤柱对地层的稳定性起到了很大的作用，在安全煤柱边缘也产生了变形移动区和变形破坏区，且煤层的破坏角与理论上的破坏角度相吻合。并且安全煤柱顶预留得越宽，安全煤柱上方地层煤层开采完后地表沉降值越小。

(4) 针对高速公路通过下方空洞时的情况，采用数值模拟方法，通过改变开采厚度、煤层倾角及上覆层厚度等影响因素条件，对比上覆岩层及高速公路路基移动和变形情况，对下伏采空区高速公路路基进行稳定影响研究，得到采空区对高速公路路基的影响规律。

第6章 采空区注浆浆液配合比

6.1 采空区处理方法的优选

依托工程采空区加固治理时应先进行方案比选,选用安全、经济的治理方案。治理方法的选择直接关系到公路工程的工程安全、工期和经济等问题,是能否治理成功的关键。为做到合理、安全、经济的处置采空区,在治理方法选择时,一般遵循如下原则:

(1)由于高速公路是一级工程构筑物,参考《岩土工程勘察规范》(GB 50021—2001)、《公路工程地质勘察规范》(JTG C20—2011)中关于高速公路对地基部分的规定来作为评价地基基础稳定性的试用标准。

(2)选用的采空区治理方案在结合该高速公路的工程特点的同时,也应考虑地基、道路和施工条件影响,因地制宜,合理规划。

(3)采空区的稳定性治理方案应确保满足工程质量要求,不能留下任何安全隐患,以保障后续路基路面工作安全以及公路通车后的运营安全。

(4)针对采空区的治理方案应保证施工技术安全可行,施工设备简单,施工工艺成熟。

(5)治理方案经济上要做到合理、经济,同时治理工期也应满足高速公路总体工期的要求。

目前针对公路下伏采空区的处置方法主要有注浆法与非注浆法两大类。其中非注浆法主要有崩落法、浆砌法、桥跨方法等。

6.1.1 注浆法及适用范围

注浆法就是利用气压或液压,把某些能够固化的浆液注入采空区的垮落带和裂隙带中,待浆液硬化后增加其强度或降低加固土体部分的渗透性,从而改善采空区地层的物理力学性质的施工方法。

在我国工程建设发展当中,越来越多地采用注浆法,根据不同的工程实际情况,注浆法的主要适用范围如下:

(1)提高基础地基承载力的注浆。
(2)帷幕注浆。
(3)防止地表下沉的注浆。
(4)防止滑坡的注浆。
(5)封堵井下突水口注浆。
(6)加固底板隔水层注浆等。

6.1.2 非注浆法及其适用范围

（1）崩落法：是指崩落围岩充填采空区，主要分为自然崩落和强制崩落两类。其特点是崩落的围岩充填采空区可以形成缓冲保护层，或者强制崩落采空区上覆围岩，防止其应力过大而突然冒落。一般在处理厚大、地下转露天开采的采空区时采用此方法。

（2）干砌方法：是当煤矿采煤完成后，人工用灰石或砂石等片石进行采煤空洞的回填砌筑，保证砌体与矿洞顶板接触紧密，堆砌石块将起到支撑顶板的作用，进而保证了采空区上覆岩层的稳定性。该方法适用于矿层空间较大的采空区，如开采后上覆基岩还未完全塌落等情况，而且采空区（空洞）内还应保证良好的人工作业的通风环境与材料运输等便捷施工条件。该方法多用于治理位于高速公路路基部位的采空塌陷区。

（3）浆砌方法：是在煤层开采后形成的空间内，用灰岩或砂石等片石或料石进行人工回填，采用砂浆砌筑堆砌到洞顶，并与顶板紧密接触。由于堆砌物具有整体性和足够的强度，从而起到支撑顶板、防止上覆岩层塌落、减少下沉幅度的作用。浆砌方法适用条件与干砌方法的大体相同，其不同之处就是：要求堆砌物的整体强度要达到要求。该方法主要用于治理有桥台、涵洞等重要地段的公路路基，浆砌法可以保证桥台和涵洞等地段基础稳定性。

（4）开挖回填法：是当采空区在路基下伏较浅时，可以先开挖采空区，然后用干砌或者浆砌的方法进行回填。此方法可用于治理公路地基较浅的地段，以保证路基的稳定。

（5）桥跨方法：以桥的形式跨越采空区的不稳定路段，同时保证桥的墩台建在稳定基岩上。该方法适用于矿区开采深度浅、规模小的采空区。

上述施工方法适用于不同采空区的地质条件，是公路工程常用的处治方法。但是，有时在同一个采空区内，由于各个地段的顶板岩性、采空区埋深、冒落及充填程度的不同，采空区内部位不同，施工条件也不尽相同。因此，对不同地段就需要采用不同的施工方法。即使在同一采空区，由于地质条件的差异，可能需要不同处治方法相结合，才能更好地满足工程需要。

6.2 采空区注浆分类以及特点

注浆法以其突出的技术特点，在高速公路采空区路段地基处理中已经得到广泛应用。注浆技术在处理地基中的作用归纳起来有四点：第一是防渗：降低渗透性，减少渗流量，提高抗渗能力，降低孔隙压力；第二是堵漏：截断渗透水流；第三是加固：提高岩体或土体的力学强度和变形模量；第四是对已变形的建筑物构造物纠斜：使已发生不均匀沉降的建筑物、构造物恢复原位或将其控制在容许的沉降变形范围内。

6.2.1 （压力）注浆法的分类

目前对注浆法分类尚未统一，归纳起来一般有下列分类方法：

1）按注浆施工时间分类

（1）预注浆：在修筑构造物或开挖隧道、凿井之前，对地基进行注浆处理，以加固地基，防止施工过程中漏水、坍塌等。

（2）后注浆：在修筑构造物或开挖隧道、凿井之后进行注浆工程。

这种划分多见于煤炭系统,如井筒预注浆,工作面预注浆(后注浆)等。

2)按注浆采用的浆液主材料分类

(1)水泥注浆:注浆材料中水泥含量大于50%。

(2)黏土注浆:注浆材料中黏土含量大于50%。

(3)化学注浆:注浆材料中化学药液含量大于50%。

3)按注浆工艺流程分类

(1)单液注浆:应用一台注浆泵和一套输浆系统完成注浆工作。

(2)双液注浆:应用两台注浆泵和两套输浆管路同时注浆,两种浆液在混合器混合后注入受注层,达到注浆的目的。

4)按注浆目的分类

(1)加固注浆:加固软弱地层或破碎带、空洞等。

(2)堵水防渗注浆:主要是堵水或防渗。

5)以注浆工程的地质条件及注浆工艺为依据的理论分类

(1)充填注浆:在灌浆压力作用下,在不破坏或扰动地层结构的原则下,浆液充填大的裂隙空洞的注浆属于充填注浆。

(2)渗入性注浆:在注浆压力作用下,浆液克服各种阻力,不破坏或扰动地层结构,渗入颗粒之间和裂隙中,将松散岩层或土层胶结起来。

(3)劈裂式注浆:在注浆压力作用下,浆液克服地层的初始应力和抗拉强度,引起岩体或土体结构破坏和扰动,使其沿垂直小于主应力的平面上发生劈裂,使地层原有的裂隙或孔隙张开,形成新的裂隙或孔隙,浆液在压力作用下注入,使岩土体胶结在一起。

(4)压密式注浆:用较高的压力注入浓浆,在注浆管前端部位开成"浆仓",并因浆液的挤压作用而产生辐射状上抬力,从而引起地层的局部隆起。

(5)电动化学注浆:这种注浆可用于黏土体中,当在黏性土中插入金属电极并通以直流电后,就在土中引起电渗、电泳和离子交换等作用,促使在通电区域中的含水量显著降低,从而在土内形成渗浆"通道";同时向土中灌注化学浆液,化学浆液流入孔隙中与土粒胶结,形成具有一定力学强度的加固体。该方法施工困难,工期较长,造价较高,故在地基处理中很少使用。

6.2.2 采空区注浆法的特点

对于采空区上方的浅层地基,注浆加固具有充填、渗透、挤密劈裂等效应。浆液在压力作用下充填和挤密地基,随注浆压力的提高也对周围地基施加了附加应力,使岩土体发生剪切裂缝。当周围岩土体为非匀质体时,浆液首先劈入强度最低的部分岩土体,随压力增大,再劈入另一部分强度较高的部分岩土体,地层产生隆起抬高效应。从加固地基开挖后的情况看,浆液劈裂途径有斜向的,有水平的也有垂直的,斜向劈裂是浆液沿某部分较匀质岩土体的主应力面劈入形成的,水平劈裂是浆液沿薄弱的或夹砂的水平层面劈入而形成的,而垂直劈裂则是由于岩土体受到扰动产生了竖向裂缝形成。劈裂注浆可分为三阶段,第一阶段:充填、渗透和压密;第二阶段:起裂与上抬;第三阶段:裂缝扩展,板状凝固体形成。在实际工程中,由于地质情况较为复杂,灌浆往往是渗入、劈裂、压密三种效应共同作用的结果,对具体某种注浆工艺,只是某种效应起主导作用而已。由此可见,劈裂注浆引起加固岩土体效应和扰动效应是同时发展的过程,而结果是导致加固岩土体的效果和岩土体某种程度的变形。

对于采空区以及周围的裂隙或空隙,注浆加固主要以充填效应为主。采空岩体中一般存在三带,由下而上依次为冒落带、裂隙带(合称导水裂隙带)和下沉弯曲变形带。相应地,在岩土体中产生了一系列拉张裂隙或离层,形成了一个裂隙网络系统,加之采空区可能存在大空洞或冒落体没有密实,上覆岩体中岩溶发育,这些情况造成使用注浆治理采空区时,设计计算十分复杂。采空区注浆与传统注浆理论相比,有其独特之处,主要表现如下:

(1)采空区地下情况复杂。不仅有空洞及很大的采空巷道,而且存在着上覆岩体裂隙破碎后堆积的冒落区域,岩层离层变形产生的弯曲变形区域,这些不同性状的地下空隙结构构成了采空区的整个空隙系统。与传统的注浆理论所描述的砂土层、砂砾层、二维粗糙裂隙相比,采空区的地下裂隙系统显然更加复杂。

(2)采空区注浆主要以压力使浆液充填空隙为主,其对于注浆岩石体强度的要求较低,一般不需黏结断裂岩层形成新的岩层。

6.2.3 采空区注浆机理

随着注浆技术的出现和发展,注浆理论和工艺相继产生。1938 年,Maag 发表了在颗粒材料中注浆的简化理论。如图 6.1 所示,该理论假设浆液在均匀、各向同性介质中流动时按球形扩散,从而使注浆压力、流量、扩散半径、浆液的黏度、地层的孔隙性及渗透性等因素联系起来。随后出现了柱状渗透理论,注浆工艺也在不断革新。随着注浆技术的广泛应用和深入研究,注浆理论也在不断地发展。

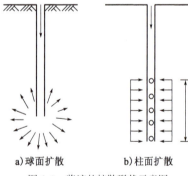

图 6.1 浆液的扩散形状示意图

a)球面扩散　　b)柱面扩散

1)球形扩散理论

Maag 于 1938 年首次推导出牛顿型浆液在砂土中的渗透公式,后来各国学者又相继导出了一些理论公式。Maag 公式计算假定:

(1)被灌砂土为均质的各向同性体。

(2)浆液为牛顿流体。

(3)采用填压法灌浆,浆液从注浆管底端注入地层。

(4)浆液在地层中呈球形扩散。

在达西定律基础上并结合边界条件,浆液扩散半径 r_1 的最终表达式为:

$$r_1 = \sqrt[3]{\frac{3Kh_1r_0t_0}{\beta \cdot n}} \tag{6.1}$$

式中:K——砂土的渗透系数(cm/s);

β——浆液黏度对水的黏度比;

h_1——注浆压力水头(cm);

r_1——浆液扩散半径(cm);

r_0——注浆管半径(cm);

t_0——注浆时间(s);

n——砂土的孔隙率。

Maag 公式比较简单,对黏度随时间变化不大的浆液能给出渗入性的初步轮廓,到现在为止它仍然被广泛使用。

2) 柱形扩散理论

与球形理论唯一不同的是,该理论假设浆液在地层中呈柱形扩散。浆液扩散半径 r_1 的表达式为(其中各字母的含义同上):

$$r_1 = \sqrt{\frac{2Kh_1t_0}{n\beta\ln\frac{r_1}{r_0}}} \quad (6.2)$$

浆液扩散形状取决于注浆方式:当由钻杆端孔注浆,注浆孔较深,这时相当于点源,浆液呈球面扩散;当由钻杆端孔注浆,注浆孔较浅,浆液近似呈柱面扩散。

对于高速公路浅层地基注浆方法,注浆浆液可近似认为在地下呈柱面扩散。对于土质强度很低的土层为压密注浆;对于较硬的亚黏土和基岩为劈裂注浆;对砂砾层为渗透注浆。注浆可以单独类型发生,也可能两三种类型同时发生。一般都是以劈裂注浆为主,彼此相辅相成,从而构成渗透→劈裂→充填→置换→压密→复合的作用。路基下伏土层,垂直地层层理方向的强度最大,土体不易被劈裂;平行地层层理方向的强度最小,土体容易沿层理面产生张性劈裂,特别是不同岩性的地层分界面更容易被压裂,导致土层仅有部分层理发生张性劈裂,并充填浆液,形成与地层产状基本一致的浆脉固结体,构成土体的骨架。路基下伏岩层具有斜交地层层理,容易沿层理面产生张性劈裂,同时浆液进行充填作用,形成与地层产状基本一致的浆脉固结体,达到加固地基的目的。

对于高速公路采空区部位的注浆方法,相当于点源,浆液近似呈球面扩散。在不破坏采空区地层结构的条件下,浆液充填于采空区岩层中及塌陷物的裂隙中,将岩层中及塌陷物胶结成整体。由于采空区内岩体均存在大量的裂隙,所以研究浆液在岩体内流动规律就更复杂。虽然,有学者进行了相关的研究,但对于采空塌陷区及运输空巷的注浆仍可采用牛顿流体柱状扩散裂隙的渗流模型。由于裂隙带及残留煤柱中的裂隙宽度较小,可采用劈裂注浆的模型。

6.3 注浆材料及其配合比研究

注浆材料通常分为粒状浆材和化学浆材两大类,然后再按浆材的特点、物化性能进一步分为稳定的粒状浆材、不稳定的粒状浆材、无机化学浆材和有机化学浆材等几类(表6.1)。

注浆材料分类表   表6.1

浆液大类	分　　类	应用分类
粒状浆材(悬液)	不稳定粒状浆材	水泥浆材
		水泥砂浆等
	稳定粒状浆材	黏土浆
		水泥黏土浆
		水泥粉煤灰浆

续上表

浆液大类	分 类	应用分类
化学浆材(真溶液)	无机浆材	硅酸盐
	有机浆材	环氧树脂类
		聚氨酯类
		其他

两种不同种类的浆材,其性能和使用范围也有差异。粒状浆材主要由硅酸盐水泥、黏土、粉煤灰等构成,来源丰富,价格低廉,操作工艺简单,广泛用于地基加固注浆中。但因其粒径大,可注性差,不宜用于防渗、堵水注浆工程中。化学浆材呈溶液状态,可注性好,只要是能注水的细小裂隙或孔隙,化学浆材一般都可注入,主要用于防渗、堵漏加固工程,其价格昂贵,施工困难。

公路下伏采空区地基注浆处理一般宜采用稳定粒状浆材,不宜采用化学浆材。相对于采空区充填注浆,稳定粒状浆材来源丰富、价格低廉,浆液结石强度高、抗渗性能好,制浆工艺简单、操作方便、无毒性,对环境无污染。但是,稳定粒状浆材在渗入注浆时,难以注入中细料(<0.25mm)粉砂层中及岩层中细小的裂隙,而且析水性大。

按照设计文件,在依托工程采空区地基注浆试验工程中,注浆浆液为水泥粉煤灰浆,水固比为1:1.0、1:1.1、1:1.2、1:1.3,其中:水泥占固相20%,粉煤灰占固相80%。帷幕孔注浆施工时,应在浆液中掺加水泥重量3%的速凝剂,使灌入采空区的浆液尽快凝固形成帷幕,减少流出治理区的浆液损失。当注浆孔注浆量较大,除采取其他施工措施(投集料)外,可在浆液中掺加水泥重量3%的速凝剂,使灌入采空区的浆液尽快凝固,控制浆液的流动。

在施工前,按施工时使用的水泥、粉煤灰,在试验室作浆液配比试验(水固比分别为1:1.0、1:1.1、1:1.2、1:1.3),试验内容应包括每立方米浆液干料含量、浆液密度、初终凝时间、结石率、试块结石体无侧限抗压强度,试块结石体最终强度应不小于0.6MPa。

设计推荐水泥粉煤灰浆配合比为水固比1:1.3,水:水泥:粉煤灰=1:0.26:1.04。具体配合比可根据现场试验段情况进行优化调整。

6.3.1 水泥粉煤灰浆液现场室内配合比试验

在施工现场,采用不同标段所使用的粉煤灰、水泥、水以及水玻璃等材料,按照水:水泥:粉煤灰配比(1:0.2:0.8、1:0.22:0.88、1:0.24:0.96、1:0.26:1.04)制成水泥粉煤灰浆液,测试其浆液不同的参数,分析注浆浆液的性质,如图6.2、图6.3所示。

1)浆液结石率

通过对不同标段不同配合比浆液的结石率研究表明(表6.2、图6.4):二标试件未加水玻璃,浆液的结石率在90.5% ~96.7%之间,添加3%水玻璃后,浆液的结石率在90.9% ~97.0%之间,加水玻璃浆液的结石率比未加水玻璃浆液的结石率增加了0.3% ~0.4%;在二标、三标和四标试件加3%水玻璃后,浆液的结石率在90.1% ~97.2%之间。随着水固比的增大,水泥粉煤灰浆的结石率有明显的增大,泌水率显著降低,二标未掺水玻璃以及二标、一标、三标和四标加水玻璃试样的结石率分别增加了6.9%、6.8%、2.3%、6.1%和4.7%,平均增加为5.4%。

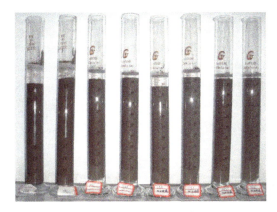

图6.2 不同水固比下的浆液

图6.3 浆液凝结过程

不同配合比浆液结石率试验结果　　　　　　　　　　　　　　　　表6.2

配合比 (水:水泥:粉煤灰)	二标	一标	三标	四标	
	未掺水玻璃(%)	掺入水泥重量3%水玻璃(%)			
1:0.2:0.8	90.5	90.9	90.1	90.7	92.8
1:0.22:0.88	90.9	91.7	91.9	92	94.5
1:0.24:0.96	94.4	94.6	93.2	93.5	96.1
1:0.26:1.04	96.7	97.0	93.2	96.2	97.2

2) 浆液密度

通过对不同标段不同配合比浆液的密度研究表明(表6.3、图6.5):二标未加水玻璃的试件,浆液的密度在1.51~1.59kg/m³之间,添加3%水玻璃后,浆液的密度在1.52~1.60kg/m³之间,加水玻璃浆液密度比未加水玻璃浆液密度增加了0.6%~0.7%;一标、三标和四标加入3%水玻璃的试件,浆液的密度在1.51~1.62kg/m³之间。随着水固比的增大,水泥粉煤灰浆的密度明显增大,二标未加入水玻璃以及二标、一标、三标和四标加水玻璃试样的密度分别增加了5.3%、5.3%、5.3%、5.8%和5.3%,平均增加为5.4%。

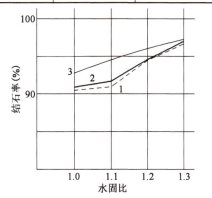

图6.4 不同配合比浆液结石率对比图
1-二标不加水玻璃;2-二标添加水玻璃;3-四标添加水玻璃

不同配合比浆液密度(kg/m³)统计表　　　　　　　　　　　　　表6.3

配合比 (水:水泥:粉煤灰)	二标	一标	三标	四标	
	未掺水玻璃	掺入水泥重量3%水玻璃			
1:0.2:0.8	1.51	1.52	1.51	1.53	1.52
1:0.22:0.88	1.53	1.55	1.53	1.55	1.54

续上表

配合比 （水∶水泥∶粉煤灰）	二标	一标	三标	四标
	未掺水玻璃	掺入水泥重量3%水玻璃		
1∶0.24∶0.96	1.56	1.38	1.56	1.58	1.57
1∶0.26∶1.04	1.59	1.60	1.59	1.62	1.6

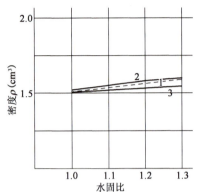

图6.5 不同配合比浆液密度对比图
1-二标不加水玻璃；2-二标添加水玻璃；3-四标添加水玻璃

3）浆液初、终凝时间

通过对不同标段不同配合比浆液的初、终凝时间研究表明（表6.4、图6.6、图6.7）：一标、二标、三标和四标未加3%水玻璃试件的初凝时间分别在20h22min～19h32min、20h16min～19h24min、20h11min～19h19min、17h08min～16h11min之间。一标、二标、三标试样的试验结果相近，四标的试验结果时间总体较短，两者相差约3h。随着水固比的增大，水泥粉煤灰浆的初凝时间有一定的缩短，其中：一标、二标、三标试样的试验初凝时间分别缩短了0.84h、0.87h和0.86h，时间缩短率分别为4.1%、4.3%和4.3%；四标试样的试验初凝时间缩短了0.95h，时间缩短率为5.5%。一标、二标、三标、四标试样初凝时间平均缩短0.88h，平均初凝时间缩短率为4.5%。

不同配合比浆液初、终凝时间统计表　　　表6.4

配合比 （水∶水泥∶粉煤灰）	初凝时间（h∶min）				终凝时间（h∶min）			
	一标	二标	三标	四标	一标	二标	三标	四标
1∶0.2∶0.8	20∶22	20∶16	20∶11	17∶08	26∶30	26∶50	26∶47	23∶53
1∶0.22∶0.88	20∶03	19∶44	19∶57	16∶47	26∶18	26∶07	26∶20	23∶29
1∶0.24∶0.96	19∶58	19∶16	19∶33	16∶30	26∶01	25∶51	25∶48	23∶10
1∶0.26∶1.04	19∶32	19∶24	19∶19	16∶11	25∶39	25∶33	25∶22	22∶40

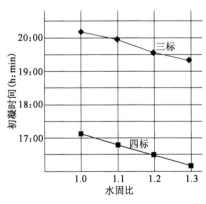

图6.6 不同配合比浆液初凝时间对比图

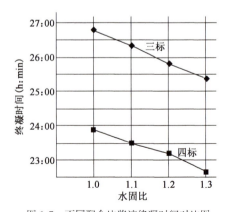

图6.7 不同配合比浆液终凝时间对比图

一标、二标、三标和四标未加3%水玻璃试件的终凝时间分别在26h30min～25h39min、26h50min～25h33min、26h47min～25h22min、23h53min～22h40min之间。一标、二标、三标试样的试验结果相近,四标的试验结果时间总体较短,两者相差约3h。随着水固比的增大,水泥粉煤灰浆的终凝时间有一定的缩短,其中:一标、二标、三标试样的试验终凝时间分别缩短了0.85h、1.28h和1.41h,时间缩短率分别为3.2%、4.8%和5.3%;四标试样的试验终凝时间缩短了1.21h,时间缩短率为5.1%。一标、二标、三标、四标试样终凝时间平均缩短0.88h,平均时间缩短率为4.6%。

4)浆液流动度

各标段不同配合比浆液的流动度统计见表6.5、图6.8。

不同配合比浆液流动度(cm)统计表　　　表6.5

配合比 (水:水泥:粉煤灰)	二标	一标	三标	四标
	未掺水玻璃	掺入水泥重量3%水玻璃		
1:0.2:0.8	30	30	29	25	24
1:0.22:0.88	28	23	28	23	23
1:0.24:0.96	27	21	26	22	21
1:0.26:1.04	25	20	25	21	21

研究表明:二标未加水玻璃浆液的流动度在25～30cm之间,添加3%水玻璃后,浆液的流动度在20～30cm之间,加水玻璃浆液流动度比未加水玻璃浆液流动度增加了0%～20%;一标、三标和四标加3%水玻璃试件,浆液的流动度在29～21cm之间。随着水固比的增大,水泥粉煤灰浆的流动度明显地减小,二标未掺水玻璃以及二标、一标、三标和四标加水玻璃试样的流动度分别减小了16.7%、33.3%、13.8%、16.0%和12.5%,平均减小为18.5%。

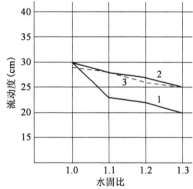

图6.8　不同配合比浆液流动度对比图
1-二标不加水玻璃;2-二标添加水玻璃;3-一标添加水玻璃

5)浆液结石体抗压强度

通过对不同标段不同配合比浆液的7d与28d抗压强度研究表明(表6.6、表6.7、图6.9～图6.11):

不同配合比浆液28d抗压强度(MPa)试验结果　　　表6.6

配合比 (水:水泥:粉煤灰)	二标	一标	三标	四标
	未掺水玻璃	掺入水泥重量3%水玻璃		
1:0.2:0.8	0.9	0.8	1.2	1.1	1.4
1:0.22:0.88	1.0	1.0	1.4	1.3	1.9
1:0.24:0.96	1.4	1.3	1.5	1.5	2.4
1:0.26:1.04	1.6	1.5	1.6	1.7	2.9

不同配合比浆液 7d 与 28d 抗压强度（MPa）统计与对比表　　　表 6.7

水固比	一 标			二 标			三 标			四 标		
	7d	28d	增长	7d	28d	增长	7d	28d	增长	7d	28d	增长
1:1.0	0.2	1.2	500%	0.4	0.8	100%	0.3	1.1	267%	0.2	1.4	600%
1:1.1	0.3	1.4	367%	0.5	1.0	100%	0.4	1.3	225%	0.3	1.9	533%
1:1.2	0.4	1.5	275%	0.6	1.3	117%	0.5	1.5	200%	0.4	2.4	500%
1:1.3	0.5	1.6	220%	0.7	1.5	114%	0.6	1.7	183%	0.5	2.9	480%

注：水泥占固相的 20%；水玻璃按水泥重量的 3% 掺入。

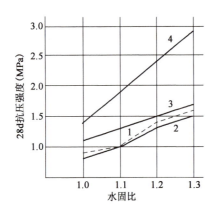

图 6.9　不同配合比浆液 28d 抗压强度对比图
1-二标不加水玻璃；2-二标添加水玻璃；3-三标添加水玻璃；4-四标添加水玻璃

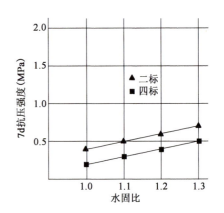

图 6.10　浆液 7d 抗压强度对比图

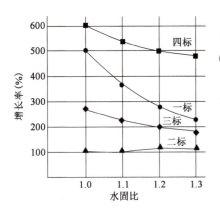

图 6.11　浆液 28d 与 7d 抗压强度增长率对比图

（1）试件 7d 无侧限抗压强度：一标、二标、三标、四标试样的强度分别在 0.2～0.5MPa、0.4～0.7MPa、0.3～0.6MPa、0.2～0.5MPa 之间。4 个标段试样的试验结果相近。随着水泥含量的增大，结石体 7d 抗压强度明显地增大，一标、二标、三标和四标试样的抗压强度分别增加了 150.0%、75.0%、100.0%、54.5% 和 150.0%，平均增加为 107.4%。

（2）试件 28d 无侧限抗压强度：二标未加水玻璃试件，浆液的强度在 0.9～1.6MPa 之间，添加 3% 水玻璃后，结石体 28d 抗压强度在 0.8～1.5MPa 之间，加水玻璃的强度比未加水玻璃的强度降低了 6.3%～11.1%；一标、三标和四标加 3% 水玻璃试件，结石体 28d 抗压强度分别在 1.2～1.6MPa、1.1～1.7MPa、1.7～2.9MPa 之间。一标、二标、三标试样的试验结果相近，四标的试验结果相对较大，以 1:0.26:1.04 配合比试验结果分析，两者相差在 1.2～1.4MPa 之间。随着水泥含量的增大，结石体 28d 抗压强度明显增大，二标未掺水玻璃以及二标、一标、三标和四标加入水玻璃试样的强度分别增加了 77.8%、87.5%、33.3%、54.5% 和 107.1%，平均增加为 72.0%。

（3）试件 7d 与 28d 无侧限抗压强度对比分析表明：一标、二标、三标、四标试样的 7d 与 28d 强度分别由 0.2~0.5MPa 增加至 0.8~1.5MPa、0.4~0.7MPa 增加至 1.2~1.6MPa、0.3~0.6MPa 增加至 1.1~1.7MPa、0.2~0.5MPa 增加至 1.7~2.9MPa 之间，强度增长率分别为 220%~500%、114%~100%、183%~267%、480%~600%，平均增长为 308%，试件的后期强度增长明显。

6.3.2 施工采用水泥粉煤灰浆液配合比材料量分析

原设计文件中，对浆液每立方米水泥粉煤灰浆液材料理论配置提出了相关的内容（表6.8），但按照《采空区公路设计与施工技术细则》(JTG/T D31-03—2011) 第6.2.5条的式(6.2.5-1)~式(6.2.5-3)进行注浆材料配置，其每立方米水泥粉煤灰浆液材料理论配置如表6.9所示，设计文件与《采空区公路设计与施工技术细则》(JTG/T D31-03—2011)注浆材料用量差值见表6.10。

设计文件中每立方米水泥粉煤灰浆液材料理论配置表　　　表6.8

水固比	固相比	水：水泥：粉煤灰	水泥(kg)	粉煤灰(kg)	水(kg)	速凝剂(kg)	材料总重(kg)
1:1.0	2:8	1:0.2:0.8	148	590	737	4.44	1479.44
1:1.1	2:8	1:0.22:0.88	158	632	718	4.74	1512.74
1:1.2	2:8	1:0.24:0.96	168	672	700	5.04	1545.04
1:1.3	2:8	1:0.26:1.04	178	710	683	5.34	1576.34

按《技术细则》计算每立方米浆液理论配置表　　　表6.9

水固比	固相比	水：水泥：粉煤灰	水泥(kg)	粉煤灰(kg)	水(kg)	材料总重(kg)
1:1.0	2:8	1:0.2:0.8	136	545	681	1362
1:1.1	2:8	1:0.22:0.88	145	581	660	1386
1:1.2	2:8	1:0.24:0.96	154	615	641	1410
1:1.3	2:8	1:0.26:1.04	162	647	622	1431

注：水的密度取1，粉煤灰的密度取2，水泥的密度取2.96。

设计文件与《技术细则》注浆材料用量差值一览表　　　表6.10

水固比	固相比	水：水泥：粉煤灰	水泥(kg)	粉煤灰(kg)	水(kg)	材料合计(kg)
1:1.0	2:8	1:0.2:0.8	12	45	56	113
1:1.1	2:8	1:0.22:0.88	13	51	58	122
1:1.2	2:8	1:0.24:0.96	14	57	59	130
1:1.3	2:8	1:0.26:1.04	16	63	61	140

注：水的密度取1，粉煤灰的密度取2，水泥的密度取2.96。

水泥粉煤灰浆和水泥黏土浆中各材料用量按照《采空区公路设计与施工技术细则》(JTG/T D31-03—2011) 第6.2.5条的式(6.2.5-1)~式(6.2.5-3)进行计算：

$$W_c = \alpha \frac{V_g}{\dfrac{\alpha}{d_c} + \dfrac{\beta}{d_e} + \dfrac{\gamma}{d_w}} \tag{6.3}$$

$$W_e = \beta \frac{V_g}{\frac{\alpha}{d_c} + \frac{\beta}{d_e} + \frac{\gamma}{d_w}} \qquad (6.4)$$

$$W_w = \gamma \frac{V_g}{\frac{\alpha}{d_c} + \frac{\beta}{d_e} + \frac{\gamma}{d_w}} \qquad (6.5)$$

式中：W_c——水泥质量（kg）；

W_e——黏性土（或粉煤灰）质量（kg）；

W_w——水的质量（kg）；

V_g——水泥浆体积（L）；

α——浆液中水泥所占质量比例；

β——浆液中黏性土（或粉煤灰）所占质量比例；

γ——浆液中水所占质量比例；

d_c——水泥相对密度（kg/L），可取 $d_c = 3$；

d_e——粉煤灰（或黏性土）相对密度（kg/L）；

d_w——水的相对密度（kg/L）。

通过原设计文件与《采空区公路设计与施工技术细则》（JTG/TD 31-03—2011）第6.2.5条的式(6.2.5-1)~式(6.2.5-3)进行注浆材料配置对比分析表明：设计与施工采用浆液的每立方米水泥—粉煤灰浆液理论配置偏大，每立方米水泥粉煤灰浆液多用注浆材料113~140kg，确保了该注浆工程的质量。根据多年采空区注浆工程实践，建议今后设计与施工过程中，应采用《采空区公路设计与施工技术细则》（JTG/TD 31-03 – 2011）第6.2.5条的式(6.2.5-1)~式(6.2.5-3)进行注浆材料配置。

施工单位注浆浆液配合比试验见表6.11。从表中数据来看，施工过程中注浆浆液的性质基本与试验结果相近似。

6.3.3 水泥粉煤灰浆液配合比试验研究

1) 试验简介与试验目的

本试验通过对水泥粉煤灰浆液结石体的抗压强度、浆液结石体抗压强度与龄期的关系、水固比对粉煤灰结石体抗压强度影响、水泥粉煤灰浆的黏度、水泥粉煤灰浆的凝结试验、水固比对浆液（初凝时间、终凝时间）的影响、水泥浆的结石率、水固比对结石体（7d、28d）强度（MPa）的影响，水玻璃掺量对结石体强度的影响，包括结石体（7d、28d）抗压强度的影响、水玻璃掺量对浆液黏度的影响、水玻璃掺量对浆液凝结时间（初凝时间、终凝时间）的影响等有关资料的数据分析，来分析结石体抗压强度与有关因素的关系，从而确定结石体的适当配合比以及抗压强度是否满足要求。

2) 试验结果与分析

(1) 结石体抗压强度

通过室内试验，得到结石体抗压强度数据见表6.12、图6.12、图6.13。

施工单位注浆配合比试验

表6.11

施工单位：中交通力建设股份有限公司　监理单位：山西晋达交通建设工程监理有限公司　合同段：DCKQ-2标

序号	送检日期	用途	水固比	原材料规格产地及配合比				检测结果					
				水泥	粉煤灰	水	水玻璃	初凝时间 (h:min)	终凝时间 (h:min)	流动度 (cm)	密度 (g/cm³)	结石率 (%)	强度 (MPa)	
													7d	28d
1	2015/7/23	水泥粉煤灰浆液	1:1.0	鼎旺 P.C32.5R 148	农六师 Ⅲ级 590	地下水 737	—	28:18	33:23	29.0	1.52	90.2	0.6	0.9
2	2015/7/23	水泥粉煤灰浆液	1:1.1	鼎旺 P.C32.5R 158	农六师 Ⅲ级 632	地下水 718	—	28:15	33:18	28.0	1.54	90.9	0.7	1.1
3	2015/7/23	水泥粉煤灰浆液	1:1.2	鼎旺 P.C32.5R 168	农六师 Ⅲ级 672	地下水 700	—	28:03	33:14	27.0	1.60	93.3	0.8	1.5
4	2015/7/23	水泥粉煤灰浆液	1:1.3	鼎旺 P.C32.5R 178	农六师 Ⅲ级 710	地下水 683	—	27:55	33:06	25.0	1.62	95.8	1.0	0.7
5	2015/7/23	水泥粉煤灰浆液	1:1.0	鼎旺 P.C32.5R 148	农六师 Ⅲ级 590	地下水 737	水玻璃 4.44	20:20	26:55	26.0	1.53	90.7	0.4	0.9
6	2015/7/23	水泥粉煤灰浆液	1:1.1	鼎旺 P.C32.5R 158	农六师 Ⅲ级 632	地下水 718	水玻璃 4.74	19:51	26:13	23.0	1.55	92.3	0.5	1.0
7	2015/7/23	水泥粉煤灰浆液	1:1.2	鼎旺 P.C32.5R 168	农六师 Ⅲ级 672	地下水 700	水玻璃 5.04	19:20	25:55	22.0	1.61	93.9	0.6	1.3
8	2015/7/23	水泥粉煤灰浆液	1:1.3	鼎旺 P.C32.5R 178	农六师 Ⅲ级 710	地下水 683	水玻璃 5.34	19:22	25:30	21.0	1.63	96.0	0.7	7

续上表

序号	送检日期	用途	水固比	原材料规格产地及配合比					检测结果						强度（MPa）	
				水泥	粉煤灰	水	水玻璃	初凝时间（h:min）	终凝时间（h:min）	流动度（cm）	密度（g/cm³）	结石率（%）	7d	28d
9	2015/7/27	水泥粉煤灰浆液	1:1.0	青松 P.C32.5R 148	农六师 Ⅲ级 590	地下水 737	—	28:07	33:16	30.0	1.51	90.5	0.5	0.9
10	2015/7/27	水泥粉煤灰浆液	1:1.1	青松 P.C32.5R 158	农六师 Ⅲ级 632	地下水 718	—	27:54	33:13	28.0	1.53	90.9	0.6	1.0
11	2015/7/27	水泥粉煤灰浆液	1:1.2	青松 P.C32.5R 168	农六师 Ⅲ级 672	地下水 700	—	27:51	33:09	27.0	1.56	94.4	0.7	1.4
12	2015/7/27	水泥粉煤灰浆液	1:1.3	青松 P.C32.5R 178	农六师 Ⅲ级 710	地下水 683	—	27:48	33:01	25.0	1.59	96.7	0.9	1.6
13	2015/7/27	水泥粉煤灰浆液	1:1.0	青松 P.C32.5R 148	农六师 Ⅲ级 590	地下水 737	水玻璃 4.44	20:16	26:50	30.0	1.52	90.9	0.4	0.8
14	2015/7/27	水泥粉煤灰浆液	1:1.1	青松 P.C32.5R 158	农六师 Ⅲ级 632	地下水 718	水玻璃 4.74	19:44	26:07	23.0	1.55	91.7	0.5	1.0
15	2015/7/27	水泥粉煤灰浆液	1:1.2	青松 P.C32.5R 168	农六师 Ⅲ级 672	地下水 700	水玻璃 5.04	19:16	25:51	21.0	1.58	94.6	0.6	1.3
16	2015/7/27	水泥粉煤灰浆液	1:1.3	青松 P.C32.5R 178	农六师 Ⅲ级 710	地下水 683	水玻璃 5.34	19:24	25:33	20.0	1.60	97.0	0.7	1.5

水泥粉煤灰浆液结石体抗压强度 表6.12

水固比	固相比(%)		抗压强度(MPa)		
	水泥	粉煤灰	7d	14d	28d
1:1.0	10	90	0.15	0.24	0.29
	20	80	0.34	0.72	1.23
	30	70	0.66	1.04	1.91
1:1.3	10	90	0.15	0.26	0.30
	20	80	0.42	0.82	1.29
	30	70	0.90	1.28	2.13
1:1.5	10	90	0.18	0.35	0.39
	20	80	0.50	0.90	1.61
	30	70	1.24	1.83	2.93

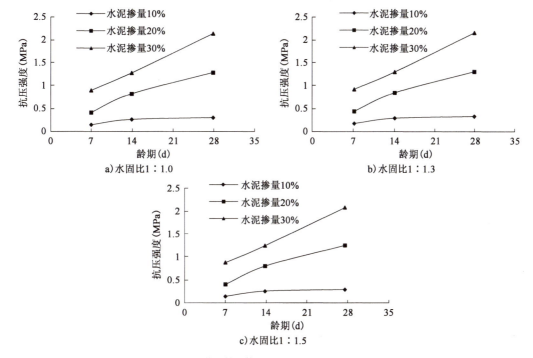

图6.12 浆液结石体抗压强度与龄期的关系曲线

图6.12～图6.13表明:浆液结石体抗压强度随着水固比的增大(1:1.0→1:1.3→1:1.5)而增大,水泥掺量越大,结石体抗压强度越高,这种增加的趋势越明显。

水泥掺量为30%时,结石体7d、14d、28d的抗压强度均超过0.6MPa;水泥掺量为20%时,结石体28d的抗压强度均超过0.6MPa;水固比为1:1.5,水泥掺量为30%的试样,其28d强度可高达2.93MPa。浆液固化后形成的结石体具有一定的抗压强度,能和采空区破碎岩块黏结并形成整体结构。一般来说,浆材强度越高,自然加固效果越好,但根据灌浆实践经验及室内试验研究可知,被灌介质强度的增减是一种受多种因素制约的复杂的物理化学过程,灌浆材料本身的性质固然是很重要的因素,还需有各方面的配合才能得到比较理想的加固效果。根据相关规范以及采空区注浆工程经验,上述试验结果满足采空区注浆工程对结石体抗压强度的要求。

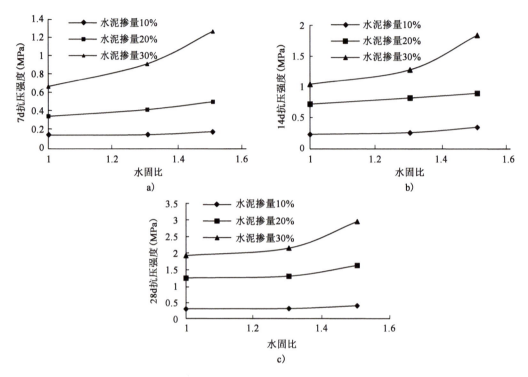

图 6.13　浆液结石体抗压强度与水固比的关系曲线

(2)浆液的流动性(即黏度)

不同水固比下浆液黏度见表 6.13、图 6.14。表 6.13 和图 6.14 表明:浆液的黏度均随水固比的增大(1∶0→1∶1.6)和水泥掺量的增大而增大;浆液的黏度相对较低,流动性较好,便于注浆施工时克服浆液的初始剪力并达到较远的扩散距离。

不同水固比下浆液黏度(s)　　　　　　　　　　　表 6.13

水固比	水泥掺量(%)					
	15	20	25	30	35	40
1∶1.0	26.1	25.1	24.6	23.2	22.9	22.2
1∶1.2	36.8	34.8	33.1	31.9	30.1	29.1
1∶1.4	44.6	42.6	39.3	37.7	35.3	34.9
1∶1.6	52.7	48.7	45.3	43.3	40.2	39.5

(3)水泥粉煤灰浆液的凝结时间

通过室内试验,水泥粉煤灰浆液的凝结时间见表 6.14、表 6.15 及图 6.15、图 6.16。

第6章 采空区注浆浆液配合比

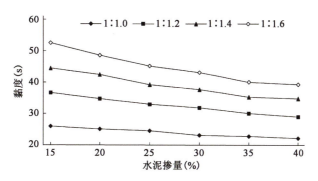

图 6.14 水泥粉煤灰浆液的黏度与水泥掺量的关系曲线

水固比对浆液初凝时间(min)的影响　　　　　　　　　　表 6.14

水固比	水泥掺量（%）					
	15	20	25	30	35	40
1∶1.0	3114	2740	2544	2310	2214	2060
1∶1.2	2550	2306	2190	2075	1994	1778
1∶1.4	2376	2124	1962	1832	1710	1635
1∶1.6	2106	1968	1818	1650	1550	1446

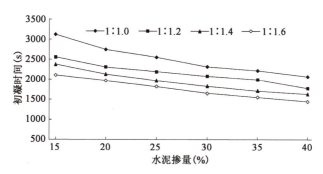

图 6.15 水泥粉煤灰浆液的初凝时间与水泥掺量的关系曲线

水固比对浆液终凝时间(min)的影响　　　　　　　　　　表 6.15

水固比	水泥掺量（%）					
	15	20	25	30	35	40
1∶1.0	2742	2367	2112	1876	1746	1640
1∶1.2	2202	1910	1830	1660	1584	1420
1∶1.4	1968	1690	1596	1450	1356	1235
1∶1.6	1716	1422	1302	1206	1158	1074

表 6.14、表 6.15 以及图 6.15、图 6.16 表明：凝结时间的长短表示浆液产生强度的快慢，初凝时间越短，表示产生强度越早。试验对水泥掺量为 15%、20%、25%、30%、35%、40% 六个配比和水固比为 1∶1.0、1∶1.2、1∶1.4、1∶1.6 四个不同稠度的黏土水泥浆液进行了凝结试验。从图中可以看出，随着水固比的增大（1∶1.0→1∶1.6）和水泥含量增大，水泥粉煤灰浆液的初凝和终凝时间均逐渐缩短，在 1∶1.0 至 1∶1.4 范围内初凝时间和终凝时间减小的幅度较

大,而在1∶1.4之后,初凝时间和终凝时间仍在缩短,但幅度明显减小。通过横向比较可以看出,在同一水固比条件下,初凝时间和终凝时间随着水泥掺量的增加而缩短。浆液在无排水条件下的凝结时间与浆液的稠度有关,浆液越稀初凝时间和终凝时间相对越短。

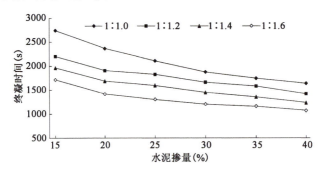

图6.16 水泥粉煤灰浆的终凝时间与水泥掺量的关系曲线

浆液的初凝时间、终凝时间与单孔注浆的灌注时间相适应,既要浆液充分地充填采空区,又要控制其灌注量和扩散距离,防止浆液在治理范围外的浪费。

(4)水泥粉煤灰浆液的结石率

图6.17为水泥粉煤灰浆液的结石率随水泥掺量和水固比变化的对比图。图6.17表明:浆液的结石率均随着水泥掺量和水固比的增大(1∶1.0→1∶1.8)而增大。其中,1∶1.0、1∶1.2水固比浆液的结石率相对较低,一般小于80%,而1∶1.4、1∶1.6水固比浆液的结石率相对较高,一般大于80%。较高的浆液结石率,可以确保浆液固结以后形成的结石体充分充填采空区的空洞和裂隙,即具有较高的充填率。总体来看,浆液的结石体强度满足注浆工程的要求。

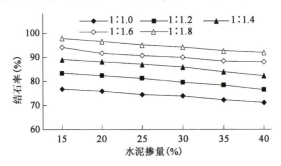

图6.17 水泥粉煤灰浆液的结石率与水泥掺量的关系曲线

(5)水玻璃掺量的影响

水玻璃掺量对水泥粉煤灰浆液结石体7d抗压强度影响见表6.16。

水玻璃掺量对结石体7d抗压强度的影响　　表6.16

水玻璃掺量 (按水泥重量)(%)	不同水固比/水泥掺量结石体抗压强度(MPa)		
	1.0/20%	1.3/20%	1.5/20%
0	0.34	0.42	0.50
1	0.19	0.24	0.26
3	0.16	0.17	0.16
5	0.16	0.16	0.15

从表 6.16 可以看出:加入水玻璃之后,试样结石体强度曲线总体呈下降趋势,各配合比 7d 试样结石体强度与未加水玻璃的试样相比都大幅降低,最小的下降到原强度的 20% 以下。加入水玻璃的试样结石体强度已很难达到 0.6MPa,多集中在 0.3MPa 左右。可以推断,加入水玻璃之后,各配合比水玻璃掺量为 3% 的试样结石体强度的后期增长速度要明显高于 1% 和 5%。

水玻璃掺量对水泥粉煤灰浆液黏度的影响见表 6.17。

水玻璃掺量对浆液黏度的影响　　　　　　　　　　　　　表 6.17

水玻璃掺量 (按水泥重量)(%)	水固比/水泥掺量的浆液黏度(s)			
	1.0/20%	1.2/20%	1.4/20%	1.6/20%
0	25.1	34.8	42.6	48.7
1	26.01	36.24	43.63	50.6
3	35.55	42.23	50.28	57.1
5	48.35	52.78	56.1	—

由表 6.17 可以看出,加入水玻璃之后,浆液的黏度与原浆液相比明显增大,在同一配比下,近似呈线性增长;与此同时,各个配合比的浆液结石体的结石率在加入水玻璃之后显著增大,最大可达到之前的 150%,注浆效果明显提高。

水玻璃掺量对水泥粉煤灰浆液凝结时间的影响见表 6.18。

水玻璃掺量对浆液初凝时间的影响　　　　　　　　　　　　表 6.18

水玻璃掺量 (按水泥重量)(%)	不同水固比/水泥掺量下浆液初凝时间(min)			
	1.0/20%	1.2/20%	1.4/20%	1.6/20%
0	2740	2306	2124	1968
1	2507	2105	1892	1723
3	2481	1826	1632	1489
5	2315	1786	1518	1367

由表 6.18 可以看出,掺入水玻璃之后,浆液的初凝时间均随水玻璃掺量的增加而呈下降趋势,在水玻璃掺量为 5% 时,凝结时间最短,其值明显低于未掺入水玻璃的相同配合比。由此可以看出,随着水玻璃掺量的增加,试样能在较早时期出现强度。此外,在注浆加固部位有地下水运动时,为防止浆液过分稀释或被冲走,可以加入较大剂量的水玻璃使浆液产生速凝。

6.3.4　水泥黄土浆液配合比试验研究

1)试验简介与试验目的

本试验通过对水泥黄土浆液结石体的抗压强度、浆液结石体抗压强度与龄期的关系、水固比对结石体抗压强度影响、水泥黄土浆的黏度、水泥黄土浆的凝结试验、水固比对浆液(初凝时间、终凝时间)的影响、水泥黄土浆的结石率、水固比对结石体(7d、28d)强度(MPa)的影响、水玻璃掺量对结石体强度的影响,包括结石体(7d、28d)抗压强度的影响、水玻璃掺量对浆液黏度的影响、水玻璃掺量对浆液凝结时间(初凝时间、终凝时间)的影响等有关资料的数据分析,来分析结石体抗压强度与有关因素的关系,从而确定结石体的适当配合比以及抗压强度是否满足要求。与此同时,与水泥粉煤灰浆液的性质进行对比分析,确定采空区注浆浆液的类型。

2)试验结果与分析

(1)结石体抗压强度

通过室内试验,水泥黄土浆液结石体抗压强度数据见表6.19、表6.20及图6.18。

水固比对结石体7d抗压强度(MPa)的影响 表6.19

水固比	水泥掺量(%)					
	15	20	25	30	35	40
1∶1.0	0.11	0.15	0.21	0.32	0.55	0.74
1∶1.2	0.15	0.20	0.28	0.41	0.65	0.86
1∶1.4	0.18	0.25	0.35	0.48	0.73	1.01
1∶1.6	0.23	0.32	0.45	0.57	0.86	1.12
1∶1.8	0.32	0.50	0.56	0.59	1.02	1.32

水固比对结石体28d抗压强度(MPa)的影响 表6.20

水固比	水泥掺量(%)					
	15	20	25	30	35	40
1∶1.0	0.15	0.25	0.36	0.56	0.75	0.85
1∶1.2	0.21	0.32	0.38	0.62	0.96	1.01
1∶1.4	0.25	0.36	0.40	0.75	1.05	1.18
1∶1.6	0.29	0.40	0.48	0.84	1.20	1.34
1∶1.8	0.35	0.45	0.67	0.96	1.31	1.42

如表6.19、表6.20和图6.18所示,水泥黄土浆液结石体的7d抗压强度随水泥掺量的增加而呈上升趋势,当水泥掺量不小于35%时,其强度均可以达到0.6MPa,符合工程要求。黄土浆液结石体的28d抗压强度与7d强度相似,均随水泥掺量的增加而呈上升趋势,但28d的结石体强度要明显高于7d强度,最多可达到7d强度的2倍以上。黄土中各个水固比的结石体,当水泥掺量不小于30%时,其强度均可以超过到0.6MPa,个别水泥掺量25%的,也达到0.6MPa。总体来看,黄土浆液的结石体强度符合工程要求。

(2)浆液的流动性(即黏度)

浆液的流动性(即黏度)与水泥含量和浆液水固比的关系如表6.21和图6.19所示。黄土浆液的黏度均随水固比和水泥掺量的增大而增大;黄土浆液的黏度相对较低,流动性较好,便于注浆施工时克服浆液的初始剪力并达到较远的扩散距离。

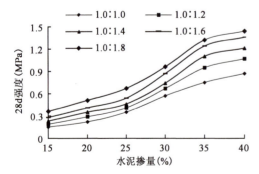

图6.18 抗压强度与水泥掺量的关系曲线

第6章 采空区注浆浆液配合比

水固比浆液黏度(s)　　　　　　　　　　　　　　　表6.21

水固比	水泥掺量(%)					
	15	20	25	30	35	40
1:1.0	31.0	29.7	29.1	27.9	36.8	25.7
1:1.2	36.7	35.7	34.5	33.8	32.5	31.6
1:1.4	41.1	40.0	39.1	38.2	37.8	36.6
1:1.6	50.2	48.0	46.2	44.8	42.6	41.9
1:1.8	59.6	57.1	55.4	53.2	51.9	48.2

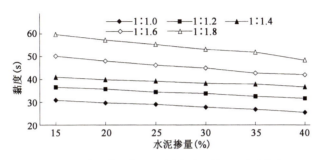

图6.19　水泥黄土浆液的黏度与水泥掺量的关系曲线

(3) 水泥黄土浆液的凝结时间

凝结时间的长短表示浆液产生强度的快慢，初凝时间越短，表示产生强度越早。本试验对水泥掺量为15%、20%、25%、30%、35%、40%六个配合比和水固比为1:1.0、1:1.2、1:1.4、1:1.6、1:1.8五个不同稠度的黏土水泥浆液进行了凝结试验。试验成果见表6.22、表6.23及图6.20。

水固比对浆液初凝时间(min)的影响　　　　　　　　　　　　　　　表6.22

水固比	水泥掺量(%)					
	15	20	25	30	35	40
1:1.0	3897	3544	3047	2560	2348	2109
1:1.2	3219	2921	2456	2255	2020	1940
1:1.4	2794	2391	2093	1853	1720	1696
1:1.6	2387	1947	1933	1720	1622	1576
1:1.8	2087	1886	1793	1629	1549	1504

水固比对浆液终凝时间(min)的影响　　　　　　　　　　　　　　　表6.23

水固比	水泥掺量(%)					
	15	20	25	30	35	40
1:1.0	5621	5307	4430	3892	3291	2840
1:1.2	4703	4471	3829	3204	2730	2194
1:1.4	3870	3603	3151	2687	2257	1877
1:1.6	3128	3067	2703	2239	1940	1630
1:1.8	2890	2719	2473	1994	1762	1471

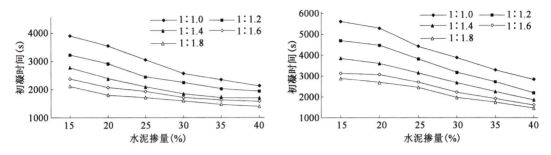

图6.20　水泥黄土浆液的初凝和终凝时间与水泥掺量的关系曲线

从图6.20可以看出,随着水泥掺量和水固比的增加,水泥黄土浆液的初凝时间均逐渐缩短,在1∶1.0至1∶1.4范围内初凝时间减小的幅度较大,而在1∶1.4之后,初凝时间仍在缩短,但幅度明显减小。通过横向比较可以看出,在同一水固比条件下,初凝时间随着水泥掺量的增加而缩短。浆液在无排水条件下的凝结时间与浆液的稠度有关,浆液越稠初凝时间相对越短。浆液的初凝时间、终凝时间与单孔注浆的灌注时间相适应,既要浆液充分地灌注充填采空区,又要控制其灌注量和扩散距离,防止浆液在治理范围外的浪费。

(4)浆液的结石率

图6.21为水泥黄土浆液的结石率与水泥掺量的关系曲线。由图6.21可以看出,黄土浆液的结石率随着水泥掺量和水固比的增加而增大。较高的浆液结石率,可以确保浆液固结以后形成的结石体充分充填采空区的空洞和裂隙,即具有较高的充填率。

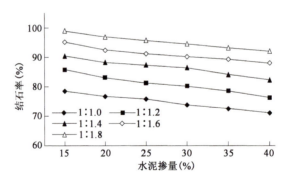

图6.21　水泥黄土浆液的结石率与水泥掺量的关系曲线

(5)水玻璃掺量的影响

水玻璃掺量对水泥黄土浆液结石体强度的影响见表6.24、表6.25。

水玻璃掺量对结石体7d抗压强度的影响　　表6.24

水玻璃掺量 (按水泥重量)(%)	不同水固比/水泥掺量结石体抗压强度(MPa)				
	1.0/35%	1.2/30%	1.4/25%	1.6/20%	1.8/15%
0	0.55	0.41	0.35	0.32	0.32
1	0.26	0.24	0.19	0.18	0.16
3	0.16	0.17	0.16	0.14	0.14
5	0.15	0.16	0.16	0.16	0.13

水玻璃掺量对结石体 28d 抗压强度的影响   表6.25

水玻璃掺量（按水泥重量）(%)	不同水固比/水泥掺量结石体抗压强度(MPa)				
	1.0/35%	1.2/30%	1.4/25%	1.6/20%	1.8/15%
0	0.75	0.67	0.46	0.41	0.75
1	0.26	0.18	0.26	0.25	0.26
3	0.30	0.26	0.26	0.25	0.30
5	0.24	0.21	0.24	0.24	0.24

由表6.24、表6.25可以看出：加入水玻璃之后，水泥黄土试样结石体强度曲线总体呈下降趋势，各配合比下7d和28d的试样结石体强度与未加水玻璃的试样相比都大幅降低，最小的下降到原强度的30%以下。加入水玻璃的试样结石体强度已很难达到0.6MPa，集中在0.3MPa左右。与7d强度曲线的明显下降趋势相比，各配比的28d强度先上升后下降，在水玻璃掺量为3%时出现峰值。可以推断，加入水玻璃之后，各配比水玻璃掺量为3%的试样结石体强度的后期增长速度要明显高于1%和5%。

水玻璃掺量对水泥黄土浆液黏度的影响见表6.26。

水玻璃掺量对水泥黄土浆液黏度的影响   表6.26

水玻璃掺量（按水泥重量）(%)	不同水固比/水泥掺量的浆液黏度(s)			
	1.0/35%	1.2/30%	1.4/25%	1.6/20%
0	34.10	35.80	37.7	39.00
1	38.71	42.52	45.88	47.37
3	43.18	45.86	47.31	50.22
5	49.1	51.87	54.8	59.31

由表6.26可以看出，加入水玻璃之后，水泥黄土浆液的黏度与原浆液相比明显增大，在同一配合比下，近似呈线性增长；与此同时，各个配合比下的黄土浆液结石体的结石率在加入水玻璃之后显著增大，最大可达到之前的150%，注浆效果明显提高。

水玻璃掺量对水泥黄土浆液凝结时间的影响见表6.27、表6.28。

水玻璃掺量对水泥黄土浆液初凝时间的影响   表6.27

水玻璃掺量（按水泥重量）(%)	不同水固比/水泥掺量的浆液初凝时间(min)			
	1.0/35%	1.2/30%	1.4/25%	1.6/20%
0	2348	2255	2093	1947
1	2136	1981	1793	1633
3	1894	1772	1669	1562
5	1776	1583	1449	1342

由表6.27、表6.28可以看出，掺入水玻璃之后，水泥黄土浆液的初、终凝时间均随水玻璃掺量的增加而呈下降趋势，在水玻璃掺量为5%时，凝结时间最短，其值明显低于未掺入水玻璃的相同配合比。由此可以看出，随着水玻璃掺量的增加，试样能在较早时期出现强度。此外，在注浆加固部位有地下水运动时，为防止浆液过分稀释或被冲走，可以加入较大剂量的水

玻璃使浆液产生速凝。

水玻璃掺量对水泥黄土浆液终凝时间的影响　　　　表6.28

水玻璃掺量 (按水泥重量)(%)	水固比/水泥掺量的浆液终凝时间(min)			
	1.0/35%	1.2/30%	1.4/25%	1.6/20%
0	3291	3204	3151	3067
1	2982	2877	2714	2660
3	2764	2593	2473	2274
5	2419	2374	2101	1985

3)现场水泥黄土浆液室内配合比试验

在现场试验室采用水泥为新疆天龙水泥有限责任公司32.5号水泥,粉煤灰为鸿雁池二分厂灰坝粉煤灰,黄土为八道湾K12+400左侧砖厂黄土,分别对水泥粉煤灰浆液与水泥黄土浆液的7d抗压强度进行了测试(表6.29)。结果表明:水泥粉煤灰浆液结石体的强度大于水泥黄土浆液的强度,并且后期有增长的趋势。

浆液试验方案结石体7d抗压强度统计表　　　　表6.29

浆液类型	固相比	水固比	结石体7d抗压强度(MPa)				备注
			1	2	3	平均值	
水泥粉煤灰浆液	2:8	1:1.2	0.23	0.21	0.22	0.22	水中密封养护
		1:1.3	0.21	0.23	0.25	0.23	
	3:7	1:1.0	0.66	0.7	0.63	0.66	
水泥黄土浆液	15:85	1:1.0	0.16	0.15	0.18	0.16	标准条件养护
	2:8	1:1.0	0.23	0.20	0.18	0.20	
	3:7	1:1.0	0.48	0.56	0.58	0.54	

注:水泥为新疆天龙水泥有限责任公司32.5号水泥,粉煤灰为鸿雁池二分厂灰坝粉煤灰,黄土为八道湾K12+400左侧砖厂料场。

由表6.29试验结果可以看出:水泥黄土浆液结石体的抗压强度要比水泥粉煤灰浆液试验结果数值偏低,后期强度增长不明显,以水固比1:1(水泥占固相30%)的配合比为例,两者结石体7d平均抗压强度分别为0.54MPa、0.66MPa,水泥黄土浆液结石体的抗压强度降低了18.2%。

4)水泥黄土浆液的基本性质

水泥黄土浆液配合比对结果的影响最大,水固质量比为主导因素,其他因素的影响结果较小,其相差不太多,极差差别不大,在工程实践上重要性相同。

通过其他方面因素对比(表6.30)可以看出:

(1)随着水固质量比变小,结石体抗压强度增大,表示浆液浓度越大,其强度越高。

(2)随水泥在固相中比重增大,结石体抗压强度增强,增强效果趋于稳定。

(3)试件的抗压强度随养护时间的增加变大,养护期大于28d后逐渐趋于稳定。

(4)加入水玻璃后,水泥黄土浆液黏度增加,初终凝时间缩短,抗压强度稍有降低。

(5)试验结果与水泥粉煤灰浆液试验结果相比,水泥黄土浆液试样的流动性好于水泥粉煤灰浆液,但浆液的初、终凝时间增大,抗压强度要比水泥粉煤灰浆液试验结果数值偏低,后期强度增长不明显。

水泥粉煤灰浆液与水泥黄土浆液初、终凝和抗压强度对比表　　　　表6.30

浆液类型	来源	水固质量比	水泥占固相质量比例(%)	养护时间(d)	初凝时间(h:min)	终凝时间(h:min)	28d抗压强度(MPa)
水泥黄土浆	室内试验	1:1.0	20	28	62:24	88:27	0.15
		1:1.2	20	28	47:21	72:46	0.2
水泥粉煤灰浆	一标	1:1.0	20	28	20:22	26:30	1.2
	二标	1:1.0	20	28	20:16	26:50	0.8
	三标	1:1.0	20	28	20:11	26:47	1.1
	四标	1:1.0	20	28	17:08	23:53	1.4
	一标	1:1.2	20	28	19:58	26:01	1.5
	二标	1:1.2	20	28	19:40	25:51	1.3
	三标	1:1.2	20	28	19:33	25:48	1.5
	四标	1:1.2	20	28	16:30	23:10	2.4

(6) 1:1.0水固比(水泥占固相比例20%)水泥黄土浆液试验结果与一标、二标、三标和四标现场水泥粉煤灰浆液试件的相比,初终凝时间分别延长了42h02min~45h16min、61h37min~64h34min;抗压强度为0.15MPa,大大低于水泥粉煤灰浆液试件平均值1.1MPa,降低了0.95MPa。1:1.2水固比(水泥占固相比例20%)水泥黄土浆液试验结果与一标、二标、三标和四标现场水泥粉煤灰浆液试件的相比,初终凝时间分别延长了30h51min~28h05min、49h36min~46h45min;抗压强度为0.2MPa,大大低于水泥粉煤灰浆液试件平均值1.7MPa,降低了1.2MPa。

综上所述,水泥黄土浆液的初、终凝时间相对于水泥粉煤灰浆液的初、终凝时间分别延长2d~3d的时间,抗压强度降低了71%~86%。

6.3.5　浆液配合比试验结果分析

从上述试验以及工程应用可知高速公路采空区注浆工程中浆液的特性及其选用方法。

1)水泥粉煤灰浆液特性

粉煤灰具有火山灰活性、特定颗粒尺寸和形状以及比重较小等特点,其主要颗粒形状是含漂珠等球状粒子的结合体,并具有光滑而致密的外壳,有较好的珠体润滑减阻特性,因而有较好的可注性和渗透性。粉煤灰本身并无胶凝性,但在细微分散形式下和有水分存在时,它能与碱发生反应而生成胶凝性产物。与水泥一样,粉煤灰也是粒状材料,在水中容易沉积。在纯水泥浆液中加入粉煤灰可以代替砂作为填充物,同时在水泥的作用下粉煤灰也产生胶凝性,这有利于浆液结石体强度的提高。其优点主要表现在以下几个方面:

(1)提高强度和抗化学侵蚀能力:对于单液水泥浆来说,水泥水化释放出的$Ca(OH)_2$,既不能增加注浆材料的强度,对化学侵蚀又十分敏感,以致影响了材料的抗化学侵蚀能力。对于粉煤灰—水泥注浆材料来说,由于粉煤灰中含有的SiO_2、Al_2O_3能与$Ca(OH)_2$发生反应,生成稳定的水化硅酸钙和水化铝酸钙,从而提高了注浆材料的强度和抗化学侵蚀能力。

(2)易于泵送和灌注并降低泌水率和沉降:粉煤灰的球形颗粒及颗粒表面的玻璃体结构

能起到润滑作用,从而使注浆材料在施工中提高可注性和可泵性。与此同时,粉煤灰与水泥共同使用时,具有理想的颗粒级配,能够使浆液在泵送和注浆过程中减少分离和沉降作用,同时降低泌水率。此外,粉煤灰的比重小于水泥和砂的比重,也可降低沉降作用。

(3)掺用了粉煤灰的注浆材料具有流动性能好、便于施工、减少施工设备磨损和提高抗渗性等优点。

(4)粉煤灰活性较低,因而胶结特性不好;早期强度偏低,后期强度可增长。

2)水泥黄土浆液特性

黄土一般为褐黄色或灰黄色,结构比较疏松,孔隙多,粒度成分以粉粒为主。黄土的矿物成分,粗粒以石英、长石为主,还有方解石、白云石;细粒组的主要矿物成分为黏土矿物,主要成分一般包括高岭石、蒙脱石和伊利石等,粒径一般极小(0.005mm),比表面积大,遇水具有胶体化学特性,是改善水泥基浆液可注性和渗透性的重要掺加剂。水泥黄土浆液是一种以水、黄土、水泥等组成的具有特殊加固和堵水效果的浆液,其优点主要表现在以下几个方面:

(1)注浆时浆液的扩散半径易于控制

水泥和黏土搅拌后,首先是水泥水化,产生水化物的同时,一部分继续硬化,形成水泥水化物的骨架,另一部分则与周围具有活性的黏土颗粒发生反应。反应主要是离子交换及团粒化作用和凝结作用。所谓离子交换是指水泥与水反应生成的钙离子(Ca^+)被带负电荷的黏土颗粒吸附而发生胶凝。因此,掺用了黄土的注浆材料具有流动性能好、便于施工、减少施工设备磨损和提高抗渗性等优点。

(2)易于泵送和灌注并降低泌水率

在水泥浆液中加入土后,大大提高了浆液的稳定性,增加了浆液的流动性,但加入黏土后影响了水泥的水化反应,延长了浆液的凝结时间,降低了结石体的强度且耐久性较差。水泥浆掺入黏土后可使浆液的结石率提高,同时可以改善水泥分层离析的程度,从而改善浆液的可注性。

(3)浆液固化后,其固结体抗渗性能好

在土工堤坝防渗注浆过程中,黏土浆液依靠应力条件下的脱水固结性能,可在充填注浆、劈裂注浆的过程中和后期的应力条件下,形成固结防渗体。

(4)减小固化时收缩率

掺加黄土后,水泥黄土浆液的含水量能很快达到平衡状态,因而能减少材料的收缩值,比纯水泥浆或水泥粉煤灰浆液好。

3)高速公路采空区注浆工程中注浆浆液的选择

通过浆液试验及治理工程实际应用,水泥粉煤灰浆液与水泥黄土浆液性能指标对比见表6.31。

水泥粉煤灰浆液与水泥黄土浆液特征对比表　　　　表6.31

浆液种类	水泥粉煤灰浆液	水泥黄土浆液
浆液初、终凝时间	时间相对短	时间相对长
结石体结石率	结石率相对小	结石率相对大
结石体强度	结石体强度大,后期强度可增长	结石体强度小,后期强度不增长
结石体抗渗性	结石体固结防渗较差	结石体固结防渗好
固化时收缩率	固化收缩率相对大	固化收缩率相对小
流动性与施工	流动性较好,便于施工	流动性较好,便于施工

综上所述,在高速公路采空区注浆工程中,一般都会考虑注浆结石体的强度问题,在水泥的作用下粉煤灰将会产生胶凝性,大大地提高了浆液结石体的强度,而黄土(黏土)则延长了浆液的凝结时间,降低了结石体的强度且耐久性较差。因此,大多数煤矿采空区治理工程首先选择水泥粉煤灰注浆浆液,如当地粉煤灰供给困难时,则采用水泥黄土注浆浆液。

通过试验与注浆试验工程,注浆浆液配合比按照注浆泵的施工能力确定,主要采用水泥粉煤灰浆水固比1:1.0、1:1.1、1:1.2、1:1.3四个配合比。水泥占固相20%,粉煤灰占固相80%。帷幕孔注浆施工时,应在浆液中掺加水泥重量3%的速凝剂,使灌入采空区的浆液尽快凝固形成帷幕,减少流出治理区的浆液损失。当注浆孔注浆量较大,除采取其他施工措施(投集料)外,可在浆液中掺加水泥重量3%的速凝剂,使灌入采空区的浆液尽快凝固,控制浆液的流动。

6.4 本章小结

(1)结合依托工程的实际情况和现场施工条件以及采空区煤矿的赋存特点,对采空区的加固方案进行了比选。通过比较,选用注浆法加固采空区,既技术成熟又能保证采空区处理后的稳定。并对采空区的施工工法资料进行详细的整理分析。

(2)采空区注浆宜采用水泥粉煤灰浆液,配合比在1:1~1:3之间,水泥占固相比中的20%。试验结果表明,在还原环境下(采空区充水条件下),注浆结石体的强度降低,在注浆孔施工中,可适当提高水泥在固相比中的比例。

(3)室内试验结果表明:添加剂水玻璃对水泥粉煤灰浆液的性质影响较大,在同一水固比条件下,添加水玻璃后,浆液的初凝时间和终凝时间随着水泥掺量的增加而缩短,水泥粉煤灰浆液的结石率增加,稠度相应增加,试样结石体强度曲线总体呈下降趋势,各配合比下试样结石体强度与未加水玻璃的试样相比都大幅降低,最小的下降到原强度的20%以下。

(4)室内试验结果表明:水泥黄土浆液试样的流动性好于水泥粉煤灰浆液,但浆液的初终凝时间增长,抗压强度要比水泥粉煤灰浆液试验结果数值偏低,后期强度增长不明显。以施工主要水固比1:1.3为例,水泥黄土浆液1:1.3水固比(水泥:黄土固相比2:8和3:7)试件的无侧限抗压强度分别为:0.36~0.40MPa(28d)和0.62~0.75MPa(28d)。建议:施工当地如粉煤灰材料丰富,应选择水泥粉煤灰浆液;如缺少粉煤灰材料,可使用水泥黄土浆液,但水泥在固相比中的比例应不小于30%。

第7章 采空区注浆治理设计

7.1 设计总体要求

采空区处理方案的确定主要依据地质资料(现有的物探、钻探资料)和路线设计高度与采空区的关系而定。

采空区处理设计总原则为:处治后路基的承载力与变形稳定性,应能满足高速公路工程施工的要求,且保证在公路设计使用年限内,不发生超过高速公路规定的允许地基变形界限值和强度破坏。总体要求是:

(1)充填固结注浆主要针对路基加固范围内的采空区、岩体裂隙进行处理。

(2)帷幕注浆主要针对路基加固边界的采空区、岩体裂隙进行处理,形成帷幕。

7.1.1 设计基本思路

采空区处理方案的确定主要依据地质资料和路线设计高度与采空区的关系而定。最终目的是:处治后路基的承载力与变形稳定性,能满足高速公路工程安全使用的要求。

高速公路下伏采空区加固方案的选择,不但要考虑采空区的埋深、规模、成因、水文地质与工程地质条件、矿的开采方式、开采时间等诸多因素,而且与经济条件、地基条件、道路条件、施工技术等密切相关,所以各采空区处理方法不具通用性和可比性,要根据采空区的具体特点,通过现场试验来确定。

对于采空区的处治,必须坚持的一个重要原则是坚持动态设计原则,根据现场施工时的实际情况,需要对采空区处治措施不断进行优化修正,最终达到采空区处治效果。

7.1.2 设计标准

对采空区路段进行治理后,地基的变形应满足公路工程对地基稳定性的要求,即:经治理后的采空区在公路运营过程中,不再产生较大的变形,保证公路安全营运。

根据《采空区公路设计与施工技术细则》(JTG/T D31-03—2011)规定,本道路工程的采空区地表容许变形值应满足下列规定:

倾斜值:$i \leqslant \pm 4\text{mm/m}$;

竖曲率值:$k \leqslant \pm 0.3\text{mm/m}^2$;

水平变形值:$\varepsilon \leqslant 3\text{mm/m}$。

7.1.3 设计原则

(1)功能性原则:针对工程目的和要求,注浆方案的可用性、可靠性等功能要求。

（2）适用性原则：注浆工程适应工程性质、条件、外部环境及其变化的程度，以及注浆的工程规模、有关参数和技术指标，在目前的技术水平条件下的可行性。

（3）经济性原则：注浆方案通过技术经济比较，投入产出分析，在满足功能性要求的前提下，工程费用较低，投资能够承受，在确定采用后，尚应采用先进技术，优化注浆方案，合理使用材料。

（4）环境原则：避免污染环境或最大限度减少污染，包括避免或减少材料的毒性、粉尘、有害气体及析出物、固化物，降低施工过程中的噪声。

（5）安全性原则：注浆方案能够保障拟建建（构）筑物和相邻建筑物的安全，保证施工人员的安全。

根据上述设计原则，结合依托工程的重要性、注浆加固目的、地质条件、结构的性质与类型、荷载及变形特性、时效性、进度等，以使注浆加固能满足上述各方面的要求和条件，充分发挥其功能。

7.1.4 依托工程设计

沿线采空区分布范围广，采空区性质复杂，既有大中型煤矿开采形成的采空区，也有私人小窑开采形成的采空区，以及露天大型采坑。根据采空区的规模与性质，将沿线采空区路段划分为四个工程标段，分别采用注浆、露天开挖部分采用逐层回填分批注浆方案对采空区以及露天大型采坑进行处治（表7.1）。

采空区治理工程标段划分与处治方案　　　　表7.1

类别	里程桩号	长度(m)	开采深度(m)	煤矿名称	处治方案	标段划分
采空区	K19+630~K19+960	330	310~330	沙沟幸福煤矿	注浆治理	一标段
采空区	K21+220~K21+880	660	200~250	众兴二矿	注浆治理	二标段
采空区	K21+880~K22+280	400	100	两矿间的变形区及乱掘区	注浆治理	三标段
采空区	K22+280~K22+600	320	170	曙光六矿	注浆治理	四标段
采空区	K22+600~K22+900	300	200~250	志强煤矿	注浆治理	四标段
露天开采	K22+680~K22+880	200	30	志强煤矿	露天开挖部分采用逐层回填分批注浆方案	四标段
小窑采空区	K23+985~K24+005	20	20~30	小窑	注浆治理	四标段
小窑采空区	K24+050~K24+070	20	40~50	小窑	注浆治理	四标段

7.2 依托工程注浆理论分析

7.2.1 注浆过程数值模拟研究

1）土体注浆过程数值模拟分析

（1）注浆扩散过程模拟原理

注浆抬升地表是地下工程施工控制地层和临近建筑物沉降的常用工法。对于高速公路软土地基注浆工程,同样存在注浆抬升地表现象。由于注浆扩散过程复杂,本节以注浆抬升地表现象为模拟对象,采用数值方法来模拟注浆钻孔内的注浆扩散过程,以其分析钻孔及其附近的注浆扩散规律。注浆抬升地层机理如图7.1所示。

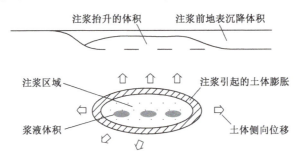

图7.1 注浆抬升地层机理示意图

采用数值模拟注浆引起的地层抬升主要有两种方法:一种是直接对单元施加体积应变,另一种是通过施加膨胀压力让单元体积产生膨胀。相对而言,施加膨胀压力的方法更接近注浆的实际情况,但比施加体积应变的方法要复杂,且由于因注浆在土体中产生的压力与注浆压力并不相同,膨胀压力大小需要靠经验制定,也不易建立注浆量与地表位移之间的联系。它一般包括两个步骤:首先是增加注浆区域的土体刚度,然后是对注浆单元施加内应力。

压密注浆抬升地层主要体现在以下两个方面的作用:

地层改良,加固地层作用:注入地层的浆液挤走并取代地层中的孔隙水,将土颗粒黏结成大块固结体,提高土体的刚度,起到加固地层的作用。

地层损失补偿作用:在隧道与上覆地层间注浆引起土体体积膨胀,补偿由开挖引起的地层损失和应力释放,使地层抬升。

研究结果表明,可以施加各向同性的膨胀压力用于模拟压密注浆,也可以施加各向异性的膨胀压力来模拟压密注浆和劈裂注浆。通过采用FLAC^{3D}软件在单元上施加各向同性的膨胀压力,使单元体积膨胀,进而模拟注浆的抬升过程,以分析钻孔内的注浆规律。

(2)注浆扩散过程模拟设计方案

①计算模型。

以Z40-2、B2-2等帷幕孔为例,进行模拟分析:

本次模拟的设计模型长400m,宽160m,高240m,注浆长度50m。注浆扩散半径为2.5m,注浆压力为1.0MPa。该路堤几何模型的生成在ANSYS中完成,网格划分后保存单元和节点几何信息,然后通过接口程序转化为FLAC^{3D}的前处理数据格式。在FLAC^{3D}中导入这些数据之后生成的网格模型见图7.2。整个模型由四面体、五面体和六面体混合网格单元组成。

②边界条件。

模型边界约束条件设定如下:

a.模型左右边界定为全约束边界,取$u=0,w=0,v=0$,其中u为X方向位移,w为Z方向位移,v为Y方向位移。

图7.2 注浆扩散过程模型计算图

b. 模型前后边界定为全约束边界,取 $u=0, v=0, w=0$。

c. 模型底边界定为全约束边界,取 $u=0, v=0, w=0$。

d. 模型上边界定为自由边界,不予约束。

考虑该模型为近似理想的弹塑性模型,其破坏准则选用Mohr – Coulomb准则。

③应力。

注浆地层压力主要是施加内应力后所引起的膨胀压力。

(3) 注浆扩散过程影响的模拟结果分析

计算时,主要考虑膨胀压力的施加。具体按下述步骤进行:首先,选择摩尔库仑本构模型,按前述约束条件,在只考虑重力作用的情况下,进行弹塑性求解,计算至平衡后对位移场和速度场清零,生成初始应力场;然后采用摩尔库仑模型,对注浆区域的土体参数进行调整,同时施加膨胀压力来完成注浆模拟(全孔一次性注浆一次完成模拟),注浆时体系设置Global Ratio Limit为 1.000×10^{-5}。

图7.3~图7.6表示注浆对土层位移的影响。从图上可以看出,注浆后地表隆起,并且是以注浆区域为中心,向四周呈同心圆状扩散;而对土层的影响则是以注浆孔为轴心,呈陀螺状向四周扩散,上部土层影响范围较广,下部土层影响范围急剧收缩,这表明浆液的扩散半径在上部土层较大,下部土层变小。注浆中心地面处水平位移为2.50cm,垂直位移为2.90cm;注浆中心地面处水平位移为3.00cm,垂直位移为-2.50cm;注浆侧向中心水平位移为8.00cm,垂直位移为2.00cm。

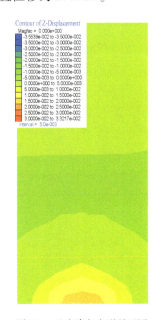  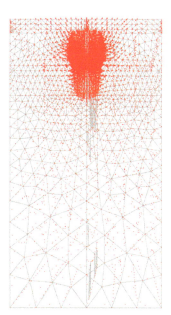

图7.3 地表隆起变形平面图　　图7.4 注浆位置垂直位移剖面图　　图7.5 位移矢量图

图7.7、图7.8为最大、最小主应力云图。

由于注浆的缘故,注浆区域相较于周围岩土层来说,物理力学性质有极大的提高,其抗变形能力大大增强,使应力在注浆区域有了明显的集中现象。由于注浆过程中产生体积膨胀,因而对注浆区域周围的土体产生了拉应力,而其他的区域依然以压应力为主。注浆中心地面处

最大主应力为 -1.0×10^5 Pa,最小主应力为 -5.0×10^4 Pa;注浆中心地面处最大主应力为 -3.0×10^5 Pa,最小主应力为 -2.5×10^5 Pa;注浆侧向中心最大主应力为 -4.5×10^5 Pa,最小主应力为 -2.0×10^5 Pa。

通过对注浆过程模拟分析可以得到以下规律:

 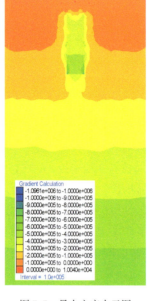 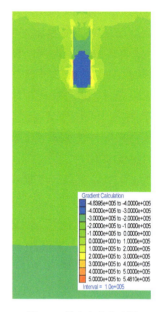

图 7.6　速度矢量图　　　图 7.7　最大主应力云图　　　图 7.8　最小主应力云图

对软弱地基进行注浆加固处理,主要是提高软弱土层的物理力学性质和结构性能。注浆影响区域主要集中在上段土层,整体上呈螺旋状。注浆作用会引起地表的抬升(隆起),以注浆区域中心地面为圆心,呈同心圆状向四周扩散。

注浆压力的变化,必然引起注浆效果的变化。通过注浆过程的模拟可以知道,注浆中心地面处隆起位移量为 2.9 cm。由此可知,注浆压力的增大,将影响浆液的扩散半径的变化以及地面隆起位移量,这种作用一方面对注浆浆液的扩散是有利的,但另一方面将会使土壳层产生地裂缝、隆起等,在注浆工程中,有时会出现冒浆等现象。因此,在注浆时应选取适当的注浆压力,模拟结果与现场实际情况表明:采用 1.0 MPa 以下的注浆压力较为合理。

2)采空区注浆过程数值模拟分析

(1)计算模型

根据二标工程地质与采空区情况,地层为急倾斜,倾向西北,倾角 70°,地表覆盖一层厚度达 5 m 的第四纪松散堆积层,取煤层厚度为 5 m,煤层上覆与下伏地层为砂泥岩层。计算模型轴向延伸长度(x 方向)为 300 m,横向延伸宽度(y 方向)为 10 m,纵深延伸高度为 200 m(z 方向),共划分为 29962 个单元、7462 个节点。共分为三个模型,分为上中下三个深度的采空区模型。

浅部采空区模型:采空区埋深在 35～70 m,包含两个小采空区,每个高度 10 m,煤柱高度 15 m。

中部采空区模型:采空区埋深在 85～120 m,包含两个小采空区,每个高度 10 m,煤柱高度 15m。

深部采空区模型:采空区埋深在 135~170m,包含两个小采空区,每个高度 10m,煤柱高度 15m。具体模型如图 7.9~图 7.11 所示。

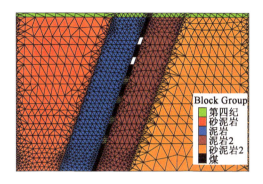

图 7.9　浅部采空区数值模拟计算模型

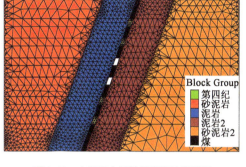

图 7.10　中部采空区数值模拟计算模型

(2)边界条件

模型边界约束条件设定如下:

模型左右边界定为全约束边界,取 $u=0, w=0, v=0$,其中 u 为 X 方向位移,w 为 Z 方向位移,v 为 Y 方向位移。

模型前后边界定为全约束边界,取 $u=0, v=0, w=0$。

模型底边界定为全约束边界,取 $u=0, v=0, w=0$。

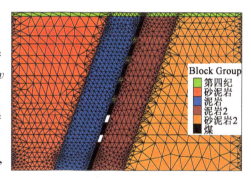

图 7.11　深部采空区数值模拟计算模型

模型上边界定为自由边界,不予约束。

考虑该模型为近似理想的弹塑性模型,其破坏准则选用 Mohr – Coulomb 准则。

(3)计算过程

首先,选择弹性本构模型,按前述约束条件,在只考虑重力作用的情况下,进行弹性求解,计算至平衡后对位移场和速度场清零,生成初始应力场;采用弹塑模型,对煤层进行开挖,直至系统达到平衡;考虑路基填筑后对采空区进行注浆处理,直至系统达到平衡。注浆时体系设置 Global Ratio Limit 为 $1.000e-005$。利用赋空单元的方法来模拟采空区注浆。

①浅部采空区注浆。

浅部采空区位移量如图 7.12、图 7.13 所示。

②中部采空区注浆。

中部采空区位移量如图 7.14、图 7.15 所示。

③深部采空区注浆。

深部采空区位移量如图 7.6、图 7.17 所示。

采空区地基基本上以压应力为主,并没有出现拉应力集中区域,表明煤层开采对采空区的塌陷主要以剪切破坏为主。由于煤层的开挖,在采空区出现了较为明显的应力集中现象,表明该应力集中区域是采空区地层中较为容易破坏的区域。从位移图(图 7.12~图 7.17)上可以看出,由于煤矿的开采,岩层塌陷较为明显,拟建公路附近沉降量较大,并且由于岩层倾斜的缘故,沉降量基本集中在采空区部位以及上覆岩层中,且第四纪松散层位移要明显大于倾斜岩层位移,最大值在 1.0~3.0m 之间,由此可知煤层开采对地面塌陷有较大影响。同时地层水平位移量同样集中在采空区部位以及上覆岩层中,与垂直沉降位移部位基本一致,最大值在 0.2~0.8m 之间,表明采空区地层受煤层开采影响较大的部位主要是地表松散堆积层。

图 7.12　水平位移量(x 方向)(mm)

图 7.13　垂直位移量(z 方向)(mm)

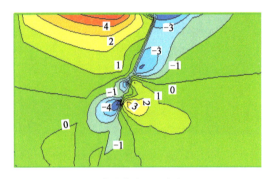

图 7.14　水平位移量(x 方向)(mm)

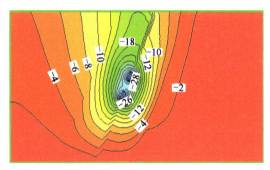

图 7.15　垂直位移量(z 方向)(mm)

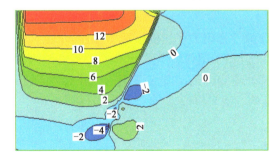

图 7.16　水平位移量(x 方向)(mm)

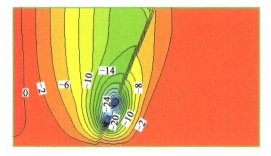

图 7.17　垂直位移量(z 方向)(mm)

通过注浆能够极大地提高采空区的稳定性,提高了岩层的物理力学性质,应力集中区域明显减小,不再以采空区域形成局部性集中。注浆充填后,岩体被浆液加固,承载力提高,未使得采空区"活化"。从图 7.12~图 7.17 可以看出,地面沉降主要发生在采空区注浆区域以及地面,沉降趋势整体呈现一个宽缓的沉降盆地,沉降量最大位置位于采空区上方,地表最大下沉量仅为 0.012~0.029m;水平位移主要发生在沿采空区倾斜方向上,地表最大水平位移量仅为 0.006~0.012m。和注浆前地表变形量相比,注浆后地表的最大沉降量和水平位移量均明显降低。模拟分析结果表明：由于注浆的缘故，注浆后采空区地基稳定性大大增强，沉降量明显减少，总体表明注浆治理效果明显，不会引起路基的不均匀沉降，能保证公路的安全运营。

7.2.2 注浆参数对注浆效果影响规律研究

1）构建计算模型

该采空区埋深比较大，采深达到280m。采空区塌陷过程中，由于基岩变形引起了较多的裂缝和空隙，同时预留煤柱结构部分被破坏，岩石质量指标差。考虑实际工程地质条件，对各处治方法进行比选，最后采用注浆方法对本标段采空区进行治理。

依据本标段采空区治理的设计文件，运用FLAC^{3D}软件，对依托工程处治技术进行数值模拟。

（1）地质参数的选取

根据地勘资料，众兴二矿开采的煤层全部集中在侏罗系下统西山窑组（J_2x）地层，该地层厚度为565m，岩性一般由泥岩、粉砂岩、泥质粉砂岩等组成。而第四系土层主要由粉土、砂土等组成，还夹杂了生活垃圾。在建立的模型中，将地层由上至下近似分成两层，即第四系土层和基岩。岩石材料参数参照铁厂沟矿区相似工程设计参数取值建议，如表7.2所示。

模型物理力学参数参考表　　表7.2

岩 性	密度（kg/m³）	弹性模量（GPa）	泊松比	黏聚力（MPa）	内摩擦角（°）	抗拉强度（MPa）
路基	2000	0.1	0.28	0.2	27	0.001
第四季土层	1780	1.0	0.27	0.23	20	0.001
基岩	2120	2.3	0.27	1.5	30	1.5
煤	1400	0.9	0.29	0.8	20	0.71

对采空区进行注浆处理，注浆后性质提升部分分为第四系土层、冒落区域、基岩和煤柱。注浆后物理参数的提升比值参考类似工程的质量检测报告。各部分物理参数提升如下所示：

①第四系土层。

第四系土层中主要为粉土、砂土等，混杂着煤矸石、煤灰及生活垃圾。岩质都不具备黏聚力，可以等效为沙质土来看待；根据《浆液对土体力学性能的影响》，按照设计要求注浆后，土层的摩尔库仑力学参数指标提升比值如表7.3所示。

第四系土层物理力学参数提升表　　表7.3

参数	密度	弹性模量	泊松比	黏聚力	内摩擦角
提升比值	8%	8%	0	28%	31%

②基岩和煤柱注浆。

弹性波速与弹性模量的关系：

$$v^2 = \frac{G}{P} = \frac{E(1-\mu)}{\rho(1+\mu)(1-2\mu)}$$

，其中E为弹性模量，G为切变模量，μ为泊松比，ρ为密度。根据公式可知波速与弹性模量之间为二次方的关系。根据依托工程《注浆效果检测报告》中对采空区各段的加固前后波速的对比，得到各参数注浆提升率如表7.4所示。

基岩物理力学参数提升表　　　　　　　表7.4

参数	密度	弹性模量	泊松比	黏聚力	内摩擦角
提升比值	10%	20%	0	41.3%	45%

因为安全煤柱形态保存的相对完整,所以对于安全煤柱的注浆效果提升,看作与基岩近似。

③冒落区域注浆。

该区域内大部分煤已被采出,岩体破碎,存有空洞,极不稳定。采用水泥粉煤灰材料进行充填,充填后单元参数取值如表7.5所示。

充填体物理力学参数提升表　　　　　　　表7.5

参数	密度(kg/m³)	弹性模量(GPa)	泊松比	黏聚力(MPa)	内摩擦角(°)
参数值	1650	1.5	0.27	1.0	24

(2)模型的建立及边界条件

根据依托工程《铁厂沟煤田采空区段工程勘察报告说明书》,众兴二矿开采45号、43号、42号煤层,煤层倾角都为45°,煤层上覆层厚度都为10m,煤层厚度分别为38m、7.5m、22m,安全煤柱顶宽分别为85m、100m、107m,高度均为287m,煤柱两侧为采空区及塌陷变形区。

对高速公路K21+140～K21+840路段进行注浆数值模拟。整个模型上部取至地表,下部取至安全煤柱以下20m,煤层倾向方向取700m,走向方向取450m。模型内含42号、43号、45号煤层,煤层倾角均取45°,上覆层厚度均取10m。安全煤柱大小根据实际数据取值,位于整个模型中央。路宽取设计值33.5m,边坡坡度1∶1.5,上方道路与煤层走向正交,道路中心线均距离煤柱中心偏左。最终所建的模型尺寸为700m×450m×322m(长×宽×高),所建模型中划分为53680个单元和58296个节点。模型图如图7.18、图7.19所示。

图7.18　高速公路下伏采空区模型图一

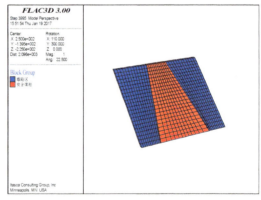

图7.19　高速公路下伏采空区模型图二

本构模型采用摩尔—库仑模型,计算时边界条件为:地表为自由表面,未施加任何约束,模型的前后左右边界为单向位移约束边界,模型的底部边界为三向位移约束边界。

(3)监测点布设

主要研究的问题是采空区对道路的影响,监测点都布设在道路表面。布设两条测线,分别位于道路中心线和道路一侧(靠近塌陷区)边缘处。每条测线共布设 25 个测点,每个测点相距 20m。为了更好地描述各监测点的位置,现做如下假设:45 号煤层安全煤柱顶部边界与道路中心线的交点为坐标原点,道路中心线为 x 轴,其正方向如图 7.20 所示。各监测点在 x 轴上投影对应的数值即为该监测点的横坐标。

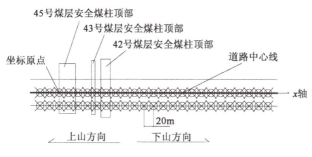

图 7.20 监控点布设示意图

(4)计算过程

模拟的过程中,首先计算在采空区未开挖之前,岩体在自重应力下的位移。待重力平衡后,对产生的初始位移进行清零处理。然后对煤层进行分步开采,工作面长度取 30m,三个煤层自上而下同步开采,直至开采到煤层底部。开采结束后让其充分塌陷。由于依托工程在修建道路之前,采空区已经开采完成,我们研究的是修建道路后采空区对道路变形的影响,所以不考虑修建道路前煤层开挖带来的影响,对由于开挖产生的位移再次进行清零处理。

位移再次清零后,对采空区进行注浆处理,并在采空区上方修建道路。注浆后岩土体性质提升分为三个部分:第四系土层加固;基岩注浆加固;采空塌陷区域充填加固。注浆后注浆范围内的岩土体物理力学性质按照表 7.3 ~ 表 7.5 进行修改。

工程实践证明,采空区安全煤柱的失稳与破坏,多与时间因素有关。安全煤柱的煤岩在一定的应力条件下,会产生具有时间效应的变形和破坏。所以在修建道路后,考虑到道路长期运营过程中安全煤柱会产生变形与破坏的情况,适当降低道路下方安全煤柱的强度,近似模拟煤柱在长期荷载作用下强度降低的过程。等到沉降结束后,记录道路中心线检测点的沉降值。

陈绍杰的《深部条带煤柱长期稳定性基础实验研究》对条带煤柱长期稳定性的研究中,认为荷载作用时间越长,煤岩塑性特征越明显。煤岩强度会随着时间推移而降低。强度随时间的变化符合指数曲线,最后长期强度趋于一定值。通过试验的方式确定长期中强度衰减系数为 0.5,运用数值模拟和试验结果进行对比,煤柱变形的平均误差为 -7.895%。在李世平的《岩体力学简明教程》一书中,认为安全煤柱的长时强度,可以根据强度性质取瞬时强度的 45% ~ 65%。在模拟过程中,将长期荷载作用下煤柱的强度衰减系数取 0.5。

2)注浆深度对处治效果影响

考虑到采空区处治效果受到注浆范围的影响,下面模拟不同的注浆深度对处治效果的影响。采用单一变量法,对于注浆深度、注浆宽度、注浆孔间距三个参数,先将注浆宽度设置为两边各 60m 不变,注浆孔间距取 10m,分析注浆深度分别取 60m、90m、120m 时,道路路面的变形情况。模型图如图 7.21 所示。

高速公路下伏急倾斜采空区治理技术

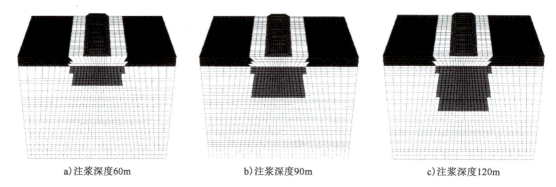

a) 注浆深度60m　　b) 注浆深度90m　　c) 注浆深度120m

图7.21　注浆深度工况示意图

不同注浆深度工况下地表变形云图如图7.22所示。

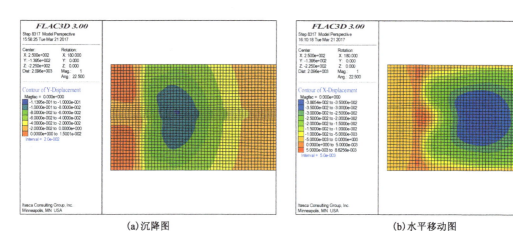

(a) 沉降图　　　　　　　　　(b) 水平移动图

a) 注浆深度为60m

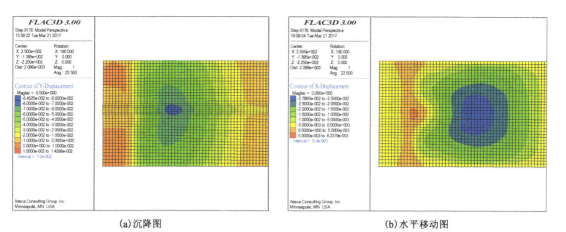

(a) 沉降图　　　　　　　　　(b) 水平移动图

b) 注浆深度为90m

图　7.22

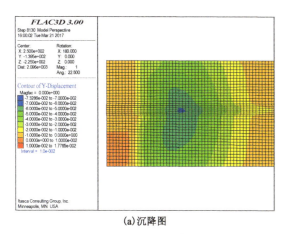 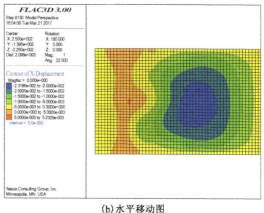

(a) 沉降图　　　　　　　　　　　　(b) 水平移动图

c) 注浆深度为120m

图 7.22　不同注浆深度工况下地表变形图

如图 7.22 所示,随着采空区注浆深度的加深,地表沉降值和水平移动量大小分布规律基本不变,沉降主要发生在安全煤柱以及其顶板岩层上方的道路。随着道路运营过程中安全煤柱强度的降低,同时引起了煤柱两侧采空区上方地表的进一步变形。

由图 7.22 中 a)、b)、c)对比可以看出,随着注浆深度的加深,地表的变形量是逐渐减少的。注浆深度为 60m 时,最大沉降值为 11.40cm,最大水平位移值为 3.87cm;注浆深度为 90m 时,最大沉降值为 8.45cm,最大水平位移值为 2.79cm;注浆深度为 120m 时,最大沉降值为 7.33cm,最大水平位移值为 2.32cm。可以发现,注浆深度为 90m 相比于注浆深度为 60m 时,对地表变形的控制有很好的提升效果。

图 7.23、图 7.24 为不同注浆深度工况下道路路面中心线、边线变形值曲线。

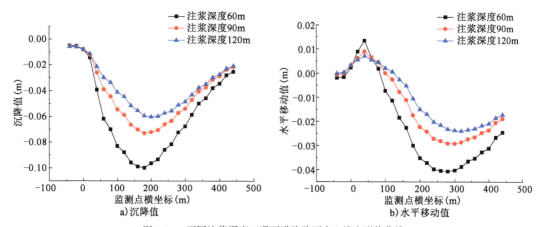

a) 沉降值　　　　　　　　　　　　b) 水平移动值

图 7.23　不同注浆深度工况下道路路面中心线变形值曲线

通过图 7.23、图 7.24 可以看出,发生沉降的位置主要集中在煤柱群上方,道路路面中心线的整体沉降值图形呈"U"形,道路路面最大沉降值位于横坐标 180m 处。水平沉降值图形呈"S"形,绝对值变化为"小→大→小→大→小"变化规律,两个拐点分别位于横坐标 50m 和 280m 处。道路路面中心线与边线变化规律一致,且数值相近。随着注浆深度的加深,地表的沉降量是逐渐减少的。而且注浆深度由60m变为90m的地表变形减少值，明显大于注浆深度由90m变为120m的地表变形减少值。

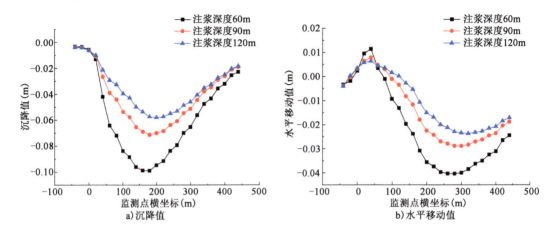

图7.24　不同注浆深度工况下道路路面边线变形值曲线

图7.25为不同注浆深度工况下道路路面最大变形曲线。

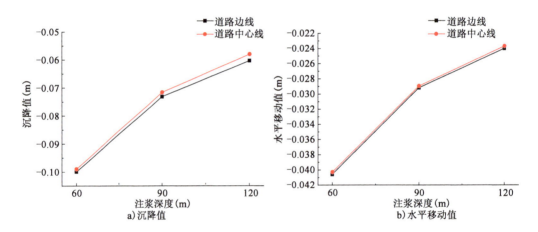

图7.25　不同注浆深度工况下道路路面最大变形值曲线

由图7.25可以看出，注浆深度为90m相比于注浆深度为60m时，对地表变形的控制有很好的提升效果，以后，虽然随着注浆深度的增加，路面中心线最大沉降值和最大水平移动值会不断减小，但是控制效果相对来说不太明显。这是由于道路路基产生的附加应力随着深度加深而逐渐变小，所以对越靠近地表的岩土体进行加固，加固效果越好。道路路面中心线的变形值略大于边线变形值。

3）注浆宽度对处治效果影响

下面模拟不同的注浆宽度对处治效果的影响。采用单一变量法，将注浆深度设置为90m不变，注浆孔间距取10m，对沿路线中心两侧注浆的宽度划分为30m、45m、60m、90m。分别分析这四种工况下，道路路面的变形情况（图7.26）。

不同注浆宽度工况下地表变形云图如图7.27所示。

第7章 采空区注浆治理设计

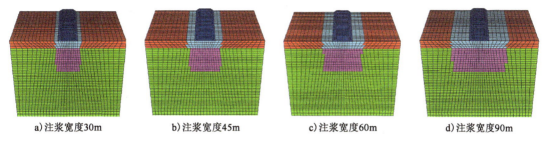

a) 注浆宽度30m　　b) 注浆宽度45m　　c) 注浆宽度60m　　d) 注浆宽度90m

图 7.26　注浆宽度工况示意图

如图 7.27 所示,随着采空区注浆宽度的变长,地表沉降值和水平移动量大小分布规律基本不变。

由图 7.27 中 a)、b)、c)、d)对比可以看出,随着注浆宽度的加深,地表的变形量是逐渐减少的。注浆宽度为 30m 时,最大沉降值为 12.46cm,最大水平位移值为 4.49cm;注浆宽度为 45m 时,最大沉降值为 10.02cm,最大水平位移值为 3.42cm;注浆宽度为 60m 时,最大沉降值为 8.45cm,最大水平位移值为 2.79cm;注浆宽度为 90m 时,最大沉降值为 8.19cm,最大水平位移值为 2.84cm。

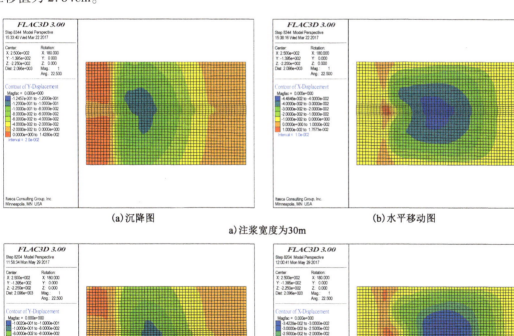

(a) 沉降图　　　　　　　　　　　　(b) 水平移动图

a) 注浆宽度为30m

(a) 沉降图　　　　　　　　　　　　(b) 水平移动图

b) 注浆宽度为45m

图 7.27

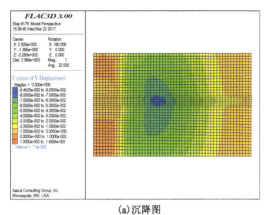
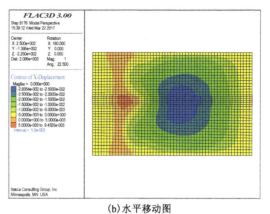

(a)沉降图　　　　　　　　　　　　(b)水平移动图

c)注浆宽度为60m

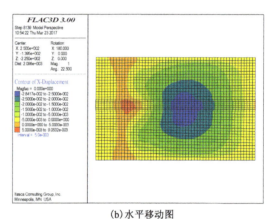

(a)沉降图　　　　　　　　　　　　(b)水平移动图

d)注浆宽度为90m

图7.27　不同注浆宽度工况下地表变形图

不同注浆宽度工况下道路路面中心线、边线变形值曲线如图7.28、图7.29所示。

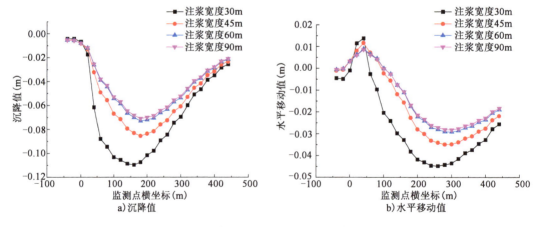

图7.28　不同注浆宽度工况下道路路面中心线变形值曲线

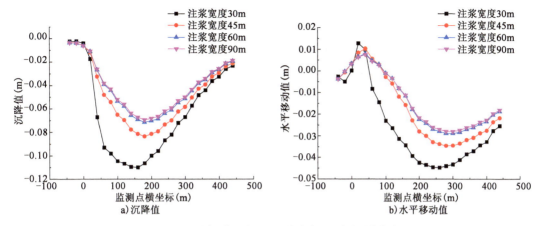

图 7.29　不同注浆宽度工况下道路路面边线变形值曲线

通过图 7.28、图 7.29 可以看出,发生沉降的位置主要集中在煤柱群上方,道路路面中心线的整体沉降值图形呈"U"形,道路路面最大沉降值大致位于横坐标 170m 处。水平沉降值图形呈"S"形,绝对值变化为"小→大→小→大→小"变化规律,两个拐点分别位于横坐标 50m 和 270m 处。道路路面中心线与边线变化规律一致,且数值相近。随着注浆宽度的加长,地表的沉降量是逐渐减少的。

不同注浆宽度工况下道路路面最大变形值曲线如图 7.30 所示。

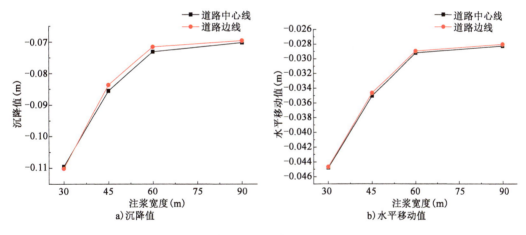

图 7.30　不同注浆宽度工况下道路路面最大变形变化趋势

由图 7.30 可以看出,注浆宽度为 45m 相比于注浆宽度为 30m 时,对地表变形的控制有很好的提升效果;注浆宽度由 45m 变为 60m 时,控制效果也较明显;但是注浆宽度由 60m 变为 90m 的过程中,地表变形值基本不变。这是由于当注浆宽度为道路左右两侧各 30m 时,安全煤柱两侧的不稳定区以及采空区、塌陷区部分,并未进行注浆处理。而当修建道路时,两侧的未注浆区域受到扰动较大,影响到煤柱的稳定,使得道路沉降较大。而当注浆宽度不断加大的过程中,对靠近煤柱两侧一定范围内的采空塌陷区进行了注浆加固。在安全煤柱失稳以及在道路荷载作用下,两侧的塌陷区受到的扰动效果变小,反过来塌陷区的变形对安全煤柱的扰动也变小,所以道路表面的变形控制效果明显。而当注浆宽度达到60m后,道路的修建已经影响不到未注浆区域,所以在此基础上继续加大注浆宽度,效果甚微。

4)注浆孔间距对处治效果影响

注浆孔孔距是采空区注浆过程中的重要参数,对注浆效果的好坏起到了重要作用。间距过大,达不到注浆要求,间距较小,增加了不必要的投资。

而注浆扩散半径是确定注浆孔孔距的决定性因素,一般孔距取扩散半径的两倍。依托工程地下注浆过程中,结合以往类似工程经验,浆液的扩散规律在采空区冒落裂隙带、弯曲带及地基和煤柱三部分中各不相同。在冒落裂隙带中,扩散范围较大,扩散半径一般在5~15m之内,最大可达到20m;在弯曲带中,浆液主要在层理面之间运移,扩散半径在5~10m之间;在地基及完整煤柱中,实际空洞率小于0.2,岩体中没有明显的空洞及裂隙,扩散半径在5~10m的范围。

根据扩散半径分布规律,依托工程注浆孔间距设计值为10m时,浆液能扩散到采空区注浆治理区域的全部区域,达到理想的注浆效果,注浆充填率达到75%的要求,岩土体物理力学性质提升效果和6.3.1节中相同;孔间距的增大或者减小,都会对注浆效果造成影响。

采用单一变量法,将注浆深度设为90m不变,注浆宽度两侧取60m,选取孔间距为15m、10m、5m三种工况,模拟在不同孔间距作用下,采空区的处治效果。根据工程经验,孔间距的变化带来的是最后注浆充填率的变化。孔间距为15m时,孔间距较大,充填率一般在60%;孔间距为10m时,充填率整体能满足75%的充填要求;孔间距为5m时,充填率提升效果减弱,充填率大约为85%。而根据张友葩在《土体注浆后的性能分析》中的分析,得到注浆后土体黏聚力c、内摩擦角φ的增加与注浆量有直接的关系。设浆液注入率为η,则:

$$\eta = \frac{V_g}{V_s} \tag{7.1}$$

其中V_s和V_g分别表示原土体的体积和注浆体的体积。注浆后,岩土体c、φ的增量可以表示为:

$$\begin{cases} \Delta\varphi = \dfrac{\eta}{1+\eta}(\varphi_g - \varphi_s) \\ \Delta c = \dfrac{\eta}{1+\eta}(c_g - c_s) \end{cases} \tag{7.2}$$

式中:φ_g、φ_s——浆体和土体的内摩擦角;

c_g、c_s——浆体和土体的黏聚力。

可以发现,注浆后浆液的提升量除了与c、φ值有关,还与浆液的注入率有直接关系。把浆液的注入率转化为注浆后的充填率,再根据实际工程经验对相同孔间距下不同注浆区域的充填率稍作调整,计算土体物理力学性质提升效果。但是该理论只能适用于第四系覆土的计算。对于基岩和煤柱的加固效果,则根据相似工程中,注浆充填率为60%与85%的区域的波速提升值,来计算不同孔间距下,基岩与完整煤柱物理力学参数提升值,而塌陷区中由于裂隙较多,浆液扩散半径较大,所以孔间距的变化对充填率影响较小,塌陷区岩土体的物理力学性质提升值根据经验稍作调整。具体不同孔间距下岩土体物理力学参数提升值由表7.6所示。

第7章 采空区注浆治理设计

不同孔间距下岩土体物理力学参数变化表　　　　表7.6

参数	岩性	密度(kg/m³)	弹性模量(GPa)	泊松比	黏聚力(MPa)	内摩擦角(°)
注浆孔间距15m						
提升比例	第四系	3%	3%	0	18%	23%
	基岩与煤柱	5%	10%	0	28%	32%
参数值	塌陷区	1600	1.4	0.27	0.8	22
注浆孔间距10m						
提升比例	第四系	8%	8%	0	28%	31%
	基岩与煤柱	10%	20%	0	41.3%	45%
参数值	塌陷区	1650	1.5	0.27	1.0	24
注浆孔间距5m						
提升比例	第四系	11%	11%	0	36%	37%
	基岩与煤柱	14%	28%	0	46%	48%
参数值	塌陷区	1700	1.6	0.27	1.15	26

不同注浆孔间距工况下地表变形云图如图7.31所示。

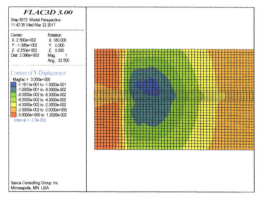
(a)沉降图

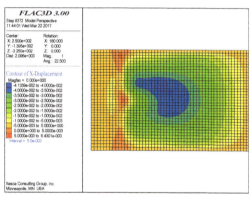
(b)水平移动图

a)注浆孔间距为15m

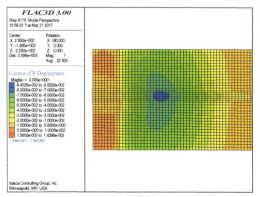
(a)沉降图

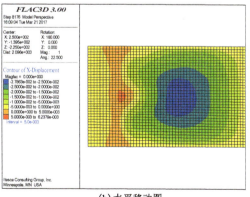
(b)水平移动图

b)注浆孔间距为10m

图　7.31

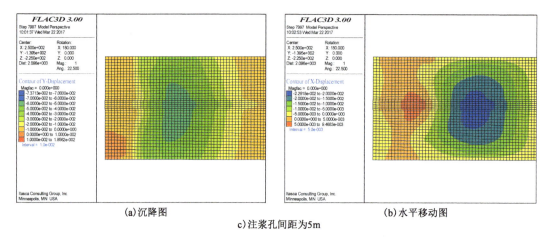

(a)沉降图　　　　　　　　　　　　　(b)水平移动图

c)注浆孔间距为5m

图7.31　不同注浆孔间距工况下地表变形图

如图7.31所示,随着采空区注浆孔间距的变化,地表沉降值和水平移动量大小分布规律基本不变。

由图7.31中a)、b)、c)对比可以看出,随着注浆孔间距的减小,地表的变形量是逐渐减少的。注浆孔间距为15m时,最大沉降值为11.61cm,最大水平位移值为4.13cm;注浆孔间距为10m时,最大沉降值为8.45cm,最大水平位移值为2.79cm;注浆宽度为5m时,最大沉降值为7.37cm,最大水平位移值为2.29cm。可以发现,注浆孔间距为10m相比于15m时,对地表变形的控制有很好的提升效果。

不同注浆深度工况下道路路面中心线、边线变形值曲线如图7.32、图7.33所示。

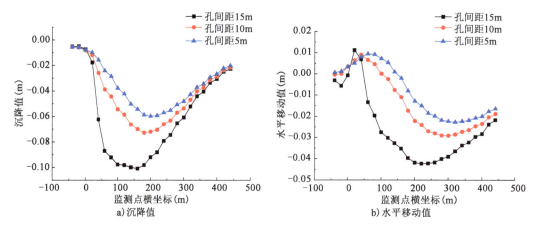

a)沉降值　　　　　　　　　　　　　b)水平移动值

图7.32　不同注浆深度工况下道路路面中心线变形值曲线

通过图7.32、图7.33可以看出,发生沉降的位置主要集中在煤柱群上方,道路路面中心线的整体沉降值图形呈"U"形,道路路面最大沉降值大致位于横坐标150m处。水平沉降值图形呈"S"形,绝对值变化为"小→大→小→大→小"变化规律,有两个拐点。道路路面中心线与边线变化规律一致,且数值相近。随着注浆孔间距的减小,地表的沉降量是逐渐减少的。而且注浆孔间距由15m变为10m时,对路面变形控制效果明显。

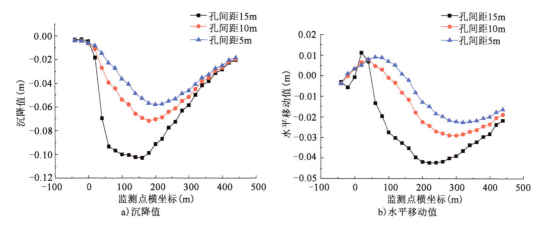

图 7.33 不同注浆深度工况下道路路面边线变形值曲线

图 7.34 所示为不同注浆宽度工况下道路路面最大变形值曲线。

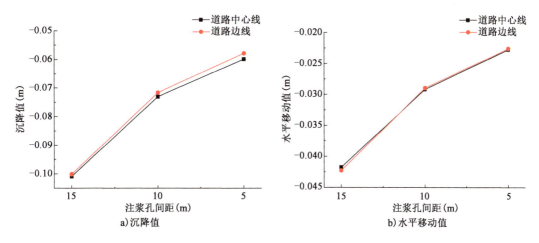

图 7.34 不同注浆宽度工况下道路路面最大变形值曲线

由图 7.34 可以看出，注浆孔间距为 10m 相比于注浆孔间距为 15m 时，对地表变形的控制有很好的提升效果，以后，虽然随着注浆孔间距的减小，路面中心线最大沉降值和最大水平移动值会不断减小，但是控制效果相对来说不太明显。这是因为：首先，当孔间距是扩散半径两倍时，浆液的充填率能达到 75%，再加密注浆孔，充填率提升不大，对岩土体强度的提升效果也不明显。其次，安全煤柱在长期荷载作用下，产生了具有时间效应的变形和破坏，强度降低，煤柱大部分已经进入塑性状态，而对采空区进行注浆处治提升了煤柱的抗剪强度，本应在应力作用下进入塑性状态的区域，仍然处于弹性状态，未发生较大的变形。而当注浆孔间距为 15m 时，煤柱部分区域浆液没有扩散到，整体强度的提升值不足够大，仍然大部分处于塑性状态中，变形量较大。所以当注浆孔间距减小到某一值后，再加密注浆孔间距，对地表的控制效果提升不明显。

7.3 注浆参数设计确定

7.3.1 采空区注浆治理范围的确定

采空区治理范围包括沿公路轴线方向上的治理长度、垂直于轴线方向上的治理宽度及地下治理深度和注浆段的高度。注浆范围与空洞的分布、埋藏深度、上覆岩性及路基类型(挖方、填方)等因素有关。参照目前国内已实施工程及相关规范,采空区治理范围为:

(1)采空区注浆处理长度

采空区治理的长度为公路路线走向上采空区实际分布长度,并考虑增加覆岩移动角影响范围内的治理长度。本采空区路线走向与煤层走向近似垂直,道路纵向采空区长度为采空区在路线上的投影长度与采空区上山影响带及下山影响带在线路上的投影长度之和(图7.35)。

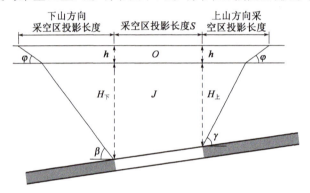

图7.35 采空区长度(路线走向与煤层走向垂直)计算示意图

采空区长度可按下式计算:

$$L = S + 2(h\cot\varphi + H_{下}\cot\beta + H_{上}\cot\gamma) \tag{7.3}$$

式中:L——垂直于公路中线的水平方向宽度(m);

S——采空区在路线上的投影长度(m);

h——松散层厚度(m);

φ——松散层移动角(°);

$H_{下}$——下山方向采空区覆岩厚度(m);

$H_{上}$——上山方向采空区覆岩厚度(m);

β——下山方向采空区覆岩移动角(°);

γ——上山方向采空区覆岩移动角(°)。

(2)采空区注浆处理宽度

对于路基下采空区,治理宽度选取设计原则是确保周围未治理的采空区塌陷时对拟建高速公路的路基、路面不引起开裂、下沉等变形。根据路基设计规范中对采空区路基的相关规定,并参考已建的高速公路上对煤矿采空区设计和采空区治理经验,结合依托工程的具体特点,对采空区注浆处理宽度进行了综合确定。计算工程处理宽度示意图如图7.36所示,工程处理宽度为:

$$L = D + 2d + 2(h\cot\varphi + H\cot\delta) \quad (7.4)$$

式中：L——工程处理宽度(m)；

D——公路路基底面宽度(m)；

d——路基维护带一侧宽度(m)，取 10m；

H——采空区上覆基岩厚度(m)；

φ——松散层移动角(°)；

δ——走向方向采空区上覆基岩移动角(°)；

h——松散层厚度(m)。

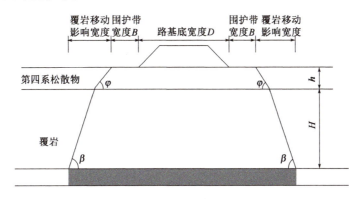

图 7.36　采空区公路(纵向与地层走向垂直时)横向宽度计算示意图

当公路纵向与地层走向斜交时，采用斜交剖面移动角计算，先将煤层下山、上山方向移动角换算成路线纵向通过位置上的下山、上山方向移动角，换算计算公式为

$$\cot\beta' = \sqrt{\cot^2\beta\cos^2\theta + \cot^2\delta\sin^2\theta} \quad (7.5)$$

$$\cot\gamma' = \sqrt{\cot^2\gamma\cos^2\theta + \cot^2\delta\sin^2\theta} \quad (7.6)$$

式中：β、γ、δ、θ——下山、上山、走向方向移动角以及围护带边界与煤层倾向线之间所夹锐角。

采空区地层走向与路线斜角度相交时，采空区治理宽度计算公式如下：

$$M = D + 2B + 2h\cot\varphi + H_{上}\cot\beta' + H_{下}\cot\gamma' \quad (7.7)$$

式中：h、$H_{上}$、$H_{下}$——松散层厚度与煤层上山、下山方向基岩厚度。

(3)采空区治理深度

根据路基设计规范以及以往的工程处治经验，采空区处治深度为地面至采空区(或煤层)底板以下不小于 3m。本项目为路线沿安全煤柱布设，结合类似工程经验，充分利用现有的安全煤柱，处理深度为地面至安全煤柱稳定区以下 3.0m。具体处理如表 7.7 所示。

各标段采空区治理范围和注浆量一览表　　　　　表 7.7

标段	采空区名称	桩号	影响路线范围(m)		处理深度 (m)	采煤厚度 (m)	回采率 (%)	剩余空洞体积(m³)	注浆量 (m³)
			长度	宽度					
1	沙沟幸福煤矿	K19+630～K19+960	330	210	50～300	38.65	30	129039	133071
2	众兴二矿	K21+220～K21+880	660	120	50～192	67.4	30	94582	97538
3	两矿间变形区及乱掘区	K21+880～K22+280	400	100	100	40	30	10133	8000

续上表

标段	采空区名称	桩号	影响路线范围(m) 长度	影响路线范围(m) 宽度	处理深度 (m)	采煤厚度 (m)	回采率 (%)	剩余空洞体积(m^3)	注浆量 (m^3)
4	曙光六矿	K22+280~K22+600	320	120	50	42.2	30	43584	44946
4	志强煤矿	K22+600~K22+900	300	120	30	86.4	30	32495	33510
4	小煤窑采空区	K23+985~K24+005	20	50	50			1000	1031
4	小煤窑采空区	K24+050~K24+070	20	75	50			1500	1547
总计			2150					312333	319643

在本次高速公路采空区地基注浆二标段设计与施工中,公路纵向上是以安全煤柱分布范围为界,二标治理长度在K21+220~K21+880之间,共计660m;横向上加固宽度为沿路线中心两侧各60m,即宽度约为120m,处理深度为地面至安全煤柱稳定区以下3.0m。注浆加固最大深度为192m,最小深度为50m。

7.3.2 采空区注浆压力、扩散半径、注浆量

1)注浆孔间距及布置

根据本地区相似工程注浆实践成果,推荐煤矿采空区处治工程注浆孔距、排距,采用梅花形布置;最外侧为帷幕注浆孔,其余为充填、固结注浆孔。帷幕注浆孔推荐孔距,用于封堵浆液不至于注入外侧采空区或非加固区。具体间距亦可结合现场试验段的试验情况进行优化调整。

一标段:注浆孔距设计推荐孔距、排距为15.0m;帷幕注浆孔孔距为5m。

二标段:注浆孔距设计推荐孔距、排距为10.0m;帷幕注浆孔孔距为5m。

三标段:注浆孔距设计推荐孔距、排距为8.0m;帷幕注浆孔孔距为4m。

四标段:注浆孔距设计推荐孔距、排距为12.0m;帷幕注浆孔孔距为6m。

小煤窑采空区注浆孔距设计推荐孔距为8.0m;帷幕注浆孔孔距为4m。

根据二标段采空区注浆工程的注浆孔距设计,推荐孔距、排距为10.0m,采用梅花形布置;最外侧为帷幕注浆孔,其余为充填、固结注浆孔。帷幕注浆孔孔距确定为5m,用于封堵浆液不至于注入外侧采空区或非加固区。具体间距亦可结合现场试验段的试验情况进行优化调整。

2)浆液扩散半径与注浆压力

确定注浆参数是设计中主要任务,包括确定浆液扩散半径(R)、容许注浆压力、注浆孔布置方式等,这些参数相互联系,与地基土体渗透性等相关,计算选用比较困难,因此工程施工前应通过小规模试验确定注浆参数。

(1)浆液扩散半径

①采空区上方地基注浆:浆液扩散半径R是一个重要的参数,R值可进行理论公式估算,如选用参数接近于实际条件,则计算值具有一定的参考价值。

$$R = 3K \cdot P \cdot r \cdot \frac{T}{B} \cdot n \tag{7.8}$$

式中:R——浆液扩散半径(cm);

r——注浆孔半径(cm),取5.5cm;

K——渗透率(cm/s),取 $0.5×10^{-8}$ cm/s;

P——注浆压力(Pa),取 $(0.3~2.4)×10^{6}$ Pa;

T——渗透时间(s),取 1800s;

B——黏度,取 20;

n——地层孔隙率,取 50%。

计算后得 $R=1.11~8.91$m,一般注浆孔的孔距等于2倍的扩散半径,设计时可根据土中含粉砂及粉土层的厚度调整其孔距。浆液扩散半径R也可参照渗透系数,取经验数值。

②采空区及其附近充填注浆:采空区处治范围的边缘部位应布设帷幕孔,防止浆液流失,帷幕孔间距宜为10m,容许变动范围为±5m。注浆孔宜采用梅花形方式布设,其排距、孔间距应经现场试验确定。

当无法进行现场试验时,宜根据采矿方法、覆岩地层结构及岩性、回采率、顶板管理方法、冒落带和裂隙带的空隙、裂隙之间的连通性,按表7.8确定。

注浆孔排距与孔距经验值 表7.8

序号	判别条件	排距(m)	孔间距(m)	
			路基范围内	路基范围外
1	有坚硬顶板,回采率不小于60%,采空区冒落带的岩石裂隙、空隙之间连通性好	25±10	20±5	25±10
2	无坚硬顶板,回采率不小于60%,采空区冒落带的岩石裂隙、空隙之间连通性好	20±10	15±5	20±10
3	有坚硬顶板,回采率小于60%,采空区冒落带的岩石裂隙、空隙之间连通性好	20±10	15±5	20±10
4	无坚硬顶板,回采率小于60%,采空区冒落带的岩石裂隙、空隙之间连通性好	15±10	10±5	15±10

根据本地区相似工程注浆实践成果,二标段采空区处治工程注浆孔距设计推荐孔距、排距为10.0m,采用梅花形布置;最外侧为帷幕注浆孔,其余为充填、固结注浆孔。帷幕注浆孔孔距确定为5m,用于封堵浆液不至于注入外侧采空区或非加固区。

(2)注浆压力

注浆压力是给予浆液扩散充填、压实的能量。在保证注浆质量的前提下,压力大,扩散距离大,注浆钻孔数量少,同时有助提高可灌性,提高土体强度。但当压力超过受注地层的自重和强度时,可能导致地基及其上部结构的破坏,所以在设计中,一般都以不使地层结构破坏或仅发生局部的和小量的破坏,作为确定地基允许注浆压力的基本原则。目前,注浆压力主要参照砂砾层中注浆工程计算公式确定:

$$[P_e]=C(0.75T+K\lambda H) \quad (7.9)$$

式中:P_e——注浆允许压力;

C——注浆序次;

T——覆盖层厚度(m);

K——注浆方式系数,自上而下 $K=0.8$,自下而上 $K=0.6$;

λ——地层因素系数,取 0.5~1.5,地层强度低取值小;

H——注浆层距地面深度(m)。

有效注浆压力按下式计算:

$$P = P_1 + P_2 - P_3 - P_4 \tag{7.10}$$

式中:P——注浆压力(简称全压力)(MPa);

P_1——孔口压力表指示压力(简称表压力)(MPa);

P_2——孔口压力表中心至注浆段中心的浆液柱自重压力(MPa);

P_3——地下水对注浆段的压力(MPa);

P_4——浆液在注浆管和钻孔中流动的压力损失(MPa)。

P_2、P_3 可用下式计算:

$$P_2 = h \times \gamma_g \tag{7.11}$$

$$P_3 = h_w \times \gamma_w \tag{7.12}$$

式中:h——孔口压力表中心至注浆段中心的高度(m);

h_w——地下水位至注浆段中心的高度(m):

γ_g——浆液的重度(N/cm³);

γ_w——水的重度(N/cm³)。

对注浆压力的规定如下:

①注浆压力以安装在进浆管路孔口处的注浆压力表的中值控制。

②串浆孔(组)或多孔并联注浆时,应分别控制注浆压力,同时应加强抬动监测,防止发生抬动破坏。

通过计算,随深度变化注浆压力见表 7.9。根据本地区相似工程注浆试验成果,注浆孔各深度段具体注浆压力值应结合本项目现场试验段试验情况进行优化调整。

帷幕孔孔口注浆压力 表 7.9

注浆深度 (m)	岩体自重应力(MPa)	孔口进浆管控制压力 P_1(MPa)		浆柱压力 P_2(MPa)	注浆压力 P(MPa)	
		帷幕孔	充填、固结孔		帷幕孔	充填、固结孔
5.0	0.0	0.3	0.4	0.1	0.2	0.2
10.0	0.3	0.4	0.5	0.1	0.3	0.5
15.0	0.4	0.5	0.7	0.2	0.5	0.7
20.0	0.5	0.6	0.8	0.3	0.7	0.9
25.0	0.6	0.7	1.0	0.4	0.8	1.1
30.0	0.8	0.7	1.1	0.4	1.0	1.4
35.0	0.9	0.8	1.3	0.5	1.1	1.6
40.0	1.0	0.9	1.4	0.6	1.3	1.8
45.0	1.1	1.0	1.6	0.7	1.5	2.0
50.0	1.3	1.1	1.7	0.7	1.6	2.3
55.0	1.4	1.2	1.9	0.8	1.8	2.5
60.0	1.5	1.3	2.0	0.9	2.0	2.7

续上表

注浆深度(m)	岩体自重应力(MPa)	孔口进浆管控制压力 P_1(MPa)		浆柱压力 P_2(MPa)	注浆压力 P(MPa)	
		帷幕孔	充填、固结孔		帷幕孔	充填、固结孔
65.0	1.6	1.4	2.2	0.9	2.1	2.9
80.0	2.0	1.5	2.3	1.2	2.4	3.3
100.0	2.5	1.6	2.5	1.5	2.8	3.7
120.0	3.0	1.7	2.6	1.7	3.2	4.2
140.0	3.5	1.8	2.8	2.0	3.6	4.6
160.0	4.0	1.9	2.9	2.3	4.0	5.1
180.0	4.5	2.0	3.1	2.6	4.4	5.5
200.0	5.0	2.1	3.3	2.9	4.8	6.0
220.0	5.5	2.1	3.4	3.2	5.1	6.4
240.0	6.0	2.2	3.6	3.5	5.5	6.8
260.0	6.5	2.3	3.7	3.8	5.9	7.3
280.0	7.0	2.4	3.9	4.1	6.3	7.7

注:1. 注浆压力 P 为设计压力值,在施工过程中,按孔口进浆管压力 P_1 控制。
2. P_3-地下水对注浆段的压力,取 0.0MPa;P_4-浆液在注浆管和钻孔中流动的压力损失,取 0.2MPa。
3. 岩石重度 $\gamma = 25.0$kN/m³;水泥粉煤灰浆液重度 $\gamma = 14.25$kN/m³;使岩体抬动的临界压力 $P_c = 1.8\gamma h$。

注浆压力值与地层的结构、初始注浆的位置和注浆序次、方式等因素相关,有些因素较难准确地获取,所以在地基注浆处理前宜通过现场注浆试验来确定,以取得设计所需参数。

进行注浆试验时,一般是通过逐步提高压力的办法,求得注浆压力与注浆量关系曲线,当压力升至某一数值,而注浆量突然增大时,表明地层结构发生破坏或孔隙尺寸已被扩大,因而可把此时的压力值作为确定容许注浆压力的依据。

3) 采空区注浆量预测计算

由于采空区勘察手段的局限性,采空区的实际体积难以精确计算,加之注浆时,浆液充填覆岩裂隙的量难以精确计算,因此,采空区注浆量只能是预测。注浆量主要包括两个部分,一是安全煤柱边缘浅部采空区残留空洞注浆量,二是岩土裂隙注浆量。具体计算由以上各点综合考虑,采用下式计算。

采空区空洞体积指采空区治理范围内的采出煤层体积,扣除采空区因顶板冒落而已发生的变形。注浆浆液的结石率按 80% 计算,浆液对采空区及上覆岩层中的裂隙、裂缝的充填率要求为 75%,考虑在注浆过程中浆液损失,注浆量按下式计算:

$$Q_{总} = A \cdot \Delta V \cdot \frac{\eta}{C} \tag{7.13}$$

式中:$Q_{总}$——注浆量(m³);

A——浆液损耗系数,取值 1.1;

ΔV——采空区剩余空隙体积(m³);

η——浆液充填率,取值 0.75;

C——浆液结石率,取值 80%。

根据预测计算,二标段采空区注浆范围 K21+220~K21+880 段共需注浆 97538m³,预填砂砾集料 4238m³。

7.4 二标段采空区注浆施工统计数据分析

7.4.1 钻孔统计分析

根据统计,二标段采空区地基注浆施工共计钻孔 1039 个,其中返水钻孔 887 个,占总钻孔数的 85%;漏水钻孔 73 个,占总钻孔数的 7% 左右;采空钻孔 71 个,占总钻孔数的 7% 左右;另有 8 个钻孔没有出现返水、漏水、采空等不良地质现象,占总钻孔数的 1%,分别为:Z10-5、Z10-9、Z10-12、Z11-1、Z11-2、Z25-6、W23-1、W24-1。

钻孔统计饼状图见图 7.37。

从钻孔分类饼状图中可以发现,在 1039 个钻孔中返水孔最多,因此在施工过程中合理调配浆液浓度,控制注浆压力及流量,避免注浆引起的地面抬升等工程地质问题,从而提高施工的速度。

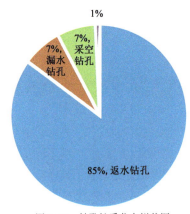

图 7.37 钻孔性质分布饼状图

7.4.2 采空掉钻孔统计分析

根据分析,其中 71 个采空掉钻孔中掉钻厚度为 0~2m 的钻孔 23 个,占总钻孔数的 32%;2.1~4.0m 的钻孔 27 个,占总钻孔数的 38%;4.1~6.0m 的钻孔有 10 个,占总钻孔数的 14%;6m 以上的钻孔 11 个,占总钻孔数的 16%。数据如图 7.38、图 7.39 所示。最大掉钻为 16m,孔号为 W30-1。

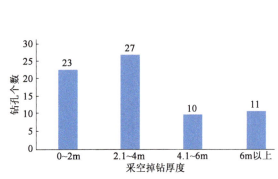

图 7.38 采空掉钻孔的掉钻深度分布柱状图

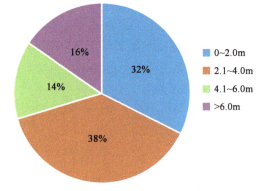

图 7.39 采空掉钻孔的掉钻深度分布饼状图

从采空掉钻孔的掉钻深度分布柱状图可看出:掉钻厚度为 0~4.0m 的钻孔分布最多,共计 50 个钻孔,占总采空掉钻孔数的 70%。因此在施工之前要多准备一些 0~4.0m 钻孔掉钻时遇到的问题解决方案,提高施工速度。

在 71 个采空掉钻孔中有 11 个多层掉钻钻孔,其中有 10 个是两层掉钻钻孔,孔号分别为 Z10-7、Z11-5、Z11-9、Z13-1、Z13-4、Z13-11、Z14-11、W18-1、W21-1、Z10-1。还有 1 个是 4 层掉钻

钻孔,孔号为 W26-1。

7.4.3 含煤钻孔统计分析

根据统计,二标段采空区地基注浆施工共 1039 个钻孔中,共计 250 个钻孔中有煤层。其中煤层为 0~10.0m 的钻孔共 93 个,占含煤层钻孔总数的 37%;煤层为 10.1~20.0m 的钻孔为 62 个,占含煤层钻孔总数的 25%;煤层为 20.1~30.0m 的钻孔为 44 个,占含煤层钻孔总数的 18%;煤层为 30.1~40.0m 的钻孔为 20 个,占含煤层钻孔总数的 8%;煤层为 40.1~50.0m 的钻孔为 16 个,占含煤层钻孔总数的 6%;煤层 50.1m 以上的钻孔为 15 个,占含煤层钻孔总数的 6%。数据如图 7.40、图 7.41 所示。其中最大煤层层厚为 101.2m,孔号为 Z12-1。

从图中可以看出,在有煤层的钻孔中,煤层厚度分布在 0~30m 的钻孔含量最多,大约占了含煤钻孔总数的 80%。

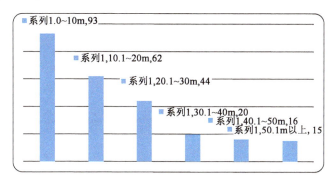

图 7.40 含煤层钻孔煤层厚度分布柱状图

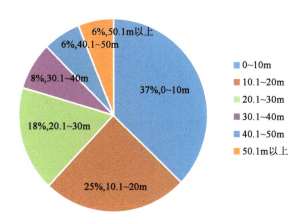

图 7.41 含煤层钻孔煤层厚度分布饼状图

7.4.4 钻孔性质平面分布特征

图 7.42~图 7.46 为二标段采空区注浆施工中采空钻孔、含煤钻孔、非反水钻孔以及漏水孔平面分布图,统计数据分析如下:

由图 7.42 可以看出,含煤钻孔主要分布在 K21+220~K21+440 段左右 16m 之间,K21+440~K21+520 段左 7.5~16m 之间,K21+540 段右 5~16m 之间,K21+760~K21+880 段

左5~7.5m之间区域。在K21+880右10m处、K21+820左16m处、K21+870右16m处、K21+640右5m处、K21+630左2.5m处、K21+580右16m处、K21+480右16m处等区域有零星分布。

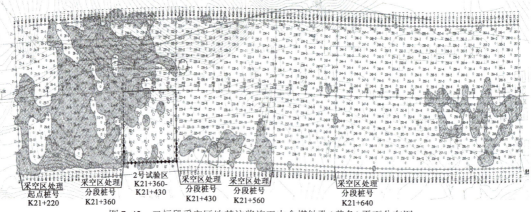

图7.42 二标段采空区地基注浆施工中含煤钻孔(黄色)平面分布图

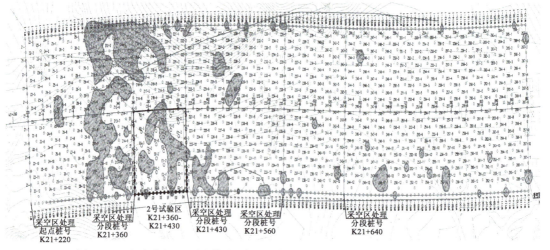

图7.43 二标段采空区地基注浆施工中非返水钻孔(采空区和漏水孔,绿色)平面分布图

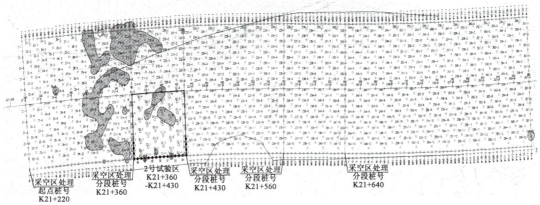

图7.44 二标段采空区地基注浆施工中见到采空钻孔(红色)平面分布图

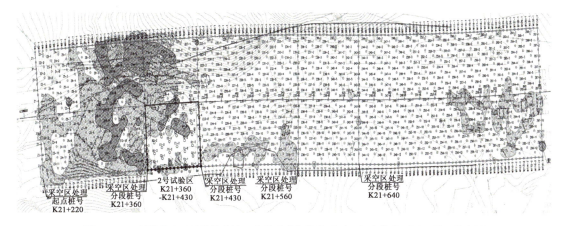

图 7.45 二标段采空区地基注浆施工中见到采空钻孔(红色)与含煤孔(黄色)平面分布图

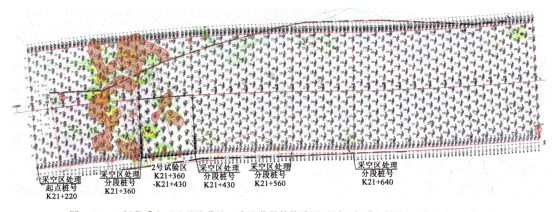

图 7.46 二标段采空区地基注浆施工中注浆量等值线图(绿色)与采空钻孔(红色)平面分布图

由图 7.43 可以看出,非返水孔(采空钻孔和漏水钻孔)主要分布在 K21+290～K21+430 段左右 16m 之间,K21+260 左 3m 至右 2.5m 之间,K21+440～K21+490 段右 6～16m 之间区域。在 K21+480 左 5～10m 处、K21+490 左 0～3m、K21+690 右 12～16m 处、K21+880 右 10～14m 处等区域有零散分布。除了在图中铺灰区域内的钻孔,其余钻孔均有返水。

由图 7.44 可以看出,采空钻孔主要分布在 K21+280～K21+420 段左右 16m 之间区域。在 K21+260 左 2.5m 处、K21+430 左 12.5m 处和 K21+880 右 10m 处还有零星分布。

由图 7.45 可以看出,已经开采的煤层分布在 K21+280～K21+420 段左右 16m 之间区域。在 K21+260 左 2.5m 处、K21+430 左 12.5m 处和 K21+880 右 10m 处等还有零星分布。未开采的煤层主要分布在 K21+220～K21+290 段左 16m 到右 16m 之间、K21+430～K21+500 段右 7.5～16m 之间、K21+760～K21+880 段右 2.5～16m 之间区域。

由图 7.46 可以看出,采空区分布的区域注浆量分布等值线较密,注浆量较多。主要集中在 K21+280～K21+420 段之间。

7.4.5 注浆量统计分析特征

根据统计,二标段采空区地基注浆施工一共有钻孔 1039 个,注浆总量为 119262.0m^3,每孔平均注浆量为 114.8m³。其中：z26-7 钻孔注浆量最小，为 15.6m³。z10-6 钻孔注浆量最大，为 2879.5m³；0~50m³ 注浆孔占钻孔总数的 46%，50.1~100m³ 注浆孔占钻孔总数的 34%，100.1~150m³ 注浆孔占钻孔总数的 6%，150.1~200m³ 注浆孔占钻孔总数的 3%，200.1~300m³ 注浆孔占钻孔总数的 3%，300.1~400m³ 注浆孔占钻孔总数的 3%，400m³ 以上注浆孔占钻孔总数的 1%。数据如图 7.47 所示。

由图 7.47 可以看出：注浆量为 0~100m³ 的钻孔最多，占总钻孔数的 80%；注浆量为 100~400m³ 的钻孔，占总钻孔数的 19%；而注浆量大于 400m³ 的钻孔，仅占总钻孔数的 1%。

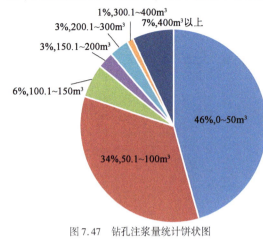

图 7.47　钻孔注浆量统计饼状图

7.5　本章小结

（1）以弹塑性理论为基础，建立了采空区的三维数值模型。运用 FLAC³ᴰ 软件对采空区的围岩变形分布状态进行数值模拟，掌握其位移分布规律；通过大量的模拟数据作图分析了采空区注浆深度、宽度、孔距对采空区稳定性的影响。

（2）本章根据路基设计规范中对采空区路基的相关规定，并参考已建的高速公路上对煤矿采空区设计和采空区治理经验，推荐给出了采空区注浆参数，并给出了现场实测数据。

第8章 采空区处治施工技术

8.1 注浆施工工法概述

(1)工法特点

注浆法是指用钻孔形成地下通道,采用一定的压力,把水泥粉煤灰或水泥黏土混合料浆液注入地下采空区的垮落带和冒落带中,浆液以充填、渗透等方式,将松散的岩块或裂隙胶结成一个结构稳定、强度大的"结石体"整体或条带式、墩台式结石体,从而保证采空区上方覆岩的稳定性。

根据注浆浆液的充填方式分为:全充填注浆法、条带式充填注浆法和墩台式充填注浆(或混凝土)法。根据已有工程与本项目的实施,本采空区注浆施工工法为全充填注浆法施工。

注浆施工方法的特点如下:

①设备和工艺使用灵活。
②工期短,见效快,适用范围广。
③加固深度易于控制。

注浆施工方法可分为自上而下式、自下而上式等类型,各种注浆施工方法的优缺点以及适用范围见表8.1。

各种注浆方法的特点一览表 表8.1

注浆方法	施工特点	优点	缺点	适用范围
自上而下分段注浆法	从上向下逐段进行钻孔,逐段安装灌浆塞进行灌浆,直至孔底的灌浆方法	注浆塞置于已灌段底部,易于堵塞严密,不易发生绕塞返浆;各段压水试验和水泥注入量成果准确;注浆质量比较好	钻孔、注浆工序不连续,工效较低;孔内注浆塞和管路复杂	可适用于较破碎的岩层和各种岩层
自下而上分段注浆法	从上向下进行钻孔,然后由下至上逐段安装灌浆塞进行灌浆的方法	钻孔、注浆作业连续,工效较高	岩层裂隙发育时,易发生绕塞返浆;不便于分段进行裂隙冲洗	适用于较完整的或缓倾角裂隙的地层
综合注浆法	介于自上而下注浆法和自下而上注浆法之间	介于自上而下注浆法和自下而上注浆法之间	介于自上而下注浆法和自下而上注浆法之间	可适用于较破碎和完整性基岩地层
全孔一次注浆法	从上向下一次成孔,一次注浆	工序少,工效高	适用范围小	浅孔固结注浆或空洞注浆
孔口封闭法	从上向下一次成孔,在钻孔孔口位置封闭后注浆	能可靠地进行注浆,不存在绕塞返浆问题,事故率低;能够对已灌段进行多次复灌,对地层的适应性强,注浆质量好,施工操作简便,工效较高	每段均为全孔注浆,全孔受压,近地表岩体抬动危险大。孔内注浆量大,浆液损耗多,灌后扫孔工作量大,有时易发生注浆管事故	适宜于较高压力和较深钻孔的各种注浆

(2)适用范围

本工法适用于急倾斜煤层采空区孔口封闭全孔一次注浆法以及孔口封闭自上而下分段水泥粉煤灰注浆法施工。

(3)工法原理

①通过注浆,能有效地充填空洞以及覆岩冒落带空隙,增强了采空区以及覆岩冒落带岩石的密实度,提高了覆岩结构的整体刚度,阻止了煤层或采空区顶板继续垮落。

②依靠浆液良好的流动性,对节理、裂隙、层理等软弱结构面进行充填胶结,提高了抗剪强度,增加了覆岩裂隙带的整体性和地基承载力,确保拟建公路的安全运营。

8.2 施工工艺流程及操作要点

8.2.1 采空区处治施工一般规定

(1)针对不同的采空区工程地质条件以及要素特征,结合公路等级和工程类型,采空区处治施工应采取不同的施工方法、施工工艺,施工前,工程技术人员应熟悉、核实勘察设计文件及有关资料,编制施工组织设计,确保施工的有序进行。

(2)采空区是人工开采矿层的产物。应根据施工过程中发现的实际情况,进行动态设计与优化设计。

(3)施工前选择具有代表的路段作为试验路段,按设计注浆孔总数的3%~5%的孔数进行现场注浆试验,试验内容包括成孔工艺、注浆施工工艺、注浆设备、浆液的配比等。在发现与总结试验成果的基础上确认适宜的施工方案。

8.2.2 采空区注浆处治主要工序和施工工艺流程

注浆处治工程施工主要工序包括:①施工准备;②注浆孔施工;③孔口管浇铸和止浆;④采空区注浆及封孔;⑤整理竣工资料。

施工工艺流程如图8.1所示。

8.2.3 施工准备

施工单位应根据招、投标文件、施工合同、设计文件及有关规范编报施工组织设计。施工组织设计包括以下内容:编制说明、施工组织机构、施工平面布置图、施工方法、施工详图、总进度计划和进度图、质量管理、安全生产、环境保护等。施工单位必须建立健全的质量保证体系。主要内容为:质量方针、质量目标、质量保证机构、质量保证程序、质量保证措施。

施工单位应按注浆工程的性质与工程量的大小,准备施工机械。各种设备的性能应能满足工程的需要,并应有备用量。安装调试注浆泵、搅拌机、压力表等,检查所有设备运转是否正常。注浆管路应逐根地检查,丝扣必须完好,每根管内必须通畅。在机械的转动与传动部分附近或之上一律安装保护网或防护罩。

施工单位应根据采空区注浆工程的特点,准备进行施工测量及复核测量资料;施工测量的内容和要求如下:

（1）在原控制点上设站进行放样，或在原控制点上用支导线法加密测站点或用测距仪极坐标法加密测站点。

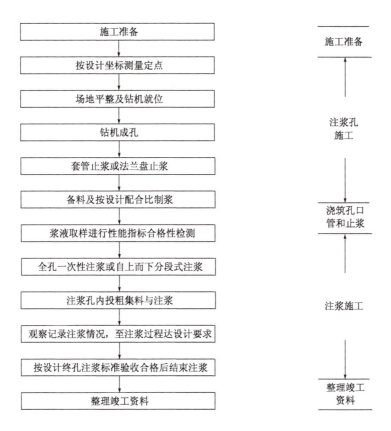

图 8.1　注浆工程施工工艺流程图

（2）钻孔放样测量及要求。

①当有良好的丈量条件时可采用直接丈量法进行逐个注浆孔的施工定位。

②如无良好的丈量条件，宜使用校验过的电磁波测距仪定位。

（3）为防止差错，施工测量必须进行校核、自检，并作出测量和检查核对记录。外业自检数量不应小于总数的 10%。

8.2.4　注浆孔施工

1）准备工作

为了保证注浆工程的质量，合理确定注浆参数，分析浆液扩散的方向和距离，评价注浆效果等，施工单位应重视施工区内的地质、采矿、水文地质等工作，尚需做如下工作：

在对已有地质、采矿、水文地质资料分析研究的基础上，进行适当的调查工作，核实设计文件中的相关内容。

注浆工程属于地下工程，地质、采矿、水文地质条件复杂，影响施工质量因素较多，因此，施工应积极与设计、监理等单位配合，在施工过程中，做好优化设计的工作。

（1）注浆孔成孔施工流程

注浆孔成孔施工流程如图8.2所示。

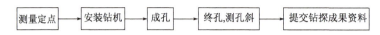

图8.2 注浆孔成孔施工流程

（2）按设计坐标测量定点

注浆孔应用经纬仪进行实地测量放样，钻孔实际位置原则上不应超过设计位置的0.5m。确因地形影响，钻孔不能放在设计位置时，可视具体情况予以调整。

鉴于煤矿开采和塌陷变形的复杂性，通过有限的勘探钻孔尚难以精确查明地下的全部情况，如出现与设计不符的情况时，其他孔位将据此对原设计进行适当的调整。

（3）场地平整及钻机就位

为使钻机就位，除了修便道外，还需平整钻机的作业场地，作业面的平整度以保障钻机移动和钻孔时的安全为准。

2）各孔施工顺序选择

为了保证采空区注浆工程的质量，达到试验的目的，施工顺序采用的原则是：先施工路线两侧帷幕孔，再施工中间的注浆孔，注浆孔中先施工巷道两侧的注浆孔。注浆孔分二序间隔进行施工。

在二标段采空区注浆工程的施工过程中，因受地层倾向与地层走向的影响，注浆浆液在地下流动方式具有不同的特征：在地层的倾向方向，受注浆浆液注浆压力和自重的共同作用，注浆浆液沿空巷或采空塌陷区由高处向低处，向一侧有明显的流动或渗透现象。依据上述研究结果，对于倾斜—急倾斜煤层采空区注浆治理工程，其各孔施工顺序为：

（1）注浆孔或帷幕孔应分2或3个序次施工（钻进及注浆），即隔1或3个孔钻进和注浆。

（2）施工应先帷幕孔后注浆孔。帷幕孔注浆宜先进行地下水流向的下游（或地层倾向方向的最低处）排孔的注浆，后进行上游（或地层倾向相反方向的最高处）排孔的注浆。

（3）注浆孔注浆宜根据施工机具的能力，可先进行路基范围内地下水流向的下游（或地层倾向方向的最低处）排孔的注浆，然后在该区域路基范围以外的影响区进行注浆，其后在路基范围内上游（或地层倾向相反方向的最高处）排孔的注浆，最后在该区域路基范围以外的影响区进行注浆。

3）钻孔成孔工艺及技术要求

（1）成孔工艺

钻孔宜采用回转式钻机，当地层中存在卵石层时，可采用冲击或回转冲击式钻机施工该层位。钻孔用$\phi 127mm$或$\phi 148mm$钻头开孔，钻至基岩$4\sim 6m$后（视地层情况而定），变径为$\phi 110mm$，在钻进过程中，可根据地层情况，再次变径，但终孔孔径不小于91mm，然后钻至采空区中的塌陷冒落带或煤层底板以下1m终孔。

（2）技术要求

①钻孔每$100\sim 150m$测斜一次，每百米孔斜不应超过$1.0°$，终孔时应测孔斜。

②总数$3\%\sim 5\%$的注浆孔要求全取芯。对于全取芯孔，第四系松散层可不取芯。采空区上部覆岩部位岩芯采取率$>60\%$，采空塌陷区部位岩芯宜根据钻进过程中采空区中的塌陷情

况确定,采取率应>15%~30%。按取芯次序统一编号,并对钻孔冲洗、钻孔压力、芯样长度及其他能充分反映岩石特性的因素进行监测和记录,最后绘制钻孔柱状图和进行岩芯描述。

③在钻进过程中,第四系松散层中可采用跟管钻进或泥浆护壁;在基岩中,应采用清水钻进。做好钻探原始记录和岩芯编录工作。钻孔施工过程中,如发现岩性变化、漏水、掉钻、埋钻、钻速变化、回水变色、失水等现象,要详细记录其深度、层位和耗水量等相关内容,以判断地下采空区塌陷程度,用于指导注浆施工。

④钻孔遇有洞穴、塌孔或掉块难以钻进时,可进行注浆处理,再行钻进。如发现集中漏水或涌水,应查明情况、分析原因,经处理后再行钻进。

⑤注浆孔(段)在钻进结束后,应进行钻孔冲洗,孔底沉积厚度不得超过设计孔深的2.0%。

⑥钻孔进尺达到设计深度时,应报验,经检查合格后,方可进行下一步施工。

[孔深、静水位(埋深)测量:

在钻探过程中必须测量注浆钻孔及邻孔的孔深、静水位(埋深),如孔深小于终孔孔深5m以上,应扫孔。]

(3)防治注浆孔的偏斜措施

为严防注浆孔的偏斜,必须采取防偏斜措施,见表8.2。

注浆孔钻进防斜与纠偏一览表　　表8.2

项　目		措　施
钻进防斜		1. 钻进时,必须坚持使用钻铤。 2. 在可钻性为3~8级的岩石中钻进,钻头压力为40~60MPa。 3. 软硬换层时,一定要用慢转、轻压(30~40MPa)。 4. 使用磨损的钻头钻进,钻头焊接平整,孔壁较好时,钻杆间加导向箍,减弱钻杆甩度。变径时要采用导向措施。 5. 钻进时,机上余尺不宜过长;岩芯管长度不宜超过4m。 6. 开孔时要使天轮中心、立轴中心、钻孔中心三点在同一垂线上。立轴导管与主动钻杆空隙过大时要及时更换。 7. 经常检查钻具有否弯曲,禁止用弯曲的钻杆钻进。 8. 每钻进15~20m测斜一次,发现问题及时纠偏。 9. 控制回次进尺,及时提钻,提高岩芯采取率,并防止脱落岩芯。如岩芯脱落,应及时捞上来再钻进。 10. 使用扭矩大的钻机,大流量的泥浆泵,刚性大的钻具
孔斜纠偏	注浆封堵重新开孔扫斜	1. 封堵材料可用水泥加三乙醇胺复合外加剂,水灰比为0.75:1~0.6:1。 2. 封堵斜孔与正常注浆方法相同,压力达终压后应维持20min,以提高封堵质量,当不触达到终压时,要增长养护期。 3. 一般经48h养护后,用轻压、慢转扫斜,扫出的新孔偏斜及方位角均符合要求时,方许转入正常钻进
	扫	利用翼片较多的扫孔钻头,慢慢从偏斜处上方往下扫孔,如有台阶应防止滑掉
	扩	换用比原来钻头大的钻头扩大孔径,修正钻孔。扩至原深度再换用原钻头,将钻具悬吊1m左右,慢慢下放钻出一个新孔,钻进1~2m测斜合格,再转入正常钻进
	铲	从偏斜部位上部,用加重管带铲孔钻头,以垂直冲击的力量,将偏斜的部分铲掉,每次冲程2m左右,边铲边转动钻具,铲完一至二圈后,再进行第二冲程,铲出台阶后,再利用扩孔钻头,扩大已铲过的一段,铲扩交替,直至铲不下去,再扩孔到底。铲孔时要注意找正三点一线,防止提升中心偏斜,影响铲孔
	移孔	用其他方法处理偏斜无效时,在设计允许前提下,参考邻孔偏斜情况,可向偏斜方向移孔纠偏
	纠偏	利用扶正器定向导斜纠偏

(4)钻孔冲洗

在注浆前,为确保浆液颗粒顺利通过注浆通道,应对所有注浆孔(段)进行裂隙冲洗,直至回水清净为止。

当邻近有正在注浆的孔,或邻近注浆孔结束时间短于初凝时间,不得进行裂隙冲洗。注浆孔(段)裂隙冲洗后,该孔(段)应立即连续进行注浆作业,因故中断时间间隔超过24h者,应在注浆前重新进行裂隙冲洗。

泥质充填物和遇水后性能易软化的岩层中进行注浆时,可不进行裂隙冲洗和简易压水。施工过程中,孔内不返水和掉钻的钻孔,可不进行压水冲洗。

冲洗压力宜为注浆压力的80%,且不大于1MPa,冲洗时间为5~10min,漏水量大于100L/min时,可停止冲洗。

注浆前根据工程实际情况,选择典型区域,宜进行压水试验,以达到下列目的:

①冲洗钻孔及岩层空隙(裂隙、溶隙或孔隙)通道,有利于浆液扩散和与围岩胶结,提高注浆效果。每孔注浆前应用清水冲洗钻孔,冲洗的时间应不小于10min。在遇水性能易恶化的岩层中,注浆前可不进行空隙、裂隙的冲洗或简易压水试验。

②计算岩层的单位吸水量或渗透系数(K)值,了解岩层的渗透性,以选择浆液材料及其浓度和压力。判断浆液扩散的范围,并作为单孔注浆设计和质量评价的依据。

③压水试验分简易压水和正规压水,简易压水只有一个压力量程,稳定时间约60min,正规压水一般有三个压力量程,每个压力阶段要稳定30~60min。可按下式计算单位吸水量。

$$W = \frac{Q}{LS} \tag{8.1}$$

式中:W——岩层单位吸水量(率)(L/min·m²);

Q——压入流量(L/min);

L——压水段长(m);

S——试验压力水头(m)。

冲洗钻孔与正规压水试验,其压水方法及试验成果计算等按《水工建筑物水泥灌浆施工技术规范》(SL 62—2014)的附录B规定执行。

8.2.5 浇铸孔口管和止浆

(1)多层采空区

治理多层采空区时,采用孔口护壁管(也是注浆管)封闭自上而下式分段注浆方法。即用φ127mm钻头开孔,钻至基岩4~6m后提钻,灌入4~6m高度的水灰比为1:1.5~1:2的稠水泥浆(加入水泥重量3%的速凝剂),立刻下入φ130mm套管,待水泥浆初凝后,用φ89mm钻头扫孔并钻至第一个煤层采空区深度,在套管上安装注浆用的三通管注浆(第一注浆段施工)。该层采空区注浆(加入水泥重量3%的速凝剂)结束,待浆液终凝后,再用φ89mm钻头扫孔并钻至下一个采空区深度,仍用孔口三通管注浆(第二注浆段施工)。除此之外,施工单位可根据自己的施工设备,采用其他有效的止浆方法,如用其他的止浆方法,应满足注浆施工的技术要求。结构示意图如图 8.3、图 8.4 所示。

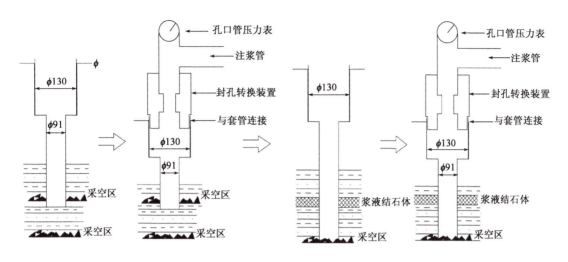

图 8.3 自上而下式注浆孔结构与浇铸孔口管结构示意图

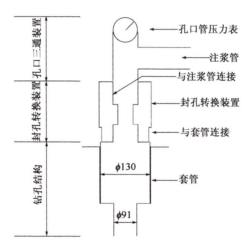

图 8.4 自上而下式注浆封孔转换装置结构示意图

(2)单层采空区

治理单层采空区时,采用孔口法兰盘封闭全孔一次性注浆方法,即:在 $\phi 50mm$ 钢管前端 20~30cm 处焊接一个圆形法兰托盘(托盘直径 120~125mm 之间),用编织袋或塑料袋缠在焊接处之上,下入孔内变径处;用少量碎石、黏土将法兰托盘与孔壁之间的空隙封堵,灌入 4~6m 高度水灰比为 1∶1.5~1∶2 的稠水泥浆(加入水泥重量 3% 的速凝剂),使注浆管与孔壁快速黏固。除此之外,施工单位根据自己的施工设备,可采用其他有效的止浆方法,如用其他的止浆方法,应满足注浆施工的技术要求。结构示意图如图 8.5 所示。

对于塌孔严重的注浆孔或帷幕孔宜在孔内下入 $\phi 50mm$ 的注浆花管至孔底,注浆花管的长度不宜小于采空区垮落带的高度。

钻孔终孔未注浆时,孔口应盖好或用塞堵严。如图 8.6、图 8.7 所示。

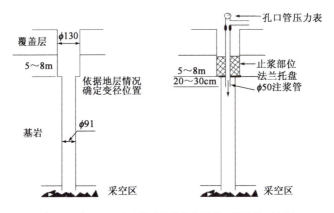

图 8.5　自上而下式注浆孔结构与浇铸孔口管结构示意图

图 8.6　简易法兰盘止浆装置

图 8.7　套管孔口封孔(可拆卸套管上部三通)

8.2.6　注浆施工

采空区注浆施工工艺流程如图 8.8 所示。

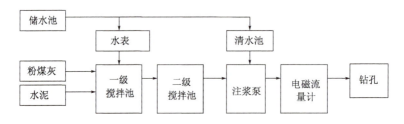

图 8.8　采空区注浆工艺流程图

1)注浆站的建立

(1)注浆站的数量及规模

根据采空区的数量及注浆量不同,设注浆站。采空区注浆工程宜采用集中制浆站造浆。对于长度较大的采空区根据其总长度和注浆量的大小,可分为几个集中制浆站进行浆液配制。

每个制浆站与其最远的注浆孔距离宜小于300m。

(2)注浆站主要设施的施工方法及施工顺序

蓄水池:施工以机械挖掘为主,人工修整,砖混结构。其施工顺序如图8.9所示。

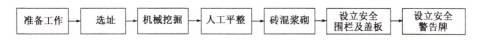

图8.9 蓄水池施工流程

搅拌池:采用人工挖掘,充分利用地形特点,一级搅拌池应高于二级搅拌池,形状为圆柱形,横纵直径最大误差不超过0.5cm,以便准确计算浆液体积。其施工顺序如图8.10所示。

图8.10 搅拌池施工流程

水泥库:采用砖混结构,库内设40cm高水泥台,其表面铺设采条布或牛毛毡起隔潮作用。详见图8.11~图8.13。

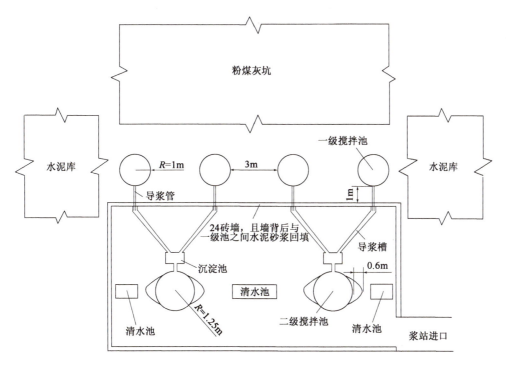

图8.11 水泥粉煤灰浆注浆站平面示意图

2)注浆材料、注浆浆液检测试验及配制

(1)浆液材料及配合比

①浆液类型。

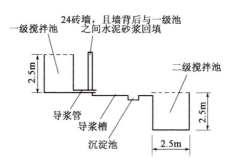

图 8.12 水泥粉煤灰浆注浆站立面示意图

说明:1. 工程数量:一级搅拌池 4 个,二级搅拌池 3 个,清水池 3 个,水泥库 2 个,粉煤灰坑 1 个。

2. 工程尺寸:一级搅拌池直径 2m,深 2.5m;二级搅拌池直径 2.5m,深 2.5m;清水池 2 大 1 小,具体视场地及注浆需求确定;水泥库大小视场地情况及注浆量确定;粉煤灰坑大小视场地情况及注浆量确定。

3. 一级搅拌池标定一般 5~6m³。该尺寸浆站适用于单日注浆量 2000~3000m³ 的浆站。

图 8.13 施工现场中的注浆站

根据当地材料供给情况,结合国内采空区治理工程使用的浆液类型,采空区治理工程注浆采用水泥粉煤灰浆液,充分利用水泥粉煤灰浆液的稳定性及浆液结石体后期强度稳定提高的特性,保证工程质量。

②浆液材料。

浆液材料主要由水、水泥、粉煤灰等组成。

水可采用饮用水,当采用其他水源时,水质应符合《混凝土用水标准》(JGJ 63—2006)的规定。

水泥为不低于 32.5 级的普通硅酸盐水泥,或矿渣硅酸盐水泥,或复合硅酸盐水泥,其质量应符合《通用硅酸盐水泥》(GB 175—2007)的规定。

粉煤灰为电厂初排产品,满足《用于水泥和混凝土中的粉煤灰》(GB/T 1596—2005)规定的Ⅲ级技术要求标准。速凝剂宜用水玻璃,模数 2.4~3.4,浓度 30~45 波美度。

集料可为当地产中粗砂或石屑(最大粒径 <2.0cm)。

③浆液配合比。

注浆浆液为水泥粉煤灰浆,其水固比为 1∶1.0,1∶1.1,1∶1.2,1∶1.3。水泥占固相 20%~30%,粉煤灰占固相 70%~80%。帷幕孔注浆施工时,应在浆液中掺加水泥重量 3% 的速凝剂,使灌入采空区的浆液尽快凝固形成帷幕,减少流出治理区的浆液损失。当注浆孔注浆量较大,除采取其他施工措施(投集料)外,可在浆液中掺加水泥重量 3% 的速凝剂,使灌入采空区的浆液尽快凝固,控制浆液的流动。

在注浆施工前,应按施工时使用的水泥、粉煤灰,在试验室作浆液配比试验(配合比分别为1∶1.0,1∶1.1,1∶1.2,1∶1.3),注浆浆液试块宜选用7.07cm×7.07cm×7.07cm模具成型,试验内容应包括每立方米浆液干料含量、浆液密度、初终凝时间、结石率、试块结石体无侧限抗压强度,试块结石体最终强度应≥0.6MPa。

(2)注浆材料的配制

①浆液配制应按设计浆液配合比进行,并按规定频率随机抽查浆液的各项性能指标。

②原材料计量:水用水表或定量容器计量;水泥按袋或按定量容器(散装水泥)计量;粉煤灰用定量容器计量。使用定量容器计量时,应定期对计量容器进行自校,要求误差小于5%。

水泥粉煤灰浆液中各材料用量严格按照《采空区公路设计与施工技术细则》(JTG/T D31-03—2011)第6.2.5条的式(6.2.5-1)~式(6.2.5-3)进行计算,并进行浆液配置,具体见本书中式(6.3)~式(6.5)。

③制浆工艺流程见图8.14。

④制浆过程要求:分两级搅拌。为使水泥与粉煤灰均匀混合,应在一级搅拌池(含搅拌机)中将水、水泥、粉煤灰(或黏土)配制成水泥粉煤灰浆液,经充分搅拌后放入二级搅拌池(机)。二级搅拌池,既是储浆池、搅拌池,又是注浆泵的吸浆

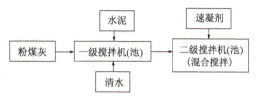

图8.14 制浆工艺流程图

池。浆液进入二级搅拌池后的停留时间应小于4h。一级搅拌池的浆液,流入二级搅拌池前,必须用筛网过滤。制浆材料投入一级搅拌池的顺序:水、水泥和粉煤灰;如加水玻璃时的顺序:水、水玻璃、水泥和粉煤灰。一般是水量加够或为一级搅拌池容积的1/2以上时,开动搅拌机,之后按顺序加入制浆材料。对于高速搅拌机,投料完成后的搅拌时间不宜少于5min。

3)注浆施工顺序

按采空区的倾斜方向及开采水平工作面高低,先施工采空区底板高程较低位置的帷幕孔,再沿倾斜方向由低向高、由边部向中心展开施工。钻孔采用二序次间隔法(间隔一孔)施工并超前注浆孔注浆2~3孔。

单一注浆孔施工顺序如图8.15所示。

(1)一般要求

①注浆必须采用三个参数(压力、流量、水固比)控制。

②施工次序:帷幕Ⅰ序孔钻孔、注浆→帷幕Ⅱ序孔钻孔、注浆→先导孔(物探孔)钻孔、注浆→充填、固结Ⅰ序孔钻孔、注浆→充填、固结Ⅱ序孔钻孔、注浆→充填、固结Ⅲ序孔钻孔、注浆→充填、固结Ⅳ序孔钻孔、注浆→检查孔钻孔→物探测试→注浆→封孔。

③各种注浆方式,射浆管距该注浆段底部的距离,不得大于2m。

④注浆试验施工结束后,进行注浆效果检测,按以下顺序进行:检查孔钻孔→物探测试→注浆→封孔。

(2)注浆方法

注浆有多种方法,按照浆液流动的方式分纯压式注浆和循环式注浆;按照注浆段施工的顺序分自上而下注浆和自下而上注浆等。

本次治理工程中,分别按两种注浆施工顺序进行注浆。

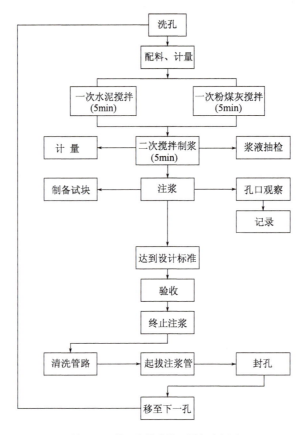

图8.15 单一注浆孔施工顺序示意图

①钻进过程中,未出现掉钻、空洞,能一次性钻进到设计深度的注浆孔,采用上行式注浆方式。即自下而上分段纯压式注浆和孔口封闭纯压式注浆相结合的注浆方式。

②钻进过程中,出现掉钻、空洞,难以达到设计深度的注浆孔(主要分布于煤柱外侧的1~3排帷幕孔和注浆孔),采用上行式注浆方式,即自上而下分段纯压式注浆和孔口封闭纯压式注浆相结合的注浆方式。

(3)施工过程注浆流量(注入率)

根据地区经验,注浆过程中,注入率和地层特点、注浆压力相适应。设计推荐按以下标准操作。具体为:

①钻进过程中,出现掉钻的空洞、空隙,注入率宜为150~250L/min。

②地层大量渗漏,裂隙很发育地段,注入率宜为100~200L/min。

③一般地段,注入率宜为50~150L/min。为达到加快施工的目的,待压力起来后,采用50~150L/min的注入率,达到设计终止条件。

(4)注浆孔施工的技术要求

采空区注浆施工前,应进行试验段的注浆试验。注浆试验报告提出后,方可全面施工。同一地段(或某一集中制浆站地段)的采空区注浆,必须按先帷幕注浆后充填注浆(即先帷幕孔后注浆孔)的顺序进行。帷幕注浆必须按分序加密的原则进行。一般由两个单排帷幕注浆孔组成两个帷幕。帷幕孔注浆的程序,应符合设计要求。

注浆采用浆液浓度先稀后稠的方法,浆液的水固比可采用1:1、1:1.1、1:1.2、1:1.3四个浓度比级。为便于进行注浆质量控制,实际注浆时,每孔可选稀、稠两种配比的浆液进行灌浆,稀浆灌注量取单孔注浆量的30%为宜,但平均水固比不宜低于1:1.1。根据工程目的、施工现场的具体情况,可选用其中水固比1:1.3浓度比级作为主要注浆浓度比例。

单孔注浆结束标准:在注浆孔的注浆末期,泵压逐渐升高,当泵量小于70L/min时,孔口压力在1.0~2.0MPa,稳定10~15min,可结束该孔的注浆施工。当注浆孔注入一定浆量,孔口压力≥0.3MPa,若注浆孔附近出现地表裂缝大量冒浆时,采用小泵量、间歇式注浆;间歇后注浆再次冒浆,即可结束该孔的注浆施工。

在注浆过程中,由于串浆或其他原因造成堵孔,必须扫孔后再注浆。在注浆过程中,应对邻孔孔深、水位埋深进行观测。

当受注段(或孔)注入量大(大于或接近设计量),仍不升压时;压水试验或冲洗空隙、裂缝(或裂隙)压入水量大或产生虹吸现象时,应采用间歇注浆。每次注入的浆量、浆液的浓度,应根据空隙、裂隙的性质及大小、孔口压力与单位吸浆量变化与否来确定。

在注浆过程中,注浆压力或注入量突然增大或减小时,应立即查明原因,采取相应的措施。

全孔注浆结束起拔止浆设置前(或)后,用浓水泥浆从孔口灌入,到浆液达孔口止。

(5)帷幕孔施工的技术要求

帷幕孔布设在采空区注浆治理边界或注浆治理区与现采区的边界一带。在保证帷幕形成的条件下,注浆量越少越好,即帷幕孔的注浆量必须控制。为此,帷幕孔注浆应尽量采用小流量、多间歇及每次注入量小的注浆工艺,必要时可注集料(砂、碎石等)。其他技术要求同注浆孔的技术要求。

(6)注浆过程中特殊情况的处理

孔内空洞较大(高度大于1m)时或注浆量大,注浆难以结束时,可选用下列措施治理:

孔内投入少量粗集料。在孔口加一漏斗状的投料器,用浆液将集料带入孔内,投料时应控制投料速度,避免在短时间内投入大量的集料而堵孔。当孔口投料器内返浆后,不宜投料注浆;浓浆、限量、间歇注浆;浆液中加速凝剂。孔内投砂如图8.16、图8.17所示。

图8.16 孔内投砂一

图8.17 孔内投砂二

注浆进行中,发生冒浆时,应采用表面封堵、低压、小泵量、间歇注浆等方法进行治理。

注浆过程中发生串浆时,如串浆孔具备注浆条件,可以对两孔同时注浆,或将串浆封闭,待注浆孔注浆结束后,串浆孔扫孔后再注浆。

注浆工作必须连续进行,若因故中断,应及早恢复注浆,否则应立即冲洗钻孔,而后恢复注浆。若无法冲洗或冲洗无效,则应进行扫孔,而后恢复注浆。

8.3 注浆设备

注浆施工所用的设备及机具主要有钻机、注浆泵、搅拌机、水泵、阀门和输浆管路等。

8.3.1 钻机

1) 钻机的选型原则

钻机应根据采空区的岩层结构、岩性、注浆孔或帷幕孔的结构、止浆技术等要求进行选择。冲击式钻机或不取芯的钻具不宜使用,应采用回转式钻机和带岩芯管的硬质合金钻头钻进。由于回转式钻机和带岩芯管的硬质合金钻头钻进,既能取出一部分岩芯,又能起到防孔斜的导向作用。因用清水钻进时,有清水进入并充填采空冒裂带的岩石空隙和裂隙,使岩粉大大地减少了。再因经注浆前的清水冲洗,而使浆液能进入和充填岩石的空隙、裂隙,并使浆液结石体与其围岩胶结强度高,从而保证了注浆的工程质量。因此,注浆施工宜根据岩性、注浆深度及注浆直径的大小确定钻机的型号。以回转岩芯钻机为主。根据注浆孔的数量及选定的钻机型号决定钻机的台数。

2) 钻机的分类

按钻进方法不同,可把钻机分成四类:①冲击式钻机(包括钢丝绳冲击式、钻杆冲击式钻机);②回转式钻机(包括立轴式——手把给进式、螺旋差动给进式、液压给进式钻机;转盘式——钢绳加减压式、液压缸加减压式钻机;移动回转器式——全液压动力头式、机械动力头式钻机);③振动钻机;④复合式钻机等。

立轴式钻机应用较为广泛。原地质矿产部立轴式钻机系列定名为 XY 型,原冶金工业部立轴式钻机系列定名为 YL(冶立)型,有色金属工业总公司立轴式钻机系列定名为 CS(穿山)型,原煤炭工业部立轴式钻机系列定名为 TK(探矿)型(表 8.3)。

立轴式钻机系列   表 8.3

单位	原地质矿产部	原冶金工业部	有色金属工业总公司	原煤炭工业部
钻机定名	XY-1(100) XY-2(300) Y-3(600) XY-4(1000) XY-5(1500) XY-6(2000)	YL-3(300) YL-6(600) YL-10(1000)	CS-1(100) CS-3(600) CS-4(1000)	TK-1(1300) TK-3(1000) TK-4(600) TK-5(300)

注:表中括号内的数字为钻进深度,单位为米(m)。

3）主要岩芯钻机的技术参数

目前，国内主要岩芯钻机技术参数见表8.4。

国内主要岩芯钻机技术参数　　　　　表8.4

型号	注浆钻进深度（m）	钻杆直径（mm）	钻孔倾角（°）	通孔内径（mm）	给进机构	升降机最大提升力（kN）	移动液压缸行程（mm）	动力机功率（kW）	外形尺寸（mm）
TK-3	1000	SQ70/50	75～90	93	液压双缸	43.5	500	37	2600×1330×1860
TK-4	600	SQ70/50	75～90	85	液压双缸	29.4	500	30	2500×1100×1880
	500	SQ 81							
TK-5	300	50	0～360	57	液压双缸	19.6	350	17	1870×850×1490
XY-2	320	60	0～360	68/76	液压双缸	29.4	400	22/24.6	2150×900×1690
	530	42							
XY-3	600	50/53	70～90		液压双缸	36.8	350	30	2670×1100×1750
XY-5	1000	60	80～90	80	液压双缸	39.2	450	55/60	3190×1450×2140
	1500	50							
YL-3	300	55.5	0～360	76/92	液压双缸	34.3	400	15/18	2050×1200×1600
	400	42							
YL-6	580/720	54/55.5	20～90	92	液压双缸	50.5	415	30/36	2350×1110×1843
	750/940	43/43.5							
CS-3	300	71	0～360	76/92	液压双缸	36.1	400	18.5	1800×965×1670
	600	42							
钻石-600A	500	43	0～360	78	双液压缸-链条	43.8	3300	40	
	600	43.5							
XD-4	800	53	75～90	58	液压马达-双链条	60.8	4000	55	车装
	1000	43							
GZY-Ⅰ	1200	50/63		108	移动天车	75		75	
TXL-3（日本）	600～1400（双绳）		0～360	160	液压双缸	49/93.1		26/51	3670×1670×2235

4）硬质合金钻头与钻进

（1）钻头的选择

硬质合金钻头钢体应用 DZ40、DZ50、DZ55 号钢材制作，钻头内、外、底出刃应对称、平整，镶焊要牢固。硬质合金切削具的型号、规格、数量、镶焊角度和出刃量，应根据岩石类别、钻头直径、地层特性等进行选择，见表8.5。

硬质合金钻头及硬质合金选型表　　　　　表8.5

岩石级别	钻压		转速（r/min）	泵量（L/min）
	普通合金（kN/粒）	针状合金（kN/块）		
1～4级	0.3～0.6	1.5～2.0	200～350	>60
5～6级、部分8级	0.5～1.0		150～250	>60

（2）钻进工艺

硬质合金钻进的要领：

钻头下入孔内后，应慢速、轻压扫孔到底，然后逐渐加到正常参数；经常保持孔内清洁，由钻粒换合金及硬质合金崩落时，应进行打捞；保持压力均匀，不得随意提动钻具，遇有糊钻或岩芯堵塞孔内等异常情况时，应立即提钻处理；取芯要选择合适的卡料或卡簧，因为硬质合金的磨损较快，卡簧在配置时要特别注意。当采用干钻卡芯方法时，干钻时间不得超过2min；合理掌握回次进尺长度，每次提钻后要检查钻头磨损情况，以改进下一回次的钻进技术参数。应根据岩性、孔径、钻头结构等因素合理选择钻进参数，见表8.6。

硬质合金钻进技术参数表　　　表8.6

钻头类型	岩石可钻性	岩石类别	合金型号
阶梯式肋骨钻头	3~5	页岩、砂页岩、胶结差的砂岩	T105、T107
肋骨薄片式钻头	1~4	塑性及水胀性岩层	T412
刮刀式钻头	1~4	塑性及水胀性岩层	T313
直角薄片式钻头	3~4	中研磨性岩层、泥质砂岩、大理石等	T007
单双粒钻头	4~5	弱研磨性铁质及钙质砂岩、软硬互层	T105
犁式密集钻头	4~6	石灰岩、砂岩	T105、T313、T107
大八角钻头	5~7	软硬不均互层、裂隙及研磨性强岩层、砾岩等	T110
针状合金钻头	4~7	中硬砂岩、砾岩等	胎块及T313

（3）全断面钻进

注浆孔的钻进常常不需要采取岩芯，这样在基岩的强度和完整性较低的情况下，就可以进行全断面钻进。全断面钻进孔底碎岩面积大，因此应尽量采用小口径钻孔和阶梯式钻头。应根据岩石类别、钻头直径、地层特性等进行选择，具体见表8.7、图8.18~图8.20。

全断面硬质合金钻头及硬质合金选型表　　　表8.7

钻头类型	岩石可钻性	岩石类别	合金型号
翼片钻头	3~5	页岩、砂页岩、石灰岩	S306 或 T313
矛式钻头	1~4	松散黏土、红色砂岩及塑性强化层	T310
环翼钻头	4~7	页岩、粉砂岩、石灰岩	T105 和 T308

8.3.2　注浆泵

1）注浆泵的选型原则

注浆施工宜根据设计的注浆终压及注浆泵量选型，应尽量选用压力、流量可调节的专用注浆泵，如注浆材料有腐蚀性，宜选用耐腐蚀的注浆机具。采空区注浆过程中宜采用多缸栓塞式泥浆泵。其性能应与浆液类型、浓度相适应,容许工作压力大于注浆终压的 1.5~2 倍,并应有足够的排浆量和性能稳定。注浆泵的最大排浆量应满足采空区注浆和施工进度的需要;其最大泵压应大于或等于 4MPa。目前国内注浆泵主要为 250/40 型及以上型号泥浆泵。它每小时最大注浆量为 15m³。它们基本匹配,能满足注浆施工的要求。当注浆量大或同时注两个孔时,可开动备用的注浆泵。

图 8.18　回转式钻机　　　　图 8.19　冲击式钻机

图 8.20　钻孔施工现场

2)常用注浆泵型号及其技术规格

常用注浆泵型号及其技术规格如表 8.8~表 8.10 所示。

3)衡阳探矿机械厂生产的 BW-250 型泥浆泵主要特点

BW-250 型泥浆泵为卧式三缸往复单作用活塞泵,该泵具有两种缸径和四档变速。大缸径(ϕ80mm)可作 1000m 大孔径钻机配套设备,小缸径(ϕ65mm)可作 1500m 小孔径钻机配套设备,两种缸径都具有四档排量,可供不同孔径孔深使用。因为采用在泵体内四档变速的结构,因而外形尺寸和重量不大且分解性好,便于在山地搬运,不但能排送清水,也能排送相当浓的泥浆,所以适合地质勘探使用。BW-250 型泥浆泵所用冲洗液不应含有对泵金属及橡胶件起腐蚀作用的化学杂质。使用泥浆时推荐比重 1.03~1.10,黏度为 18~25s,含砂量不大于 4%,pH 值 7~8。泥浆中不得有泥团、杂草、树叶等堵塞滤水器的夹杂物。吸水管长度不要超过 5~6m。

表 8.8 采空区注浆常用注浆泵（泥浆泵）型号及其技术规格

项目	NBH-250/60 型泥浆泵	TBW-250/40 型泥浆泵	BW-250/50 型泥浆泵	2DN-50/80 型注浆泵	CB5-540 型注浆泵	HP-013 型注浆泵	9MTP 型注浆泵	电动水泥泵	100/20 型隔膜泵	2DSJ-3/30 型定量往复泵
最大压力(MPa)	6;8	4	5	8	6~3.5	1.5	16;10; 6;3.5	30; 22.1;17.8	2.0	3.0;1.5
额定流量(L/min)	250;200	250	250;150	420	180~540	50	219; 366; 612; 1000	152; 206; 255	100	0~1.5 0~3.0
缸套直径(mm)	85;75	90	75	85	90; 100;115		80; 90;100; 127	100; 115; 127	110	70
活塞行程(mm)	100	150	85	140	150		90			
往复次数(次/min)	160	70	250;150	170	50; 90		90		110	0~116
电动机功率(kW)	36.8	23.5	20	70	40	7	75	115	7	62
外形尺寸：长× 宽×高 (mm)	1527×1260× 1000	2170×820× 1770	1100×810× 680	2150×2075× 950	1940×950× 1390	1580×798× 1070	2630×1040× 1630			4.2
吸浆管直径(mm)	89	89					100	100		
排浆管直径(mm)	50	52					50	50		
重量(kg)	1320	1120	400	4270	1200	520	2760			
生产厂	石家庄煤矿机械厂	与1000m钻机配套产品，生产厂家多	衡阳探矿机械厂	本溪水泵厂	上海力生机械厂	济南风动机械厂	苏联	兰州通用机械厂	吉林水工机械厂	重庆水泵厂
结构特点	卧式三缸单作用活塞泵	1.双缸双作用活塞泵；2.TBW200/40 或 150/30 或 50/15 也可用于注浆	1.三缸单作用此泵；2.搪瓷柱塞；3.两档需停车变速	双虹双作用活塞泵	翠缸双作用活塞泵		双缸双作用活塞泵	1.双虹双作用往复泵；2.五档变速；3.气动刹车	单液后注浆	行程可以调节，无级调节流量
备注	1.输送水泥浆和化学浆；2.单液注浆	输送水泥浆和化学浆	1.注浆压力不高时，多使用此泵；2.单液注浆	1.注浆深度小于300m；2.单液注浆用	1.单液注浆用；2.输送水玻璃浆或水泥浆	输送含砂量大的浆液，输送一定比例的水砂或水泥砂浆	1.单液注浆用；2.输送水泥或水玻璃浆	1.注浆深度小于800m；2.改进进口位置可进行双液注浆	1.输送化学浆液；2.井壁或流沙层双液注浆	

注浆泵(泥浆泵)的使用与维护 表8.9

故障现象	故障原因分析	简单的处理方法
吸浆不正常或根本不吸浆	1. 水龙头被浆液糊住； 2. 高、低压阀被砂子、草等杂物垫住； 3. 吸水管过长,管内有浆液沉淀； 4. 吸水管漏气,重皮(即里面开胶)； 5. 泵后缸盖胶垫或高、低压阀胶垫磨损漏气； 6. 阀座拉成沟,漏水； 7. 缸套和活塞磨损过限,结合不严； 8. 浆液比重大,不合要求； 9. 拉杆密封不严； 10. 开泵时没有灌水,缸体内或吸水管内积有气体； 11. 水龙头的活门损坏或装反	1. 清洗或摇动水龙头； 2. 拆下阀盖清洗,清除浆液杂物； 3. 缩短吸水管路,清除管路内沉积的浆液； 4. 更换吸水管； 5. 发现损坏,及时更换； 6. 更换阀座； 7. 更换缸套和活塞； 8. 调整浆液比重； 9. 更换拉杆或调整密封； 10. 开泵前,先将泵和吸水管灌满清水； 11. 检查水龙头或更换胶皮活门
吸浆不均（时大时小）	1. 一个缸工作； 2. 泵内积有高压气体； 3. 缸套或活塞前后窜水	1. 检查活塞、缸套和拉杆,不合标准时,及时更换； 2. 打开回浆阀放出空气； 3. 卡紧缸套的胶皮套,顶紧三叉,更换缸套或活塞
工作费劲,有憋泵现象或有不正常响声	1. 缸套与活塞、拉杆与密封件结合得过紧； 2. 曲轴轴承配合得太紧； 3. 活塞一次行程吸浆量不足,吸浆管有堵塞现象； 4. 活塞往复次数增加,易出现响声； 5. 空气室内空气不足,因此发生水的撞击声音	1. 对活塞与缸套重新组装,调整拉杆的密封； 2. 检查后及时更换； 3. 活塞直径与缸套配合不好,应更换活塞或缸套,清理吸浆管或更换吸浆管； 4. 把活塞的往复次数降低到规定标准； 5. 打开小活门,使空气充满空气室

注浆泵(泥浆泵)常见故障及其处理 表8.10

项 目	说 明
启动前的检查	1. 安装应平稳,各部机件螺丝连接要牢固； 2. 缸套顶丝及拉杆与十字头的螺帽要拧紧,防止窜动； 3. 注意各运动部件的润滑情况,曲轴箱需加足油,油嘴和油盅要适量加油,清理干净,不得有杂质； 4. 打开泵及管路上的阀门； 5. 用手扳动皮带轮,观察各运动部分是否轻快,灵活
日常维护工作	1. 填料、胶垫必须严密,如发现漏油、漏气、漏水等现象,及时处理； 2. 泵头内各部衬垫、活阀(或球阀)及活塞等必须结合严密。更换缸套时,缸套外胶圈或铜垫必须与泵头接触严密,防止窜水,击穿泵头； 3. 安全阀要灵活好用,销钉规格要合宜； 4. 注意各部轴承、十字头、滑板及曲轴箱的润滑情况,拉杆要加少量机油润滑,并设置拉杆挡板,防止杂物及浆液进入十字头和曲轴箱内

续上表

项　目	说　明
停泵后维护工作	1.注浆结束时停泵,要立即用清水彻底洗泵缸头、进浆阀、排浆阀等,保持机体清洁; 2.检查进浆阀、排浆阀、活塞、缸套和拉杆等易损零件的磨损情况,如有损坏,及时更换; 3.长期停车时,对泵体内部各零件应彻底清洗,并涂上黄油,机体外表面清洗干净,并喷漆保护

(1)主要技术参数

BW-250 泥浆泵技术参数见表 8.11。

BW-250 泥浆泵技术参数　　　　表 8.11

型　号	BW-250							
形式	卧式三缸往复单作用活塞泵							
冲程(mm)	100							
缸径(mm)	80				65			
冲次(次/min)	200	116	72	42	200	116	72	42
流量(L/min)	250	145	90	52	166	96	60	35
压力(MPa)	0.5	0.5	0	0	0	0	0	0
容积效率(%)	83							
总效率(%)	70							
所需功率(kW)	21							
三角皮带轮节径(mm)	(B 型 ×5 槽)410							
输入速度(r/min)	500							
吸水高度(m)	2.5							
进水管直径(mm)	(配 3 寸夹布耐压胶管)76							
排水管直径(mm)	(配 2 寸两层钢丝高压胶管)51							
体积(mm^3)	1000×995×650							
质量(kg)	500							

(2)往复泵的特点

瞬时流量是脉动的。往复泵的瞬时流量的脉动性是绝对的,是不可避免的,只是泵型不同,其脉动程度不同而已。

平均流量是恒定的。因为泵的结构参数——每分钟往复次数 n、活塞行程 S、活塞直径 D、活塞数目,都是相对固定不变的。因此,它每分钟所排出的介质液量也是恒定的。

泵的压力在结构强度和驱动力范围内取决于管路特性。

对所输送的介质有较广泛的适应性。

有良好的自吸性能。中低速往复泵启动前通常都无须灌泵,可直接抽取冲洗液,比其他型式的泵优越。

流量参数比较小。往复泵由于受结构和工作原理的制约,流量参数一般比较小,为了设计大流量参数的往复泵,往往使泵的体积和重量都很庞大。

(3)构造

BW-250 型泥浆泵由泵头、安全阀、离合器、泵体、机架、三通、滤水器七大部件组成,如图 8.21、图 8.22 所示。

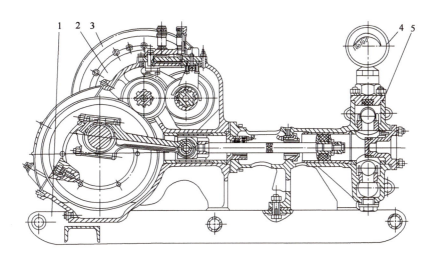

图 8.21　BW-250 泥浆泵结构图
1-机座;2-泵体;3-离合器;4-压力表;5-泵头

图 8.22　注浆施工中的注浆泵(泥浆泵)

(4)BW-250 型泥浆泵的故障、原因及消除方法见表 8.12。

BW-250 泥浆泵的故障、原因及消除方法　　　表 8.12

故　障	原　因	消除方法
泥浆泵达不到排量或根本不能排送冲洗液	1. 滤水器露出水面； 2. 滤水器堵塞； 3. 吸水管道堵塞； 4. 吸水管道密封不严密吸入空气； 5. 进排水钢球卡住不工作； 6. 缸套及活塞磨损； 7. 吸水管道中没有充满水或形成空气； 8. 吸水高度超过允许值； 9. 吸水管道太长或直径太小； 10. 皮带打滑； 11. 离合器打滑： (1)摩擦片表面有油污； (2)离合器弹簧松弛或折断； (3)摩擦片磨损程度超过允许值； 12. 排水闸门关闭	1. 使滤水器浸入液面，深度不小于 0.2～0.3m； 2. 取出滤水器进行清洗； 3. 拆开吸水管道并清洗； 4. 检查连杆处及软管并设法消除； 5. 因钢球或阀座磨损卡住则更换零件，因泥砂堵塞则进行清洗； 6. 拧紧螺母或更换零件； 7. 用水充满并排除空气； 8. 降低吸水高度至 2.5m 以下； 9. 减少长度 5m 以内或增大管径至规定尺寸(76mm)胶管； 10. 将皮带张紧； 11. 找出故障原因然后消除： (1)拆下用煤油清洗； (2)调整或更换新弹簧； (3)更换新摩擦片； 12. 打开闸门
泥浆泵运转困难	1. 活塞与缸套过盈太大，密封过紧； 2. 连杆轴瓦抱得太紧； 3. 活塞、拉杆、十字头、连杆机构有歪斜现象	1. 放松螺母，减少活塞缸套过盈量； 2. 检查配合间隙，如间隙太小可加垫调整； 3. 检查并消除之
运转时有响声	1. 连杆轴(瓦)松弛或间隙过大； 2. 拉杆与十字头连接处松弛； 3. 轴承、齿轮或其他零件损坏	1. 将轴瓦上紧或撤去垫片刮瓦； 2. 检查并上紧； 3. 检查并更换零件
压力跳动过大	1. 某缸的缸套活塞磨损至不工作了； 2. 某缸的阀座或球阀磨损至不工作了	1. 检查并更换新零件； 2. 检查并更换新零件
排送的冲洗液中有大量空气	1. 活塞磨损过大； 2. 滤水器堵塞	1. 更换活塞； 2. 取出来清洗干净

8.3.3　搅拌机

水泥浆搅拌机是重要的注浆设备，它对浆液质量、注浆施工的工效和质量影响很大。采空区注浆过程中搅拌过程必须分两级搅拌，二级搅拌池的容积，应是一级搅拌池一次制浆量的 1.5～2 倍。搅拌能力应与注浆泵的最大排量相适应，在要求的时间内能把注浆材料拌和成为均匀的浆液。搅拌设备以立式水泥浆搅拌机为主。在以往的工程实践中，由于注浆量大，现有注浆设备不能满足施工要求，施工都是在地面以上自制一级搅拌池，地面以下自制二级搅拌池，其主要结构特征见相关章节的内容。具体图示如图 8.23～图 8.27 所示。

一套搅拌设备为 2 个一级搅拌池，1 个二级搅拌池，一级搅拌池为水泥或粉煤灰单液搅拌，尺寸为直径 2.0m，深度 2.0m，二级搅拌池为水泥浆和粉煤灰浆混合搅拌，尺寸为直径 2.5m，深度 2.5m，每一池搅拌后，制浆约 5～6m³，每天注浆量为 2000～3000m³。其要求如下：

①转动轴：距离池底 0.3～0.5m 之间。
②搅拌齿：为框架形式，距离池壁 0.3～0.5m。
③电机功率：>150W。

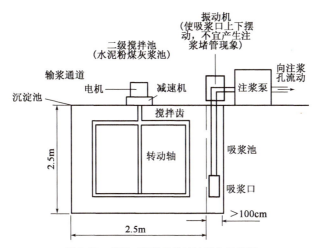

图 8.23 自制二级搅拌机(池)结构示意图

④转速:用减速机控制在 15r/min 左右。

图 8.24 修建二级搅拌机(池)

图 8.25 注浆施工中的一级搅拌机

图 8.26 一级搅拌机进料

图 8.27 注浆施工中的二级搅拌机

8.3.4 水泵

水泵是一种现代化的吸、排水设备,它广泛用于施工现场的给水、排水工程和排除基坑或建筑结构物中的积水。常用的水泵多属离心泵。水泵应根据注浆量的大小确定泵的类型与台数。采空区注浆过程中水泵宜选用潜水泵。以 S 型双吸泵为例,此类泵的特点是液体从两侧流入叶轮,不存在轴向力,泵的流量几乎比单吸泵增加一倍,主要生产厂商有四川新达集团有限公司、昆明水泵厂、长沙水泵厂、佛山水泵厂等。

离心泵主要由叶轮、轴、泵壳、轴封及密封环等组成。一般离心泵启动前泵壳内要灌满液体,当原动机带动泵轴和叶轮旋转时,液体一方面随叶轮作圆周运动,一方面在离心力的作用下自叶轮中心向外周抛出,液体从叶轮获得了压力能和速度能。当液体流经蜗壳到排液口时,部分速度能将转变为静压力能。在液体自叶轮抛出时,叶轮中心部分造成低压区,与吸入液面的压力形成压力差,于是液体不断地被吸入,并以一定的压力排出。几种常见水泵类型及其技术特征见表 8.13。

几种常见水泵的性能参数　　　　表 8.13

型　号	流量(m^3/h)	扬程(m)	温度(℃)	用　途
IS 型单级单吸悬臂式泵	6.3 ~ 400	5 ~ 125	≤80	吸送清水及类似清水的液体
S 型双吸泵	80 ~ 5500	10 ~ 125	≤80	给水排水
DA/DA1 型多级分段式离心泵	10.8 ~ 126 12.6 ~ 126	14 ~ 350 13 ~ 675	≤80	吸送清水及其他无杂质、无腐蚀性、黏度与水相似的各种液体
JC/SD 型深井泵	5 ~ 1500 35 ~ 180	4.2 ~ 24(单级) 35 ~ 130		输送不含油类、无腐蚀性、含砂量不大于 0.01% 的清水
JQB 型潜水泵	18 ~ 300	5 ~ 80		适用于移动和起动频繁的野外地区,且不需地面设施

8.3.5　阀门

阀门应便于拆卸,并严密不漏。可用于低压注浆的输浆管路系统,也可以安装在注浆泵的进口管路上,用于控制泵的流量。常见低压阀门技术参数见表 8.14。

常见低压阀门技术参数　　　　表 8.14

型　号	公称通径 D_q(mm)	公称压力 P_q(MPa)	型　号	公称通径 D_q(mm)	公称压力 P_q(MPa)
Q11SA-16	15	1.6	Z15W-10	20	1.0
Q11SA-16	20	1.6	Z15W-10	25	1.0
Q11SA-16	25	1.6	Z15W-10	32	1.0
Q11SA-16	32	1.6	Z15W-10	40	1.0
Q11SA-16	40	1.6	Z15W-10	50	1.0
Q11SA-16	50	1.6	Z15W-10	65	1.0
Z15W-10	15	1.0	Z15W-10	80	1.0

8.3.6　注浆压力表

压力表(图 8.28)应与注浆压力相适应,压力表结构简单,操作维修方便,计量可靠。注浆过程中压力具有脉动性,因此一般采用抗震压力表。注浆用压力表最大指数应小于 10MPa。

且注浆浆液与压力表之间采用机油作为受缓冲的物质,保证压力表正常使用。两种常见压力表技术参数见表8.15。

常见压力表技术参数 表8.15

名称	型号	测量范围(MPa)	接头螺纹	精度等级	特点及用途	生产厂
弹簧管压力表	Y-100 Y-150 Y-100T Y-150T	0~1;2.5;4 6;10;16;25;40 0~1;1.6;2.5;4 6;10;16;25;40	M20×1.5	2.5	1. Y-100;Y-150为径向无边压力表; Y-100T,Y-150T为径向有边压力表; 2. 测量气体或液体	上海宜川仪表厂,宝鸡仪表厂
抗震压力表	YK-1	10;16;25;40	ZG1 1/2″	2.5	1. 测量黏度大、粒度大、易结晶的液体,如水泥浆、油砂混合液等; 2. 防震性好	宝鸡仪表厂

8.3.7 输浆(水)管路

输浆(水)管路的耐压力应大于注浆终压;过流断面要保证浆液流动畅通,不变径或少变径,防止增加流阻和造成堵塞;接头要便于拆卸,并严密不漏;注浆管不得弯曲变形;接头和注浆管的外径应相同,以减少阻力和顺利通过孔口密封器。采空区注浆过程中输浆管路可用无缝钢管、有缝钢管及高压胶管,注浆管路及其连接部位,必须能承受最大注浆压力的1.5~2倍。为施工方便,宜采用高压胶管,并采用高压胶管(钢管)接头。输水管路可用无缝钢管、有缝钢管、自制或用各种规格的编织胶管,为施工方便,降低工程造价,宜采用自制或用各种规格的编织胶管。输浆(水)管路供浆(水)能力应满足注浆高峰期所有机组用浆(水)需要,并有一定余量。

图8.28 压力表

输浆(水)管路主要有无缝钢管、有缝钢管自制或用各种规格的编织胶管及高压胶管,其主要特征如表8.16~表8.20所示。

有 缝 钢 管 表8.16

公称直径		外径(mm)	材料(mm)	公称直径		外径(mm)	材料(mm)
mm	英寸			mm	英寸		
6	1/8	10	Q235	32	1 1/4	42.25	Q235
8	1/4	13.5	Q235	40	1 1/2	48	Q235
10	3/8	17	Q235	50	2	60	Q235
15	1/2	21.25	Q235	65	2 1/2	75.5	Q235
20	3/4	26.75	Q235	80	3	88.5	Q235
25	1	33.5	Q235	100	4	114	Q235

注:1. 管分不镀锌钢管和镀锌钢管;带螺纹钢管和不螺纹钢管。
　　2. 承受压力为1.6MPa。
　　3. 适于低压注浆的管路。

无 缝 钢 管   表8.17

外径(mm)	壁厚(mm)	外径(mm)	壁厚(mm)
42	5	60	6
50	5.5	63.5	6
57	10	68	20
60	4		

注:1. 热轧或冷拔无缝钢管。
2. 材料:地质钻探用的管材。
3. 承受压力为10MPa。
4. 适于高压注浆的管路。

编织麻线(A)、编织棉线(B)、编织铅丝(C)胶管   表8.18

公称内径(mm)	外径(mm)								工作压力(MPa)								说明
	一层			二层			三层		一层			二层			三层		
	A	B	C	A	B	C	A	B	A	B	C	A	B	C	A	B	
8	17	17.5	19	19	19.5	20	21		35	40	45	55	75	65	70		
10	19	19.5	21	21	21.5	22	23	22.5	25	30	40	40	60	60	50	85	
13	22.5	23	24	25	25	25	27.6	24.5	40	30	30	55	60	45	70	80	1. A为天津胶管厂生产;
16	25.5	26		28	28		30.5	30	30	25		45	45		55	60	2. B为上海胶管厂生产;
19	29.5	29.5		32	31.5		34.5	34	20	25		35	50		45	70	3. 可用于注浆的输浆管路
22	32.5	32.5		35.5	34.5		37.5	37	15	20		25	40		30	55	
25	36	36		39	38.5		42	41	30	20		40	40		50	60	
32	43			46	45.5		49	48	20			30	25		40	60	
38	49			52	52		55	54	15			20	20		25	30	
45	55			58			61		12			15			20		

钢丝编织的高压胶管   表8.19

公称内径(mm)	胶层厚度(不大于)		外 径			说 明
	内胶	外胶	一层钢丝编织胶管	二层钢丝编织胶管	三层钢丝编织胶管	
8	1.5	1	19	21	25	
10	1.5	1	21	24	28	
13	1.5	1	24	27	31	
16	1.5	1	27	30	34	
19	1.5	1	30	33	37	1. 胶管承受压力见表8.20;
22	1.5	1	33	36	41	2. 可用于地面和工作面预注浆的输浆管路
25	2	1	37	40	48	
32	2	1	44	47	54	
38	2	1		53	61	
45	2	1		60		

高压胶管的工作压力、试验压力 表 8.20

公称内径（mm）	一层钢丝编织		二层钢丝编织		三层钢丝编织	
	工作压力	试验压力	工作压力	试验压力	工作压力	试验压力
8	170	210	250	310	280	350
10	150	190	230	290	250	310
13	140	170	220	275	210	260
16	110	135	170	210	180	225
19	100	125	150	190	160	200
22	80	100	130	160	140	175
25	60	75	110	135	110	135
32			90	110	100	125
38			80	100	90	110
45			80	100		

注：1. 试验压力为工作压力的 1.25 倍。
2. 上海、天津、青岛、沈阳等地橡胶厂生产。

8.4 质量控制

注浆工程是隐蔽工程，注浆施工过程是特殊过程，其工程质量不能进行直观的和完全的检查，质量缺陷常常要在运行中方能真正暴露出来。保证注浆工程质量最好的办法就是做好施工过程质量，严格工艺的工程控制，加强对工序质量的检验。

因此在注浆过程中，施工、监理和设计人员应当密切配合，掌握情况，发现问题，必要时及时调整设计，改进工艺，确保设计方案和施工工艺的针对性和有效性，取得试验工程的优良，并达到预期的效果。

8.4.1 施工现场质量控制

在注浆过程中，对钻孔取芯、注浆材料、浆液（首先考虑每孔各配合比都应有控制，利于质量评定，为便于施工，当单孔注浆量较大时，按浆液施工控制）、技术资料、封孔质量等各个环节进行质量控制。检测项目、检测频率及合格标准具体见表 8.21，现场质量控制标准为设计参考值，具体质量控制标准应根据现场试验段试验情况进行优化调整确定，详见表 8.21。

注浆现场质量控制标准（参考值） 8.21

名称	检测项目	检测频率	合格标准
材料	水泥强度、安定性、凝结时间	1 组/300t 或按 1 组/1 批次	符合 GB 175—1999 要求
	粉煤灰	1 组/500t 或按 1 组/1 批次	符合 GB 1596—2005 规定的Ⅲ级技术要求标准
	水玻璃模数	1 组/100t	满足 GB/T 4209—2008 液-2 指标要求

续上表

名称		检测项目	检测频率	合格标准
浆液		结石体28d抗压强度	1组/500m³或每注浆台班1组	大于0.6MPa
		流动度	1组/500m³或每注浆台班1组	20.0～30.0
		比重	1组/500m³或每注浆台班1组	1.5～1.7g/cm³
		结石率	1组/500m³或每注浆台班1组	结石率大于90%
钻孔	注浆孔	孔深、孔斜等	100%检查	≥65%
	检查孔	岩芯采取率	100%检查	≥75%
		岩芯固结体无侧限抗压强度		无侧限抗压强度大于0.6MPa
技术资料		钻孔、注浆班报表	每天或每个注浆台班随机检查	满足规范要求
封孔质量		注浆孔口浆液的饱满程度	随机检查	饱满

8.4.2 注浆施工质量评价

由于采空区治理工程的隐蔽性和复杂性,要求必须对治理工程质量的最终效果进行检测。为此,应在治理区内选择一定范围的路段对采空区底板以上受注层进行质量检测。检测的目的是:采空区经治理施工后地基稳定性是否满足设计的要求。按照《采空区公路设计与施工技术细则》(JTG/T D31-03—2011)规定,采空区处治质量检测标准见表8.22。

采空区处治质量检测标准　　表8.22

序号	检测方法	检测内容	检测标准
1	钻孔取芯	结石体无侧限抗压强度R_a(MPa)	桥隧≥2.0 路基≥0.6
2	孔内波速测井	横波波速v_s(m/s)	桥隧>350 路基>250
3	注浆检测	注浆量(L/min)	注浆结束条件为单位时间注入孔内浆液量小于50L/min,注浆持续时间15～20min,终孔压力2～3MPa。当浆液的注入量超过处治单孔平均注浆量的5%时,应查明原因
4	变形观测	倾斜i(mm/m)	<3.0
		水平变形ε(mm/m)	<0.2
		竖曲率k(×10⁻³/m)	<2.0
5	充填率、岩芯描述、孔内电视	观察、描述	采空区冒落段岩芯采取率大于或等于90%,浆液结石体明显,钻进过程中循环液无漏失等

注:1项和2项为路基检测项目;1项、2项、3项、4项为桥梁和隧道检测项目;5项为描述性参照评价项目。

除选择必要的检测项目与内容外,可根据采空区注浆工程的特点,增加一些检测方法和内容,如地面高密度电法检测、地面瞬变电磁法检测等。

采空区各项检测指标达到设计要求时,采空区处治工程质量为合格,可进行路基、桥梁或隧道等主体工程的施工。

采空区各项检测指标中有一项未达到设计要求时,采空区处治工程质量为不合格,应进行原因分析,并制订整治和补救方案,方案实施后重新检测与验收。

出现下列情况之一时,必须进行补充注浆和补充检验,直至达到合格要求。

(1)根据勘探、注浆资料,并结合检测数据,进行对比分析后,对注浆质量判定为不合格的区域。

(2)在检查孔钻进过程中,出现落钻、冲洗液大量漏失、不返孔口的区域。

8.4.3 采空区治理变形监测

通过在钻孔中预埋水平、垂直方向变形观测仪,对注浆施工过程以及完成之后的变形进行长期观测。采空区监测宜从施工开始至公路运营 1~2 年后停止。采空区处治施工期间监测,半年内宜每周监测一次,半年后至通车期间宜每月监测一次,通车两年内,每两个月宜监测一次。水平方向布置路基变形观测网;垂直方向每 100m 设一个横断面,沿拟建公路两侧边界及中央分隔带布置 2 个监测点,监测深度按加固深度确定,竖向监测间距为 5~10m,通过观测数据的对比,总体评价加固效果。

(1)变形观测应委派专人进行观测记录,当变形值接近变形允许值或变形值上升较快时,应及时报告各工序操作人员采取降低压力措施,防止发生抬动破坏。如施工中发现变形超过规定的允许值,应立即停止施工,并采取处理措施。

(2)变形观测的仪器应经常检查,确保其灵敏性和准确性。

(3)观测过程中,应严格防止碰撞,保证能在正常工作状态下进行观测,确保观测精度。

(4)注浆工作结束后,观测孔应进行妥善保护。

8.5 其 他

8.5.1 安全措施

(1)对机械传动部位必须安装防护罩,高空作业人员必须佩戴安全带,施工人员必须佩戴安全帽。

(2)安全及特种岗位人员必须持证上岗。

(3)加强安全教育,使每个职工都牢固树立"安全第一,预防为主"的思想。

(4)危险设备及场地设立围栏,并挂明显警示牌。

(5)对易燃易爆物品设专人管理,并配置足够的消防设备。

8.5.2 环保措施

(1)应遵照中华人民共和国国务院令第 253 号《建设项目环境保护管理条例》要求执行。

(2)应遵照交通部颁布的《公路建设项目环境影响评价规范》(JTG B03—2006)、《交通建设项目环境保护管理办法》(交通部〔2003〕第 5 号令)进行现场管理。

(3)建立环境保护组织机构和相应的规章制度,专人专项随时检查和定期组织大检查。

(4)保护植物措施。

①施工便道避开林地区域及植被多的区域,利用废旧公路作为便道,施工便道及临时占地尽量缩小范围。

②施工用地必须占用有植被的地方时,对用地部分的表层土予以收集保存,保存占地的熟化土,为施工完后植被恢复提供良好的土壤复种,或选择当地适宜植物及时恢复绿化,或在其他土壤贫瘠处铺设以种植物树木。

③做好工程完工后生态的恢复工作,以尽量减少植被破坏及水土流失对水质和水生生物的不利影响。

(5)冬季施工安排。

由于冬季温度较低,除按常规的施工要求施工外,还应采取以下防冻及施工安全措施:

①作好输水管路的防冻工作,排除现场积水,对施工现场进行必要的修整,截断流入现场的水源,做好排水措施,消除现场施工用水、用汽造成场地结冰现象。将输水管路尽量深埋(1m 左右),裸露地段管路加裹保暖材料。

②施工人员发放保暖劳保,机械采取防冻措施。

③下雪后施工现场及时清理积雪,采取防滑措施。

(6)施工期油污的控制措施。

施工机械的修理、维护及作业过程中的跑、滴、漏现象,同时架设过程中的机械油料随意废弃会污染土地,破坏植被生长。因此,对废弃机械油料和废油要及时回收,对遗漏在土壤中的机械油料和废油也及时回收,与施工生产生活区其他危险固体废物一起经当地环保部门同意后进行处理。

(7)施工期扬尘污染防治措施。

对施工便道及时进行洒水,保持路面湿润平整,车辆驶过不扬尘,尤其注意拌和站站场及其进出口道路的洒水,确保不扬尘。

8.5.3 节能措施

(1)加强能源管理,建立和完善节能考核制度,根据生产过程中运量、运力、施工作业等多种因素变化情况,及时调整生产计划,保持生产的高效、节能。

(2)加强生产调度指挥,建立和完善岗位责任制和能源消耗定额管理制度。

(3)按照国家有关计量的法律、法规和有关规定,加强能源计量管理,配备准确可靠的计量器具,对耗能设备实行严格的计量管理。

(4)禁止购置、使用国家公布淘汰的耗能产品和设备。

(5)组织设备操作人员以及其他有关人员参加节能培训,未经培训的人员不得在耗能设备操作岗位上工作。

8.5.4 效益分析

本工法施工工艺行之有效,便于操作,帷幕范围大,加固效果好,工程造价低,人员在地面施工,安全系数大,钻机占用空间小,对环境的破坏少,有利于环保,具有可观的经济效益和社会效益。

8.6 本章小结

(1)应根据帷幕孔与注浆孔的性质和孔内空洞、裂隙发育情况确定不同的浆液配比。注浆浆液水灰比控制在 1.0~1.3 之间。注浆施工过程中,应先注入少量稀浆(20%~30%的设计量)(水灰比 2~1 之间),后注入稠浆(70%~80%的设计量)(水灰比 0.8~0.9)。

(2)注浆钻孔施工顺序为:先施工路线两侧帷幕孔,再施工中间的注浆孔,注浆孔中先施工巷道两侧的注浆孔,注浆孔分二序间隔进行施工。对于倾斜—急倾斜煤层采空区注浆治理工程,先进行地下水流向的下游排孔的注浆,然后在该区域路基范围以外的影响区进行注浆,其后在路基范围内上游,最后在该区域路基范围以外的影响区进行注浆。

第9章 实体工程处治

9.1 注浆处治试验工程

鉴于采空区的复杂性和特殊性,采空区治理工程先完成部分先导取芯孔,进行治理工程的前期试验。确定合理的钻探工艺、注浆工艺,选择最优的浆液配合比,确保帷幕注浆的效果,建立有效的注浆质量检测标准,控制治理工程施工的质量,最大限度地节约工程投资。

9.1.1 试验目的

为了解岩体可灌性,取得必要的注浆经济技术数据,使注浆加固方案更符合实际情况,使铁厂沟煤田采空区预留煤柱段路基抗变形注浆治理工程设计、施工、检测更为规范,确保工程质量,需要在施工前进行注浆试验,在验证注浆设计、施工参数的同时,确定注浆质量标准的具体指标。

9.1.2 注浆试验技术的研究方法

(1)工程地质和水文地质方法:通过工程地质勘察,查明需要加固范围的地层及岩体特性和地下水性质(水源、水位、流向、流速、水质等),从而确定加固区域和选择浆液的凝结时间。

(2)土工试验和裂隙冲水:查明土体、岩体的物理力学性质。尤其颗粒分布孔隙、孔隙率、渗透系数,是判定可注性及计算注浆量的重要依据。裂隙岩体冲水试验,即可确定浆液类型、浆液浓度以及注入率,还可检查注浆效果。

(3)现场试验:提供可注性和注浆参数,为注浆设计和施工提供可靠依据。

(4)化学试验方法:浆液的配比及性质主要通过化学分析和化学试验来获得。根据注浆要求,研制和调配注浆材料和配合比。

(5)理论计算和工程模拟:注浆范围主要应用土力学和岩体力学理论来确定。注浆的工艺参数可按照注浆理论公式计算。但由于理论公式较为简化,实际地下情况较为复杂,理论计算值与实际值相差甚远,工程设计需采用经验法和工程类比法调整。

(6)钻孔检验法和物探方法:帷幕注浆、加固注浆的效果检验方法主要为钻孔检验法和物探方法。钻孔检验法包括钻孔取样和钻孔内原位测试;物探方法主要为电法、弹性波法等。

9.1.3 注浆试验内容和要求

1)试验工程主要研究内容

(1)成孔工艺:主要为钻探穿过采空区的施工工艺及钻进过程中判别采空区弯曲带、裂隙带、冒落带的施钻技术指标。尽可能地在施钻过程中获取更多的数据与信息,使每个钻孔既是补充勘察孔又是治理注浆孔。根据钻孔中获取的数据与信息,研究该孔的注浆材料、浆液配合比、止浆位置与工艺、注浆方法、序次和注浆量等问题。

(2)止浆工艺:包括止浆位置、止浆装置及止浆效果等。

(3)注浆浆液性能指标:包括浆液材料的选择、浆液的类型、配合比、速凝剂的添加量、浆液的凝结时间、结石率以及在什么情况下灌注什么样的材料配合比的浆液等。

(4)分段注浆工艺:包括分段注浆的高度、注浆施工方法及注浆施工工艺等。

(5)集料充填:根据钻孔获取的信息,判别在什么情况下充填集料,充填什么样的集料,充填集料的顺序、方法及如何防止堵孔现象等。

(6)注浆压力与扩散特征:注浆过程中注浆压力的大小、浆液特性,从而进行注浆孔间距的试验研究。

(7)帷幕效果:采用的注浆材料、孔距、注浆工艺方法。

(8)单孔注浆结束标准:注浆压力与流量,间歇式注浆每次的压力、流量与持续时间,最终一次注浆的压力、流量与持续时间,单孔注浆结束后的质量评价技术与标准等。

(9)工程质量评价技术与标准:利用先导取芯进行孔内测井及压水试验,分析判别采空区塌陷冒落情况,提出相应的质量检测原始数据,为最终质量评价奠定基础。

2)试验任务和要求

(1)根据注浆目的和对注浆效果的要求,通过试验,确定注浆材料及稳定浆液配合比。

(2)根据场地工程地质条件、注浆方法、加固处理深度、注浆材料和试验区的选用,通过试验,确定适宜的注浆设备,包括:钻孔机械、注浆泵、流量计、搅拌机、止浆塞以及输浆管路等。

(3)注浆试验施工:通过试验确定满足要求的注浆工艺。具体为:注浆方法、钻孔方法、裂隙冲水、造浆、注浆、止浆等工艺要求。

(4)注浆效果的好坏最终决定注浆工程的成败。通过试验工程,确定检查注浆效果的检测方法。

(5)为确保注浆工程质量,应采取预防为主、防治结合的方针。通过试验,对注浆事故提出预防和具体的处理方案。具体为:注浆中断、串孔、冒浆、地面隆起、注浆达不到结束标准、注浆管路堵塞、环境污染等。

(6)注浆工程具有很强的隐蔽性,通过试验工程,确定对注浆工程的科学有效的管理方法,指导后期正式注浆施工,实现工程质量、费用、工期三大控制目标。包括:施工招投标管理、注浆工程监理、技术管理及事故预防措施等方面。

9.1.4 试验工程的选择

1)试验工程的选定原则

进行注浆试验的场地,一般仅占总治理区域的10%左右。因此,选定有代表性的试验段十分重要。试验段的选定应遵循以下原则:

工程地质条件:根据煤层厚度、产状、埋深等条件。

开采条件:根据煤矿开采条件的不同如规模,并结合开采深度的差异。

拟建公路的位置:根据拟建高速公路拟通过的采空区不同位置,如处于预留煤柱上、规模采空区等。

其他影响治理施工的条件因素:如第四系厚度、煤层是否自燃等。

2) 试验段选定

根据上述原则,采空区处治二标选择 1 个地段进行试验。具体见表 9.1。

试验段布置一览表   表 9.1

位　置	工程地质条件	采空区特征	治理范围	选择原因
K21+360～ K21+430(右幅)	试验区位于七道湾背斜南翼,岩层产状南倾,倾角为 40°～50°。覆盖层岩性以粉土、碎石土为主,厚度为 5～30m,受采矿影响,该层局部地段分布卸荷空洞、空隙	具有煤层厚度大、埋藏深的特点。煤矿采深 200～250m	注浆加固最大深度为 66m,最小深度为 50m,加固宽度为沿线路中心右侧 60m	缓倾角、巨厚煤层;煤层存在自燃现象;采空治理深度较大;覆盖层较薄

9.1.5　注浆试验孔的布置

根据采煤方法、覆盖层地层结构及岩性、煤层采出率、顶板管理方法、垮落带和断裂带的空隙、裂隙之间的连通性,并结合地区经验,采用等腰三角形布置。具体为:充填、固结注浆采用孔距、排距为 10.0m,布置 8 排。帷幕孔孔距采用 5m 间距。

9.2　注浆处治现场试验结果分析

9.2.1　采空区注浆压力、间歇次数与间歇时间、单孔注浆量现场试验

1) 帷幕注浆孔

以二标段注浆工程中施工的 W31-1、W27-2 孔为例。W31-1 孔注浆量为 240.3m³,W27-2 孔注浆量为 1266.1m³。采用自上而下的全孔一次注浆方式。单位时间注浆量及注浆孔孔口管压力变化见图 9.1～图 9.4。

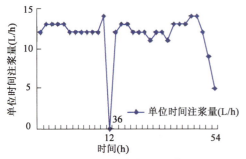

图 9.1　W31-1 孔单位时间注浆量图

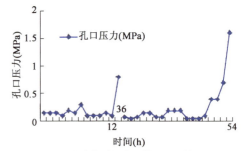

图 9.2　W31-1 孔单位时间内注浆孔孔口管压力变化图

注浆量:按施工机械的制浆能力,确定单位时间的注入量,由于帷幕孔与周围的采空区的连通性较好,每孔注浆量较大,现场每孔注入量控制在 10～15m³/h。

间歇次数与间歇时间:由于注浆孔内地质条件复杂及孔内采空区的具体情况,且地下采空

区连通性较好,一般情况下采空区间歇次数为0~3次,每次间歇的时间控制在24h左右。如图9.1、图9.3所示,W31-1孔连续注浆12h后,注浆压力增大至1MPa,注浆量为128.5m³,间歇时间24h后重新注浆,连续注浆18h后,注浆压力增大至1MPa,注浆量为111.8m³,结束了该孔的注浆施工。W27-2孔注浆间歇次数为3次,间歇的时间24h,分别连续注浆28h、30h、28h后,注浆压力分别增大至0~0.2MPa,注浆量分别为288.4m³、330.5m³、360.8m³,最后一次连续注浆29h后,注浆压力增大至1.3MPa,注浆量为286.4m³,结束了该孔的注浆施工。

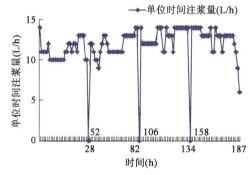
图9.3 W27-2孔单位时间注浆量图

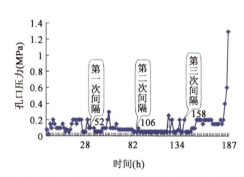
图9.4 W27-2孔单位时间内注浆孔孔口管压力变化图

注浆压力:包括注浆泵的压力和孔口管压力两部分,为控制注浆工程的质量,主要考虑孔口管压力参数,在注浆的初期,一般没有压力,注浆压力在0~0.5MPa之间波动,在注浆施工的后期或在注浆钻孔内发生堵孔、塌孔等现象时,压力会立即达到1MPa,最大达到1.3~1.5MPa以上。

在注浆后期时,注浆量明显减少,注浆泵的压力和孔口管压力很快起压,并迅速达到1MPa以上。

注浆结束标准:对于帷幕注浆孔,浆液注入率控制为70L/min之内,孔口注浆压力达到设计压力1.0MPa并维持10min,结束该孔注浆施工。

2)采空区以及附近注浆孔

二标段首先进行第一批次的试验孔施工,当钻机多于第一批次的试验孔数时,多出的钻孔应参照第一批次试验孔的试验内容进行钻探和相应的注浆施工。注浆孔施工时,其他钻孔的成孔工艺、注浆工艺等内容可依据前一批次试验结果做进一步的调整与优化后确定。

以二标段注浆工程中施工的Z12-1、Z10-2孔为例。Z12-1孔注浆量为160.8m³,Z10-2孔注浆量为404.3m³。采用自上而下的全孔一次注浆方式。单位时间注浆量及注浆钻孔孔口管压力变化见图9.5~图9.8。

注浆量:按施工机械的制浆能力,确定单位时间的注入量,注浆孔与帷幕孔的每孔单位时间注浆量基本持平,每孔注入量控制在10~15m³/h。

间歇次数与间歇时间:由于注浆孔施工时,地下采空区已处于半封闭状态,一般情况下每层采空区间歇次数为0~1次,每次间歇的时间控制在24h左右。如图9.5~图9.8所示,Z12-1孔地下采空区已处于半封闭状态,连续注浆13.5h后,注浆压力增大至1.2MPa,注浆量为160.8m³,结束了该孔的注浆施工。Z10-2孔连续注浆16h后,注浆压力增大至0.8MPa,注浆量为220.8m³,间歇时间24h后重新注浆,连续注浆13h后,注浆压力增大至1.5MPa,注浆量为183.5 m³,结束了该孔的注浆施工。

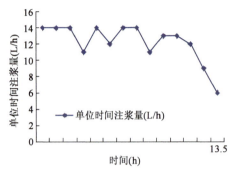

图9.5　Z12-1孔单位时间注浆量图

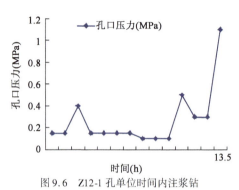

图9.6　Z12-1孔单位时间内注浆钻孔孔口管压力变化图

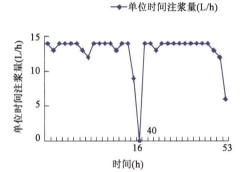

图9.7　Z10-2孔单位时间注浆量图

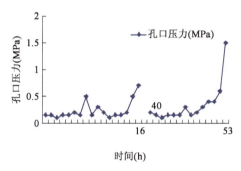

图9.8　Z10-2孔单位时间内注浆钻孔孔口管压力变化图

注浆压力:包括注浆泵的压力和孔口管压力两部分,为控制注浆工程的质量,主要考虑孔口管压力参数,在注浆的初期,一般没有压力,注浆压力在0~0.5MPa之间波动,在注浆施工的后期或在注浆钻孔内发生堵孔、塌孔等现象时,压力会立即达到1MPa,最大达到1.3~1.5MPa以上。

注浆结束标准:对充填、固结注浆孔,浆液注入率控制为70L/min之内,孔口注浆压力达到1.0MPa并维持15min,结束该段注浆。

3)采空区地基注浆孔

以二标段注浆工程中施工的G2-1、E2-1孔为例。G2-1孔孔深50m,注浆量185m³,E2-1孔孔深50m,注浆量50m³。采用自上而下的全孔一次注浆方式。单位时间注浆量及注浆钻孔孔口管压力变化见图9.9~图9.12。

注浆量:按施工机械的制浆能力,确定单位时间注入量,采空区地基注浆孔注浆量较小,每孔注入量控制在5~12m³/h之间。

间歇次数与间歇时间:由于注浆孔施工时,地基中空隙较小,注浆量小,一般情况下无注浆间歇,个别情况下间歇次数为1次,每次间歇的时间仍控制在24h左右。如图9.9~图9.12所示,G2-1 孔地基中空隙较小,注浆量小,无间歇次数,连续注浆 7h 后,注浆压力增大至0.5MPa,然后继续注浆 13h 后,注浆压力增大至 1.4MPa,注浆量为 185.0m³,结束了该孔的注浆施工。E2-1 孔地基中空隙较小,注浆量小,注浆过程无间歇,连续注浆 9.5h 后,注浆压力增大至 1.0MPa,注浆量为 50.0m³,结束了该孔的注浆施工。

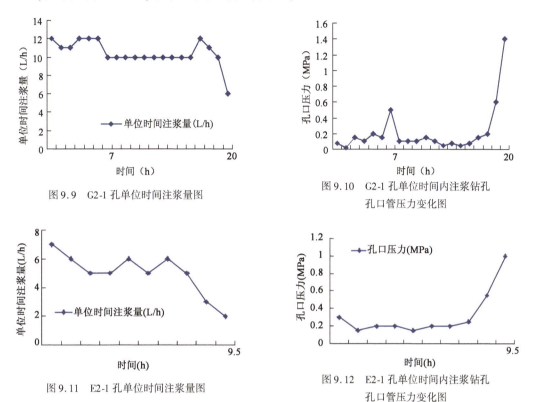

图 9.9　G2-1 孔单位时间注浆量图　　图 9.10　G2-1 孔单位时间内注浆钻孔孔口管压力变化图

图 9.11　E2-1 孔单位时间注浆量图　　图 9.12　E2-1 孔单位时间内注浆钻孔孔口管压力变化图

注浆压力:在注浆的初期,一般没有压力,孔口管注浆压力在 0~0.5MPa 之间波动,在注浆施工的后期或在注浆钻孔内发生堵孔、塌孔等现象时,压力会立即达到 1MPa,最大达到 1.0~1.4MPa 以上。

注浆结束标准:对充填、固结注浆孔,浆液注入率控制为 70L/min,各注浆段的孔口注浆压力达到 1.0MPa 并维持 15min,结束该段注浆。

4)现场试验结果分析

通过上述现场试验,得出如下几点结论:

注浆压力:注浆压力值与地层的结构、初始注浆的位置和注浆序次、方式等因素有关,有些因素较难准确地获取,在注浆处理前应通过现场注浆试验来确定,以取得施工所需参数。经过现场试验,对于采空区部位的注浆孔,注浆开始是以浆液的重力为主,进行充填作用,注浆后期以孔口压力为主,进行渗透、劈裂以及充填等复合作用。对于采空区地基注浆孔,注浆以孔口压力为主,进行渗透、劈裂以及充填等复合作用。注浆过程中注浆孔口压力在 0~0.5MPa 之间波动,注浆施工后期应控制在 1.0MPa 以上。

注浆间歇次数与间歇时间:间歇式注浆工艺的特点是在开泵注浆环节中,根据浆液注入量和注浆压力情况判断,当注浆量较大而注浆压力一直较小时即可判断存在采空区较大或有跑浆现象,此时应采用间歇式注浆工艺。根据现场试验,对于采空区部位的注浆孔与帷幕孔,需要采用间歇式注浆工艺,即每注浆 100～200m³,每次间歇的时间控制在 24h 左右,然后再注浆,如此反复 1～3 次。对于地基注浆孔,地基中空隙较小,注浆量小,除特殊情况外,注浆过程无间歇一次施工。

单孔注浆速度与注浆量:单孔注浆速度按施工机械的制浆能力,确定单位注入量,采空区地基注浆孔注浆量较小,每孔注入量控制在 5～10m³/h 之间;采空区部位注浆孔与帷幕孔注浆量较大,每孔注入量控制在 10～15m³/h 之间。对于单个注浆孔与帷幕孔单孔注浆量,由于其值与空隙大小有关,都可以根据钻探时空隙的大小进行估算。

单孔注浆结束标准:经过现场试验,帷幕孔注入率控制为 70L/min,各注浆段的孔口注浆压力达到 1.0MPa 以上并维持 10min,结束该段注浆。注入率控制为 70L/min,各注浆段的孔口注浆压力达到 1.0MPa 以上并维持 15min,结束该段注浆。

9.2.2 采空区扩散半径和注浆量现场试验

1)二标段采空区注浆量特征

二标段采空区治理工程完成钻孔施工 1039 个,注浆量 119262m³,单孔平均注浆量为 114.79m³。其中 266 个帷幕孔的注浆量为 28717.80m³,773 个注浆孔的注浆量为 90544.20m³。通过对钻孔资料的分析,依据地下采空区的特征,按空巷及附近的钻孔、采空区内的钻孔及地基加固钻孔三种类型考虑注浆浆液的扩散特征,二标段治理工程注浆量特征见表 9.2。二标段采空区注浆量分布等值线见图 9.13、图 9.14。

二标段治理工程注浆量特征一览表　　　　表 9.2

注浆孔性质		帷幕孔	注浆孔	合计
K21+240～K21+400 段安全煤柱及附近区域	孔数(个)	26	116	142
	注浆量(m³)	5779.10	34062.80	39841.90
	平均注浆量(m³)	222.27	293.64	280.57
K21+240 左 10～K21+500 左 60 段安全煤柱左侧及附近区域	孔数(个)	133	34	167
	注浆量(m³)	13563.40	17807	31370.4
	平均注浆量(m³)	101.98	523.73	187.84
地基注浆加固的区域	孔数(个)	107	649	756
	注浆量(m³)	9375.30	38674.40	48049.70
	平均注浆量(m³)	87.62	59.59	63.55
总计	孔数(个)	266	773	1039
	注浆量(m³)	28717.80	90544.20	119262
	平均注浆量(m³)	107.96	117.13	114.79

从表 9.2 和图 9.13、图 9.14 中可以看出,注浆施工三个区域的特征如下:

(1)K21+240～K21+400 段安全煤柱及附近区域:原区域为安全煤柱,钻探资料与注浆资料表明,该区域部分已采,推测为空巷道与部分采区,由于每孔平均注浆量为 114.8m³,将大于 100m³ 注浆钻孔进行统计,共计 142 个,每孔平均注浆量 280.57m³。

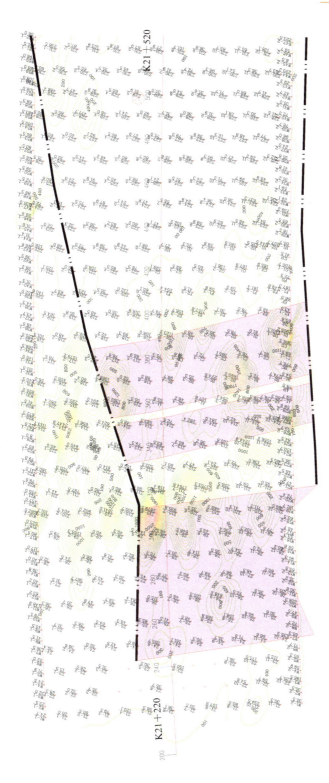

图9.13 K21+220～+520段采空区注浆量分布等值线图

高速公路下伏急倾斜采空区治理技术

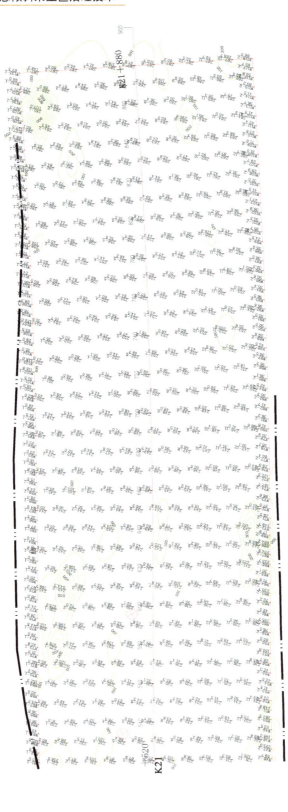

图9.14　K21+520~+880段采空区注浆量分布等值线图

(2)K21+240左10~K21+500左60段安全煤柱左侧及其附近区域:钻探资料与注浆资料表明,该区域部分已采,推测为部分采区,由于每孔平均注浆量为114.8m³,将大于100m³注浆钻孔进行统计,采空区内的钻孔共计167个,每孔平均注浆量187.84m³。

(3)地基注浆加固的区域:主要是分布在整个区域,在统计时,将上述两个区域小于100m³注浆钻孔也进行了统计,共计756个,每孔平均注浆量63.55m³。

2)二标段治理工程注浆扩散特征分析

二标段治理工程共计施工1039个钻孔,注浆量119262m³,每孔平均注浆量为114.79m³,该煤矿采空区,煤炭开采量大,采空区地下连通性较好,采取率为30%,参照设计文件中的参数,单孔注浆量计算如下:

$$Q_{单} = A \cdot \pi \cdot R^2 \cdot m \cdot \Delta V \cdot K \cdot \frac{\eta}{C} \quad (9.1)$$

式中:$Q_{单}$——单孔注浆量(m^3);

A——单孔注浆量浆液损耗系数,取值为1.1;

R——浆液有效扩散半径(m),按孔距的一半计算,取5m;

m——采空区煤层厚度(m),取67.4m;

ΔV——采空区剩余空隙率,即煤层被采出后,原空间经塌陷冒落岩块充填后剩余的空隙,其取值在0.2~1.0之间;

K——煤层采取率,一般通过矿山实际情况调查确定,取30%;

η——注浆充填系数,取值0.75;

C——浆液结石率,取值80%。

采用上述计算公式估算,二标段全区每孔平均采空区剩余空隙率为0.070,即7.0%。

(1)K21+240~K21+400段安全煤柱及其附近区域

该区域钻孔施工过程中,一般掉钻高度为0~10m,表明地下的空洞较大,空洞之间的连通较好,因此,孔内的注浆量较大。

经工程施工验证:在采空区范围,注浆浆液的扩散距离可达到10~20m范围。其原因是:注浆浆液首先扩散到一定范围后,由于注浆压力的降低,此时注浆浆液主要是沿空巷或采空区方向流动,因此,采空区及附近的钻孔内浆液的扩散距离可达到10~20m范围。

该区域每孔注浆量为280.57m³,采用式(9.1)估算后,每孔平均采空区剩余空隙率为0.171,即17.1%。

(2)K21+240左10~K21+500左60段安全煤柱左侧及其附近区域

该区域钻孔施工过程中,一般掉钻高度为0~10m,老采空区地下的空洞大,但由于塌陷等原因,空洞之间的连通性相对较差,因此,孔内的注浆量明显相对较小。

经工程施工验证:在采空区范围,注浆浆液的扩散距离可达到10~15m范围。其原因是:注浆浆液首先扩散到一定范围后,由于注浆压力的降低,注浆浆液无法扩散到较远的区域。

该区域每孔平均注浆量为187.84m³,采用式(9.1)估算后,每孔平均采空区剩余空隙率为0.109,即10.9%。

(3)地基注浆加固的区域

该区域钻孔施工过程中,地下无明显的空洞及裂隙,孔内注浆量明显较小。

经工程施工验证:注浆浆液的扩散距离可达到5~10m范围。由于岩体不存在明显的空洞及裂隙，注浆压力相对较低，因此，注浆浆液无法扩散到较远的范围。

该区域每孔平均注浆量为 63.55m³，采用式(9.1)估算后，每孔平均采空区剩余空隙率为 0.039，即 3.9%。

3) 不同破裂岩体浆液扩散规律

采空区三带发育的情况决定着浆液的流动范围和扩散范围，在采空塌陷冒落区，浆液扩散范围较大，扩散半径一般在 5~15m 之内，最大的扩散半径可达 15~20m，在这个部位，浆液形成的结石体呈层状，似层状分布，将剩余煤柱包围起来，防止煤柱软化。在裂隙带，浆液主要是沿岩层与岩层之间的层理面和岩块与岩块之间的裂隙运移，孔内扩散半径一般在 5~10m。在弯曲带，浆液主要是沿层理与层理之间的层理面运移，扩散半径在 5~10m 之间。

4) 地下水对浆液凝固、扩散的作用分析

在注浆施工过程中，采空区中的水对注浆浆液主要影响如下：

稀释注浆浆液的浓度，加快浆液的离析作用；采空区中的地下水对注浆浆液有一定的阻碍作用，将减小注浆浆液的扩散半径。

一般情况下，在有地下水的状态下，注浆浆液的初、终凝时间推迟 10~30h，注浆浆液结石体的无侧限抗压强度比无水状态下平均偏低三分之一左右。

9.2.3 钻进工艺现场试验

1) 采空区钻探施工工艺的比较与评价

依据设计文件，本次钻探采用的主要钻探工艺为：回转式钻进、冲击回转式钻进。

(1) 回转式钻进

利用钻机回转器或孔底动力机具转动钻头来破碎孔底岩石的钻进方法。它适用在各类地层钻进各种角度、不同深度和口径的钻孔，是常用的钻进方法。

工作原理：地面动力回转钻进时，动力机驱动钻机的回转器，带动穿过回转器的主动钻杆以及与主动钻杆连接的钻杆柱和孔底的钻头一起旋转破碎岩石，岩屑随循环的冲洗介质返至地面。当钻头呈环状端面时，孔底中心未经破碎的岩石圆柱(岩芯)随着钻头的推进而进入岩芯管，岩芯充满到一定程度后通过投入卡料、提动钻具或其他取芯方法，将岩芯卡断，从孔底提至地表，这种钻进方法和过程称岩芯钻进；当钻头以全部圆形底面破碎孔底岩石时，孔内无岩芯，称为全面钻进。

钻进参数：影响回转钻进速度的可控因素。主要钻进参数有钻压、转速和冲洗液量等。

(2) 冲击回转式钻进

利用专门的冲击器和钻机回转器共同驱动钻头破碎孔底岩石的钻进方法。其特点为：

钻进效率高，在坚硬、致密、弱研磨性地层尤其明显，特别是气动冲击回转钻进，可获得比回转钻进高几十倍的效率；钻头寿命长；有利于预防钻孔偏斜等。但气动冲击回转钻进的功率消耗大，热效率也较低。

工作原理：冲击回转钻进使用的钻具是在一般回转钻进钻具的岩心管或钻头之上连接一个冲击器。钻进时，地表钻机通过钻杆柱带动钻头回转并作用于钻头一定的轴向压力；同时钻进用的水泵(或空气压缩机)经地表管路系统和钻杆柱内孔将高压液流(或压缩空气)送入冲击器，使其工作，向钻头施加一定频率的冲击动载，孔底岩石在冲击和回转联合作用下被破碎。

从冲击器中排出的液体(或空气)经钻头到达孔底后向地表返回,并携带出岩粉,钻孔不断加深。因为孔底岩石是受轴向静压力、纵向冲击动载和回转切削的共同作用,故破碎效率高。冲击器是冲击回转钻进的关键器具,其结构性能影响冲击回转钻进的特性与效果。

分类:工程钻探中使用的冲击回转钻进按冲击器的动力来源可分为液动和气动两种。

液动冲击回转钻进以高压液流(清水或泥浆)作为动力介质,使冲击器冲击回转钻进。此类冲击器称液动冲击器,是一种将液体压力能转变为冲击能做功的装置,借助水泵输送的高压液流直接迫使冲击器内的冲锤上下往复运动而连续不断对钻头造成冲击。液动冲击器按性能分为低频冲击器和高频冲击器两种。常用液动冲击器的结构形式有阀式正作用、阀式双作用、阀式反作用、射流式和射吸式等。液动冲击回转钻进使用硬质合金或金刚石钻头,进行取芯或全面钻进。采用低频冲击器时,配用硬质合金钻头,钻进中以冲击方式碎岩为主,所需钻头轴压和转速均偏低;采用高频冲击器时,配用金刚石钻头为主,硬质合金钻头次之,钻进中以回转方式碎岩为主,所需钻头轴压和转速均较高。

气动冲击回转钻进以压缩空气作为动力介质使冲击器工作的钻进方法,常称潜孔锤钻进。此类冲击器称气动冲击器或潜孔锤,本次施工多采用气动式。

(3)钻探工艺的比选

选取地质条件类似的 Z65-8 孔和 Z66-5 孔进行现场冲击回转式和回转式试验比较,钻孔孔深为 50m,拟从上述两种钻进方式的工作效率、能耗、地层适应性及注浆适用性几个方面进行比较。

①工作效率

由于回转钻进和冲击式回转钻进的施工工艺不同,回转式钻进采用清水循环液,将底部岩粉返出孔口,该方式钻进速度慢、效率低、钻头损耗较大;冲击回转式钻进钻进效率高、钻头寿命长、有利于预防钻孔偏斜。

根据现场测试,在完成相同 50m 深钻孔时,Z66-5 孔采用回转式钻进的机械(XY-4 型地质钻机)钻孔成孔时间约为 8h,而 Z65-8 孔采用冲击回转式钻进的机械(150B 潜孔锤)钻孔成孔时间约为 1h。从而可以看出,冲击回转式钻进较回转式钻进的工作效率高。

②油耗

根据现场测试,在完成相同 50m 钻孔时,Z66-5 孔采用回转式钻进的机械(XY-4 型地质钻机)钻孔成孔油耗约 40L,而 Z65-8 孔采用冲击回转式钻进的机械(150B 潜孔锤)钻孔成孔油耗约 60L。从而可以看出,冲击回转式钻进较回转式钻进的油耗高。

③地层适用性

根据现场施工情况,回转式钻进对地层的适用性高,对于上部第四系、基岩、冒落带及采煤空洞都可以钻进;相反,冲击回转式钻进主要靠从冲击器中排出的空气经钻头到达孔底后向地表返回,并携带出岩粉,使得钻孔不断加深,如遇基岩破碎或采煤空洞时钻进过程中孔底漏风,使得岩粉无法返出地面,钻进速度将明显变缓,效率明显降低。因此,冲击回转式钻进在采空区钻孔施工中具有较明显的局限性。

④注浆适用性

回转式钻进采用清水作为清洗液,循环返浆的工艺,将研磨的岩粉从孔底返出地面,孔底沉渣较少,基岩裂隙不会因为岩粉过多堵塞注浆通道,有利于注浆工程的实施;相反,冲击回转式钻进主要依靠空压机产生的气流将孔下岩粉返出地面,在此过程中岩粉有可能填满裂隙,阻断浆液流通通道,从而进一步影响注浆质量。采空区两种钻进方式比较见表9.3。

采空区两种钻进方式比较一览表　　　　　　　　　　　　　　　表9.3

试验内容	钻　进　方　法	
	回转式(Z66-5试验孔)	冲击回转式(Z65-8试验孔)
工作效率	钻进速度慢、效率低、钻头损耗较大	钻进效率高、钻头寿命长、有利于预防钻孔偏斜
油耗	钻孔成孔油耗相对小	钻孔成孔油耗相对大
地层适用性	地层的适用性高,对于第四系、基岩、冒落带及采煤空洞都可以钻进	具较明显的局限性,如遇基岩破碎或采煤空洞时钻进过程中孔底漏风,使得岩粉无法返出地面,钻进速度将明显变缓,效率明显降低
注浆适用性	钻进采用清水作为清洗液,循环返浆的工艺,孔底沉渣较少,基岩裂隙不会因为岩粉过多堵塞注浆通道,有利于注浆工程的实施	钻进时岩粉有可能填满裂隙,阻断浆液流通通道,从而进一步影响注浆质量

通过试验及治理工程施工,采用回转式钻机是保证注浆质量的推荐钻孔设备。

2)钻孔孔径比较与研究

(1)研究方案

根据本项目特点,结合工程实际,制定了不同开孔孔径及不同变径孔径下的钻孔对比试验,如表9.4所示。

两种钻进方式能耗比较　　　　　　　　　　　　　　　表9.4

试验编号	开孔孔径	变径孔径	试验孔号
1	φ150	φ110	Z6-12
2	φ150	φ91	Z14-2
3	φ130	φ110	Z6-2
4	φ130	φ91	Z7-11

(2)试验结果

根据设计文件,钻孔钻进过程中需在进入基岩4~6m后变径。通过现场试验,对不同孔径下成孔的质量、成孔时间及成孔成本进行对比分析,得出以下结论:

①第四系覆盖层

第四系覆盖层包括土层和卵石层两类,钻孔试验对比见表9.5。

第四系覆盖层钻进对比表　　　　　　　　　　　　　　　表9.5

比较项目		φ150	φ130	备注
土层	钻进速度	快	快	两者差别不大
	成孔质量	好	好	
	经济指标	较高	高	

续上表

比较项目		φ150	φ130	备注
卵石层	钻进速度	慢	快	推荐 φ130
	成孔质量	较好	好	
	经济指标	较高	高	

在第四系卵石层中,骨架颗粒大小不均匀,充填物多以细颗粒为主,胶结较差,堆积无序,在钻探过程中易塌孔,成孔困难。根据现场试验,钻孔孔径越大,钻机提供的扭力越大,钻进速度越慢,油耗高,且易出现塌孔、埋钻事故。根据试验结果,推荐该层位钻孔孔径为 φ130。

②基岩

本项目下覆基岩主要以砂岩、泥岩、粉砂岩、炭质页岩为主,倾角大,受区域内构造影响,上部岩层较为破碎,在钻进中易出现掉块、卡钻、漏水等事故。

通过现场试验,根据设计文件相关要求,钻至岩层 4~6m 后变径,直至钻至设计孔深。在相同地层中,钻进过程主要以切削、破碎为主,钻进速度两者相差不大;φ91 成孔质量略优于 φ110,主要因为 φ110 在钻进过程中岩层受扰动较 φ91 大,对于破碎岩层 φ110 成孔更难,更容易发生孔内质量事故;两者在机械损耗、钻头磨损及耗油量等经济指标上相差并不明显。通过对比分析变径后的钻进速度、成孔质量、经济指标等指标(表9.6),推荐变径后采用 φ91 孔径钻至孔底。

基岩钻进比较表 表9.6

比较项目	φ110	φ91	备注
钻进速度	较快	较快	推荐 φ91
成孔质量	较好	好	
经济指标	较高	较高	

通过上述试验,结合本项目采空区各地层特点,推荐采用开孔孔径为 φ130、终孔孔径为 φ91 作为采空区急倾斜煤层钻探施工的成孔工艺。

9.2.4 注浆方法现场试验

1)注浆方法选择

注浆有多种方法,按照浆液流动的方式分纯压式注浆和循环式注浆;按照注浆段施工的顺序分为自上而下注浆和自下而上注浆等。

本次治理工程中,分别按以下两种注浆施工顺序进行注浆。

(1)钻进过程中,未出现掉钻、空洞,能一次性钻进到设计深度的注浆孔,采用上行式注浆方式,即自下而上分段纯压式注浆和孔口封闭纯压式注浆相结合的注浆方式。

(2)钻进过程中,出现掉钻、空洞,难以达到设计深度的注浆孔(主要分布于煤柱外侧的 1~3 排帷幕孔和注浆孔),采用上行式注浆方式,即自上而下分段纯压式注浆和孔口封闭纯压式注浆相结合的注浆方式。

除上述注浆顺序外,在试验段中也需分别进行其他注浆施工顺序的比较,具体优缺点见

表9.7。

各种注浆方法的特点 表9.7

注浆方法	优 点	缺 点	适 用 范 围
自上而下注浆法	注浆塞置于已灌段底部,易于堵塞严密,不易发生绕塞返浆;各段压水试验和水泥注入量成果准确;注浆质量比较好	钻孔、注浆工序不连续,工效较低;孔内注浆塞和管路复杂	可适用于较破碎的岩层和各种岩层
自下而上注浆法	钻孔、注浆作业连续,工效较高	岩层裂隙发育时,易发生绕塞返浆;不便于分段进行裂隙冲洗	适用于较完整的或缓倾角裂隙的地层
综合注浆法	介于自上而下注浆法和自下而上注浆法之间	介于自上而下注浆法和自下而上注浆法之间	可适用于较破碎和完整性基岩地层
全孔一次注浆法	工序少,工效高	适用范围窄	浅孔固结注浆
孔口封闭注浆法	能可靠地进行高压注浆,不存在绕塞返浆问题,事故率低;能够对已灌段进行多次复灌,对地层的适应性强,注浆质量好,施工操作简便,工效较高	每段均为全孔注浆,全孔受压,近地表岩体抬动危险大。孔内占浆量大,浆液损耗多,灌后扫孔工作量大,有时易发生注浆管事故	适宜于较高压力和较深钻孔的各种注浆。水平层状地层慎用

2)止浆装置的选择

本次试验工程采用了以下三种止浆装置:

(1)简易法兰盘止浆装置。其方法为:在 $\phi 50$ 钢管前端 $20\sim30\text{cm}$ 处焊接一个圆形法兰托盘(托盘直径在 $120\sim125\text{mm}$ 之间),用编织袋或塑料带缠在焊接处之上,下入孔内变径处;用少量碎石、黏土将法兰托盘与孔壁之间的空隙封堵,灌入 $4\sim6\text{m}$ 高度水固比为 $1:1.5\sim1:2$ 的稠水泥浆(加入水泥重量3%的速凝剂),使注浆管与孔壁快速粘固,如图9.15所示。

(2)胶囊式止浆塞。止浆塞是实现分段注浆、合理使用注浆压力和控制浆液分布范围、保证注浆质量的一种设备。止浆塞一般由穿在注浆管上的胀塞组成。胀塞通常用坚硬的、加纤维材料合成的橡胶制品加工,可用机械方法或通过充气或充水的方法使其膨胀。试验采用DMP-91水压式止浆塞,适用孔径91mm,最大外径74mm,最大膨胀外径105mm,最大灌浆压力7MPa,如图9.16所示。

(3)套管孔口封孔。对于多层采空区自上而下式分段注浆,开孔孔径为146mm,终孔孔径为89mm。在孔口止浆,原则上每层采空区各为一个注浆段,将注浆管放置在所注层位的上方,套管孔口封孔注浆,如图9.17、图9.18所示。

图9.15　简易法兰盘止浆装置

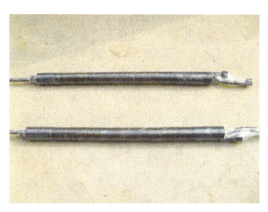
图9.16　DMP-91胶囊式止浆塞

图9.17　套管孔口封孔

图9.18　套管上部三通转换装置

3）胶囊式止浆塞自上而下注浆法试验

对Z26-4和Z27-4孔进行了现场试验,孔深为50m。

Z26-4孔施工过程:钻机到位→开孔ϕ130至稳定基岩处15m→变径ϕ91→钻至25m处提钻,在15m处下入胶囊式止浆塞→第一次分段注浆→注浆结束,下钻,扫孔后,钻至50m,终孔,提钻,在25m处下入胶囊式止浆塞→第二次分段注浆→注浆结束。

施工时间为3天,注浆量为48.2m^3,其中:第一次注浆段长度为10m,注浆量为31.5m^3;第二次注浆段长度为25m,注浆量为16.7m^3。

Z27-4孔施工过程:钻机到位→开孔ϕ130至稳定基岩处12.5m→变径ϕ91→钻至35m处提钻,在12.5m处下入胶囊式止浆塞→第一次分段注浆→注浆结束,下钻,扫孔后,钻至50m,终孔,提钻,在35m处下入胶囊式止浆塞→第二次分段注浆→注浆结束。

施工时间为3.5d,注浆量为91.9m^3,其中:第一次注浆段长度为22.5m,注浆量为65.8m^3;第二次注浆段长度为15m,注浆量为26.1m^3。

通过现场试验表明:自上而下注浆法的止浆塞置于已灌段底部,易于堵塞严密,不易发生绕塞返浆;注浆过程中质量有保证。但钻孔、注浆工序不连续,孔内止浆塞和管路复杂,注浆施工时间长,工效较低。

4)胶囊式止浆塞自下而上注浆法试验

对 Z25-4 和 Z26-5 孔进行了现场试验,孔深为 50m。

Z25-4 孔施工过程:钻机到位→开孔 ϕ130 至稳定基岩处 10.5m→变径 ϕ91→钻至 50m,终孔,提钻→在 25m 处下入胶囊式止浆塞,第一次分段注浆→注浆结束→在 10.5m 处下入胶囊式止浆塞→第二次分段注浆→注浆结束。

施工时间为 1.5d,注浆量为 40.3m³,其中:第一次注浆段长度为 25m,注浆量为 16.5m³;第二次注浆段长度为 14.5m,注浆量为 23.8m³。

Z26-5 孔施工过程:钻机到位→开孔 ϕ130 至稳定基岩处 12.5m→变径 ϕ91→钻至 50m,终孔,提钻→在 35m 处下入胶囊式止浆塞,第一次分段注浆→注浆结束→在 12.5m 处下入胶囊式止浆塞→第二次分段注浆→注浆结束。

施工时间为 2d,注浆量为 80.4m³,其中:第一次注浆段长度为 15m,注浆量为 30.5m³;第二次注浆段长度为 22.5m,注浆量为 49.9m³。

通过现场试验表明:自下而上注浆法的钻孔、注浆作业连续,工效较高。但岩层裂隙发育时,孔内易发生绕浆返浆,影响注浆质量,同时,使注浆施工时间长,工效较低。

5)孔口法兰盘止浆封闭、全孔一次注浆法试验

对 Z28-4 和 Z28-6 孔进行了现场试验,孔深为 50m。

Z28-4 孔施工过程:钻机到位→开孔 ϕ130 至稳定基岩处 9.5m→变径 ϕ91→钻至 50m,终孔,提钻→在 9.5m 处下入简易法兰盘止浆装置,注浆→注浆结束。

施工时间为 1d,注浆段长度为 40.5m,注浆量为 24.1m³。

Z28-6 孔施工过程:钻机到位→开孔 ϕ130 至稳定基岩处 11.5m→变径 ϕ91→钻至 50m,终孔,提钻→在 11.5m 处下入简易法兰盘止浆装置,注浆→注浆结束。

施工时间为 1.5d,注浆段长度为 39.5m,注浆量为 92.0m³。

通过现场试验表明:孔口封闭、全孔一次注浆法的钻孔、注浆作业连续,施工简单,工效高。该方法适用于单层采空区或空洞充填注浆,不适用于防渗注浆。

6)套管孔口封孔自上而下式分段注浆法试验

由于 W19-1 孔深 192m,在 44.1~63.7m,107.8~122.5m,147~161.7m 见到三层煤,在 30.0~38.0m 处掉钻,注浆量为 1082.0m³,根据该孔的施工情况,对 W20-1 和 W21-1 孔进行现场试验,并进行了孔内投砂试验,孔深为 192m。

W21-1 孔施工过程:钻机到位→开孔 ϕ130 至稳定基岩处 15.1m→提钻→下入 ϕ130 套管至稳定基岩处(采用水泥固定与封堵套管与基岩壁缝隙)→变径 ϕ91→钻至 47.0~52.5m 第一次掉钻→孔内投砂(11.8m³)和注浆→第一次套管孔口封孔→注浆(210.6m³)→取下套管孔口封孔设备→钻至 59.0~64.0m 第二次掉钻→孔内投砂(8.5m³)和注浆→第二次套管孔口封孔→注浆(141.3m³)→取下套管孔口封孔设备→钻至 192.0m→第三次套管孔口封孔→注浆(108.1m³)→注浆结束。

施工时间为 4d,注浆段长度为 176.9m,注浆量为 455.0m³。

W20-1 孔施工过程:钻机到位→开孔 ϕ130 至稳定基岩处 19.6m→提钻→下入 ϕ130 套管至稳定基岩处(采用水泥固定与封堵套管与基岩壁缝隙)→变径 ϕ91→钻至 53.9~78.4m 和 93.1~98.0m 为煤层(以第二层煤底板为第一次注浆段)→第一次套管孔口封孔→注浆

(389.1m³)→取下套管孔口封孔设备→钻至 127.2~132.1m 为煤层→钻至 192.0m→第二次套管孔口封孔→注浆(67.9m³)→注浆结束。

施工时间为 3d,注浆段长度为 172.4m,注浆量为 457.0m³。

通过现场试验表明:套管孔口封孔自上而下式分段钻孔、注浆作业不连续,施工较为繁琐,工效相对较低,但注浆工程质量好。该方法适用于多层采空区或空洞以及岩层破碎严重区域。

7)试验结论

采空区注浆工程是以充填作用为主,通过对自上而下注浆法、自下而上注浆法、孔口封闭全孔一次注浆法以及套管孔口封孔自上而下式分段注浆法的现场试验分析,对于单层采空区,应采用法兰盘孔口封闭全孔一次注浆法;对多层采空区,并且两者距离较大时应采用套管孔口封孔自上而下式分段注浆法。

9.2.5 注浆过程中孔内投砂方法试验

对于在帷幕孔和注浆孔钻进过程中,发生掉钻且空洞较大时,设计推荐采用以下 2 种处治方案:

(1)进行预填集料注浆,填料为风积砂、天然砂、砾,粒径设计推荐为 0.5~2cm,具体可根据现场试验结果及现场施工实际情况进行优化调整。

(2)采用水泥粉煤灰浆进行低压、限流、限量、间歇注浆法灌注,达到设计终止注浆标准后,结束该段注浆。具体方法根据试验段的试验及现场施工的实际情况择优选用。

按照《采空区公路设计与施工技术细则》(JTG/T D31-03—2011)的规定,当采空区空洞高度大于 1m 时,宜采用套管止浆并扩大注浆孔孔径,往孔内投入粒径小于 5mm 的粗集料,而后低压浓浆灌注并采取添加速凝剂、限流、限量、间歇注浆等措施,速凝剂掺入量宜为水泥重量的 3%~5%。

针对设计文件与《采空区公路设计与施工技术细则》的要求与规定,现场对注浆过程中孔内投砂方法进行试验(图 9.19、图 9.20)。

图 9.19 孔内投砂试验(一)

图 9.20 孔内投砂试验(二)

1)钻孔与注浆封孔结构类型的选择

套管封孔(ϕ130 孔径)变径 ϕ91 类型。

套管封孔（φ130 孔径）至终孔未变径类型。

法兰盘封孔（φ50 注浆孔径）变径 φ91 类型。

投放的粗集料为粒径 <0.5mm 的碎石。

2）套管封孔（φ130 孔径）变径 φ91 类型试验

在 W21-1 孔套管孔口封孔自上而下式分段注浆试验施工过程中，对 W21-1 孔内两层采空区进行了投砂试验，其施工顺序为：钻机到位→开孔 φ130 至稳定基岩处 15.1m→提钻→下入 φ130 套管至稳定基岩处（采用水泥固定与封堵套管与基岩壁缝隙）→变径 φ91→钻至采空区部位→孔内投砂和注浆→重复上述过程→注浆结束。具体施工过程详见上节相关内容。该孔有两层采空区，第一次掉钻位置为 47.0～52.5m，第二次掉钻位置为 59.0～64.0m，掉钻高度分别为 5.5m、5.0m，分别投砂 11.8m^3、8.5m^3。

通过现场试验表明：套管孔口封孔自上而下式分段变径钻孔内投砂，由于钻孔开孔直径大，孔口施工简单，砂子在孔内变径处易于堵孔，工效相对较低。

3）套管封孔（φ130 孔径）至终孔未变径类型试验

W17-1 孔施工过程：钻机到位→开孔 φ130 至稳定基岩处 19.6m→提钻→下入 φ130 套管至稳定基岩处（采用水泥固定与封堵套管与基岩壁缝隙）→φ130→钻至 54.0～58.0m 掉钻→孔内投砂（6.2m^3）和注浆→第一次套管孔口封孔→注浆（51.2m^3）→取下套管孔口封孔设备→钻至 192m→第二次套管孔口封孔→注浆（29.3m^3）→注浆结束。

该孔有一层采空区，掉钻位置为 54.0～58.0m，掉钻高度为 4.0m，投砂量为 6.2m^3。

通过现场试验表明：套管孔口封孔自上而下式分段未变径钻孔内投砂，由于钻孔开孔直径大，未变径，孔口施工简单，砂子在孔内不易于堵孔，投砂工效相对较高，但降低了钻探工程的速度与钻探的工效。

4）法兰盘封孔（φ50 注浆孔径）变径 φ91 类型试验

对 E1-4 和 F2-3 孔进行了现场试验，孔深为 50m。

E1-4 孔施工过程：钻机到位→开孔 φ130 至稳定基岩处 4.3m→变径 φ91→钻至 50m，终孔，在 48.1～49.1m 处掉钻，提钻→在 4.3m 处下入简易法兰盘止浆装置，投砂和注浆→投砂结束注浆→注浆结束。该孔有一层采空区，掉钻位置为 48.1～49.1m，掉钻高度为 1.0m，投砂量为 1.2m^3，注浆量 79.0m^3。

F2-3 孔施工过程：钻机到位→开孔 φ130 至稳定基岩处 4.3m→变径 φ91→钻至 50m，终孔，在 43.5～49.3m 处掉钻，提钻→在 4.3m 处下入简易法兰盘止浆装置，投砂和注浆→投砂结束注浆→注浆结束。该孔有一层采空区，掉钻位置为 43.5～49.3m，掉钻高度为 5.8m，投砂量为 9.5m^3，注浆量 108.0m^3。

通过现场试验表明：法兰盘封孔（φ50 注浆孔径）变径 φ91 钻孔内投砂，由于钻孔内注浆管的直径（φ50）小，孔口施工速度慢，砂子在孔内不易于堵孔，投砂工效相对较低，但钻探工程的速度与钻探的工效相对较高。

5）试验结论

通过对上述三种钻孔与注浆封孔结构类型现场投砂试验分析，套管封孔（φ130 孔径）变径 φ91 类型，因孔内存在变径处在投砂过程中易于堵孔；套管封孔（φ130 孔径）至终孔未变径类型和法兰盘封孔（φ50 注浆孔径）变径 φ91 类型，因孔内无变径处在投砂过程中不易堵孔,便于连续投砂施工,这两种类型相比,套管封孔(ϕ130孔径)至终孔未变径类型降低了钻探工程的速度与钻探的工效,而法兰盘封孔(ϕ50注浆孔径)变径ϕ91类型的钻探工程速度与钻探的工效较高。孔内投砂量除与钻孔、注浆封孔结构类型有关外,主要与空洞的大小与形态,以及投砂的粒径有关,在急倾斜煤矿采空区内因顶板垮落等原因,造成空洞的形态与空洞地面不平整,致使投砂的扩散半径受到了很大的影响,根据现场投砂量的估算,投入孔内的砂体不是呈现出规则或近规则的圆锥形,而是与孔内附近空洞近似的形态,且砂体流动范围推算在1~2m之间。从试验过程和效果来看,总体投砂量不大,比较上述三种类型的工效,建议对于单层采空区(空洞)仍采用法兰盘封孔(ϕ50注浆孔径)变径ϕ91类型;对于多层采空区(空洞)且距离较大时采用套管封孔(ϕ130孔径)至终孔未变径类型。

从上述四个试验孔内投砂资料分析,投砂量分别是:W21-1孔掉钻高度分别为5.5m、5.0m,分别投砂11.8m^3、8.5m^3,投砂量分别是2.15倍、1.7倍的掉钻高度。W17-1孔掉钻高度为4.0m,投砂量为6.2m^3,投砂量是1.55倍的掉钻高度。E1-4孔掉钻高度为1.0m,投砂量为1.2m^3,投砂量是1.20倍的掉钻高度。F2-3孔掉钻高度为5.8m,投砂量为9.5m^3,投砂量是1.64倍的掉钻高度。投砂量在1.20~2.15倍的掉钻高度变化,平均为1.65倍掉钻高度。通过试验,在单孔施工与设计时,投砂量可考虑取值在1.5~2.0倍的掉钻高度。

9.2.6 采空区内现场注浆结石体物理力学性质现场试验

1)试验过程以及内容

采用ϕ150塑料管子,在底部封孔,将现场1:1.3配合比的水泥粉煤灰浆液灌入管中,28d后,将水泥粉煤灰结石体取出,结石体的形成如图9.21a)所示;结石体形成后,分别选取结石体从下至上不同部位制成相应岩样,如图9.21b)~d)所示,进行微观分析研究与结石体抗压强度的分析研究。

a)　　　　　　　　　　　　　　b)

图 9.21

c)   d)

图9.21 现场注浆结实体形成(a)及岩样获取(b、c、d)

2)试验结果分析

(1)强度测试

28d 得到结石体试样后,把样本制作成 50mm×50mm×70mm 标准样体,同时从结石柱体采取从上至下的样本制作成相应的载玻片样本,样本实体如图9.22 所示。

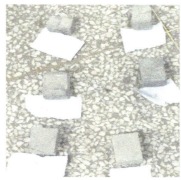

a)结石体试样   b)标准试样   c)压缩前试样

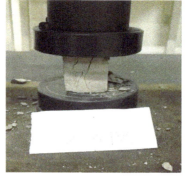

d)压缩中试样   e)破坏后试样   f)压缩后试样

图9.22 单轴抗压强度试验过程

试验结果表明,结石体试样的单轴抗压强度具有一定的分散性,数值在 1.7~7.6MPa 之间(表9.8),试样的不同部位,其抗压强度不相同。试样 1 顶部抗压强度为 2.8MPa,底部抗压强度为 4.7MPa,平均为 3.5MPa,试样 2 顶部抗压强度为 3.6MPa,底部抗压强度为 5.6MPa,平均为 4.35MPa,试样总体存在底部抗压强度大于顶部的规律,平均抗压强度为 3.92MPa。

采空区内现场注浆结石体试样 28d 抗压强度表   表9.8

序号	类型	试样编号	浆液类型	水固质量比	水泥占固相质量比例（%）	养护时间（d）	抗压强度（MPa）	平均抗压强度（MPa）	
1	采空区内现场注浆结石体	1-1 顶	水泥粉煤灰浆	1:1.3	20	28	2.8	3.5	3.92
		1-1 底		1:1.3	20	28	3.1		
		1-2 顶		1:1.3	20	28	4.7		
		2-1 顶		1:1.3	20	28	3.6	4.35	
		2-1 底		1:1.3	20	28	4.3		
		2-2 顶		1:1.3	20	28	1.7		
		2-2 底		1:1.3	20	28	7.6		
		2-3 顶		1:1.3	20	28	3.7		
		2-3 底		1:1.3	20	28	5.2		
2	现场试验室	1 标		1:1.3	20	28	1.5	1.7	
		2 标		1:1.3	20	28	1.3		
		3 标		1:1.3	20	28	1.5		
		4 标		1:1.3	20	28	2.4		

如表 9.8 所示,试样的 28d 抗压强度与各标段现场试验室的 28d 抗压强度相比,平均值为其 2.3 倍,这是由于管内结石体中的水分排出,致使试样的抗压强度明显增大,因此,在地下采空区有水状态下,结石体的强度是比较低的。

(2)微观分析

对于已采取的试样制成的载玻片,分别放大 50 倍、100 倍,其镜下结构见图 9.23~图 9.28。

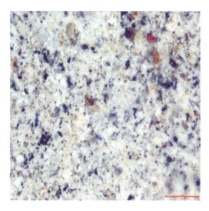 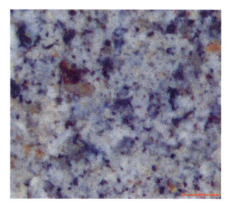

图 9.23   2-3 顶部结石体(×50)   图 9.24   2-3 顶部结石体(×100)

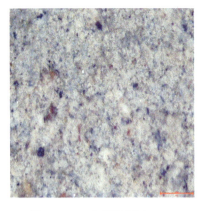 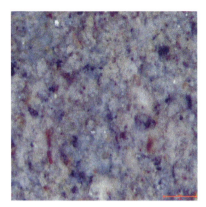

图 9.25　2-2 中部结石体(×50)　　　图 9.26　2-2 中部结石体(×100)

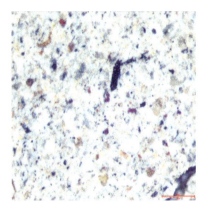 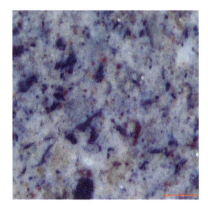

图 9.27　2-1 底部结石体(×50)　　　图 9.28　2-1 底部结石体(×100)

结石体显微镜下结构分析如下：

以试样 2 为例，施工用的粉煤灰为三级，其细度要求 45μm 方孔筛余量不大于45%。在水泥粉煤灰浆液中，粉煤灰颗粒分布与水化活性的关系呈相同规律，30μm 以下的颗粒水化速度较快，水化程度也较高，因而对提高强度有重要作用。从薄片中可以看出：粉煤灰以钝角颗粒和微细颗粒组成为主，其中：钝角颗粒主要是粉煤灰中的石英颗粒未熔融或部分熔融的残留颗粒，不具有水化活性。微细颗粒非常细小，主要是各种颗粒的碎屑和各种颗粒的黏聚体，有的团聚成絮状结构，其所含成分主要为无定形 SiO_2 和少量石英碎屑。试样不同部位的结石体的颗粒大小、胶结程度都不相同，在底部，结石体的粉煤灰颗粒较粗、胶结程度高，含量在50%～60%之间，向上部逐渐过渡，结石体的粉煤灰颗粒较细、胶结程度相对较低，含量在 40%～50%之间。

从已知数据可知：结石体的样体随着深度（自上而下）增大，粒径随之增大（相对应的试样密度逐渐变大）；粒径越大（密度越高），其抗压强度越大，具有较明显的分层（或分带）性。

3）试验结论

从采空区内现场注浆结石体试验可以得出以下结论：

注浆浆液由于组成的颗粒大小与质量不尽相同,在采空区内充填过程中具有一定的分布规律,随着深度(自上而下)增大,粒径随之增大(相对应的试样密度逐渐变大);对应的粒径越大(密度越高),其抗压强度越大,具有较明显的分层(或分带)性。

采空区内的地下水对结石体抗压强度影响较大,在近干燥的状态下,平均数值为 3.92MPa,有水状态下,平均数值为 1.7MPa,两者相差 2.3 倍,可见在采空区内有水状态下,其抗压强度较低。

9.3 辅助工程处理

9.3.1 二标采空区地面竖井处理

二标采空区注浆工程范围内存在三个未回填的竖井,圆柱形,混凝土壁,直径为 4.0m、深度在 15～20m 之间,按照设计文件必须进行回填处理。

1) 回填材料的要求

按照《采空区公路设计与施工技术细则》(JTG/T D31-03—2011)第 6.3.2 条,回填材料应符合以下要求:

回填材料应选择级配较好的砾类土、砂类土等粗粒土,填料最大粒径应小于 150mm。

泥炭、淤泥、冻土、强膨胀土、有机质土及易溶盐超过允许含量的土,不得用于回填。

当采用细粒土填筑时,路堤填料最小强度应符合表 9.9 中的规定。

回填材料强度要求 表 9.9

公路等级	高速公路、一级公路	二级及二级以下公路
填料最小强度(CBR)(%)	3	2

回填材料应分层铺筑,均匀压实,压实度应符合表 9.10 的规定。回填石料应分别采用不同的填筑层厚和压实控制标准,回填石料的压实质量标准宜用孔隙率作为控制标准,并结合压实功率、碾压速度、压实遍数、铺筑层厚等施工参数,压实质量应符合表 9.10、表 9.11 的规定。

回填料压实强度要求 表 9.10

公路等级	高速公路、一级公路	二级公路	三、四级公路
压实度(%)	≥93	≥92	≥92

回填料压实强度要求 表 9.11

石料分类	摊铺层厚(mm)	最大粒径(mm)	压实干重度(kN/m^3)	孔隙率(%)
硬质岩	≤600	小于层厚的 2/3	由试验确定	≤25
中硬岩	≤500	小于层厚的 2/3	由试验确定	≤24
软质岩	≤400	小于层厚	由试验确定	≤22

2) 二标采空区注浆工程范围三个未回填竖井的回填施工

碎石土:回填使用当地的碎砂土,碎石粒径为 20～30mm,含量为 30%,轻型击实最大干密度为 1.76g/cm³,重型击实最大干密度为 1.96g/cm³,最优含水量(重量比%)为 8.5%,回填后,压实度(λ)为 95%,相对密度 $D_r > 0.7$。

施工工艺:选择料场→土工试验→回填区清理→挖装运输→碾压试验→分层摊铺→分层碾压→压实层检验。

分层铺筑技术要求:

(1)铺筑的每层厚度,一般为 30~50cm,采用蛙式打夯机分层夯实。

(2)竖井边缘用人工或蛙式打夯机补夯密实。

(3)夯实或碾压:夯实或碾压的遍数,由现场试验确定。采用夯机往复夯实,夯实不少于 4~6 遍。

3)二标竖井回填问题分析

二标三个未回填的竖井回填施工严格按照《公路路基施工技术规范》(JTG F10—2006)、《公路工程质量检验评定标准》(JTG F80/1—2012)执行,填方材料符合《公路路基施工技术规范》(JTG F10—2006)的规定,不含有机物质、杂草、淤泥和树根。对所用的填方材料进行必要的击实试验,以便确定最佳含水量、最大干密度等指标。每层填料经过压实后,按《土工试验规程》规定的检测频率测定其压实度,只有在其压实度满足设计要求后,才能继续进行上层回填。

施工结束后,已施工的回填竖井发生塌陷现象,其中 1 处竖井于 2015 年 9 月 26 日 21 点左右开始塌陷(图 9.29),出现与竖井形态大小相一致的圆形不连续的地面塌陷裂隙,于次日早上 8 点左右地面形成明显的圆形连续的地面塌陷裂隙(图 9.30、图 9.31),次日中午 12 点左右地面形成明显的圆形连续的地面塌陷坑(图 9.32),地面塌陷坑直径为 4.0m,深度为 0.6~0.8m,四周最大裂缝宽度 5~10cm。

图 9.29 回填井地面出现断续圆形裂隙

图 9.30 回填井地面出现连续圆形裂隙

根据以往工程经验与现场分析,塌陷原因是:竖井与矿山井下的巷道是相互联通的,采空区与巷道半充满或全部充满了地下水,在注浆过程中,注浆浆液的流动引起地下水水位的升降波动,这种波动对竖井内回填的碎石土产生了"淘土"作用,即细小的颗粒被带走,在已回填的竖井下部形成空洞,而竖井壁光滑,摩擦力较小,最终导致竖井地面塌陷(图 9.33)。

图9.31 地面连续圆形裂隙局部放大

图9.32 回填竖井地面圆形塌陷坑

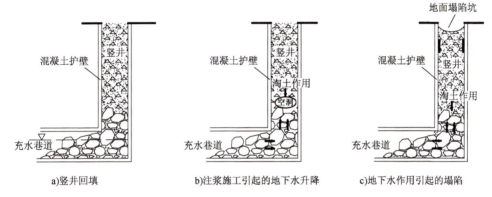

图9.33 回填竖井地面圆形塌陷坑形成原因

根据现场实际情况,采取的处理措施是:将地面塌陷坑回填夯实后,铺设网格地梁格栅,将已有的钢筋地梁格栅之间加筋浇铸成盖板,覆盖在竖井之上,如图9.34所示。

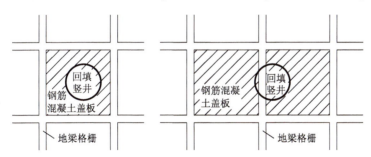

图9.34 回填竖井地面圆形塌陷坑处理方案

根据施工现场实际情况,对该类竖井回填时,建议采取如下措施:

(1)竖井回填时,因其与矿山井下的巷道是相互连通的,采区或巷道内的地下水在注浆工程的影响下会产生升降,因此,在竖井下部1/3或1/4处回填时,以大粒径碎石、块石(100~200mm)充填坑底,在此基础上再充填以级配良好的砂砾。

(2)在大粒径碎石、块石回填层之上,采用粗集料与注浆液在地面混合后,置于竖井,分层厚度 5~10m。注浆液与粗集料的比例宜控制在 1∶5~1∶3 之间。

（3）地面如有钢筋地梁格栅构筑物，将钢筋地梁格栅之间加筋浇铸成盖板，覆盖在竖井之上。

9.3.2 采空区网格地梁格栅处治

对于煤矿采空区，在注浆处理方案基础上，增加拟建道路路面结构刚度，避免路面发生突然变形。对于煤矿采空区，路基底部设置网格地梁格栅处治。为进一步加强路基抗变形、路面抗裂缝能力，在路床底设置一层土工格栅。

1）网格地梁格栅设计

钢筋混凝土地梁格栅结构尺寸为 4m×4m，横梁宽度×高度为 0.5m×0.5m，纵梁宽度×高度为 0.5m×0.5m，空隙处用砂砾土填充。钢筋混凝土地梁格栅采用 C30 混凝土（图9.35）。

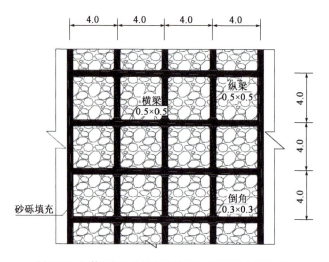

图 9.35 钢筋混凝土地梁格栅俯视示意图（尺寸单位：m）

钢筋混凝土地梁格栅铺设宽度为路基底部宽度；填方路基为路基宽(33.5m)+路基边坡宽度；挖方段处理宽度为路基宽度。

钢筋混凝土地梁格栅铺设在原地面以下，二标处理段落为：设置钢筋混凝土地梁格栅段落为 K21+220~K21+880，设置于路基底部；设置长度为 660m。

钢筋混凝土地梁格栅宽度为 36~44m，不设施工缝，长度方向一般 40m 左右设置施工缝一道，具体根据现场情况确定。钢筋混凝土地梁施工包括治理工程场地开挖、钢筋混凝土地梁格栅施工以及地梁格栅中部砂砾土回填。当钢筋混凝土地梁格栅强度达到设计强度的 75% 以后，方可进行砂砾土回填。地梁格栅中部砂砾土回填要求压实度达到 90%。

2）网格地梁格栅施工

（1）地面平整

地梁格栅属水平钢筋混凝土结构，需地面整体近水平。

（2）模板安装

按混凝土结构物的详图测量放样，重要结构应多设控制点，以利检查校正。模板安装过程中,必须经常保持足够的临时固定设施,以防倾覆。

(3)架设钢筋网

按照设计文件,在铺设地梁格栅的地面,铺设钢筋网,安装特制的专用钢模板,调整钢筋网与钢模板间距。详见图9.36、图9.37。

图9.36　钢筋网的铺设(一)

图9.37　钢筋网的铺设(二)

(4)浇筑混凝土

采用混凝土浇筑车,对已铺设的钢筋网进行混凝土浇筑及搅拌、振动。待混凝土彻底固结后,拆卸钢模板。混凝土表面在浇筑完毕终凝后采取洒水养护等措施,早期混凝土表面采用经常保持水饱和的覆盖物进行遮盖,避免太阳光曝晒。详见图9.38、图9.39。

图9.38　混凝土浇筑施工(一)

图9.39　混凝土浇筑施工(二)

(5)砂砾土回填

当钢筋混凝土地梁格栅强度达到设计强度的75%以后,方可进行砂砾土回填。填料采用砂砾、石渣等,砂砾最大干密度为$2.08\sim2.36\text{g/cm}^3$,每层松铺厚度20cm。回填工艺流程:检验砂砾土质量→分层铺筑砂→洒水→夯实或碾压→找平验收。地梁格栅中部砂砾土回填要求压实度达到90%。

3)网格地梁格栅处治措施分析

该采空区属于开采急倾斜煤层形成的,地表变形规律复杂,为防止注浆工程结束后地面产生不均匀沉降的影响,在采空区路基底部设置网格状钢筋混凝土地梁格栅处治,结构尺寸为$4\text{m}\times4\text{m}$,纵、横梁宽度×高度为$0.5\text{m}\times0.5\text{m}$,空隙处用砂砾土填充。钢筋混凝土地梁格栅采用C30混凝土。从施工效果与检测结果来看,该措施是对采空区注浆工程的补充与完善,值得推广。

9.3.3 四标段露天煤矿处理

线路于K22+680~K22+880穿越露天煤矿,八一煤矿原预留煤柱被露天开采,两侧存在采空区。在采空区治理范围内采用逐层回填分批注浆方案,在处理范围之外的露天煤矿进行分层回填夯实处理。详见图9.40~图9.43。

图9.40 露天煤矿俯视图(路左侧)

图9.41 露天煤矿俯视图(路右侧)

图9.42 采坑弃渣俯视图(路右侧)

图9.43 采坑内煤自燃俯视图(路左侧)

1)重锤夯实方案设计

(1)四标段处理段落

K22+680~K22+880段左侧原八一露天煤矿开采区,重锤夯实处理总长为200m。

(2)处理方案

露天煤矿开采区先进行原地面整平,按照设计图进行水泥注浆处治,注浆结束后进行砂砾土回填。

露天煤矿开采区回填砂砾土至高程883m,然后进行一般路基填筑。

砂砾土回填高度平均30m,回填区边缘每10m一级放坡,坡率1:2,每一级设置2m宽的平台。采用重锤夯实进行施工,每回填4m进行重锤夯实,夯击能推荐800kN·m。

K22+680~K22+880段左侧原八一露天煤矿开采区回填宽度为140m;K22+680~K22+880段右侧志强露天煤矿回填区回填宽度为60m。

重锤夯实夯点采用正方形布置,夯点间距为4m;第二遍夯击点位于第一遍夯击点之间,施工时可根据试夯合理调整夯击点间距。

2)重锤夯实施工

(1)主要参数及技术要求

重锤夯实遍数为3遍,分别为主夯、副夯和满夯。间歇时间由试夯确定。夯点的夯击数(最佳夯击能)应根据现场试夯确定,应满足下列条件:以夯坑的压缩量最大,夯坑周围地面隆起最小为原则,且最后两击的平均夯沉量不大于2cm。其他参数见表9.12。

重锤夯实施工建议参数　　　　表9.12

参 数 类 型			建议指标及技术要求
点夯	主夯	单点夯击能(kN·m)	800
		单点夯击次数(次)	试验确定
	副夯	单点夯击能(kN·m)	800
		单点夯击次数(次)	试验确定
	夯点间距(m)		4
	夯点布置方式		正方形
	主副夯间歇时间(h)		建议72h以上,须通过试验验证
	点夯与满夯间歇时间(h)		建议72h以上,须通过试验验证
满夯	单点夯击能(kN·m)		600
	单点夯击次数(次)		试验确定
	搭接方式		搭接1/3锤

重锤夯实施工前,必须在施工现场选择有代表性的并不小于500m的路段进行试夯,检验拟定重锤夯实参数的加固效果,夯击遍数、夯击能量、安全距离及防护措施等,以指导大面积施工。确定和验证最佳夯击能、间歇时间、夯间距等参数。施工参数可根据典型施工区的检验结果进行调整。

(2)施工工艺

清理场地整平。

夯点布置。夯点放样用石灰(或标桩)标明第一遍位置,并测量高程。夯点采用正方形布置。

夯击就位,进行第一遍夯击(主夯)。夯机就位后,将夯锤按设计夯击能起吊至预定高度,脱钩下落,放下钓钩测量锤底倾斜度,当倾斜度大于30°时,应将夯坑填平后再进行夯击。

移动位置,进行下一点夯击。直至完成第一遍夯击。

主夯完成以后,静置72h以上(建议值,须通过试验验证),推平夯坑,准备副夯。

重新测量定位,按上述要点进行副夯施工。副夯在各主夯点位中间穿插进行,仍按规定间距,每个点同样夯击。夯完以后,间隔72h以上(建议值,须通过试验验证),推平夯坑准备满夯。

满夯处理。满夯处理范围包括进行主、副夯的全幅。满夯时,夯点彼此搭接1/3(锤底面积),夯后测量高程。

静置7d后进行效果检测。

夯坑若有积水,应排除以后才能推平夯坑。

(3)施工注意事项

施工前应检查锤重和落距,单击夯击能量应符合设计要求。

夯击前,应对夯点放样并复核,夯完后检查夯坑位置,发现偏差或漏夯应及时纠正。

施工过程中应记录每个夯点的夯沉量,原始记录应完整、齐全。

在重锤夯实区四周要设置醒目的危险警告标志和安全管理措施,坚决不允许行人和非施工车辆进入夯区,以确保操作人员、过往行人和车辆等的安全。

施工前应对重锤夯实段落进行核查,确保采用重锤夯实路段远离建筑物至少30m以上,减少对临近建筑的影响,同时应根据施工情况,采取隔振、防震措施消除强夯对邻近建筑物的有害影响。

重锤夯实处理区四周挖排水沟及截洪沟,如遇雨季施工,以防雨水长时间浸泡强夯施工现场。

严格按照设计及试桩参数进行施工,夯锤应保持平稳,夯位准确。

施工顺序从边缘向中央,夯机直行后退施工。夯击应满夯,夯印彼此搭接,不留空当。

(4)质量检测标准

重锤夯实施工质量以施工工艺、沉降量指标控制为主,结合压实度等指标进行控制。总夯沉量:不得小于试夯时各夯点平均夯沉量的95%为合格。最后两击平均夯沉量不大于2cm,夯后土基压实度应在90%以上。检查后,如质量不合格,应进行补夯,直至合格为止。

3)露天煤矿分层回填夯实处治措施分析

露天煤矿分层回填夯实处治前,在矿坑底部煤层出露点附近温度升高明显并伴有较重的硫黄气味,表明该地段地下煤层存在自燃现象。

该煤层自然发火产生的原因是:煤层本身属于长焰煤,自燃倾向性分类等级为Ⅱ类(自燃),具有自燃发火危险性。同时,煤层因采矿活动直接在地表出露,煤(岩)层因采空区与风化作用的影响,受到破坏,形成大量裂隙,在裂隙不断发育的情况下为漏风供氧提供了条件,在供氧充足的条件下使煤体氧化放热;煤层氧化不断地释放热量又加剧了煤(岩)层的破碎,产生新的塌陷,从而加剧了漏风供氧,在破碎煤岩体中形成自燃对流漏风,而自吸氧过程又加剧煤的氧化放热,形成煤层的自燃。处理措施是:将煤层出露点密封,杜绝风(氧)化作用的影响,打孔注水,将明火扑灭,然后进行分层回填。

砂砾土回填在K22+680~K22+880段左侧原八一露天煤矿开采区回填宽度为140m;在K22+680~K22+880段右侧志强露天煤矿回填区回填宽度为60m。回填高度平均30m,回填区边缘每10m一级放坡,坡率1:2,每一级设置2m宽的平台。采用重锤夯实进行施工,每回填4m进行重锤夯实,夯击能推荐800kN·m。

重锤夯实夯点采用正方形布置,夯点间距为4m;第二遍夯击点位于第一遍夯击点之间,施工时可根据试夯结果合理调整夯击点间距。

回填后地基满足公路工程的要求。

9.3.4 小窑采空区与乱掘区注浆施工

1) 小窑采空区与乱掘区特征以及设计概述

(1) 四标段小窑采空区

四标段在 K23+985~K24+005、K24+050~K24+070 两处为 20 世纪 80 年代初期无序开采的小窑,深度 50~100m,目前在地表形成较多塌陷坑、洞。小窑采掘,均采用人工原始开采方式,采掘厚度小于 2m 的薄煤层。采掘方式如下:

先从地面挖竖井至煤层位置,保留上部 3~5m 风化煤不采,沿煤层走向方向采高 2~4m,采长不大于 100m。下一水平再预留 2~3m 水平煤柱,沿煤层走向方向采高 2~4m。水平煤柱底采用木板等简易方法支撑。该方法采掘深度不大于 60m。

沿煤层露头,顺煤层走向采掘。该方法采掘深度一般不大于 30m。

根据勘察资料,这两个小窑采空区治理长度为 K23+985~K24+005 段、K24+050~K24+070 段,共计 40m;K23+985~K24+005 段小窑采空区处治宽度为 50m,K24+050~K24+070 段小窑采空区处治宽度为 75m;注浆加固深度为 50m。注浆量分别是 $1031m^3$、$1547m^3$,总计注浆量为 $2578m^3$。小煤窑采空区注浆孔距设计推荐孔距、排距为 8.0m,采用梅花形布置;最外侧为帷幕注浆孔,其余为充填、固结注浆孔。帷幕注浆孔孔距确定为 4m。

(2) 三标段乱掘区

三标段在 K21+880~K22+280 之间为众兴二矿与曙光六矿两矿之间的采空变形区(即乱掘区),薄细煤线已被乱掘,其采煤方式同小窑采空区的采煤方式。根据勘察资料,这个乱掘区治理长度为 K21+880~K22+280,总长为 400m。处治宽度为 50m;加固深度为 100m。注浆量为 $82500m^3$。注浆孔距设计推荐孔距、排距为 8.0m,采用梅花形布置;最外侧为帷幕注浆孔,其余为充填、固结注浆孔。帷幕注浆孔孔距确定为 4m。

2) 四标段采空区地基注浆施工情况分析

(1) 注浆量总体统计分析特征

采空区治理第四合同段桩号为 K22+280~K22+900,主要为曙光六矿、志强煤矿采空区处治;K23+985~K24+005、K24+050~K24+070 段,为小煤窑采空区处治。根据现有收集的施工资料统计,四标段采空区地基注浆施工钻孔 451 个,注浆总量为 $48049m^3$,平均每孔注浆量为 $106.5m^3$,其中:XZ8-9 钻孔、XZ6-5 钻孔、XZ8-4 钻孔、XZ3-7 钻孔、XZ5-3 钻孔、XZ5-5 钻孔、I1-1 钻孔 B1-2 钻孔、F2-1 钻孔九个注浆孔内注浆量最小,为 $4.0 m^3$;E1-2 钻孔注浆量最大,为 $770.0m^3$。其中:$0~25m^3$ 注浆钻孔占总数的 25%,$26~50m^3$ 注浆钻孔占总数的 19%,$51~75m^3$ 注浆钻孔占总数的 11%,$76~100m^3$ 注浆钻孔占总数的 11%,$101~125m^3$ 注浆钻孔占总数的 6%,$126~150m^3$ 注浆钻孔占总数的 4%,$151~175m^3$ 注浆钻孔占总数的 5%,$176~200m^3$ 注浆钻孔占总数的 3%,$201~225m^3$ 注浆钻孔占总数的 2%,$226m^3$ 以上注浆钻孔占总数的 14%(图 9.44)。

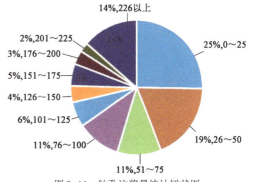

图 9.44 钻孔注浆量统计饼状图

从图 9.44 可以看出:注浆量为 0~100m³ 的钻孔最多,占总钻孔数的 65%;注浆量为 100~200m³ 的钻孔,占总钻孔数的 19%;而注浆量大于 200m³ 的钻孔,仅占总钻孔数的 16%。

四标段采空区注浆量平面分布图如图 9.45~图 9.47 所示。

(2)四标段 K22+280~K22+900 段采空区注浆量统计分析特征

该路段主要为曙光六矿、志强煤矿采空区,根据统计,注浆施工钻孔 376 个,注浆总量为 45455m³,平均每孔注浆量为 120.5m³。注浆孔最大注浆量为 770.0m³(E1-2),最小注浆量仅为 4.0m³(I1-1、B1-2、F2-1)。0~25m³ 注浆钻孔占总数的 18%,26~50m³ 注浆钻孔占总数的 20%,51~75m³ 注浆钻孔占总数的 11%,76~100m³ 注浆钻孔占总数的 13%,101~125m³ 注浆钻孔占总数的 6%,126~150m³ 注浆钻孔占总数的 4%,151~175m³ 注浆钻孔占总数的 6%,176~200m³ 注浆钻孔占总数的 4%,201~225m³ 注浆钻孔占总数的 3%,226m³ 以上注浆钻孔占总数的 16%(图 9.48)。

从图 9.45 可以看出,主要注浆区域可分为五个区域,其特征如下:

①K22+280~K22+300 段右侧 25~60m 区域:原区域为安全煤柱,钻探资料与注浆资料表明,该区域部分已采,采空区连通性较好,Z1-8、Z1-9、Z2-9、Z1-10、Z3-8、Z23-10、Z2-8 六孔每孔注浆量大于 200m³,其中:Z2-9 孔注浆量最大,为 656.0m³。

②K22+340~K22+370 段路中心区域:钻探资料与注浆资料表明,该区域部分已采,采空区连通性较好,其中:Z7-6 孔注浆量为 414.0m³,Z8-7 孔注浆量为 445.0m³。

③K22+420~K22+510 段路右侧 10~60m 区域:钻探资料与注浆资料表明,该区域部分已采,采空区连通性较好,Z13-8、Z20-7、W35-2、W42-2 等二十一孔,每孔注浆量大于 200m³,其中:W35-2 注浆量最大,为 524.0m³。

④K22+420~K22+600 段左侧 30~60m 区域:钻探资料与注浆资料表明,该区域部分已采,采空区连通性较差,Z14-1、Z18-1、W38-1、W45-1 等十三孔每孔注浆量大于 200m³,其中:Z14-1 孔注浆量最大,为 696.0m³。

⑤K22+520~K22+600 段路中心至右侧 60m 区域:钻探资料与注浆资料表明,该区域部分已采,采空区连通性较差,Z27-6、Z26-9、Z23-10、Z49-2、Z27-10、Z29-10 等六孔每孔注浆量大于 200m³,其中:Z29-10 孔注浆量最大,为 528.0m³。

(3)四标段 K22+280~K22+900 段治理工程注浆扩散特征分析

①采空区及其附近区域。

在上述五个区域钻孔施工过程中,一般掉钻高度为 0~10m,表明地下的空洞较大,空洞之间的连通性较好至差,表现在单孔孔内的注浆量较大或局部区域注浆量较大。经工程施工验证:在采空区范围,注浆浆液的扩散距离可达到 10~20m 范围。其原因是:注浆浆液首先扩散到一定范围后,由于注浆压力的降低,此时注浆浆液主要是沿空巷或采空区方向流动,因此,采空区及附近的钻孔内浆液的扩散距离可达到 10~20m 范围。

②安全煤柱及其附近区域。

在上述五个区域之外的钻孔施工过程中,一般掉钻现象较少,地下无明显的空洞及裂隙,孔内注浆量明显小,表现为单孔孔内的注浆量较小或局部区域注浆量较小。经工程施工验证:在治理范围,注浆浆液的扩散距离可达到 5~10m 范围。其原因是:注浆浆液首先扩散到一定范围后,由于注浆压力的降低,注浆浆液无法扩散到较远的范围。

第9章 实体工程处治

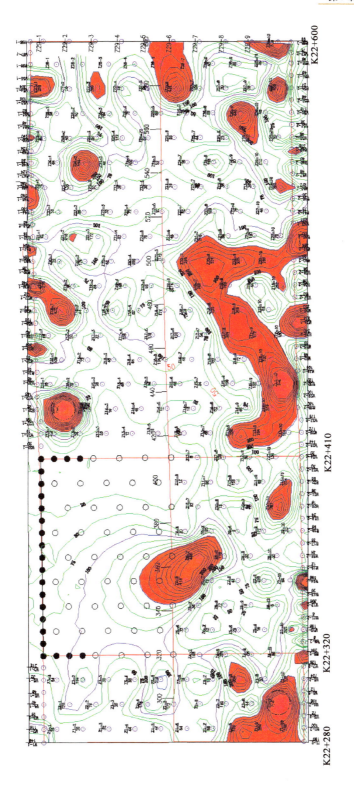

图9.45 四标段K22+280～K22+600段采空区注浆量平面分布图（紫红色区域注浆量>200m³）

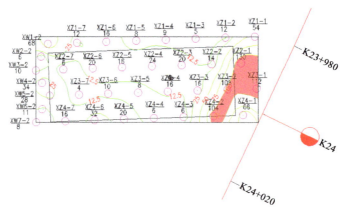

图 9.46　四标段 K23+985～K24+005 段右侧采空区注浆量平面分布图（紫红色区域注浆量 >100m³）

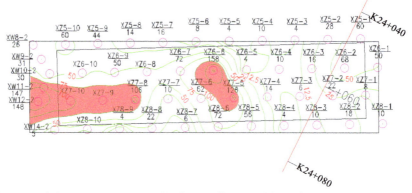

图 9.47　四标段 K24+050～K24+070 段采空区注浆量平面分布图（紫红色区域注浆量 >100m³）

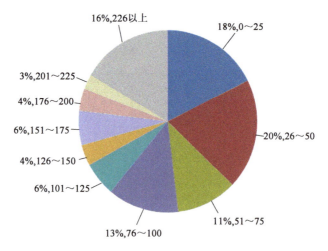

图 9.48　钻孔注浆量统计饼状图

(4)四标段小窑采空区注浆量统计分析特征

K23+985～K24+005、K24+050～K24+070 段为小煤窑采空区处治,根据统计,注浆施工钻孔 75 个,注浆总量为 2594m³,平均每孔注浆量为 34.6m³,其中:XZ8-9 钻孔、XZ6-5 钻孔、

XZ8-4 钻孔、XZ3-7 钻孔、XZ5-3 钻孔、XZ5-5 钻孔六个注浆孔内注浆量最小,为 4.0m³;XZ6-6 钻孔注浆量最大,为 158.0m³;其中:0~25m³ 注浆钻孔占总数的 65%,26~50m³ 注浆钻孔占总数的 13%,51~75m³ 注浆钻孔占总数的 11%,101~125m³ 注浆钻孔占总数的 5%,126~150m³ 注浆钻孔占总数的 5%,151~175m³ 注浆钻孔占总数的 1%(图 9.49)。

从图 9.46、图 9.47 可以看出,其特征如下:

①K23+985~K24+005 段:在 K23+985~K23+950 段右侧 20m 附近区域,原区域为安全煤柱,钻探资料与注浆资料表明,该区域部分已采,推测为小煤窑空巷道与部分采区,其中:XZ2-1 孔、XZ3-1 孔、XZ3-2 孔和 XZ4-2 孔内注浆量分别为 130m³、122m³、108m³、104m³。表明地下的空洞较大,空洞之间的连通较好,因此,孔内的注浆量较大。经施工验证:在采空区范围,注浆浆液的扩散距离可达到 10~20m 范围。

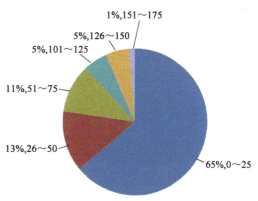

图 9.49　钻孔注浆量统计饼状图

其他区域钻孔施工过程中,孔内注浆量明显小,地下无明显的大空洞及裂隙,由于小窑的存在,局部注浆钻孔注浆量较大,接近 100m³。经施工验证:注浆浆液的扩散距离可达到 5~10m 范围。由于岩体不存在明显的空洞及裂隙,注浆压力相对较低,因此,注浆浆液无法扩散到较远的范围。

②K24+050~K24+070 段:在 K24+050~K24+070 段右侧 20~70m 附近区域,原区域为安全煤柱,钻探资料与注浆资料表明,该区域部分已采,推测为小煤窑空巷道与部分采区,其中:XZ2-1 孔、XZ3-1 孔、XZ3-2 孔和 XZ4-2 孔内注浆量分别为 130m³、122m³、108m³、104m³。表明地下的空洞较大,空洞之间的连通较好,因此,孔内的注浆量较大。经施工验证:在采空区范围,注浆浆液的扩散距离可达到 10~20m 范围。

其他区域钻孔施工过程中,孔内注浆量明显小,地下无明显的大空洞及裂隙,由于小窑的存在,局部注浆钻孔注浆量较大,接近 100m³。经工程施工验证:注浆浆液的扩散距离可达到 5~10m 范围。由于岩体不存在明显的空洞及裂隙,注浆压力相对较低,因此,注浆浆液无法扩散到较远的范围。

(5)四标段施工注浆结果分析

四标段 K22+280~K22+900 段采空区单孔注浆量在 4.0~770.0m³ 之间,平均每孔注浆量为 120.5m³;而 K23+985~K24+005、K24+050~K24+070 段小窑采空区单孔注浆量在 4.0~158.0m³ 之间,平均每孔注浆量为 34.6m³。两者每孔注浆量相差约 3.0 倍。

对于该煤矿采空区,煤炭开采量大,采空区地下连通性较好,采取率为 30%,每孔注浆量为 120.5m³,参照设计文件中的参数,单孔注浆量计算见式(9.1)。

估算后,每孔平均采空区剩余空隙率为 0.082,即 8.2%。

对于该小窑采空区,煤炭开采量小,采空区地下连通性较差,采取率为 30%,平均每孔注浆量为 34.6m³,参照设计文件中的参数和上述计算公式,浆液有效扩散半径按孔距的一半计算,取 4m,估算后,每孔平均采空区剩余空隙率为 0.053,即 5.3%。

四标段小窑采空区施工表明:该区域采空区埋深在 50m 之内,开采范围极不规则,相比国营或私人煤矿而言,开采量较小,因此,设计中推荐孔距、排距为 8.0m,帷幕注浆孔孔距确定为 4m 较为合理。

(6)采空区注浆工程注浆孔与帷幕孔、排距的建议

依据采空区的大小、形态以及开采方式等因素综合考虑,对注浆孔与帷幕孔孔距设置了不同的值(表 9.13)。

①一标段采空区大、形态规矩,连通性好,注浆孔孔距、排距为 15.0m,帷幕孔孔距为 6m,设置的孔距、排距最大。

②四标段采空区相对大、形态较规矩,连通性较好,注浆孔孔距、排距为 12.0m,帷幕孔孔距为 6m,设置的孔距、排距次之。

③二标段采空区相对大、但形态不规矩,连通性差,注浆孔孔距、排距为 10.0m,帷幕孔孔距为 5m,采空区注浆设置的孔、排距较小。

④三标段乱掘区和四标段小窑采空区相对小、形态不规矩,连通性最差,注浆孔孔距、排距为 8.0m,帷幕孔孔距为 4m,采空区注浆设置的孔距、排距按特殊情况考虑,取值最小。通过本次采空区注浆工程的施工,对该设计值提出以下建议:对新疆急倾斜煤层采空区注浆孔孔距、排距,依据采空区大小、形态规矩程度以及采空区连通情况进行设计,取值在 10.0～15.0m 之间,采用梅花形布置,帷幕孔在公路两侧各一排,间距为 5m;对于小窑采空区注浆孔孔距、排距取 8.0m,采用梅花形布置,帷幕孔在公路两侧各一排,间距为 4m。

采空区注浆工程注浆孔与帷幕孔距与布设方式　　　　表 9.13

标段	采空区类型	注浆孔距与布设方式	帷幕孔距与布设方式
一标	采空区	孔距、排距为 15.0m,采用梅花形布置	帷幕注浆孔距为 5m,路中心线两侧各一排
二标	采空区	孔距、排距为 10.0m,采用梅花形布置	帷幕注浆孔距为 5m,路中心线两侧各一排
三标	乱掘区	孔距、排距为 8.0m,采用梅花形布置	帷幕注浆孔距为 4m,路中心线两侧各一排
四标	采空区	孔距、排距为 12.0m,采用梅花形布置	帷幕注浆孔距为 6m,路中心线两侧各一排
	小窑采空区	孔距、排距为 8.0m,采用梅花形布置	帷幕注浆孔距为 4m,路中心线两侧各一排

通过本次采空区注浆工程的施工,对该设计值提出以下建议:对新疆急倾斜煤层采空区注浆孔孔距、排距,依据采空区大小、形态规矩程度以及采空区连通情况进行设计,取值在 10.0～15.0m 之间,采用梅花形布置,帷幕孔在公路两侧各一排,间距为 5m;对于小窑采空区注浆孔孔距、排距取 8.0m,采用梅花形布置,帷幕孔在公路两侧各一排,间距为 4m。

9.4　本章小结

(1)对于急倾斜采空区,宜采用全孔一次性注浆。注浆量每孔控制在 10～15m³/h,采空区注浆间歇次数为 2～3 次,间歇时间控制在 24h 左右。注浆压力控制在 1.5MPa 以内;当注浆压力达到 1.0MPa,泵量在 70～100L/min 稳定 10～15min 时,可作为注浆孔施工结束的标准。

(2)试验表明:空巷、采空区和地基加固情况下注浆浆液具有不同的扩散特征。空巷及附近的钻孔内浆液的扩散距离可达到 10~20m 范围,在采空区范围,注浆浆液的扩散距离可达到 10~15m 范围。在地基加固附近的钻孔,扩散半径为 2.5~10m 之间。

(3)根据现场测试,冲击回转式钻进较回转式钻进的工作效率高、油耗高。在采空区钻孔施工中具有较明显的局限性。冲击回转式钻进主要依靠空压机产生的气流将孔下岩粉返出地面,在此过程中岩粉有可能填满裂隙,阻断浆液流通通道,从而进一步影响注浆质量。

(4)通过现场试验,结合本项目采空区各地层特点,推荐采用开孔孔径为 $\phi130$,终孔孔径为 $\phi91$ 作为采空区急倾斜煤层钻探施工的成孔工艺。

(5)注浆试验表明,对于单层急倾斜采空区应采用法兰盘孔口封闭、全孔一次注浆法;对多层急倾斜采空区,并且两者距离较大时应采用套管孔口封孔自上而下式分段注浆法。

(6)现场结石体试验表明:注浆浆液由于组成的颗粒大小与质量不尽相同,在采空区内充填过程中具有一定的分布规律,向地下深处粒径随之增大(相对应的试样密度逐渐变大),其抗压强度越大,具有较明显的分层(或分带)性。采空区内的地下水对结石体抗压强度影响较大,在近干燥的状态下,平均数值为 3.92MPa,有水状态下,平均数值为 1.7MPa,两者相差 2.3 倍。

第 10 章　采空区注浆工程质量检测

10.1　概　　述

近年来,我国高速公路迅猛发展,已成为国民经济发展的重要基础。高速公路的建设不可避免地要穿越一些已采采空区及待采区。在已采采空影响区及待采区建路要考虑公路路基的稳定性和地表剩余沉陷位移变形的影响。因此,这就需要对那些有危害的地下采空区进行处理。一般情况下,采用的工程措施是注浆充填处理方法。但注浆施工属于地下不可见工程,注浆工程的质量检测工作显得尤为重要。目前主要的检测手段有:钻孔检查法、钻孔抽(压)水检查法、地表变形监测、PST 法、地质雷达、电测深法、电磁波 CT 法、旋转触探法(RPT)、声波测试法、微重力法等,每种方法有其各自的优缺点。

乌鲁木齐绕城高速公路(东线)工程是国家高速公路网重要组成部分,同时也是新疆 2010—2020 年公路网规划提出的"三横两纵两环八通道"网络中"环一"的重要组成部分,它的建成可以极大改善乌鲁木齐现有交通和环境质量。本项目全线采用双向六车道高速公路标准,设计速度 100km/h,路基宽度 33.5m。该项目沿线存在多处煤矿采空区,且所经煤矿采空区基本为急倾斜煤层(倾角大于 55°)采空区,拟建线路从煤矿预留安全煤柱上通过,大部分处于移动区和变形区,必须经过处理才能满足拟建道路工程要求。

乌鲁木齐绕城高速公路(东线)起自甘泉堡工业园区,接吐乌大高速公路(甘泉堡互通),经乌鲁木齐东,止于吐乌大高速公路乌拉泊互通,路线全长约 62.5km,全线采用双向六车道高速公路标准,设计速度 100km/h,路基宽度 33.5m。线路自北向南依次穿越:沙沟幸福煤矿(K19+630~K19+960)、众兴二矿(K21+220~K21+880)、曙光六矿(K22+280~K22+660)、志强煤矿(K22+660~K22+900)、小窑乱采区(K23+985~K24+070)。设计注浆主要工程量为:采空区治理长度为 2150m,注浆量为 319643m^3,注浆采用水泥粉煤灰浆液。

依托乌鲁木齐绕城高速公路(东线)建设项目采空区治理工程施工,针对高速公路这种采空区地基的工程地质条件及建设工程的特征,开展急倾斜煤层采空区注浆工程质量检测研究专项研究项目。

10.2　采空区注浆工程质量检测标准及内容

10.2.1　采空区注浆工程质量检测标准

按照《采空区公路设计与施工技术细则》(JTG/T D31-03—2011)规定,采空区处治质量检测标准如表 8.22 所示。

10.2.2 采空区注浆工程质量检测项目及适用条件

按照《采空区公路设计与施工技术细则》(JTG/T D31-03—2011)规定,采空区处治质量检测项目及适用条件如表10.1所示。

采空区处治质量检测项目及适用条件　　　　表10.1

序号	检测项目	检测方法	检测频次
1	结石体无侧限抗压强度 R_a(MPa)	钻探	隧道每50~100m,桥梁逐墩台,路基按注浆孔总数的2%控制
2	横波波速 v_s(m/s)	孔内波速测井	每米一个检测点
3	充填率 η(%)	岩芯描述、孔内电视	视情况而定
4	注浆量(L/min)	注浆	隧道和桥梁采空区检测孔内
5	倾斜 i(mm/m) 水平变形 ε(mm/m) 竖曲率 k($\times 10^{-3}$/m)	变形观测	注浆施工结束6个月后

10.2.3 采空区注浆工程质量检测方法概述

公路行业的矿床采空区注浆治理工程属隐蔽工程,对它的质量控制一直是个难题。单一的检测方法很难验证注浆效果的优劣,只有在经济合理的前提下采用多种方法的综合检测技术才能取得满意的结果。目前用于工程质量检验的技术和方法主要有钻探取芯与室内试验、钻孔压水试验、物探、地表变形观测等。

1)钻探取芯与室内试验

钻探取芯是采空区治理工程质量检测工作中的主要技术和方法,并能为孔内物探检测和压水试验提供工作平台。根据钻探岩芯采取率和岩芯的破碎程度,判断浆液结石体与围岩的胶结程度。根据钻进过程中的循环液消耗量及孔内压水量,可判断浆液对破碎岩层充填和胶结后的完整程度。通过对浆液结石体钻探岩芯,可了解浆液在地下的终凝固结程度,并可对结石体进行室内抗压强度试验,检验其强度是否满足设计要求。

检测钻孔一般宜布置在公路中线附近物探圈定的可疑区域,或监理工程师根据注浆施工判断的可疑区域;检测的孔数宜按治理工程注浆孔数的2%确定(最少不低于2孔)。钻探施工应采用清水循环钻进,准确观察记录循环液的消耗量及其层位、深度;钻孔直径不小于91mm,岩芯采取率应大于90%,对采空区垮落带必要时采用双管等特殊取芯设备。检测孔的深度应进入采空区(或煤层)底板下1~3m。对钻孔取芯得到的浆液结石体,在现场进行其外观、形状、硬度、孔隙等方面的观察描述,并将其标准养护72h后送试验室,按《公路工程水泥及水泥混凝土试验规程》(JTG E30—2005)进行室内无侧限抗压强度测试。

2)钻孔压水试验

压水试验是用高压方式把水压入钻孔,根据岩体吸水量计算了解岩体裂隙发育情况和透水性的一种原位试验。压水试验是用专门的止水设备把一定长度的钻孔试验段隔离出来,然后用固定的水头向这一段钻孔压水,水通过孔壁周围的裂隙向岩体内渗透,最终渗透的水量会趋于一个稳定值。根据压水水头、试段长度和稳定渗入水量,可以判定岩体透水性的强弱。选取代表性钻孔进行注浆前后压水试验对比,根据单位长度吸水量变化,检验采空区治理工程质量。

3)物探方法

物探检测技术是采空区治理工程施工完成后对工程质量检验的重要方法,它是根据采空区治理区域内同范围、同点、同深度处岩层的物理性质在注浆前后的变化对比,直观判断工程质量的优劣。其优点是成本低、速度快、效率高、施工简单,但因物探资料具有多解性,只能对工程质量进行定性评价。常用的方法有孔内波速测井法、瑞雷波(面波)法、高密度电法、瞬变电磁法等。

(1)波速测井法

地震波在不同岩性地层中的传播速度取决于岩石的密度。当采空区进行工程治理后,破碎岩石的裂隙、空隙被灌入浆液充填固结,导致岩石密度发生变化。利用人工浅振产生的横波,通过下入检测孔内的检测探头,经三分量检波器接收地震波的直达信息,传输到地震仪主机自动记录,然后用专用软件进行资料处理,绘制解译图件,提交检测成果。

波速测井是在检查钻孔施工完成后才能进行,以检查钻孔获得的地质资料为基础,按不同岩石类型及岩石完整性分段对应的波速值,进行工程质量评价。孔内波速测井检测技术对采空区施工的质量评价包括直接判断和对比判断。

①直接判断。

参照《建筑抗震设计规范》(GB 50011—2010)关于剪切波速划分场地土类型的标准,将采空区注浆后裂隙、空隙充填固结的受注层的平均剪切波速(横波)大于250m/s(或大于350m/s)作为评价具有空洞或空隙采空区的工程质量标准。用孔内波速测井技术获得的受注层的横波值与标准值(由于各地地层地质特征不尽一样,地层波速值应在注浆施工前实地测取)比较,直接评价工程质量。该方法在太旧、晋焦、焦晋等高速公路煤矿采空区治理工程质量检测中的应用,证实效果良好,标准值选用基本合理。

②对比判断。

利用采空区勘察过程中的物探资料,或在治理工程注浆前取得的孔内采空区裂隙、空隙段的波速资料作为背景值。再将注浆施工后的质量检验钻孔中取得的采空区裂隙、空隙段波速测井资料进行对比,根据注浆前后波速变化的提高率,定性判断工程质量。

(2)瑞雷波(面波)法

瑞雷波(面波)法也称为弹性波法,当采空区内的裂隙、空隙被注浆浆液充填固结后,其岩层密度、波速将会发生变化,充填率越高,岩层密度越大,波速值随之增大。利用瑞雷波波速在采空区治理前后的变化,可定性评价治理工程的质量。

(3)高密度电法

采空区治理前,空洞充水时视电阻率为低值,空洞无充填以空气介质为主时,其视电阻率为高值。采空区治理后,由于空洞内介质的改变,原充水空洞视电阻率升高,充气空洞视电阻率降低。利用治理前后岩层的视电阻率变化,对治理工程质量进行评价。

首先确定采空区治理前的电性背景值。收集采空区勘察阶段的高密度电法物探成果,或在治理工程施工前进行一定范围的高密度电法物探,获取治理区电性背景值。治理工程施工结束后,再在施工前物探工作区域内进行施工后物探工作质量检测,将采空区治理后的物探质量检测资料与背景值对比,综合分析异常变化特征,完成对工程质量的评价工作。焦晋高速公路煤矿采空区治理工程质量检测中,运用高密度电法对比检验,效果明显。

(4)瞬变电磁法

瞬变电磁法又叫时间域电磁法,简称 TEM。它是近年来国内外发展得较快、地质效果较好的一种电法勘探分支方法,在国际上被称作是电法的二次革命。它属于时间域人工场源电磁方法,是以大地中岩(矿)石的导电性和导磁性差异为物理前提,根据电磁感应原理观测、研究电磁场空间和时间分布规律,以寻找地下良导矿体或解决相关地质问题的一种勘查方法。

瞬变电磁法工作过程可以划分为发射、电磁感应和接收三部分。它利用一不接地回线发射稳定电流。当发射回线中的稳定电流突然切断后,根据电磁感应理论,发射回线中电流的突然变化将在其周围产生一次磁场。在良导体内产生二次感应电流,由于二次电流随时间变化,所以在其周围又产生新的磁场,称二次磁场。由于良导体内感应电流的热损耗,二次磁场大致按指数规律随时间衰减,形成瞬变磁场。

由于瞬变电磁法研究的是导体内涡流的过渡过程,观测是在脉冲间隙期间进行的,不存在一次场源的干扰。又由于脉冲是多种频率的合成,不同延时观测的主要频率成分不同,不同的电性层一次场的传播能力不同,因而勘测的深度也不同。

瞬变电磁法与其他测深方法相比,具有探测深度大、信息丰富、工作效率高等优点。近年来,该方法得到迅速发展,它主要应用于金属矿勘察、构造填图、油气田、煤田、地下水、地热以及冻土带和海洋地质等方面的研究,在国内外已取得了令人瞩目的效果。

4)地表变形观测

采空区治理后的地基稳定性能否满足公路工程要求,主要通过地表变形观测来评价。该方法直观、精度高,但工作持续时间较长,且测点的位置选择及保护较难,一旦测点遭到破坏,观测工作将前功尽弃。因此,地表变形观测目前仅在部分采空区治理工程中应用,但实际观测效果对治理工程质量评价起到了举足轻重的作用。

10.2.4 依托工程采空区注浆施工质量检测方法

1)检测方法与质量要求

依托工程采空区注浆施工项目的质量检测工作,按照《采空区公路设计与施工技术细则》(JTG/T D31-03—2011)规定,选择必要的检测项目与内容,并根据本采空区注浆工程的特点,增加一些检测方法和内容。检测方法如下:

①钻孔检测。
②单孔法波速检测。
③钻孔超声波检测。
④高密度电法检测。
⑤瞬变电磁法检测。

根据本注浆工程的特点,注浆质量评价主要结合钻孔、注浆施工记录、注浆成果资料和检验测试资料(物探测试、检测孔取芯和固结体强度等)的分析。具体要求见表10.2。

注浆加固质量评价一览表　　　　　　　表10.2

检测方法	质量评价标准	综合评价
弹性波法	横波波速>250m/s	根据勘察、注浆资料,并结合检查数据,进行比对分析后,对注浆质量进行综合确定。 弹性波法和地震勘探达到以下两项要求:①85%的测试值达到质量评价标准;②小于质量评价标准的85%的测试不超过5%,且不集中,可视为注浆质量合格。 按平均剪切波波速≥250m/s作为评价具有空隙或空洞采空区的工程质量标准
高密度电法和瞬变电磁法	高密度电法测量结果为地层二维视电阻率断面。根据电阻率的差别,推断出注浆范围及加固效果。瞬变电磁法根据取对数后的视电阻率差别,推断出注浆范围及加固效果	
钻孔检查	通过钻探取芯检查结石充填裂隙的情况。好的注浆效果应是在透浆裂隙中都充填有水泥结石或团块。注浆检查孔岩芯采取率≥75%	

2)布设原则

(1)钻探检测以及孔内检测

钻探检测以及孔内检测具有可直接观测与测试的特点,是目前国内采空区治理效果检测中最主要采用的方法。

钻孔的布置遵循以下原则:

①检查孔的布设以路基采空区治理范围为重点部位,路基范围外的保护带为次要检查带。

②检查孔应布设在2个或3个注浆孔之间的部位,不能直接布在注浆孔上。

③检查孔应布设在可能存在质量隐患的部位,如发生单孔耗浆量大、注浆过程出现中断等异常现象的部位;地质结构复杂,冒落塌陷严重的部位,如断层破碎带部位等。

④钻孔数应不少于灌浆孔总数的2%~5%且不少于3孔,孔径可与注浆孔直径相同。

⑤考虑随机性的原则。

通过记录钻探过程中施工的难易程度,是否有孔壁掉块引起的掉钻、卡钻及埋钻现象,循环液的消耗量,对比采空区地段勘察及钻探施工时的情况,借此了解采空区治理层及裂隙发育层位的浆液充填程度和与围岩的胶结程度。根据钻探检测时岩芯的采取情况,判断浆液结石体与围岩的胶结程度。根据浆液结石体的岩芯强度,可了解浆液在地下的终凝固结程度,并可对结石体进行抗压强度试验,检测其是否满足设计要求。

(2)高密度电法检测和瞬变电磁法检测

本次物探检测根据注浆钻孔的布置方向、位置设置了检测勘探线。布置物探探测线时,应平行于公路轴向,沿注浆钻孔布置,并结合公路轴向实际情况适当调整测点位置。

(3)变形监测

仅在DCKQ-2标段(K21+220~K21+880)进行了采空区治理变形监测,测斜监测点共埋设7个,沿路线纵向每100m间隔布设1个;位移和沉降监测点共埋设7个,沿路线纵向每100m两侧各布设1个,共计14个。

3)一标段注浆工程效果检测完成情况

一标注浆治理工程可分为三大部分:主线K19+630~K19+960检测,西山连接线A~E区检测和连接线F、G区检测。

(1)主线K19+630~K19+960检测

2015年8月至2015年9月进行现场检查,9月底提交检测报告。其注浆效果检测检测点平面布置图如图 10.1 所示。

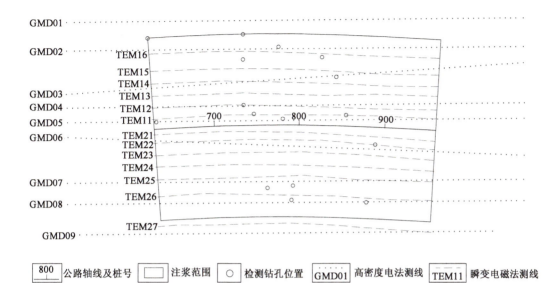

图 10.1　主线 K19+630～K19+960 注浆效果检测检测点平面布置示意图

主线 K19+630～K19+960 检测共布置钻孔 15 个、高密度 9 条、瞬变电磁 297 点。检测完成工作量详见表 10.3。

检测完成工作量统计表　　　　　　　　　　　　　　表 10.3

工作内容	单　位	工作量	备　注
钻孔	孔/m	15/2609	—
钻孔超声波检测	孔/m	15/2016	采样间隔 0.5m
单孔法波速检测	孔/m	15/593	采样间隔 1.0m
高密度电法检测	条/点	9/1033	—
瞬变电磁法检测	点	297	点距 10/20m

（2）西山连接线 A～E 区检测

2015 年 4 月 21 日至 2015 年 5 月 15 日进行现场检查，7 月 2 日提交检测报告。其注浆效果检测检测点平面布置图如图 10.2～图 10.4 所示。

西山连接线 A～E 区检测共布置钻孔 22 个、高密度 6 条、面波 7 条。检测完成工作量详见表 10.4。

西山连接线 A～E 区检测检测完成工作量统计表　　　　　　表 10.4

工作内容	单　位	工作量	备　注
钻孔	孔/m	22/475.5	—
钻孔超声波检测	孔/m	8/177.5	采样间隔 0.5m
单孔法波速检测	孔/m	15/202	采样间隔 1.0m
面波	条	7	—
高密度电法检测	点/条	6/180	—

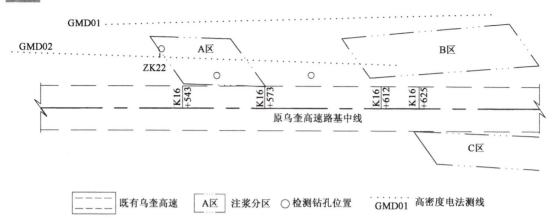

图 10.2　西山连接线 A 区注浆效果检测检测点平面布置图

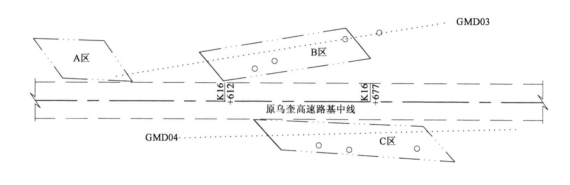

图 10.3　西山连接线 B、C 区注浆效果检测检测点平面布置图

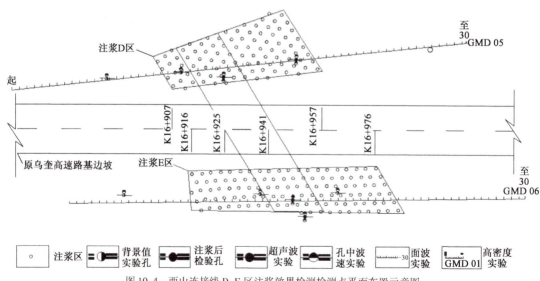

图 10.4　西山连接线 D、E 区注浆效果检测检测点平面布置示意图

(3)西山连接线 F、G 区检测

2015 年 5 月 5 日至 2015 年 8 月 18 日进行现场检查,9 月 20 日提交检测报告。其注浆效果检测检测点平面布置图如图 10.5、图 10.6 所示。

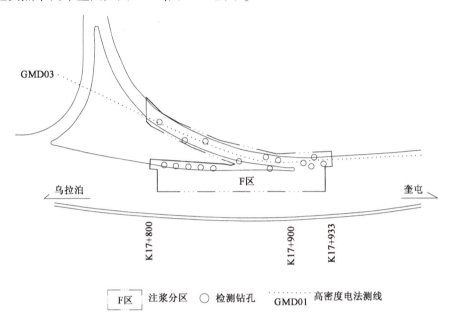

图 10.5 西山连接线 F 区注浆效果检测检测点平面布置示意图

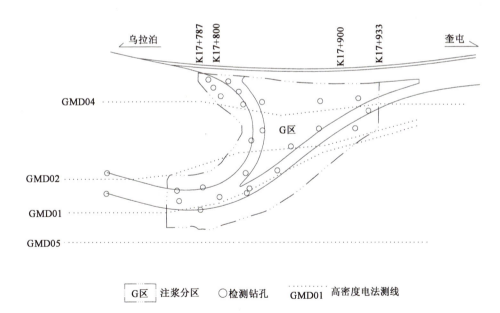

图 10.6 西山连接线 G 区注浆效果检测检测点平面布置示意图

西山连接线 F、G 区检测共布置钻孔 22 个、高密度 6 条、面波 7 条。检测完成工作量详见表 10.5。

检测完成工作量统计表　　　　　　　　　　　　　　　　表10.5

工作内容	单位	工作量	备注
钻孔	孔/m	40/1255	—
单孔法波速检测	孔/m	40/1255	采样间隔1.0m
高密度电法检测	点/条	5/300	—

4）二标段注浆工程效果检测与地面变形监测工作完成情况

（1）二标段注浆工程效果检测

该标段于2015年11月15日至2016年8月2日进行现场检测，2016年8月8日提交检测报告。其注浆效果检测检测点平面布置图如图10.7所示。

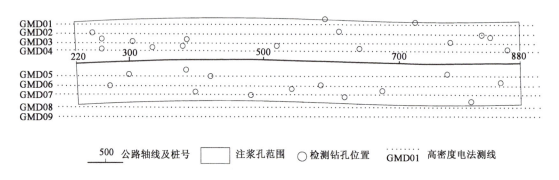

图10.7　二标段注浆效果检测检测点平面布置示意图

本标段共布置钻孔32个、高密度9条。检测完成工作量详见表10.6。

检测完成工作量统计表　　　　　　　　　　　　　　　　表10.6

工作内容	单位	工作量	备注
钻孔	孔/m	32/2492	—
钻孔超声波检测	孔/m	29/1781	采样间隔0.5m
单孔法波速检测	孔/m	28/463	采样间隔1.0m
高密度电法检测	点/条	9/1080	—

（2）地面变形监测工作

本标段测斜监测点共埋设7个,沿路线纵向每100m间隔布设1个;监测点平面布置见图10.8。位移和沉降监测点共埋设7个,沿路线纵向每100m两侧各布设1个,共计14个。监测点布设具体位置见表10.7。

监测点布设具体位置一览表　　　　　　　　　　　　　　表10.7

测斜监测点	代号	CX-2	CX-3	CX-4	CX-5	CX-6	CX-7	CX-1
	位置	K21+250左	K21+350右	K21+450左	K21+550右	K21+650左	K21+750右	K21+850左
位移和沉降监测点	代号	BZ-2	BZ-3	BZ-4	BZ-5	BZ-6	BZ-7	BZ-1
	位置	K21+250左	K21+350左	K21+450左	K21+550左	K21+650左	K21+750左	K21+850左
	代号	BZ-9	BZ-10	BZ-11	BZ-12	BZ-13	BZ-14	BZ-8
	位置	K21+250右	K21+350右	K21+450右	K21+550右	K21+650右	K21+750右	K21+850右

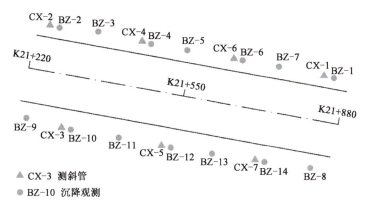

图 10.8　二标段地面变形监测点平面布置示意图

5）三标段注浆工程效果检测完成情况

该标段于 2015 年 5 月 21 日至 2015 年 8 月 25 日进行现场检测，2015 年 9 月 28 日提交检测报告。其注浆效果检测检测点平面布置图如图 10.9 所示。

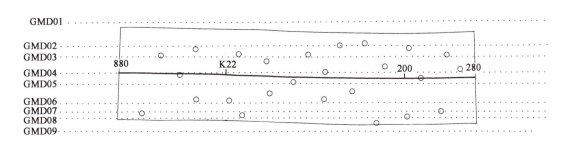

图 10.9　三标段注浆效果检测检测点平面布置示意图

共布置钻孔 25 个、高密度 9 条。检测完成工作量详见表 10.8。

检测完成工作量统计表　　　　　　　　　　表 10.8

工作内容	单位	工作量	备注
钻孔	孔/m	25/2525	—
钻孔超声波检测	孔/m	25/2048	采样间隔 0.5m
单孔法波速检测	孔/m	25/477	采样间隔 1.0m
高密度电法检测	条/点	9/1044	—

6）四标段注浆工程效果检测完成情况

该标段于 2015 年 5 月 21 日至 2015 年 8 月 18 日进行现场检测，2015 年 9 月 10 日提交检测报告。其注浆效果检测检测点平面布置图如图 10.10、图 10.11 所示。

共布置钻孔 15 个、高密度 8 条。检测完成工作量详见表 10.9。

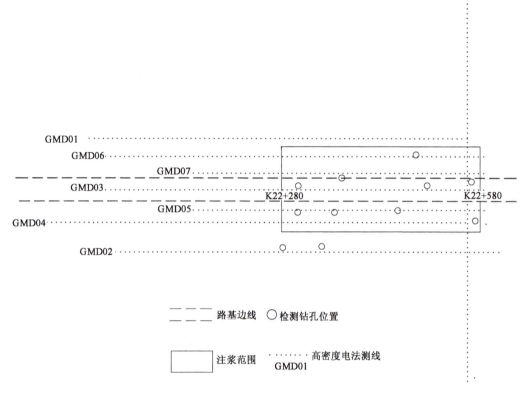

图10.10 四标段注浆效果检测检测点平面布置示意图(一)

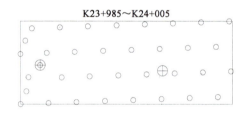

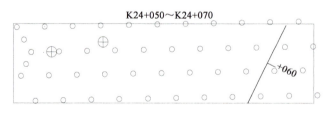

图10.11 四标段注浆效果检测检测点平面布置示意图(二)

检测完成工作量统计表　　　　　　　　　　　　　　表 10.9

工作内容	单 位	工作量	备 注
钻孔	孔/m	15/1052	—
钻孔超声波检测	孔/m	15/699	采样间隔 0.5m
单孔法波速检测	孔/m	15/353	采样间隔 1.0m
高密度电法检测	条/点	8/790	—

10.3　钻孔检测分析与研究

10.3.1　钻孔检测的内容及其质量要求

该方法主要是在采空区注浆加固施工结束一定时间后,根据现场地质勘察的结果,在注浆区进行钻探,检测注浆段的充填、加固效果。在钻探过程中可以根据注浆段钻孔冲洗液损失(流量法)分析灌浆后采空区加固效果;通过钻探提取注浆段岩芯,对灌浆前后的岩芯进行对比分析,统计岩芯中水泥结石的形状、展布特点、厚薄、胶结质量,以及岩体裂缝被水泥结石充填的情况,并取样进行物理力学性能试验,分析注浆前后岩样的物理力学性质变化情况。最后对检测孔进行二次注浆,通过分析注浆量来间接判断注浆的充填率。这种方法是最直观也是最常用的一种。

钻孔检测包括:地层岩性、钻探进尺情况、冲洗液漏失情况、取芯率、结石充填裂隙的情况等。

上述检测内容,简单直接,针对性强。其中钻探进尺快慢、有无落钻现象、冲洗液漏失情况、取芯率是否满足设计要求、结石充填裂隙的情况等指标,是评价注浆质量的重要依据。此外,先导孔、各序次注浆孔有价值的岩芯也是重要的实物资料。对岩芯的检查分析主要有如下几个方面:

(1)观察裂隙中水泥结石的充填情况,分析浆液渗透扩散的规律。
(2)比较注浆前后的岩芯采取率。
(3)对浆液结石体的力学性质进行室内试验分析。

10.3.2　一标段注浆工程质量检测成果分析

一标段注浆治理工程可分为三大部分:主线 K19+630~K19+960 检测,西山连接线 A~E 区检测和连接线检测。

1)主线 K19+630~K19+960 检测

(1)典型注浆后检测孔描述特征

钻孔施工 15 个,其中:背景值测试孔 3 个/693m,注浆后检测孔 12 个/1916m。在 12 个注浆后检测孔中,选取 3 个典型钻孔,描述如下:

①ZK1 孔:该孔钻探总长度为 114.0m。

a.粉土:黄褐色,含少量钙质胶结物,无明显层理,具有湿陷性,无光泽反应,稍密,成孔过程中无落钻掉钻漏浆现象,厚度4.6m。

b.卵石:青灰色—灰褐色,颗粒级配良好,亚圆状,大部分连续接触,充填物为中粗砂及粉土,母岩成分以石英岩、变质岩为主,干燥—稍湿,进尺慢,成孔过程中无落钻掉钻漏浆现象,厚度46.4m。

c.强风化砂岩:灰褐色,结构大部分已破坏,风化裂隙发育,裂隙中有明显的褐铁矿化现象,最长岩芯为10cm,采取率75%左右,成孔过程中无落钻掉钻漏浆现象,4.3m。

d.强风化泥岩:灰褐色,结构已破坏,风化裂隙发育,夹有细小煤线,采取率78%左右,成孔过程中无落钻掉钻漏浆现象,厚度10.7m。

e.煤层:黑色,有层理,结构大部分已破坏,风化裂隙发育,岩体破碎,易钻进,煤层夹矸为泥岩,呈强风化状,采取率77%左右,裂隙中可见水泥浆液充填物,为注浆施工形成,成孔过程中无落钻掉钻漏浆现象,厚度22.0m。

f.强风化泥岩:灰褐色,结构已破坏,风化裂隙发育,夹有细小煤线,最长岩芯为12cm,采取率80%左右,裂隙中可见水泥浆液充填物,为注浆施工形成,成孔过程中无落钻掉钻漏浆现象,厚度3.0m。

g.煤层:黑色,有层理,结构大部分已破坏,风化裂隙发育,岩体破碎,易钻进,煤层夹矸为泥岩,呈强风化状,采取率79%左右,裂隙中可见水泥浆液充填物,为注浆施工形成,成孔过程中无落钻掉钻漏浆现象,厚度23.0m。

②ZK8孔:该孔钻探总长度为169.0m。

a.粉土:黄褐色,含少量钙质胶结物,无明显层理,具有湿陷性,无光泽反应,稍密,成孔过程中无落钻掉钻漏浆现象,厚度19.5m。

b.卵石:青灰色—灰褐色,颗粒级配良好,亚圆状,大部分连续接触,充填物为中粗砂及粉土,母岩成分以石英岩、变质岩为主,干燥—稍湿,进尺慢,成孔过程中无落钻掉钻漏浆现象,厚度60.0m。

c.强风化砂岩:灰褐色,结构大部分已破坏,风化裂隙发育,夹有细小煤线,最长岩芯为13cm,采取率76%左右,成孔过程中无落钻掉钻漏浆现象,厚度44.0m。

d.煤层:黑色,有层理,结构大部分已破坏,风化裂隙发育,岩体破碎,易钻进,煤层夹矸为砂岩,呈强风化状,采取率82%左右,裂隙中可见水泥浆液充填物,为注浆施工形成,成孔过程中无落钻掉钻漏浆现象,厚度5.0m。

e.强风化泥岩:灰褐色,结构大部分已破坏,风化裂隙发育,夹有细小煤线,采取率77%左右,成孔过程中无落钻掉钻漏浆现象,厚度4.65m。

f.煤层:黑色,有层理,结构大部分已破坏,风化裂隙发育,岩体破碎,易钻进,煤层夹矸为砂岩,呈强风化状,采取率82%左右,裂隙中可见水泥浆液充填物,为注浆施工形成,成孔过程中无落钻掉钻漏浆现象,厚度2.35m。

g.中风化泥岩:灰褐色,结构部分已破坏,风化裂隙发育,夹有细小煤线,岩体呈块状,不易钻进,最长岩芯为14cm,采取率80%左右,成孔过程中无落钻掉钻漏浆现象,厚度14.9m。

③ZK13孔:该孔钻探总长度为242.0m。

a.粉土:黄褐色,含少量钙质胶结物,无明显层理,具有湿陷性,无光泽反应,稍密,成孔过程中无落钻掉钻漏浆现象,厚度10.8m。

b. 卵石:青灰色—灰褐色,颗粒级配良好,亚圆状,大部分连续接触,充填物为中粗砂及粉土,母岩成分以石英岩、变质岩为主,干燥—稍湿,进尺慢,成孔过程中无落钻掉钻漏浆现象,厚度 47.7m。

c. 强风化泥岩:灰褐色,结构大部分已破坏,风化裂隙发育,采取率 78% 左右,成孔过程中无落钻掉钻漏浆现象,厚度 63.0m。

d. 煤层:黑色,有层理,结构大部分已破坏,风化裂隙发育,岩体破碎,易钻进,煤层夹矸为砂岩,呈强风化状,采取率 75% 左右,裂隙中可见水泥浆液充填物,为注浆施工形成,成孔过程中无落钻掉钻漏浆现象,厚度 8.0m。

e. 强风化砂岩:灰褐色,结构大部分已破坏,风化裂隙发育,采取率 74% 左右,成孔过程中无落钻掉钻漏浆现象,厚度 17.0m。

f. 煤层:黑色,有层理,结构大部分已破坏,风化裂隙发育,岩体破碎,易钻进,煤层夹矸为泥岩,呈强风化状,采取率 75% 左右,裂隙中可见水泥浆液充填物,为注浆施工形成,成孔过程中无落钻掉钻漏浆现象,厚度 3.5m。

g. 中风化泥岩:灰褐色,结构部分已破坏,风化裂隙发育,夹有细小煤线,岩体呈块状,采取率 77% 左右,成孔过程中无落钻掉钻漏浆现象,厚度 50.5m。

h. 中风化砂岩:灰褐色,结构部分已破坏,风化裂隙发育,夹有细煤线,岩体呈块状,不易钻进,最长岩芯为 14cm,采取率 79% 左右,裂隙中可见水泥浆液充填物,成孔过程中无落钻掉钻漏浆现象,厚度 4.5m。

(2) 主线 K19+630~K19+960 检测孔统计分析

主线 K19+630~K19+960 检测孔统计成果见表 10.10。

采空区注浆后钻探检测成果一览表　　表 10.10

检测孔	钻探检测成果						采取率
	第四系	岩层或煤层					
ZK1	粉土卵石	强风化砂岩	强风化泥岩	煤层:66.0~88.0m 处,裂隙中见水泥浆充填物	强风化泥岩	煤层:91.0~114.0m 处,裂隙中见水泥浆充填物	75%~78%
ZK2	粉土卵石	强风化砂岩					75%
ZK3	卵石粉土卵石	强风化砂岩	强风化泥岩				75%
ZK4	粉土卵石	强风化砂岩					75%
ZK5	粉土卵石	强风化砂岩					75%

续上表

检测孔	钻探检测成果						
	第四系	岩层或煤层					采取率
ZK8	粉土卵石	强风化砂岩:79.5~123.5m,裂隙中见水泥浆充填物	煤层:123.5~128.5m,裂隙中见水泥浆充填物	强风化泥岩	煤层:133.2~135.5m,裂隙中见水泥浆充填物	中风化泥岩、中风化砂岩	76%~82%
ZK10	粉土卵石	强风化泥岩	强风化砂岩:78.5m~118.0m,裂隙中见水泥浆充填物	煤层:118.0~168.0m,裂隙中见水泥浆充填物	中风化砂岩		76%~81%
ZK11	粉土卵石	强风化砂岩	煤层:97.0~109.5m,裂隙中见水泥浆充填物	强风化砂岩和强风化泥岩:109.5~122.0m,裂隙中见水泥浆充填物	煤层:129.5~137.0m,裂隙中见水泥浆充填物	强风化砂岩:137.0~182.0m,裂隙中见水泥浆充填物	煤层:182.0~187.0m,裂隙中见水泥浆充填物	70%~79%
ZK12	粉土卵石	强风化泥岩:79.5~91.5m,裂隙中见水泥浆充填物	强风化砂岩:91.5~98.5m,裂隙中见水泥浆充填物	强风化泥岩:98.5~121.5m,裂隙中见水泥浆充填物	煤层:121.5~128.5m,裂隙中见水泥浆充填物	中风化砂岩		70%~79%
ZK13	粉土卵石	强风化泥岩	煤层:121.5~129.5m,裂隙中见水泥浆充填物	强风化砂岩:129.5~146.5m,裂隙中见水泥浆充填物	煤层:146.5~150.0m,裂隙中见水泥浆充填物	中风化泥岩	中风化砂岩:200.0~205.0m,裂隙中见水泥浆充填物	74%~80%
ZK14	粉土卵石	强风化泥岩:68.0~118.0m,裂隙中见水泥浆充填物	煤层:118.0~128.5m,裂隙中见水泥浆充填物	强风化砂岩	煤层:132.0~146.0m,裂隙中见水泥浆充填物	强风化砂岩	煤层:243.0~282.0m,裂隙中见水泥浆充填物	75%~77%
ZK15	粉土卵石	强风化砂岩	煤层:102.0~110.5m	强风化泥岩	煤层:128.0~136.5m	强风化砂岩和泥岩	煤层:172.5~178.0m	77%~81%

从表10.10可以看出:在12个检测钻孔中,见到三层煤,3个孔,占25%;见到二层煤,3个孔,占25%;见到一层煤,2个孔,占17%;无煤孔,4个孔,占33%。其中:3个浅层钻孔和2个深层钻孔未见到水泥浆充填物,其他7个钻孔内在裂隙中见水泥浆充填物,占总数的58%,深度在68.0~282.0m范围。

钻探揭露数据表明:检测孔均打到并穿过了目的层(煤层采空区或煤柱上方地基加固区域),裂隙中的水泥浆充填物,呈灰白~浅白色,固结状态,沿裂隙面分布,厚度多为0.1~0.3cm,从外观上观察水泥粉煤灰浆硬化体,发现浆液在凝结时,出现明显的分层现象,下部水泥含量和致密程度高于上部,说明浆液在充填采空区或空洞区时因地下水的作用出现离析现象。

本次检测均采用泥浆循环护壁钻进,通过钻孔的成孔情况,对钻孔取芯过程中的进尺快慢、冲洗液漏失、取芯率、结石充填裂隙、掉钻落钻等情况进行观察描述。在钻孔成孔过程中,进尺快慢与地层岩性吻合,冲洗液消耗正常,岩芯采取率在75%~95%之间,人工填土和基岩裂隙中可见水泥浆液充填痕迹,进尺慢、钻进平稳、无掉钻落钻现象,加固效果良好。

2)西山连接线A~E区检测

(1)典型注浆后检测孔描述特征

钻孔施工22个,其中:背景值测试孔8个/170m,注浆后检测孔14个/305.5m。在14个注浆后检测孔中,选取3个典型钻孔,描述如下:

①ZK23孔:该孔钻探总长度为40.0m。

a.人工填土:灰褐—黑色;主要由岩块、粉土、卵石组成,下部为岩块和煤渣,状态极其粉碎,该层为采空区人工回填形成,易钻进,孔隙中可见水泥浆结石体充填物,成孔过程中无落钻掉钻漏浆现象,厚度23.0m。

b.强风化泥岩:青灰色—灰褐色,结构已破坏,岩体破碎,呈碎块状,夹有煤渣,该层为人工填土到煤层过渡层,厚度8.0m。

c.强风化煤层:黑色,结构大部分已破坏,松散状,风化裂隙发育,破碎,易钻进,裂隙中可见水泥浆液充填物,为注浆施工形成,成孔过程中无落钻掉钻漏浆现象,厚度9.0m。

②ZK28孔:该孔钻探总长度为40.0m。

a.人工填土:灰褐—黑色;主要由岩块、粉土、卵石,下部为岩块和煤渣组成,状态极其粉碎,该层为采空区人工回填形成,易钻进,孔隙中可见水泥浆结石体充填物,成孔过程中无落钻掉钻漏浆现象,厚度3.5m。

b.强风化泥岩:灰色—黑色,结构已破坏,岩体破碎,钻进慢,无落钻掉钻漏浆现象,厚度8.7m。

c.强风化泥岩:灰色,结构较完整,钻进慢,岩体较完整,9.7m。

d.煤层:黑色,结构已破坏,岩体破碎,裂隙中可见水泥浆液充填物,成孔过程中无落钻掉钻漏浆现象,厚度0.2m。

e.中风化泥岩:灰黑色,夹有少量煤渣,结构较完整,岩体较完整,22.40~22.70m处见白色水泥结石体,为注浆施工形成,钻进慢,无落钻掉钻漏浆现象,厚度1.6m。

f.中风化泥岩:灰色,结构较完整,24.0~33.0m处较破碎,破碎处夹有煤渣,其余岩体较完整。

③ZK31孔:该孔钻探总长度为40.0m。

a.人工填土:灰褐—黑色,主要由粉土、砾砂、卵石组成,易钻进,孔隙中可见水泥浆结石体充填物,成孔过程中无落钻掉钻漏浆现象,厚度6.5m。

b.粉质黏土:土黄色,无摇振反应,有光泽,干强度高,韧性中等,钻进速度快,厚度2.5m。

c.煤层:黑色,结构已破坏,煤呈碎块状,夹有泥岩岩块,裂隙中可见水泥浆液充填物,钻进速度较快,成孔过程中无落钻掉钻漏浆现象,厚度6.8m。

d.强风化泥岩:灰色,结构完整,裂隙发育一般,岩体较完整,裂隙中可见水泥浆液充填物,在27.5~28.0m处见白色水泥结石体,注浆所形成,钻进慢,无落钻掉钻漏浆现象,厚度14.4m。

e.煤层:黑色,结构大部分完整,呈松散状,以颗粒状形式存在,强风化,较破碎,钻进速度较快,成孔过程中无落钻掉钻漏浆现象,厚度4.1m。

f.中风化泥岩:灰色,结构完整,裂隙发育一般,岩体较完整,钻进慢,厚度5.7m。

(2)西山连接线A~E区检测孔统计分析

西山连接线A~E区检测孔成果统计见表10.11。

采空区注浆后钻探检测成果一览表　　　　表10.11

检测孔	钻探检测成果					采取率
	第四系	岩层 或 煤层				
ZK22	人工填土	强风化泥岩:2.0~6.0m,裂隙中见水泥浆充填物	强风化泥岩:6.0~10.0m,裂隙中见水泥浆充填物			75%
ZK23	人工填土	强风化泥岩	煤层:31.0~40.0m,裂隙中见水泥浆充填物			75%
ZK24	人工填土	强风化泥岩:3.6~10.0m,裂隙中见水泥浆充填物				80%
ZK25	人工填土	中风化泥岩:在18.5~20m见白色水泥结石体	中风化泥岩	煤层:34.5~35.0m	中风化泥岩	75%~76%
ZK26	人工填土:裂隙中见水泥浆充填物	强风化泥岩				79%
ZK27	人工填土	强风化泥岩	煤层:5.0~8.0m,裂隙中见水泥浆充填物	强风化泥岩		75%
ZK28	人工填土	强风化泥岩	强风化泥岩	煤层:21.9~22.4m,裂隙中见水泥浆充填物	中风化泥岩:在22.4~22.7m见白色水泥结石体	中风化泥岩	75%
ZK29	人工填土	强风化泥岩	煤层:6.0~10.0m,裂隙中见水泥浆充填物			75%

续上表

检测孔	钻探检测成果						
	第四系	岩层或煤层					采取率
ZK30	人工填土	强风化泥岩：5.3~11.0m，裂隙中见水泥浆充填物					75%
ZK31	人工填土和粉质黏土	煤层：9.0~15.0m，裂隙中见水泥浆充填物	中风化泥岩：在27.5~28.0m见白色水泥结石体	煤层：30.2~34.3m	中风化泥岩	煤层：40.0~42.0m	85%~95%
ZK32	人工填土	强风化泥岩：9.0~11.0m，裂隙中见水泥浆充填物					75%
ZK33	人工填土	煤层：5.0~9.0m，裂隙中见水泥浆充填物	强风化泥岩：9.0~11.0m，裂隙中见水泥浆充填物				75%
ZK34	人工填土和粉质黏土	煤层：21.0~24.7m	中风化泥岩	煤层：29.7~32.6m，裂隙中见水泥浆充填物	中风化泥岩	煤层：40.0~42.0m	85%~95%
ZK35	人工填土和粉质黏土	强风化泥岩：6.0~13.0m，裂隙中见水泥浆充填物					75%

  从表10.11可以看出：在14个检测钻孔中，见到三层煤，2个孔，占14%；见到一层煤，6个孔，占43%；无煤孔，6个孔，占43%。其中：每个孔内在裂隙中见水泥浆充填物，深度在2.0~42m范围，ZK25孔内中风化泥岩层内18.5~20m处、ZK28孔内中风化泥岩层22.4~22.7m处以及ZK31内中风化泥岩层27.5~28.0m处见白色水泥结石体。

  钻探揭露数据表明：检测孔均打到并穿过了目的层（煤层采空区或煤柱上方地基加固区域），每个孔内在裂隙中见水泥浆充填物，呈灰白—浅白色，固结状态，沿裂隙面分布，厚度多为0.1~0.3cm，同时，三个检测孔内（占总数的21%）均在采空区附近取到了一段较为连续的浆液结石体。浆液结石体内均胶结有部分顶、底板岩性物，有的胶结物为岩石碎屑，从外观上观察水泥粉煤灰浆硬化体，发现浆液在凝结时，出现明显的分层现象，下部水泥含量和致密程度高于上部，说明浆液在充填采空区或空洞区时因地下水的作用出现离析现象。

  本次检测均采用泥浆循环护壁钻进，通过钻孔的成孔情况，对钻孔取芯过程中的进尺快慢、冲洗液漏失、取芯率、结石充填裂隙、掉钻落钻等情况进行观察描述。在钻孔成孔过程中，进尺快慢与地层岩性吻合，冲洗液消耗正常，岩芯采取率在75%~95%之间，人工填土和基岩裂隙中可见水泥浆液充填痕迹,进尺慢、钻进平稳、无掉钻落钻现象,加固效果良好。

3)西山连接线 F、G 区注浆效果检测

(1)典型注浆后检测孔描述特征

钻孔施工 40 个,其中:背景值测试孔 13 个/391m,注浆后检测孔 27 个/864m。在 27 个注浆后检测孔中,选取 3 个典型钻孔,描述如下:

①ZK15 孔:该孔钻探总长度为 26.0m。

a. 人工填土:灰褐;松散;组成成分复杂,主要由煤、煤矸石、卵石组成,易钻进,成孔困难,松散—稍湿,厚度 5.0m。

b. 卵石:灰褐;亚圆;中密;青灰色—灰褐色,颗粒级配良好,大部分连续接触,充填物为中粗砂及粉土,母岩成分以石英岩、变质岩为主,密实,厚度 12.9m。

c. 强风化泥岩:灰褐色,组织结构大部分已破坏,风化裂隙发育,岩体松散、破碎,夹有细小煤层与煤矸石,无卡钻掉钻漏浆现象,采取率约为 75%,厚度 18.1m。

②ZK30 孔:该孔钻探总长度为 42.0m。

a. 人工填土:灰褐;松散;组成成分复杂,主要由煤、煤矸石、卵石组成,易钻进,成孔困难,松散—稍湿,厚度 3.5m。

b. 卵石:灰褐;亚圆;中密;青灰色—灰褐色,颗粒级配良好,大部分连续接触,充填物为中粗砂及粉土,母岩成分以石英岩、变质岩为主,密实,厚度 16.0m。

c. 强风化泥岩:灰褐色,组织结构大部分已破坏,风化裂隙发育,岩体松散、破碎,夹有细小煤层与煤矸石,无卡钻掉钻漏浆现象,采取率约为 78%,厚度 4.5m。

d. 强风化煤层:灰黑—黑色,组织结构大部分已破坏,风化裂隙发育,煤层中的夹矸为泥岩,呈强风化状,有少量泥浆现象,采取率约为 75%,厚度 18.0m。

③ZK38 孔:该孔钻探总长度为 45.0m。

a. 人工填土:灰褐;松散;组成成分复杂,主要由煤、煤矸石、卵石组成,易钻进,成孔困难,松散—稍湿,厚度 3.5m。

b. 卵石:灰褐;亚圆;中密;青灰色—灰褐色,颗粒级配良好,大部分连续接触,充填物为中粗砂及粉土,母岩成分以石英岩、变质岩为主,密实,厚度 14.7m。

c. 强风化泥岩:灰褐色,组织结构大部分已破坏,风化裂隙发育,岩体松散、破碎,夹有细小煤层与煤矸石,无卡钻掉钻漏浆现象,采取率约为 78%,厚度 16.3m。

d. 强风化煤层:灰黑—黑色,组织结构大部分已破坏,风化裂隙发育,煤层中的夹矸为泥岩,呈强风化状,有少量泥浆现象,采取率约为 75%,厚度 10.5m。

(2)西山连接线 F、G 区检测孔统计分析

西山连接线 F、G 区检测孔成果统计见表 10.12。

采空区注浆后钻探检测成果一览表　　　表 10.12

检测孔	钻探检测成果					
	第四系		岩层或煤层			采取率
ZK14	人工填土	卵石	强风化泥岩:16.2~32.0m,裂隙中见水泥浆充填物			50%

续上表

检测孔	钻探检测成果					采取率
	第四系		岩 层 或 煤 层			
ZK15	人工填土	卵石	强风化泥岩:17.9~36.0m,裂隙中见水泥浆充填物			60%
ZK16	人工填土	卵石	强风化泥岩:18.1~36.0m,裂隙中见水泥浆充填物			75%
ZK17	人工填土	卵石	煤层:19.2~27.0m,裂隙中见水泥浆充填物			76%
ZK18	人工填土	卵石	煤层:19.0~27.0m,裂隙中见水泥浆充填物			78%
ZK19	人工填土	卵石	煤层:18.4~27.0m,裂隙中见水泥浆充填物			77%
ZK20	人工填土	卵石	煤层:16.8~26.0m,裂隙中见水泥浆充填物			78%
ZK21	人工填土	卵石	煤层:18.2~27.0m,裂隙中见水泥浆充填物			78%
ZK22	人工填土	卵石	煤层:17.0~26.0m,裂隙中见水泥浆充填物			75%
ZK23	人工填土	卵石	煤层:18.0~27.0m,裂隙中见水泥浆充填物			78%
ZK24	人工填土	卵石	煤层:17.2~26.0m,裂隙中见水泥浆充填物			75%
ZK25	人工填土	卵石				75%
ZK26	人工填土	卵石	强风化泥岩:22.7~27.0m,裂隙中见水泥浆充填物			79%
ZK27	人工填土	卵石	强风化泥岩:22.3~31.1m,裂隙中见水泥浆充填物	煤层:31.1~37.8m,裂隙中见水泥浆充填物	强风化泥岩	76%~79%
ZK28	人工填土	卵石	强风化泥岩	煤层:23.0~41.0m,裂隙中见水泥浆充填物		76%
ZK29	人工填土	卵石	强风化泥岩	煤层:28.4~38.5m,裂隙中见水泥浆充填物	中风化泥岩	76%~82%
ZK30	人工填土	卵石	强风化泥岩	煤层:24.0~42.0m,裂隙中见水泥浆充填物		75%~78%
ZK31	人工填土	卵石	强风化泥岩:20.5~27.0m,裂隙中见水泥浆充填物			78%
ZK32	人工填土	卵石	强风化泥岩:18.0~40.0m,裂隙中见水泥浆充填物,34.0~37.0m处为白色水泥结石体			78%

续上表

检测孔	钻探检测成果					
	第四系	岩层或煤层				采取率
ZK33	人工填土	卵石	强风化泥岩:17.6~32.0m,裂隙中见水泥浆充填物,局部为白色水泥结石体			80%
ZK34	人工填土	卵石	煤层:17.8~26.0m,裂隙中见水泥浆充填物			78%
ZK35	人工填土	卵石	强风化泥岩:19.0~31.5m,裂隙中见水泥浆充填物	煤层:31.5~36.5m,裂隙中见水泥浆充填物	强风化泥岩	75%~80%
ZK36	人工填土	卵石	强风化泥岩:23.4~25.0m,裂隙中见水泥浆充填物	煤层:25.0~33.0m,裂隙中见水泥浆充填物	强风化泥岩	煤层:42.0~48.0m,裂隙中见水泥浆充填物	75%~78%
ZK37	人工填土	卵石				75%
ZK38	人工填土	卵石	强风化泥岩	煤层:34.5~45.0m,裂隙中见水泥浆充填物		76%~78%
ZK39	人工填土	卵石	强风化砂岩和泥岩	煤层:36.0~45.0m,裂隙中见水泥浆充填物		75%~82%
ZK40	人工填土	卵石				

从表10.12可以看出:在27个检测钻孔中,见到二层煤,1个孔,占4%;见到一层煤,16个孔,占59%;无煤孔,10个孔,占37%(基岩孔7个,第四系孔3个)。其中:3个浅层第四系孔钻孔未见到水泥浆充填物,其他24个钻孔内在裂隙中见水泥浆充填物,占总数的89%,深度在16.2~48.0m范围,在ZK33钻孔中17.6~32.0m处裂隙中见水泥浆充填物,局部为白色水泥结石体。

钻探揭露数据表明:检测孔均打到并穿过了目的层(煤层采空区或煤柱上方地基加固区域),裂隙中的水泥浆充填物,呈灰白—浅白色,固结状态,沿裂隙面分布,厚度多为0.1~0.3cm,从外观上观察水泥粉煤灰浆硬化体,发现浆液在凝结时,出现明显的分层现象,下部水泥含量和致密程度高于上部,说明浆液在充填采空区或空洞区时因地下水的作用出现离析现象。

本次检测均采用泥浆循环护壁钻进,通过钻孔的成孔情况,对钻孔取芯过程中的进尺快慢、冲洗液漏失、取芯率、结石充填裂隙、掉钻落钻等情况进行观察描述。在钻孔成孔过程中,进尺快慢与地层岩性吻合,冲洗液消耗正常,岩芯采取率在75%~95%之间,人工填土和基岩裂隙中可见水泥浆液充填痕迹,进尺慢、钻进平稳、无掉钻落钻现象,加固效果良好。

10.3.3 二标段注浆工程质量检测成果分析

1)典型注浆后检测孔描述特征

钻孔施工32个,其中:背景值测试孔4个/329m,注浆后检测孔28个/2163m。在28个注浆后检测孔中,选取4个典型钻孔,描述如下:

(1)1ZK15孔:该钻探总长度为116.0m。

①杂填土:灰褐色,松散,稍湿;主要为砂质黏土,砂砾石,混杂有大量的煤矸石和煤,易钻进,厚度5.20m。

②粉土:黄褐色,松散,稍湿;包含有少许钙质胶结物,无明显层理,具有湿陷性,无光泽反应,稍密,厚度2.3m。

③卵石:灰褐色,稍密,稍湿;颗粒级配良好,亚圆状,大部分连续接触,充填物为中粗砂及粉土,母岩成分以石英岩、石英变质岩为主,干燥—稍湿,厚度7.50m。

④强风化泥岩:灰褐色,组织结构大部分已破坏,风化裂隙发育,岩体破碎,最长岩芯约7cm,采取率75%左右,厚度20.5m。

⑤强风化砂岩:红褐色,组织结构部分破坏,矿物成分显著变化,风化裂隙发育,局部加细小煤线,因火烧使岩体发生变化,形成较多空隙,似炉渣状,有一定强度,最长岩芯约13cm,采取率78%左右,厚度16.7m。

⑥中风化泥岩:灰褐色组织结构部分破坏,风化裂隙发育,岩体被切割成岩块不易钻进,加有大量的煤矸石,最长岩芯约12cm,采取率80%左右,厚度11.8m。

⑦煤岩:黑色,组织结构大部分已破坏,风化裂隙很发育,岩体破碎,较易钻进,煤层中夹矸的主要成分为泥岩,呈强风化状,采取率约77%,厚度11.5m。

⑧中风化泥岩:灰黑色,组织结构部分破坏,风化裂隙发育,岩体被切割成岩块,不易钻进,加有大量的煤矸石,最长岩芯约10cm,采取率83%左右,厚度40.5m。

(2)ZK17孔:该钻探总长度为72.0m。

①粉土:黄褐色,包含有少许钙质胶结物,无明显层理,具有湿陷性,无光泽反应,稍密,厚度2.0m。

②卵石:灰褐色,颗粒级配良好,亚圆状,大部分连续接触,充填物为中粗砂及粉土,母岩成分以石英岩、石英变质岩为主,干燥—稍湿,厚度15.2m。

③强风化泥岩:红褐色,组织结构大部分破坏,矿物成分显著变化,风化裂隙很发育,局部加细小煤线,因火烧使岩体发生变化,形成较多空隙,似炉渣状,有一定强度,破碎,最长岩芯约12cm,采取率78%左右,厚度6.1m。

④煤岩:黑色,有层理,结构大部分已破坏,风化裂隙很发育,岩体破碎,较易钻进,煤层中夹矸的主要成分为泥岩,呈强风化状,采取率约76%,厚度37.0m。

⑤中风化泥岩:灰褐色,组织结构部分破坏,风化裂隙发育,岩体被切割成岩块,不易钻进,最长岩芯约10cm,采取率78%左右,局部夹有少量的砂岩和煤线,厚度5.5m。

⑥中风化砂岩:灰褐色,组织结构部分破坏,风化裂隙发育,岩体被切割成岩块,不易钻进,最长岩芯约15cm,采取率80%左右,厚度3.7m。

⑦中风化泥岩:灰褐色,组织结构部分破坏,风化裂隙发育,岩体被切割成岩块,不易钻进,最长岩芯约12cm,采取率84%左右,厚度2.5m。

(3)ZK18孔:该钻探总长度为68.0m。

①杂填土:灰褐色,松散,稍湿,主要为砂质黏土,砂砾石,混杂有大量的煤矸石和煤,易钻进,厚度3.00m。

②粉土:黄褐色,松散,包含有少量钙质胶结物,无明显层理,具有湿陷性,无光泽反应,稍密,厚度2.0m。

③卵石:灰褐色,松散,稍湿,颗粒级配良好,亚圆状,大部分连续接触,充填物为中粗砂及粉土,母岩成分以石英岩、石英变质岩为主,干燥—稍湿,厚度5.0m。

④强风化泥岩:灰褐色,组织结构大部分已破坏,风化裂隙发育,岩体破碎,夹有细小煤线,最长岩芯约5cm,采取率78%左右,厚度21.0m。

⑤中风化泥岩:灰褐色,组织结构部分破坏,风化裂隙发育,岩体被切割成岩块,不易钻进,夹有大量的煤矸石,最长岩芯约5cm,采取率84%左右,厚度30.0m。

(4)ZK19孔:该钻探总长度为72.0m。

①杂填土:灰褐色,主要为粉土、卵石等,易钻进,成孔难,较松散,厚度2.0m。

②卵石:灰褐色,颗粒级配良好,亚圆状,大部分连续接触,充填物为中粗砂及粉土,母岩成分以石英岩、石英变质岩为主,干燥—稍湿,厚度14.2m。

③强风化泥岩:灰黑色,组织结构大部分破坏,风化裂隙很发育,岩体破碎,较软,夹有煤和煤矸石,煤矸石主要以泥岩为主,最长岩芯约6cm,采取率78%左右,厚度1.0m。

④煤岩:黑色,有层理,组织结构大部分破坏,风化裂隙很发育,岩体破碎,较易钻进,采取率约78%左右,厚度13.1m。

⑤强风化泥岩:灰黑色,组织结构大部分破坏,风化裂隙很发育,岩体破碎,较软,夹有煤和煤矸石,煤矸石主要以泥岩为主,最长岩芯约8cm,采取率80%左右,厚度11.5m。

⑥中风化砂岩:灰褐色,组织结构部分破坏,风化裂隙发育,岩体被切割成岩块,不易钻进,最长岩芯约15cm,采取率81%左右,厚度3.7m。

⑦中风化泥岩:灰黑色,组织结构部分破坏,风化裂隙发育,岩体破碎,最长岩芯约4cm,采取率81%左右,厚度9.5m。

⑧中风化砂岩:灰褐色,组织结构部分破坏,风化裂隙发育,岩体被切割成岩块,不易钻进,最长岩芯约12cm,采取率85%左右,厚度4.9m。

⑨中风化泥岩:灰褐色,组织结构部分破坏,风化裂隙发育,岩体破碎,最长岩芯约8cm,采取率84%左右,厚度12.6m。

2)二标段检测孔统计分析

二标段检测孔成果统计见表10.13。

采空区注浆后钻探检测成果一览表 表10.13

检测孔	钻探检测成果			
	第四系		岩层或煤层	采取率
ZK1	人工填土	卵石	中风化泥岩	78%

续上表

检测孔	钻探检测成果							采取率
	第四系		岩 层 或 煤 层					
ZK2	杂填土	卵石	强风化泥岩	煤层:15.0~19.3m	中风化泥岩	煤层:52.0~84.0m,少量漏浆		77%~82%
ZK3	杂填土		中风化泥岩		中风化砂岩			80%~81%
ZK4	杂填土		强风化泥岩		强风化砂岩	中风化砂岩		78%~84%
ZK5	杂填土	卵石	强风化砂岩	煤层:17.5~37.5m,裂隙中见水泥浆充填物	中风化砂岩			76%~84%
ZK6	杂填土	卵石	强风化泥岩	中风化砂岩	中风化泥岩	中风化砂岩	中风化泥岩	中风化砂岩	78%~81%
ZK7	粉土	卵石	强风化泥岩	强风化砂岩	中风化泥岩	中风化砂岩		78%~83%
ZK8	杂填土		强风化泥岩	中风化砂岩	中风化泥岩	82%~85%		
ZK9	杂填土		强风化泥岩	中风化砂岩	中风化泥岩	中风化砂岩		75%~83%
ZK10	粉土	卵石	中风化砂岩		中风化泥岩			78%~80%
ZK11	杂填土	卵石	强风化泥岩	煤层:39.5~50.6m,裂隙中见水泥浆充填物	中风化泥岩			75%~80%
ZK12	粉土	卵石	强风化泥岩	煤层:18.5~24.5m,裂隙中见水泥浆充填物	中风化砂岩			76%~80%
ZK13	杂填土	卵石	强风化泥岩	煤层:15.6~19.6m,裂隙中见水泥浆充填物	中风化泥岩	中风化砂岩		75%~81%
ZK14	杂填土	卵石	强风化砂岩	煤层:10.3~21.0m,裂隙中见水泥浆充填物	中风化砂岩	中风化泥岩		76%~81%
ZK15	粉土	卵石	强风化泥岩	强风化砂岩	煤层:64.0~75.5m,裂隙中见水泥浆充填物	中风化泥岩		76%~83%
ZK17	粉土	卵石	强风化泥岩	煤层:23.3~60.3m	中风化泥岩	中风化砂岩		78%~84%
ZK18	粉土	卵石	强风化泥岩		中风化泥岩			78%~90%
ZK19	杂填土	卵石	强风化泥岩	煤层:17.69~30.8m,裂隙中见水泥浆充填物	强风化泥岩	中风化砂岩	中风化泥岩	78%~85%
ZK21	杂填土		强风化泥岩	煤层:24.8~39.9m,少量漏浆现象	强风化炭质泥岩	中风化砂岩		77%~82%

续上表

检测孔	钻探检测成果						采取率
	第四系	岩 层 或 煤 层					
ZK23	卵石	煤层:32.5~65.0m,裂隙中见水泥浆充填物	中风化砂岩				77%~84%
ZK24	卵石	煤层:46.9~75.0m,裂隙中见水泥浆充填物	强风化泥岩	中风化泥岩			78%~85%
ZK25	杂填土	强风化泥岩	煤层:21.5~33.8m,裂隙中见水泥浆充填物	强风化泥岩	煤层:42.1~51.6m,裂隙中见水泥浆充填物	中风化泥岩	中风化砂岩	76%~85%
ZK26	杂填土	卵石	强风化泥岩	中风化砂岩			84%~85%
ZK27	粉土	卵石	强分化泥岩	煤层:22.7~32.8m,裂隙中见水泥浆充填物	强风化泥岩	强风化砂岩	强风化砂岩	中风化砂岩	中风化泥岩	76%~85%
ZK28	杂填土	卵石	强风化泥岩	煤层:5.5~18.7m,裂隙中见水泥浆充填物	中风化泥岩	煤层:40.8~42.8m,裂隙中见水泥浆充填物	中风化泥岩	76%~80%
ZK29	—	强风化砂岩	中风化砂岩				
ZK30	人工填土	强风化砂岩	强风化泥岩	中风化砂岩			
ZK31	粉土	卵石	强风化砂岩	中风化泥岩	中风化砂岩		
ZK32	卵石	强风化泥岩	煤层:37.0~58.0m,裂隙中见水泥浆充填物	中风化泥岩			

从表10.13可以看出:在29个检测钻孔中,见到二层煤,3个孔,占10%;见到一层煤,13个孔,占45%;无煤孔,13个孔,占45%。其中:13孔内在裂隙中见水泥浆充填物,深度在5.0~75.0m范围,占总数的43%。

钻探揭露数据表明:检测孔均打到并穿过了目的层(煤层采空区或煤柱上方地基加固区域),每个孔内在裂隙中见水泥浆充填物,呈灰白—浅白色,固结状态,沿裂隙面分布,厚度多为0.1~0.3cm,从外观上观察水泥粉煤灰浆硬化体,发现浆液在凝结时,出现明显的分层现象,下部水泥含量和致密程度高于上部,说明浆液在充填采空区或空洞区时因地下水的作用出现离析现象。

本次检测均采用泥浆循环护壁钻进,通过钻孔的成孔情况,对钻孔取芯过程中的进尺快慢、冲洗液漏失、取芯率、结石充填裂隙、掉钻落钻等情况进行观察描述。在钻孔成孔过程中，进尺快慢与地层岩性吻合，冲洗液消耗正常，岩芯采取率在75%～95%之间，人工填土和基岩裂隙中可见水泥浆液充填痕迹，进尺慢、钻进平稳、无掉钻落钻现象，加固效果良好。

10.3.4 三标段注浆工程质量检测成果分析

1）典型注浆后检测孔描述特征

钻孔施工25个，其中：背景值测试孔3个/303m，注浆后检测孔22个/2222m。在22个注浆后检测孔中，选取3个典型钻孔，描述如下：

（1）ZK9孔：该孔钻探总长度为101.0m。

①粉土：黄褐色，无明显层理，具有湿陷性，无光泽反应，稍密—中，厚度14.0m。

②卵石：青灰色—灰褐色，颗粒级配良好，亚圆状，大部分连续接触，充填物为中粗砂及粉土，母岩成分以石英岩、变质岩为主，密实，厚度9.0m。

③强风化泥岩：灰褐色，结构大部分已破坏，风化裂隙发育，夹有细小煤线，岩体破碎，不易钻进，采取率低，厚度12.0m。

④中风化泥岩：灰褐色，结构部分已破坏，风化裂隙发育，岩体呈块状，不易钻进，最长岩芯为30cm，采取率75%左右，厚度66.0m。

（2）ZK15孔：该孔钻探总长度为101.0m。

①粉土：黄褐色，无明显层理，具有湿陷性，无光泽反应，稍密—中，厚度8.0m。

②卵石：青灰色—灰褐色，颗粒级配良好，亚圆状，大部分连续接触，充填物为中粗砂及粉土，母岩成分以石英岩、变质岩为主，密实，厚度9.0m。

③强风化泥岩：灰褐色，结构大部分已破坏，风化裂隙发育，夹有细小煤线，岩体破碎，采取率约83%，厚度11.0m。

④煤层：灰褐色，结构大部分已破坏，岩体松散破碎，夹矸中的成分为泥岩，呈强风化状，裂隙中可见水泥浆液充填物，成孔过程中无落钻、掉钻漏浆现象，厚度4.0m。

⑤中风化泥岩：灰褐色，结构部分已破坏，风化裂隙发育，岩体呈块状，不易钻进，采取率约75%，厚度69.0m。

（3）ZK18孔：该孔钻探总长度为101.0m。

①粉土：黄褐色，无明显层理，具有湿陷性，无光泽反应，稍密—中，厚度8.2m。

②卵石：青灰色—灰褐色，颗粒级配良好，亚圆状，大部分连续接触，充填物为中粗砂及粉土，母岩成分以石英岩、变质岩为主，密实，厚度8.8m。

③强风化泥岩：灰褐色，结构大部分已破坏，风化裂隙发育，夹有细小煤线，岩体破碎，采取率约75%，厚度16.5m。

④中风化泥岩：灰褐色，结构部分已破坏，风化裂隙发育，岩体呈块状，不易钻进，最长岩芯为30cm，采取率80%左右，厚度52.8m。

⑤煤层：灰褐色，结构大部分已破坏，岩体松散破碎，夹矸中的成分为泥岩，呈强风化状，采取率约75%，裂隙中可见水泥浆液充填物，成孔过程中无落钻、掉钻漏浆现象，厚度14.7m。

2）三标段检测孔统计分析

三标段检测孔成果统计见表10.14。

采空区注浆后钻探检测成果一览表　　　表 10.14

检测孔	钻探检测成果						采取率
	第四系		岩 层 或 煤 层				
ZK4	粉土	卵石	强风化泥岩	煤层:42.0~45.0m,裂隙中见水泥浆充填物	中风化泥岩	煤层:90.0~101.0m,裂隙中见水泥浆充填物	75%~85%
ZK5	粉土	卵石	强风化泥岩,裂隙中见水泥浆充填物		中风化泥岩		75%~80%
ZK6	粉土	卵石	强风化泥岩,裂隙中见水泥浆充填物		中风化泥岩		78%~90%
ZK7	粉土	卵石	强风化泥岩,裂隙中见水泥浆充填物		中风化泥岩		75%~85%
ZK8	粉土	卵石	强风化泥岩		中风化泥岩		75%
ZK9	粉土	卵石	强风化泥岩		中风化泥岩		75%
ZK10	粉土	卵石	强风化泥岩,裂隙中见水泥浆充填物		中风化泥岩		80%
ZK11	粉土	卵石	强风化泥岩		中风化泥岩		75%
ZK12	粉土	卵石	强风化泥岩	中风化砂岩	中风化泥岩	中风化砂岩 中风化泥岩	75%
ZK13	粉土	卵石	强风化泥岩,裂隙中见水泥浆充填物		中风化泥岩		75%
ZK14	粉土	卵石	强风化泥岩,裂隙中见水泥浆充填物		中风化泥岩		78%~80%
ZK15	粉土	卵石	强风化泥岩	煤层:28.0~32.0m,裂隙中见水泥浆充填物	中风化泥岩		75%
ZK16	粉土	卵石	强风化泥岩,裂隙中见水泥浆充填物		中风化泥岩		78%~83%
ZK17	粉土	卵石	强风化泥岩,裂隙中见水泥浆充填物		中风化泥岩		75%~80%
ZK18	粉土	卵石	强风化泥岩		中风化泥岩	煤层:86.3~101.0m,裂隙中见水泥浆充填物	75%~80%
ZK19	粉土	卵石	强风化泥岩		中风化泥岩	煤层:89.5~101.0m,裂隙中见水泥浆充填物	75%~80%
ZK20	粉土	卵石	强风化泥岩		中风化泥岩		78%~90%
ZK21	粉土	卵石	强风化泥岩,裂隙中见水泥浆充填物		中风化泥岩		80%

续上表

检测孔	钻探检测成果			采取率
	第四系		岩层或煤层	
ZK22	粉土	卵石	强风化泥岩,裂隙中见水泥浆充填物	中风化泥岩	76%~77%
ZK23	粉土	卵石	强风化泥岩,裂隙中见水泥浆充填物	中风化泥岩	76%~82%
ZK24	粉土	卵石	强风化泥岩	中风化泥岩	75%~80%
ZK25	粉土	卵石	强风化泥岩	中风化泥岩	78%

从表10.14可以看出:在22个检测钻孔中,见到二层煤,1个孔,占5%;见到一层煤,3个孔,占14%;无煤孔,19个孔,占86%。其中:15孔内在裂隙中见水泥浆充填物,深度在45.0~101m范围,占总数的68%。

钻探揭露数据表明:检测孔均打到并穿过了目的层(煤层采空区或煤柱上方地基加固区域),每个孔内在裂隙中见水泥浆充填物,呈灰白—浅白色,固结状态,沿裂隙面分布,厚度多为0.1~0.3cm,从外观上观察水泥粉煤灰浆硬化体,发现浆液在凝结时,出现明显的分层现象,下部水泥含量和致密程度高于上部,说明浆液在充填采空区或空洞区时因地下水的作用出现离析现象。

本次检测均采用泥浆循环护壁钻进,通过钻孔的成孔情况,对钻孔取芯过程中的进尺快慢、冲洗液漏失、取芯率、结石充填裂隙、掉钻落钻等情况进行观察描述。在钻孔成孔过程中,进尺快慢与地层岩性吻合,冲洗液消耗正常,岩芯采取率在75%~95%之间,人工填土和基岩裂隙中可见水泥浆液充填痕迹,进尺慢、钻进平稳、无掉钻落钻现象,加固效果良好。

10.3.5 四标段注浆工程质量检测成果分析

1)典型注浆后检测孔描述特征

钻孔施工15个,其中:背景值测试孔3个/286m,注浆后检测孔12个/766m。在12个注浆后检测孔中,选取3个典型钻孔,描述如下:

(1)ZK5孔:该孔钻探总长度为54.0m。

①粉土:黄褐色,无明显层理,无光泽反应,稍密,成孔过程中无落钻掉钻漏浆现象,厚度22.9m。

②卵石:青灰色—灰褐色,颗粒级配良好,亚圆状,大部分连续接触,充填物为中粗砂及粉土,母岩成分以石英岩、变质岩为主,钻进慢,中密,成孔过程中无落钻掉钻漏浆现象,厚度4.7m。

③强风化泥岩:灰褐色,结构部分已破坏,风化裂隙发育,岩体呈块状,不易钻进,裂隙中可见水泥浆液充填物,采取率为75%~80%,成孔过程中无落钻掉钻漏浆现象,厚度26.4m。

(2)ZK9孔:该孔钻探总长度为52.0m。

①粉土:黄褐色,无明显层理,无光泽反应,稍密,在2.2~3.4m处夹有少量角砾,成孔过程中无落钻掉钻漏浆现象,厚度23.5m。

②卵石:青灰色—灰褐色,颗粒级配良好,亚圆状,大部分连续接触,充填物为中粗砂及粉

土,母岩成分以石英岩、变质岩为主,中密,成孔过程中无落钻掉钻漏浆现象,厚度5.8m。

③强风化泥岩:灰褐色,结构部分已破坏,钻进困难,裂隙中可见水泥浆液充填物,采取率75%~80%,成孔过程中无落钻掉钻漏浆现象,厚度35.7m。

④煤层:灰褐色,结构大部分已破坏,岩体较破碎,裂隙中可见水泥浆液充填物,采取率75%,成孔过程中无落钻掉钻漏浆现象,厚度11.0m。

⑤中风化泥岩:灰褐色,结构部分已破坏,风化裂隙发育,钻进困难,裂隙中可见水泥浆液充填物,采取率75%~80%,成孔过程中无落钻掉钻漏浆现象,厚度16.0m。

(3)ZK15孔:该孔钻探总长度为51.0m。

①卵石:青灰色—灰褐色,颗粒级配良好,亚圆状,大部分连续接触,充填物为中粗砂及粉土,母岩成分以石英岩、变质岩为主,中密,成孔过程中无落钻掉钻漏浆现象,厚度5.6m。

②强风化泥岩:灰褐色,结构大部分已破坏,风化裂隙发育,岩体较破碎,裂隙中可见水泥浆液充填物,采取率约80%,厚度28.4m。

③中风化砂岩:灰褐色,结构基本完整,有少量风化裂隙,钻进困难,最长岩芯为40cm,裂隙中可见水泥浆液充填物,采取率约85%,成孔过程中无落钻掉钻漏浆现象,厚度17.0m。

2)四标段检测孔统计分析

四标段检测孔成果统计见表10.15。

采空区注浆后钻探检测成果一览表 表10.15

检测孔	钻探检测成果					采取率
	第四系		岩层或煤层				
ZK4	粉土和卵石	粉土和卵石	强风化泥岩:37.0~54.0m,裂隙中见水泥浆充填物				75%~80%
ZK5	粉土	卵石	强风化泥岩:27.6~54.0m,裂隙中见水泥浆充填物				70%~80%
ZK6	粉土	卵石	强风化泥岩和中风化泥岩:28.6~54.0m,裂隙中见水泥浆充填物				75%~80%
ZK7	粉土	卵石	强风化泥岩:28.0~52.0m,裂隙中见水泥浆充填物				75%~80%
ZK8	粉土	卵石	煤层:19.6~23.3m,裂隙中见水泥浆充填物	强风化泥岩和砂岩:19.6~41.6m,裂隙中见水泥浆充填物	强风化泥岩:41.6~69.8m,裂隙中见水泥浆充填物	中风化粉砂岩:69.8~81.0m,裂隙中见水泥浆充填物	75%~80%

续上表

检测孔	钻探检测成果				采取率
	第四系	岩层或煤层			
ZK9	粉土	卵石	强风化泥岩：29.3~65.0m，裂隙中见水泥浆充填物	煤层：65.0~76.0m，裂隙中见水泥浆充填物	中风化泥岩：72.0~92.0m，裂隙中见水泥浆充填物	75%~80%
ZK10	粉土	卵石	强风化泥岩：33.0~46.0m，裂隙中见水泥浆充填物	煤层：46.0~52.0m，裂隙中见水泥浆充填物		75%
ZK11	粉土	卵石	强风化泥岩：31.3~50.0m，裂隙中见水泥浆充填物	煤层：50.0~53.0m，裂隙中见水泥浆充填物	中风化泥岩：53.0~120.0m，裂隙中见水泥浆充填物	78%
ZK12	卵石		强风化泥岩：7.0~52.0m，裂隙中见水泥浆充填物			95%
ZK13	卵石		强风化泥岩：7.3~52.0m，裂隙中见水泥浆充填物			90%
ZK14	卵石		中风化砂岩：6.3~42.0m，裂隙中见水泥浆充填物	中风化泥岩：42.0~52.0m，裂隙中见水泥浆充填物		85%
ZK15	卵石		强风化泥岩：5.6~34.0m，裂隙中见水泥浆充填物	中风化砂岩：34.0~51.0m，裂隙中见水泥浆充填物		80%~85%

从表10.15可以看出：四标段在12个检测钻孔中，见到一层煤，4个孔，占33%；无煤孔，8个孔，占67%。其中：每个孔内在裂隙中见水泥浆充填物，深度在6.3~120m范围，占总数的100%。

钻探揭露数据表明：检测孔均打到并穿过了目的层（煤层采空区或煤柱上方地基加固区域），每个孔内在裂隙中见水泥浆充填物，呈灰白—浅白色，固结状态，沿裂隙面分布，厚度多为0.1~0.3cm，从外观上观察水泥粉煤灰浆硬化体，发现浆液在凝结时，出现明显的分层现象，下部水泥含量和致密程度高于上部，说明浆液在充填采空区或空洞区时因地下水的作用出现离析现象。

本次检测均采用泥浆循环护壁钻进,通过钻孔的成孔情况,对钻孔取芯过程中的进尺快慢、冲洗液漏失、取芯率、结石充填裂隙、掉钻落钻等情况进行观察描述。在钻孔成孔过程中,进尺快慢与地层岩性吻合,冲洗液消耗正常,岩芯采取率在 75%~95% 之间,人工填土和基岩裂隙中可见水泥浆液充填痕迹,进尺慢、钻进平稳、无掉钻落钻现象,加固效果良好。

10.3.6 二标段注浆工程钻孔岩芯力学性质检测成果分析

钻探检测过程中,四个标段采空区内的检测孔均没有发生掉钻、埋钻和抽风现象。从岩芯资料分析,浆液结石体与上覆岩层胶结紧密,且接触带不漏水,说明已无可充填的空洞。

由于检测过程中,钻孔内未揭示有空洞注浆的情况,以至于孔内取出的水泥结石体无法进行无侧限抗压强度试验,因此,科研组选择二标 z10-6 孔和 z11-8 孔附近区域进行钻探取芯工作。

z10-6 孔设计 70m 孔深,在 42.0~51.3m 掉钻,注浆量为 2879.5m³。

z11-8 孔设计 70m 孔深,在 37.0~49.0m 掉钻,注浆量为 1753.3m³。

在两孔周围 2m 范围,左右对称打孔,共计 4 孔,提取水泥结石体岩芯。在 z10-6 孔附近的取芯孔内提取一个 25cm 水泥结石体岩芯,在 z11-8 孔附近的取芯孔内提取三个 25~30cm 水泥结石体岩芯,试验室内无侧限抗压强度分别是:1.96MPa、0.98MPa、2.53MPa 以及 1.67MPa,平均为 1.79MPa,满足技术规范不小于 0.6MPa 的要求,说明各施工单位配制的注浆浆液的水固比和固相比均优于设计要求规定的指标。

10.3.7 采空区注浆工程钻探检测分析与结论

钻探检测法工作的重点是通过对钻孔岩芯的编录及分析来验证在煤层采空区层位是否能够钻取出浆液结石体、煤等岩体岩芯,同时对钻孔的钻进情况进行跟踪和观察,记录是否存在掉钻、进尺过快等异常情况,从而判断注浆浆液对采空区是否充填完整。综合所有钻孔情况,钻探取芯情况如下:

(1)钻探统计资料表明:本次检测孔共计 115 个,其中见三层煤钻孔 2 个,占总数 2%;见二层煤 7 个,占总数 6%;见一层煤 44 个,占总数 38%;无煤孔 60 个,占总数 52%;见到水泥结石体钻孔 84 个,占总数的 73%。检测工程表明:钻孔取芯能很好地反映注浆工程的质量。

(2)浆液结石体:浆液结石体为水泥粉煤灰浆液通过钻孔注入煤层采空区后经过一段时间后凝结形成的,其形态与周围岩体有较大差别,颜色为浅灰色,密度较低,结石体中含有较多气孔,力学强度也较低,锤击易碎;但部分浆液结石体在凝结过程中与基岩碎石结合后力学强度会大大提高,密度较一般结石体也增大一些。根据对现场钻孔岩芯的揭露情况进行分析,在大多数钻孔岩芯中都有浆液结石体存在,一标段注浆区域深度在 2.0~282.0m 之间;二标段注浆区域深度在 5.0~75.0m 之间;三标段注浆区域深度在 28~101.0m 之间;四标段注浆区域深度在 6.3~120.0m 之间。以裂隙中充填为主,水泥浆充填物呈灰白-浅白色,固结状态,沿裂隙面分布,裂隙厚度多为 0.1~0.3cm,检测孔中无法取出试验测试无侧限强度的样品。在专门提取水泥结石体的取芯孔内取出 4 个样品,平均无侧限抗压强度为 1.79MPa,满足技术规范不小于 0.6MPa 的要求。在钻进过程中只有极少钻孔出现掉钻,说明采空区的注浆效果整体较好。

（3）从外观上观察水泥粉煤灰浆硬化体，发现浆液在凝结时，出现明显的分层现象，下部水泥含量和致密程度高于上部，说明浆液在充填采空区、裂隙或空洞区时因地下水的作用出现离析现象。

（4）煤：在部分钻孔岩芯中有煤的存在，一种情况是完整的煤块岩芯，这说明该层位为煤层开采过程中预留的煤柱，由于有煤柱的支撑该层位稳定性较好；另一种情况是煤层与围岩的碎屑体以及水泥结石体组成体，说明该层位煤层被采空后顶板发生塌陷且浆液充填了此采空区，没有发生钻进进尺过快的情况，则说明该层位比较稳定。

（5）钻探检测成果显示，注浆工程结束三个月后，地下浆液已达到终凝固结状态，可以进行钻探等综合质量检测的工作。钻进过程中，尽量减少钻具的提动次数，防止造成岩芯重复破碎或岩芯堵塞形成的自磨，导致岩芯采取率和品质降低。提钻前，根据岩性的软硬，下入相应规格的卡料，卡取岩芯，或采用无泵量钻进，使岩芯在取芯管底部形成自然堵塞，保证岩芯采取率大于75%。

（6）本次检测均采用泥浆循环护壁钻进，通过钻孔的成孔情况，对钻孔取芯过程中的进尺快慢、冲洗液漏失、取芯率、结石充填裂隙、掉钻落钻等情况进行观察描述。在钻孔成孔过程中，进尺快慢与地层岩性吻合，冲洗液消耗正常，岩芯采取率在75%～95%之间，人工填土和基岩裂隙中可见水泥浆液充填痕迹，进尺慢、钻进平稳、无掉钻落钻现象，加固效果良好。

（7）采空区注浆质量检测方法中以钻探检测方法最为重要，按照《采空区公路设计与施工技术细则》(JTG/T D31-03—2011)规定，路基每200～300m应布设1个检测孔，桥梁每墩台应有1个检测孔，隧道每50～100m应有1个检测孔，且检测孔总数不得小于注浆总数的2%。钻孔为全取芯孔，每回次岩芯采取率为90%。通过本注浆工程的实践，由于采空区注浆工程属于地下隐蔽工程，采空区本身具有复杂性以及注浆浆液流通的不确定性，因此，注浆检测孔明显偏少，注浆检测频次应按总数的2%～5%较为合理。钻孔在钻进时，由于受到钻探机具、地层岩性等诸多因素的影响，建议：对于煤层和软岩（主要是泥岩类以及采空区注浆段），每回次岩芯采取率取值应在75%～80%以上；对于硬岩，每回次岩芯采取率取值应在80%～90%以上。

（8）按照《采空区公路设计与施工技术细则》(JTG/T D31-03—2011)规定，钻孔内水泥结石体无侧限抗压强度≥0.6MPa。通过本注浆工程的实践，水泥结石体大部分都充填到裂隙中，一小部分充填到采空区空洞中，检测孔内一般无法取出供试验的水泥结石体样品，因此建议：采用施工时室内测试的成果作为采空区注浆质量检测的一个衡量标准指标。同时，检测钻孔内如无明显的空洞充填现象，只有裂隙或层理间水泥充填物，分析计算浆液的充填率就不准确，建议：将勘察时的取芯率与施工后检测时的取芯率进行对比研究，定性评价注浆浆液在采空区的充填情况。

（9）本次检测过程中采用回转式钻机，钻头直接提取岩芯，在钻探取芯过程中水泥粉煤灰结石体易于破碎、磨损以及成为粉渣状随着冲洗液排除，影响钻孔内的取芯率。建议：钻探取芯施工工艺为：在松软或非煤软岩层中用单动双层矿芯管钻进；在稍硬、煤系岩层中用双动双层管钻进；在坚硬破碎岩层中采用孔底喷具板循环钻进。

10.4　单孔法波速检测和超声波检测分析与研究

10.4.1　单孔法波速检测原理与方法

1）单孔法波速检测概述

PS 测井是 P 波（纵波）、S 波（横波）速度测井的简称，亦称波速检层，属原位测试工作。PS 测井能可靠地测定地层纵向的纵波和横波速度，进而计算出各种土层或岩层的泊松比、剪切模量、杨氏模量、体积模量、拉梅常数、风化数、岩石完整性系数、岩体波速等多种岩土力学动测参数，为场地的地震效应评价及地面工程地质勘察提供必要的岩石物性参数和标定参数，亦可用于检验岩土加固与改良效果，因而被广泛用于解决工程勘探及水文勘探中所面临的地质问题。另外，PS 测井可以原位测定 P 波和 S 波的波速，避免了在试验室测定时由于测定环境的变化所带来的偏差。PS 测井分单孔法和跨孔法两种，由于单孔法简单有效，所以工程上一般采用单孔法。

2）单孔法波速检测设备与工作原理

（1）试验仪器设备

试验采用吉林大学工程技术研究所生产的 Miniseis24 型综合工程探测仪（图 10.12），其主要性能如下：采用 12 道或 24 道可选数字地震仪，具有信号增强、延时、内外触发、前置放大、滤波、数字采集等功能；采样率可选，最小采用间隔 0.01ms；记录长度≥1024 点且可选；一个发射通道两个接收通道；三分量检波器；通频带 2Hz~2000kHz；放大内部噪声≤1μV。

图 10.12　Miniseis24 型综合工程探测仪

（2）试验过程及步骤

试验采用锤击法：将激振板放在离孔口约 3m 处的地面，并保持两者之间接触良好。用锤敲击激振板，使地层产生振动，接收信号，进行数据处理。

试验主要步骤如下：

①平整场地，使激振板离孔口的水平距离约 3m。

②接通电源，在地面检查测试仪正常后，即可进行试验。

③把三分量检波器放入孔内预定深度，在地面用气筒充气，胶囊膨胀使三分量检波器紧贴孔壁。

④用铁锤敲击激振板，地表产生纵波经地层传播，由孔内三分量检波器的水平检波器接收波信号，该信号经电缆送入仪器放大记录。试验要求仪器获得三次清晰的记录波形。然后反向敲击，以同样获得三次清晰波形时止，该测试点试验结束。

⑤胶囊放气，把孔内三分量检波器放到下一测试点的深度，重复上述步骤。

⑥整个钻孔测试完后，要检查野外测试记录是否完整，并测定孔内水位。

(3)数据处理方法

波速测试采用单孔法,如图10.13所示。O 为孔口,dx 为激振板中心到孔口的距离。

第 i 测试点至第 $i-1$ 测试点的波速:

$$v_i = \frac{dh}{t_i\cos\alpha_i - t_{i-1}\cos\alpha_{i-1}} \quad (10.1)$$

式中:dh——第 i 点至 $i-1$ 点的地层厚度;

t_i、t_{i-1}——第 i 点和第 $i-1$ 点 v_i 的走时;

α_i、α_{i-1}——激振源 A 到第 i 点和第 $i-1$ 点的连线分别与井轴线的夹角。

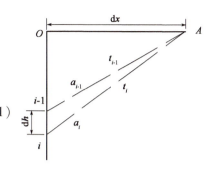

图 10.13 波速测试计算示意图

单孔法的优点是直接对地层测试、成果相对精确且不需要任何场地(只要能成孔),根据不同的岩性有不同的波速值等,来判断采空区的填充前后的波速之差异,从而来对其充填效果进行评价,其测试简单便捷;缺点是需要钻孔等。一般情况下当勘测场地有研究其他问题的钻孔时,可适时选用勘探钻孔进行单孔波测试,经济可行。

10.4.2 钻孔超声波法原理与方法

1)钻孔超声波法概述

岩石中声波的传播特征是岩石物理性态的反映,岩石介质内的声速越高,反映出岩石越致密坚硬或裂隙较少,风化程度微弱,岩性较好,反之亦然。而注浆技术正是充填空洞、裂隙、断裂等的一种有效手段。由于浆液的注入,原岩体的空隙被充塞,浆液的凝胶、固结将原来破碎(不连续的结构面)的岩体胶结为较完整的岩体。首先,注浆改变了原岩体的力学性态及其自身的结构,故注浆后岩体的声速一般应比注浆前有明显的提高。其次,因岩体常处于地下水和气体的包围中(声速值:水为1500m/s、空气为344m/s、水泥结石体 > 2000m/s),注浆后岩体裂隙中的水或其他充填物将被水泥结石体所替代,岩石密度和强度都将提高,其声速值也相应增大,因此根据超声波检测岩体注浆前后声学参数值的对比,便可评价注浆质量的优劣。

2)钻孔超声波设备与工作原理

(1)试验仪器设备

试验采用武汉中岩有限公司生产的 SR-RCT 松动圈测井仪(图 10.14),其主要性能如下:采用间隔 0.1 ~ 200μs;接收灵敏度 ≤ 30;记录长度 0.5 ~ 1k;发射电压 500V/1000V 可选;一个发射通道两个接收通道;一次提升测试两个剖面,发射脉宽 0.1 ~ 100μs 可调;频带宽度 300 ~ 500Hz。

(2)试验过程

把仪器的绞车置于成孔,使超声波发射兼接收探头对准钻孔的中心,在探头沿钻孔中心线下降过程中,脉冲信号发生器发出一系列电脉冲加在发射换能器的压电体上,压电体将此信号转换成超声波脉冲并发射,超声波脉冲穿过钻孔侧壁后部分被反射回来并为接收器所接收。依据反射信号的强弱和反射时间差操作仪在打印纸上实时打印出曲线。根据图像即可对钻孔成孔质量进行直观的判断。

(3)数据处理

钻孔内采用一发双收装置,利用声波在一定距离沿钻孔壁岩体滑行的时间来测定岩体的声波速度,根据发射器到两个接收换能器的纵波初到时间 T_{p1} 与 T_{p2} 及两个接收换能器间距(L),即可获得钻孔壁附近岩体的纵波波速值。

$$v_p = \frac{L}{T_{p1}/T_{p2}} \tag{10.2}$$

采空区注浆后受注层平均剪切波(横波)速的确定是参照现行《建筑抗震设计规范》(GB 50011—2010)关于剪切波速划分场地土类型标准,注浆后的采空区相当于中硬土。依据《采空区公路设计与施工技术细则》(JTG/T D31-03—2011)可知,介质的纵波波速与横波波速之比与介质的泊松比有关,纵波与横波的关系式为:

图10.14 SR-RCT 松动圈测井仪

$$\frac{v_p}{v_s} = \sqrt{\frac{2(1-\mu_d)}{1-2\mu_d}} \tag{10.3}$$

式中:v_p——纵波波速(m/s);

v_s——横波波速(m/s);

μ_d——泊松比。

由式(10.3)可得:$v_p/v_s = 1.73$。

由于采空区测井设备大部分测试的是纵波数据,而规范中规定的是横波值,因此需要进行纵横波换算。现场检测岩土体纵波波速,通过纵波波速与1.73的关系计算,作为横波波速的参考值,即质量评价标准为纵波波速 >432.5m/s。

10.4.3 一标段注浆工程质量检测成果分析

一标段注浆治理工程可分为三大部分:主线 K19+630~K19+960 检测,西山连接线 A~E 区检测和连接线 F、G 区检测。

1)主线 K19+630~K19+960 段检测

(1)单孔法波速测试

钻孔内测试 15 个/593m(采样间隔 1.0m),其中:背景值测试孔 3 个,注浆后检测孔 12 个。在 15 个孔中,选取 4 个典型钻孔(图 10.15~图 10.18),特征如下。

从图 10.15~图 10.18 可以看出:ZK1 孔为测试孔,卵石层单孔法平均横波波速为 444m/s;ZK2 孔为测试孔,卵石层单孔法平均横波波速为 454m/s;ZK8 孔为测试孔,卵石层单孔法平均横波波速为 472m/s;ZK15 为测试孔,粉土层单孔法平均横波波速为 190m/s,卵石层单孔法平均横波波速为 420m/s。

(2)钻孔超声波检测

钻孔内测试 15 个/2016m(采样间隔 0.5m),其中:背景值测试孔 3 个,注浆后检测孔 12 个。在 15 个孔中,选取 4 个典型钻孔(图 10.19~图 10.22),特征如下。

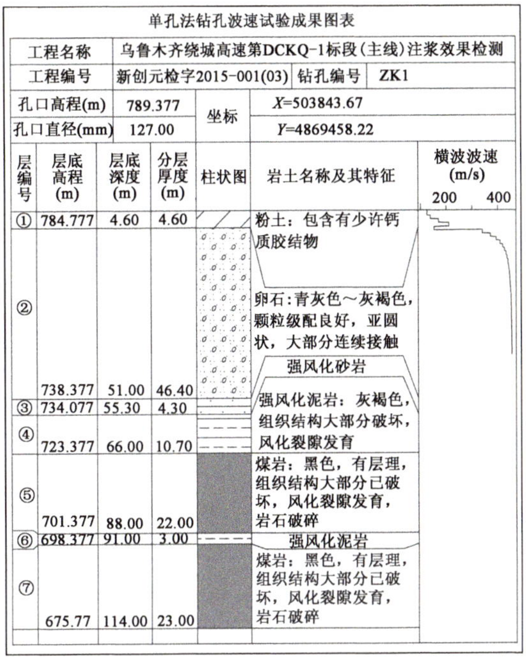

单孔法钻孔波速试验成果图表

工程名称	乌鲁木齐绕城高速第DCKQ-1标段(主线)注浆效果检测					
工程编号	新创元检字2015-001(03)		钻孔编号	ZK1		
孔口高程(m)	789.377		坐标	X=503843.67		
孔口直径(mm)	127.00			Y=4869458.22		
层编号	层底高程(m)	层底深度(m)	分层厚度(m)	柱状图	岩土名称及其特征	横波波速(m/s) 200 400
①	784.777	4.60	4.60		粉土：包含有少许钙质胶结物	
②	738.377	51.00	46.40		卵石：青灰色～灰褐色，颗粒级配良好，亚圆状，大部分连续接触	
③	734.077	55.30	4.30		强风化砂岩	
④	723.377	66.00	10.70		强风化泥岩：灰褐色，组织结构大部分破坏，风化裂隙发育	
⑤	701.377	88.00	22.00		煤岩：黑色，有层理，组织结构大部分已破坏，风化裂隙发育，岩石破碎	
⑥	698.377	91.00	3.00		强风化泥岩	
⑦	675.77	114.00	23.00		煤岩：黑色，有层理，组织结构大部分已破坏，风化裂隙发育，岩石破碎	

图 10.15　ZK1 孔单孔波速测试成果图

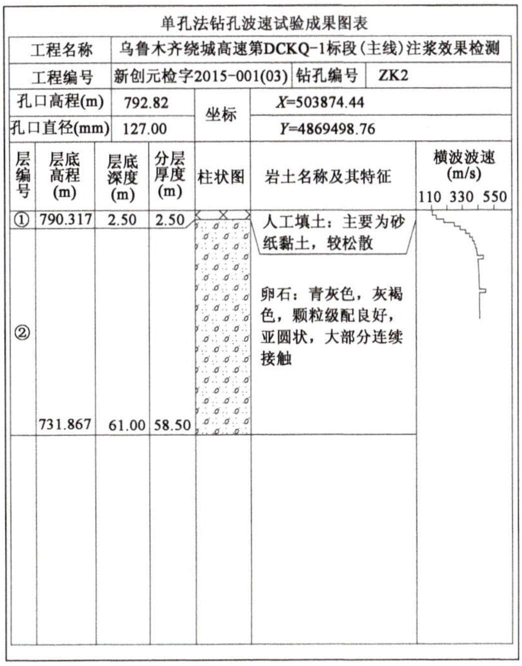

单孔法钻孔波速试验成果图表

工程名称	乌鲁木齐绕城高速第DCKQ-1标段(主线)注浆效果检测					
工程编号	新创元检字2015-001(03)		钻孔编号	ZK2		
孔口高程(m)	792.82		坐标	X=503874.44		
孔口直径(mm)	127.00			Y=4869498.76		
层编号	层底高程(m)	层底深度(m)	分层厚度(m)	柱状图	岩土名称及其特征	横波波速(m/s) 110 330 550
①	790.317	2.50	2.50		人工填土：主要为砂纸黏土，较松散	
②	731.867	61.00	58.50		卵石：青灰色，灰褐色，颗粒级配良好，亚圆状，大部分连续接触	

图 10.16　ZK2 孔单孔波速测试成果图

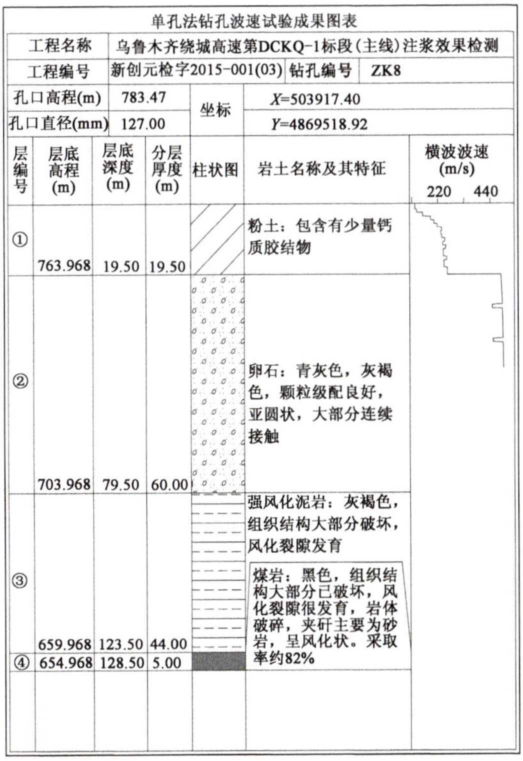

单孔法钻孔波速试验成果图表

工程名称	乌鲁木齐绕城高速第DCKQ-1标段(主线)注浆效果检测					
工程编号	新创元检字2015-001(03)		钻孔编号	ZK8		
孔口高程(m)	783.47		坐标	X=503917.40		
孔口直径(mm)	127.00			Y=4869518.92		
层编号	层底高程(m)	层底深度(m)	分层厚度(m)	柱状图	岩土名称及其特征	横波波速(m/s) 220 440
①	763.968	19.50	19.50		粉土：包含有少量钙质胶结物	
②	703.968	79.50	60.00		卵石：青灰色，灰褐色，颗粒级配良好，亚圆状，大部分连续接触	
③	659.968	123.50	44.00		强风化泥岩：灰褐色，组织结构大部分破坏，风化裂隙发育	
④	654.968	128.50	5.00		煤岩：黑色，组织结构大部分已破坏，风化裂隙很发育，岩体破碎，夹矸主要为砂岩，呈风化状。采取率约82%	

图 10.17　ZK8 孔单孔波速测试成果图

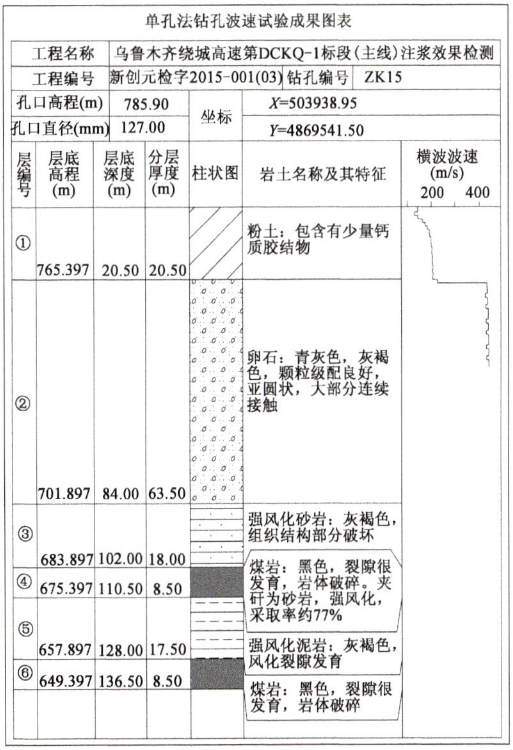

单孔法钻孔波速试验成果图表

工程名称	乌鲁木齐绕城高速第DCKQ-1标段(主线)注浆效果检测					
工程编号	新创元检字2015-001(03)		钻孔编号	ZK15		
孔口高程(m)	785.90		坐标	X=503938.95		
孔口直径(mm)	127.00			Y=4869541.50		
层编号	层底高程(m)	层底深度(m)	分层厚度(m)	柱状图	岩土名称及其特征	横波波速(m/s) 200 400
①	765.397	20.50	20.50		粉土：包含有少量钙质胶结物	
②	701.897	84.00	63.50		卵石：青灰色，灰褐色，颗粒级配良好，亚圆状，大部分连续接触	
③	683.897	102.00	18.00		强风化砂岩：灰褐色，组织结构部分破坏	
④	675.397	110.50	8.50		煤岩：黑色，裂隙很发育，岩体破碎。夹矸为砂岩，强风化，采取率约77%	
⑤	657.897	128.00	17.50		强风化泥岩：灰褐色，风化裂隙发育	
⑥	649.397	136.50	8.50		煤岩：黑色，裂隙很发育，岩体破碎	

图 10.18　ZK15 孔单孔波速测试成果图

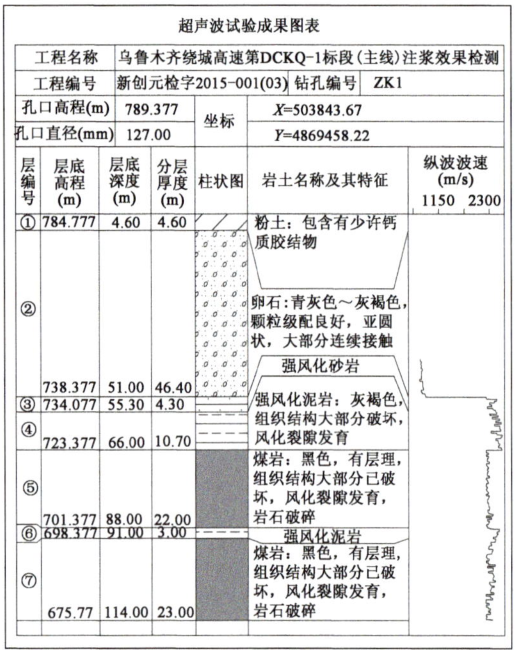

高速公路下伏急倾斜采空区治理技术

图 10.19　ZK1 孔超声波测试成果图

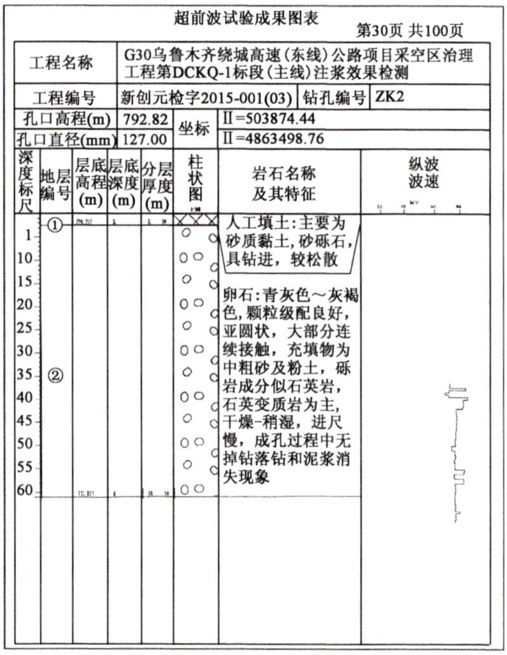

图 10.20　ZK2 孔超声波测试成果图

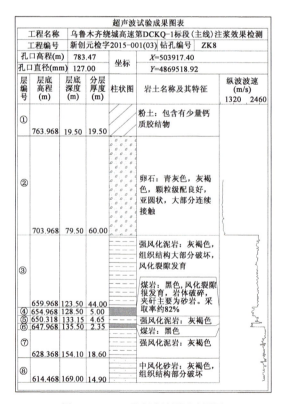

图 10.21　ZK8 孔超声波测试成果图

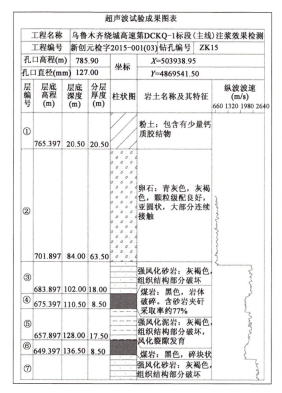
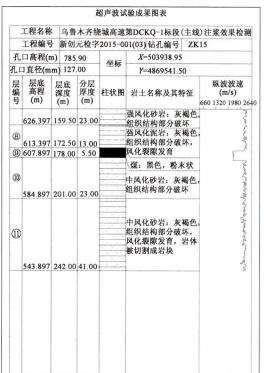

图 10.22 ZK15 孔超声波测试成果图

从图 10.19～图 10.22 可以看出:ZK1 孔强风化基岩平均超声纵波波速 2462m/s,换算后平均超声波横波波速 1423m/s;强风化煤层平均超声纵波波速 2290m/s,换算后平均超声波横波波速 1324m/s。ZK8 孔强风化基岩平均超声纵波波速 2546m/s,换算后平均超声波横波波速 1472m/s;强风化煤层平均超声纵波波速 2287m/s,换算后平均超声波横波波速 1322m/s;中风化基岩平均超声纵波波速 2884m/s,换算后平均超声波横波波速 1667m/s。ZK15 孔强风化基岩平均超声纵波波速 2502m/s,换算后平均超声波横波波速 1446m/s;强风化煤层平均超声纵波波速 2254m/s,换算后平均超声波横波波速 1303m/s;中风化基岩平均超声纵波波速 2898m/s,换算后平均超声波横波波速 1675m/s。

(3)钻孔波速检测成果与分析

根据检测情况,对各检测孔检测指标汇总分析,汇总分析后的检测成果见表 10.16、表 10.17。

本次检测主要针对卵石、煤层和基岩地层,但在检测过程中测得粉土层的横波波速平均值为 205m/s,卵石层的横波波速平均值为 367m/s,注浆后的横波波速平均值为 451m/s,横波波速增长了 84m/s,提高比率为 22.9%。

通过背景值与注浆后检测值的对比分析,注浆后强风化基岩层纵波波速增长了 339m/s、横波波速增长了 196m/s、提高比率为 15.8%;煤层纵波波速增长了 230m/s、横波波速增长了 133m/s、提高比率为 11.2%;中风化基岩层纵波波速增长了 385m/s、横波波速增长了 223m/s、提高比率为15.3%。岩土体的横波波速均大于250m/s,表明注浆后岩土体横波波速有所提高,密实度得到加固,注浆加固效果良好。

钻孔波速检测详细成果一览表　　　　表10.16

钻孔性质	孔号	合格标准	地层岩性	平均横波波速(m/s)	超声波法平均纵波波速(m/s)	超声波换算的横波波速(m/s)	平均纵波波速增长值(m/s)/率(%)	成果评价
背景值孔	ZK6	—	粉土	234	—	—		卵石平均横波波速为367m/s,强风化基岩平均纵波波速2151m/s,煤岩平均纵波波速2049m/s,中风化基岩平均纵波波速2514m/s
			卵石	384	—	—		
			强风化基岩	—	2158	1247		
			煤岩	—	2053	1187		
			中风化基岩	—	2508	1450		
背景值孔	ZK7	—	卵石	356	—	—		
			强风化基岩	—	2147	1241		
			煤岩	—	2052	1186		
			中风化基岩	—	2504	1447		
背景值孔	ZK9	—	粉土	219	—	—	—	
			卵石	362	—	—		
			强风化基岩	—	2149	1242		
			煤岩	—	2043	1.181		
			中风化基岩	—	2529	1462		
检测孔	ZK1	空隙或空洞采空区的平均横波波速大于250m/s	卵石	444	—	—	—	合格
			强风化基岩	—	2662	1423	311/14.5	
			煤岩	—	2290	1324	241/11.8	
检测孔	ZK2		卵石	454	—	—		合格
检测孔	ZK3		卵石	456	—	—		合格
			强风化基岩	—	2435	1408	284/13.2	
			中风化基岩	—	2899	1676	385/15.3	
检测孔	ZK4		卵石	466	—	—		合格
检测孔	ZK5		卵石	473	—	—		合格
检测孔	ZK8	空隙或空洞采空区的平均横波波速大于250m/s	卵石	472	2546	—		合格
			强风化基岩	—		1472	395/18.4	
			煤岩	—	2287	1322	238/11.6	
			中风化基岩	—	2884	1667	370/14.7	

续上表

钻孔性质	孔号	合格标准	地层岩性	平均横波波速（m/s）	超声波法平均纵波波速（m/s）	超声波换算的横波波速（m/s）	平均纵波波速增长值(m/s)/率(%)	成果评价
检测孔	ZK10		卵石	408	—	—	—	合格
			强风化基岩	—	2452	1417	301/14.0	
			煤岩	—	2256	1304	207/10.1	
			中风化基岩	—	2938	1698	424/16.9	
检测孔	ZK11		粉土	224	—	—	—	合格
			卵石	445	—	—	—	
			强风化基岩	—	2448	1415	297/13.8	
			煤岩	—	2268	1311	219/10.7	
			中风化基岩	—	2903	1678	389/15.5	
检测孔	ZK12		粉土	235	—	—	—	合格
			卵石	460	—	—	—	
			强风化基岩	—	2516	1454	365/17.0	
			煤岩	—	2335	1350	286/14.0	
			中风化基岩	—	2880	665	366/14.6	
检测孔	ZK13		粉土	173	—	—	—	合格
			卵石	423	—	—	—	
			强风化基岩	—	2551	1475	400/18.6	
			煤岩	—	2275	1315	226/11.0	
			中风化基岩	—	2843	1643	329/13.1	
检测孔	ZK14		粉土	205	—	—	—	合格
			卵石	489	—	—	—	
			强风化基岩	—	2499	1445	348/16.2	
			煤岩	—	2265	1309	21.6/10.5	
			中风化基岩	—	2944	1702	430/17.1	
检测孔	ZK15		粉土	190	—	—	—	
			卵石	422	—	—	—	
检测孔	ZK15		强风化基岩	—	2502	1446	351/16.3	合格
			煤岩	—	2254	1303	205/10.0	
			中风化基岩	—	2898	1675	384/15.3	

2）西山连接线 A～E 区检测

（1）单孔法波速测试

A～E 区钻孔内测试 15 个/202m（采样间隔 1.0m），其中：背景值测试孔 3 个，注浆后检测孔 12 个。在 15 个孔中，选取 4 个典型钻孔（图 10.23～图 10.26），特征如下：

超声波检测成果汇总表　　　　　表 10.17

地层	注浆前超声波波速（m/s）	注浆后超声波波速（m/s）	注浆后超声波波速增长值(m/s)/率(%)	注浆前超声波换算的横波波速（m/s）	注浆后超声波换算的横波波速（m/s）	注浆后超声波换算的横波波速增长值(m/s)/率(%)
强风化基岩层	2151	2490	339/15.8	1243	1439	196/15.8
煤层	2049	2279	230/11.2	1184	1317	133/11.2
中风化基岩	2514	2899	385/15.3	1453	1676	223/15.3

从图 10.23~图 10.26 可以看出:ZK23 孔为测试孔,卵石层单孔法平均横波波速为 444m/s。ZK25 孔为测试孔,填土层单孔法平均横波波速为 233m/s;强风化基岩单孔法平均横波波速为 582m/s。ZK28 孔为测试孔,卵石层单孔法平均横波波速为 456m/s。ZK31 为测试孔,卵石层单孔法平均横波波速为 466m/s。

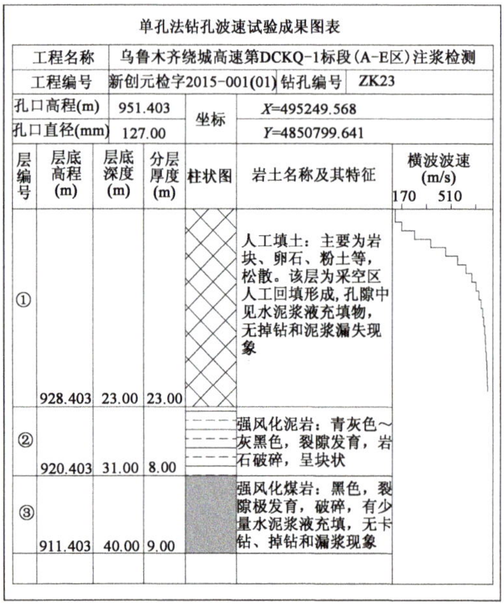

图 10.23　ZK23 孔单孔波速测试成果图

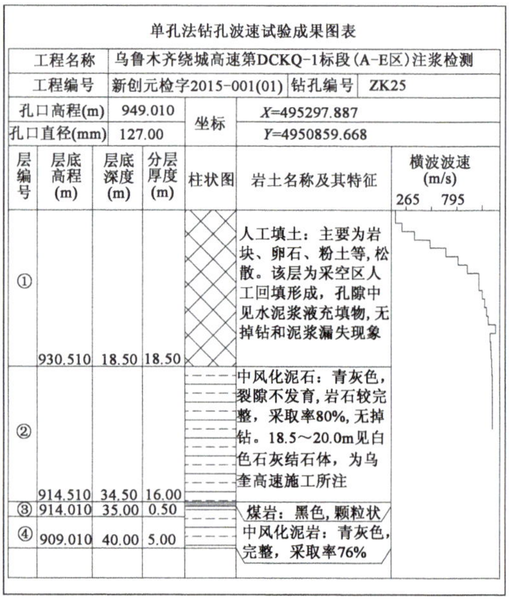

图 10.24　ZK25 孔单孔波速测试成果图

(2)钻孔超声波检测

A~E 区钻孔内测试 13 个/177.5m(采样间隔 0.5m),其中:背景值测试孔 4 个,注浆后检测孔 9 个。在 13 个孔中,选取 4 个典型钻孔(图 10.27~图 10.30),特征如下:

从图 10.27~图 10.30 可以看出:ZK23 孔强风化基岩平均超声纵波波速 1833m/s,换算后平均超声波横波波速 1059m/s;强风化煤层平均超声纵波波速 2530m/s,换算后平均超声波横波波速 1462m/s。ZK25 孔强风化基岩平均超声纵波波速 1980m/s,换算后平均超声波横波波速 1144m/s;强风化煤层平均超声纵波波速 2600m/s,换算后平均超声波横波波速 1502m/s。ZK28 孔强风化基岩平均超声纵波波速 2435m/s,换算后平均超声波横波波速 1401m/s;中风化煤层平均超声纵波波速 1899m/s,换算后平均超声波横波波速 1097m/s。ZK31 强孔风化基岩平均超声纵波波速 1998m/s,换算后平均超声波横波波速 1154m/s;强风化煤层平均超声纵波波速 2609m/s,换算后平均超声波横波波速 2086m/s。

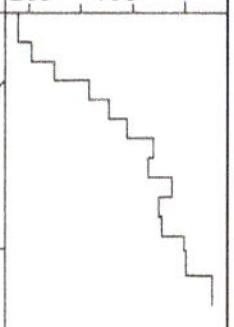

图 10.25 ZK28 孔单孔波速测试成果图

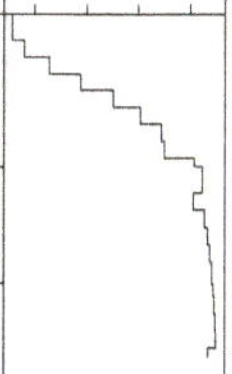

图 10.26 ZK31 孔单孔波速测试成果图

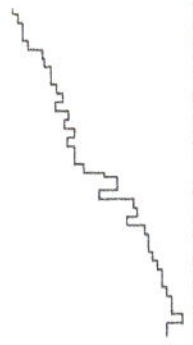

图 10.27 ZK23 孔超声波测试成果图

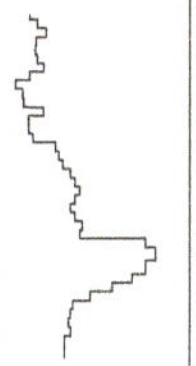

图 10.28 ZK25 孔超声波测试成果图

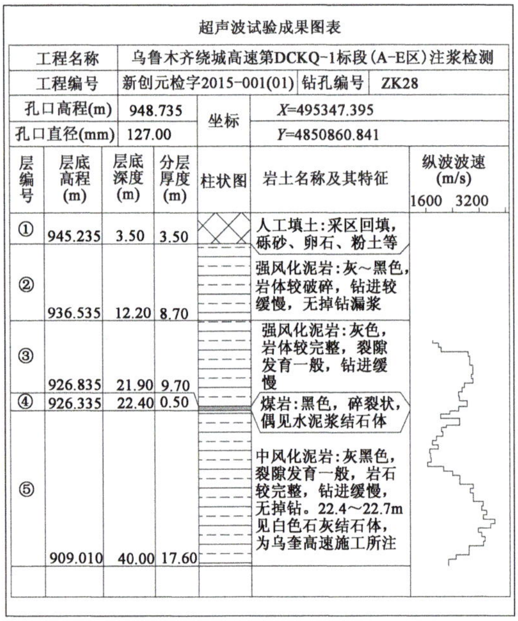

图 10.29 ZK28 孔超声波测试成果图

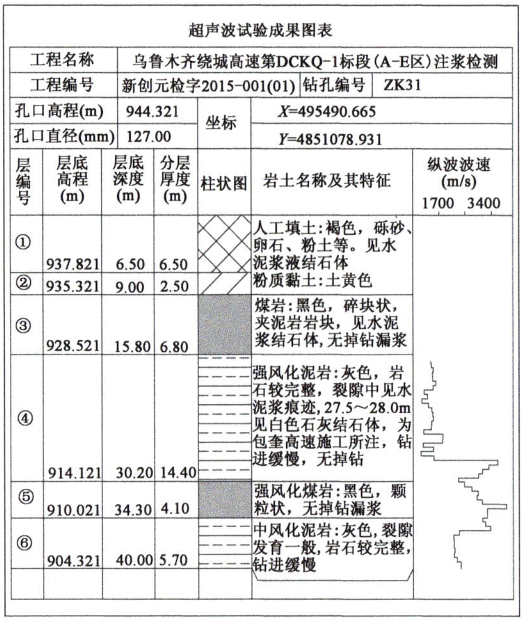

超声波试验成果图表

工程名称	乌鲁木齐绕城高速第DCKQ-1标段(A-E区)注浆检测
工程编号	新创元检字2015-001(01) 钻孔编号 ZK28
孔口高程(m)	948.735 坐标 X=495347.395
孔口直径(mm)	127.00 Y=4850860.841

层编号	层底高程(m)	层底深度(m)	分层厚度(m)	柱状图	岩土名称及其特征	纵波波速(m/s) 1600 3200
①	945.235	3.50	3.50		人工填土:采区回填,砾砂、卵石、粉土等	
②	936.535	12.20	8.70		强风化泥岩:灰~黑色,岩体较破碎,钻进缓慢,无掉钻漏浆	
③	926.835	21.90	9.70		强风化泥岩:灰色,岩体较完整,裂隙发育一般,钻进缓慢	
④	926.335	22.40	0.50		煤岩:黑色,碎裂状,偶见水泥浆结石体	
⑤	909.010	40.00	17.60		中风化泥岩:灰黑色,裂隙发育一般,岩石较完整,钻进缓慢,无掉钻。22.4~22.7m见白色石灰结石体,为乌奎高速施工所注	

图 10.30 ZK31 孔超声波测试成果图

超声波试验成果图表

工程名称	乌鲁木齐绕城高速第DCKQ-1标段(A-E区)注浆检测
工程编号	新创元检字2015-001(01) 钻孔编号 ZK31
孔口高程(m)	944.321 坐标 X=495490.665
孔口直径(mm)	127.00 Y=4851078.931

层编号	层底高程(m)	层底深度(m)	分层厚度(m)	柱状图	岩土名称及其特征	纵波波速(m/s) 1700 3400
①	937.821	6.50	6.50		人工填土:褐色、砾砂、卵石、粉土等。见水泥浆液结石体	
②	935.321	9.00	2.50		泥质黏土:土黄色	
③	928.521	15.80	6.80		煤岩:黑色,碎块状,夹泥岩块,见水泥浆结石体,无掉钻漏浆	
④	914.121	30.20	14.40		强风化泥岩:灰色,岩石较完整,裂隙中见水泥浆痕迹,27.5~28.0m见白色石灰结石体,为包奎高速施工所注,钻进缓慢,无掉钻	
⑤	910.021	34.30	4.10		强风化煤岩:黑色,颗粒状,无掉钻漏浆	
⑥	904.321	40.00	5.70		中风化泥岩:灰色,裂隙发育一般,岩石较完整,钻进缓慢	

(3) 钻孔波速检测成果与分析

根据检测情况,对各检测孔检测指标汇总分析,汇总分析后的检测成果见表10.18、表10.19。

钻孔波速检测成果一览表　　　　　　　　　　　　　　　　表 10.18

钻孔性质	孔号	合格标准	地层岩性	平均横波波速(m/s)	超声波法平均纵波波速(m/s)	超声波换算的横波波速(m/s)	平均纵波波速增长值(m/s)/率(%)	成果评价
背景值孔	ZK1		粉土	123	—	—		粉土平均横波波速为156m/s,卵石平均横波波速为360m/s,强风化基岩平均纵波波速为2330m/s,煤岩平均纵波2144m/s,中风化基岩平均纵波波速2530m/s
			卵石	423	523	302		
			强风化基岩	—	2320	1341		
			煤岩		2053	1187		
			中风化基岩		2508	1450		
背景值孔	ZK2		卵石	356	654	378		
背景值孔	ZK7	—	粉土	180	—	—	—	
			卵石	300	767	443		
			强风化基岩		2149	1242		
			煤岩		2043	1180		
			中风化基岩					
背景值孔	ZK8		粉土					
			卵石		886	513		
			强风化基岩		2340	1352		
			煤岩		2230	1289		
			中风化基岩		3040	1757		

续上表

钻孔性质	孔号	合格标准	地层岩性	平均横波波速（m/s）	超声波法平均纵波波速（m/s）	超声波换算的横波波速（m/s）	平均纵波波速增长值(m/s)/率(%)	成果评价
检测孔	ZK22	空隙或空洞采空区的平均横波波速大于250m/s	卵石	382	—	—	—	合格
			强风化基岩	397	—	—	—	
检测孔	ZK23		卵石	444	2235	1291	384/20.7	合格
					1833			
			强风化基岩	—		1059	282/18.1	
			煤岩	—	2530	1462	345/24.1	
检测孔	ZK24		填土	520	—	—	—	合格
			强风化基岩	610	—	—	—	
检测孔	ZK25		卵石	454	—	—	—	合格
			中风化基岩		1980	1144	129/6.9	
			煤岩		2600	1502	749/40.4	
检测孔	ZK26		填土	233	—	—	—	合格
			强风化基岩	582				
检测孔	ZK27	空隙或空洞采空区的平均横波波速大于250m/s	填土	334				合格
			强风化基岩	475				
			煤岩	650				
检测孔	ZK28		卵石	456				合格
			强风化基岩	—	2435	1407	284/13.2	
			中风化基岩	—	1899	1097	385/15.3	
检测孔	ZK29		填土	210	—	—	—	合格
			强风化基岩	502	—	—	—	
			煤岩	773	—	—	—	
检测孔	ZK31		卵石	466	—	—	—	合格
			强风化基岩	—	1998	1154	147/7.9	
			煤岩	—	2609	2086	758/40.9	

超声波检测成果汇总表 表10.19

地层	注浆前超声波波速(m/s)	注浆后超声波波速(m/s)	注浆后超声波波速增长值(m/s)/率(%)	注浆前超声波换算的横波波速(m/s)	注浆后超声波换算的横波波速(m/s)	注浆后超声波换算的横波波速增长值(m/s)/率(%)
强风化基岩	2330	2435	105/4.5	1347	1408	60.5/4.5
煤岩	2144	2296	152/7.1	1239	1327	88/7.1
中风化基岩	2530	2565	35/1.4	1462	1483	21/1.4

本次检测主要针对卵石、煤层和基岩地层,但在检测过程中测得粉土层的横波波速平均值为156m/s,卵石层的横波波速平均值为360m/s,注浆后卵石层的横波波速平均值为440m/s,横波波速增长了80m/s、提高比率为22.2%。

通过背景值与注浆后检测值的对比分析,注浆后强风化基岩层纵波波速增长了105m/s、横波波速增长了60.5m/s、提高比率为4.5%;煤层纵波波速增长了152m/s、横波波速增长了88m/s、提高比率为7.1%;中风化基岩层纵波波速增长了35m/s、横波波速增长了21m/s、提高比率为1.4%。岩土体的横波波速均大于250m/s,表明注浆后岩土体横波波速有所提高,密实度得到加固,注浆加固效果良好。

3)西山连接线F、G区检测

(1)单孔法波速测试

该区域仅采用了单孔法波速测试,钻孔内测试40个/1255m(采样间隔1.0m),其中:背景值测试孔3个,注浆后检测孔12个。在15个孔中,选取4个典型钻孔(图10.31~图10.34),特征如下。

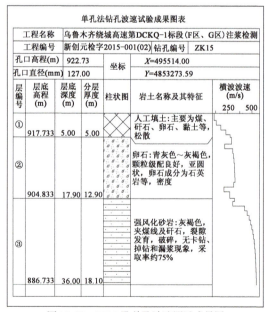

图10.31 ZK7孔单孔波速测试成果图　　图10.32 ZK15孔单孔波速测试成果图

从图10.31~图10.34可以看出:ZK7孔为背景测试孔,卵石层单孔法平均横波波速为246m/s。ZK15孔为测试孔,卵石层单孔法平均横波波速为302m/s;强风化基岩单孔法平均横波波速为302m/s。ZK30孔为测试孔,卵石层单孔法平均横波波速为421m/s;强风化基岩单孔法平均横波波速为496m/s。ZK38为测试孔,卵石层单孔法平均横波波速为317m/s;强风化基岩单孔法平均横波波速为517m/s;强风化煤层单孔法平均横波波速为627m/s。

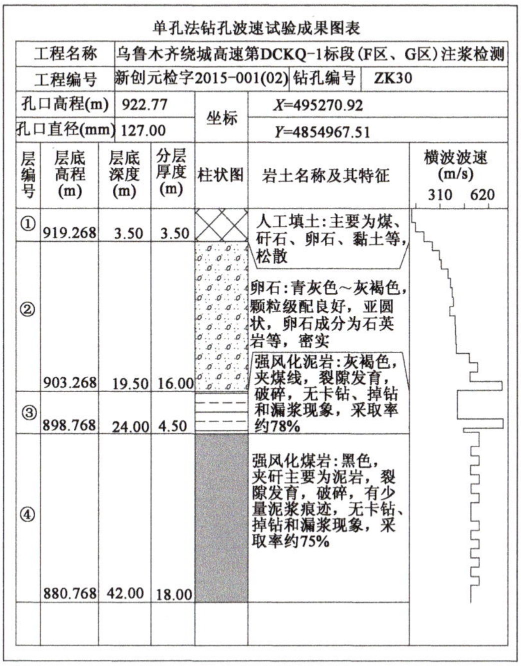

图10.33 ZK30孔单孔波速测试成果图

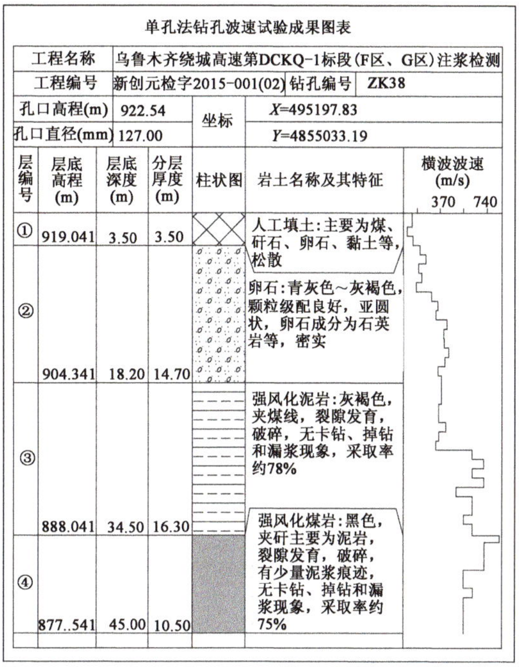

图10.34 ZK38孔单孔波速测试成果图

(2)钻孔波速检测成果与分析

根据检测情况,对各检测孔检测指标汇总分析,汇总分析后的检测成果见表10.20、表10.21。

钻孔波速检测详细成果一览表　　　　　　　　　　　　　　　　表10.20

钻孔性质	孔号	合格标准	地层岩性	单孔法平均横波波速（m/s）	平均横波波速增长值（m/s）/率（%）	成果评价
背景值孔	ZK1		卵石	318		
			强风化基岩	532		
背景值孔	ZK2		卵石	308		
			强风化煤岩	455		卵石平均横波波速为269m/s,强风化基岩平均横波波速494m/s,强风化煤岩平均纵波波速480m/s
背景值孔	ZK3		卵石	260	—	
			强风化基岩	424		
			强风化煤岩	507		
背景值孔	ZK4		卵石	251		
			强风化基岩	490		
			强风化煤岩	485		
背景值孔	ZK5		卵石	252		
			强风化基岩	548		

续上表

钻孔性质	孔号	合格标准	地层岩性	单孔法平均横波波速（m/s）	平均横波波速增长值（m/s）/率(%)	成果评价
背景值孔	ZK6	—	卵石	283	—	卵石平均横波波速为269m/s，强风化基岩平均横波波速494m/s，强风化煤岩平均纵波波速480m/s
			强风化基岩	479		
背景值孔	ZK7		卵石	267		
背景值孔	ZK8		卵石	236		
			强风化基岩	463		
			强风化煤岩	510		
背景值孔	ZK9		卵石	259		
背景值孔	ZK10		卵石	279		
			强风化煤岩	441		
背景值孔	ZK11		卵石	267		
			强风化基岩	460		
背景值孔	ZK12		卵石	253		
背景值孔	ZK13		卵石	312		
			强风化基岩	505		
检测孔	ZK14	空隙或空洞采空区的平均横波波速大于250m/s	卵石	279	10/3.7	合格
			强风化基岩	569	75/15.2	
检测孔	ZK15		卵石	302	33/12.3	合格
			强风化基岩	516	22/4.5	
检测孔	ZK16		卵石	312	43/16.0	合格
			强风化基岩	513	19/3.8	
检测孔	ZK17		卵石	346	7/28.6	合格
			强风化煤岩	541	61/12.7	
检测孔	ZK18		卵石	345	76/28.3	合格
			强风化煤岩	523	43/9.0	
检测孔	ZK19		卵石	292	23/8.6	合格
			强风化煤岩	546	66/13.8	
检测孔	ZK20		卵石	305	36/13.4	合格
			强风化煤岩	534	54/11.3	
检测孔	ZK21		卵石	293	24/8.9	合格
			强风化煤岩	573	93/19.4	
检测孔	ZK22		卵石	325	56/20.8	合格
			强风化煤岩	497	17/3.5	
检测孔	ZK23		卵石	307	38/14.1	合格

续上表

钻孔性质	孔号	合格标准	地层岩性	单孔法平均横波波速（m/s）	平均横波波速增长值（m/s）/率(%)	成果评价
检测孔	ZK23		强风化煤岩	534	54/11.3	合格
检测孔	ZK24		卵石	312	43/16.0	合格
			强风化煤岩	572	92/19.2	
检测孔 检测孔	ZK25		卵石	35	86/32.0	合格
			卵石	309	40/14.9	
检测孔	ZK26		强风化基岩	522	28/5.7	合格
			卵石	357	88/32.7	
检测孔	ZK27		强风化基岩	656	162/32.8	合格
			强风化煤岩	648	168/35.0	
检测孔	ZK28		卵石	358	89/33.1	合格
			强风化基岩	511	17/3.4	
			强风化煤岩	546	66/13.8	
检测孔	ZK29		卵石	379	110/40.9	合格
			强风化基岩	650	156/31.6	
			强风化煤岩	547	67/14.0	
检测孔	ZK30	空隙或空洞采空区的平均横波波速大于250m/s	卵石	421	152/56.5	合格
			强风化基岩	496	2/0.4	
			强风化煤岩	528	48/10.0	
检测孔	ZK31		卵石	273	4/1.5	合格
			强风化基岩	558	64/13.0	
检测孔	ZK32		卵石	308	39/14.5	合格
			强风化基岩	611	117/23.7	
检测孔	ZK33		卵石	305	36/13.4	合格
			强风化基岩	545	51/10.3	
检测孔	ZK34		卵石	286	17/6.3	合格
			强风化煤岩	539	59/12.3	
检测孔	ZK35		卵石	292	23/8.6	合格
			强风化基岩	606	112/22.7	
			强风化煤岩	575	95/19.8	
检测孔	ZK36		卵石	299	30/11.2	合格
			强风化基岩	542	48/9.7	
			强风化煤岩	513	33/6.9	
检测孔	ZK37		卵石	326	57/21.2	合格

续上表

钻孔性质	孔号	合格标准	地层岩性	单孔法平均横波波速(m/s)	平均横波波速增长值(m/s)/率(%)	成果评价
检测孔	ZK38	空隙或空洞采空区的平均横波波速大于250m/s	卵石	317	48/17.8	合格
			强风化基岩	517	23/4.7	
			强风化煤岩	627	147/30.6	
检测孔	ZK39		卵石	337	68/25.3	合格
			强风化基岩	549	55/11.1	
			强风化煤岩	596	116/24.2	
检测孔	ZK40		卵石	303	34/12.6	合格

单孔法波速检测成果汇总表　　　　　表10.21

地层	注浆前横波波速(m/s)	注浆后横波波速(m/s)	注浆后横波波速增长值(m/s)/率(%)
卵石	269	319	50/18.6%
强风化泥岩	494	557	63/12.8%
强风化煤岩	480	557	77/16.0%

通过背景值与注浆后检测值的对比分析,注浆后地层横波波速增长了50~77m/s、提高比率为12.8%~18.6%。其中:注浆后卵石层横波波速为319m/s、增长了50m/s、提高比率为18.6%;注浆后强风化泥岩层横波波速为557m/s、横波波速增长了63m/s、提高比率为12.8%;强风化煤层横波波速为557m/s、横波波速增长了77m/s、提高比率为16.0%。除回填土层外,岩土体的横波波速均大于250m/s,表明注浆后岩土体横波波速有所提高,密实度得到加固,注浆加固效果良好。

10.4.4　二标段注浆工程质量检测成果分析

1)单孔法波速测试

钻孔内测试28个/593m(采样间隔1.0m),其中:背景值测试孔3个,注浆后检测孔16个。选取4个典型钻孔(图10.35~图10.38),特征如下。

从图10.35~图10.38可以看出:ZK15孔为检测孔,卵石层单孔法平均横波波速为422 m/s。ZK17孔为检测孔,卵石层单孔法平均横波波速为435m/s。ZK18孔为检测孔,卵石层单孔法平均横波波速为422m/s。ZK19为检测孔,卵石层单孔法平均横波波速为412m/s。

2)钻孔超声波检测

钻孔内测试28个/593m(采样间隔0.5m),其中:背景值测试孔3个,注浆后检测孔16个。选取4个典型钻孔(图10.39~图10.42),特征如下。

单孔法钻孔波速试验成果图表

工程名称	乌鲁木齐绕城高速（东段）第DCKQ-2标段注浆效果检测		
工程编号	新创元检字2015-004	钻孔编号	ZK15
孔口高程(m)	844.54	坐标	X=4867943.35
孔口直径(mm)	127.00		Y=504215.29

层编号	层底高程(m)	层底深度(m)	分层厚度(m)	柱状图	岩土名称及其特征	横波波速(m/s) 90 180 270 360
①	839.340	5.20	5.20		杂填土：灰褐色，松散	
②	834.140	7.50	2.30		粉土：黄褐色，松散	
③	829.540	15.00	7.50		卵石：灰褐色，稍密，稍湿，颗粒级配良好	
④	809.040	35.50	20.50		强风化泥岩：灰褐色，岩体破碎，裂隙发育	
⑤	792.340	52.20	16.70		强风化砂岩：红褐色，岩体破碎，裂隙发育，受自燃烘烤结构破坏	
⑥	780.540	64.00	11.80		中风化泥岩：灰褐色，岩体破碎，裂隙发育	
⑦	769.040	75.50	11.50		煤岩：黑色，结构大部破坏，裂隙发育	
⑧	728.540	116.00	40.50		中风化泥岩：灰褐色，岩体破碎，裂隙发育，易钻进	

图 10.35　ZK15 孔单孔波速测试成果图

单孔法钻孔波速试验成果图表

工程名称	乌鲁木齐绕城高速（东段）第DCKQ-2标段注浆效果检测		
工程编号	新创元检字2015-004	钻孔编号	ZK17
孔口高程(m)	842.08	坐标	X=4868123.61
孔口直径(mm)	127.00		Y=504195.31

层编号	层底高程(m)	层底深度(m)	分层厚度(m)	柱状图	岩土名称及其特征	横波波速(m/s) 95 285 475
①	841.180	2.00	2.00		粉土：黄褐色，稍密	
②	824.180	17.20	15.20		卵石：灰褐色，干燥～稍湿，颗粒级配良好	
③	818.780	23.30	6.10		强风化砂岩：红褐色，岩体破碎，裂隙发育，受自燃烘烤结构破坏	
④	781.780	60.30	37.00		煤岩：黑色，有层理，裂隙发育，岩石破碎，夹泥岩矸石，易钻进	
⑤	776.280	65.80	5.50		中风化泥岩：灰褐色，岩体破碎，裂隙发育	
⑥	772.580	69.50	3.70		中风化砂岩：灰褐色，岩体破碎，裂隙发育	
⑦	770.080	72.00	2.50		中风化泥岩：灰褐色，岩体破碎，裂隙发育	

图 10.36　ZK17 孔单孔波速测试成果图

单孔法钻孔波速试验成果图表

工程名称	乌鲁木齐绕城高速（东段）第DCKQ-2标段注浆效果检测		
工程编号	新创元检字2015-004	钻孔编号	ZK18
孔口高程(m)	844.79	坐标	X=4867886.86
孔口直径(mm)	127.00		Y=504239.69

层编号	层底高程(m)	层底深度(m)	分层厚度(m)	柱状图	岩土名称及其特征	横波波速(m/s) 75 225 375
①	841.790	3.00	3.00		杂填土：灰褐色，松软，稍湿	
②	839.790	5.00	2.00		粉土：黄褐色，松软，稍湿，稍密	
③	834.790	10.00	5.00		卵石：灰褐色，干燥～稍湿，颗粒级配良好	
④	813.790	31.00	21.00		强风化泥岩：灰褐色，夹煤线，岩体破碎，裂隙发育	
⑤	776.790	68.00	37.00		中风化泥岩：灰黑色，岩体破碎，裂隙发育	

图 10.37　ZK18 孔单孔波速测试成果图

单孔法钻孔波速试验成果图表

工程名称	乌鲁木齐绕城高速（东段）第DCKQ-2标段注浆效果检测		
工程编号	新创元检字2015-004	钻孔编号	ZK19
孔口高程(m)	842.08	坐标	X=4868123.61
孔口直径(mm)	127.00		Y=504195.31

层编号	层底高程(m)	层底深度(m)	分层厚度(m)	柱状图	岩土名称及其特征	横波波速(m/s) 90 270 450
①	838.590	2.00	2.00		杂填土：灰褐色，较松散	
②	823.390	16.70	14.70		卵石：灰褐色，干燥～稍湿，颗粒级配良好	
③	822.390	17.70	1.00		强风化泥岩：灰黑色，岩体破碎，裂隙发育，质软	
④	821.390	30.80	13.10		煤岩：黑色，有层理，裂隙发育，岩石破碎	
⑤	806.790	42.30	11.50		强风化泥岩：灰黑色，岩体破碎，裂隙发育	
⑥	795.290	46.00	3.70		中风化砂岩：灰褐色	
⑦	791.590	50.00	4.00		中风化泥岩：灰黑色	
⑧	787.590	54.50	4.50		中风化泥岩：灰黑色	
⑨	783.190	59.40	4.90		中风化砂岩：灰褐色	
⑩	770.590	72.00	12.60		中风化泥岩：灰黑色	

图 10.38　ZK19 孔单孔波速测试成果图

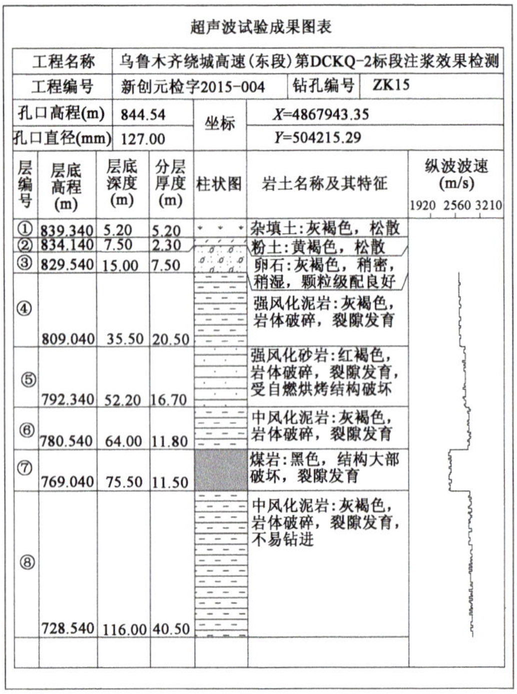

图 10.39　ZK15 孔超声波测试成果图

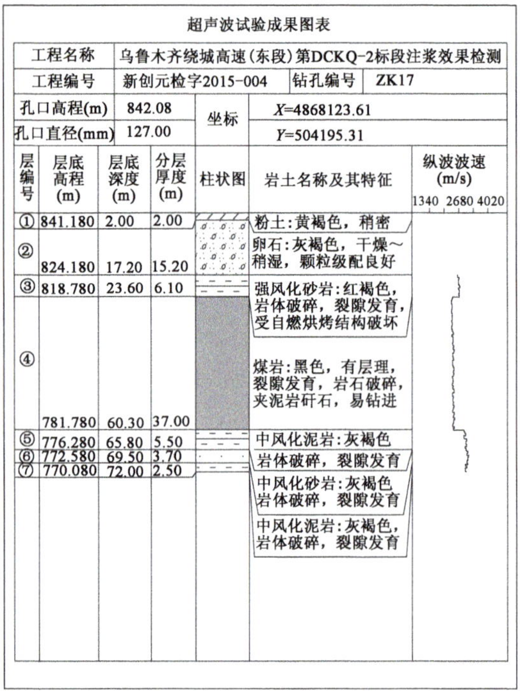

图 10.40　ZK17 孔超声波测试成果图

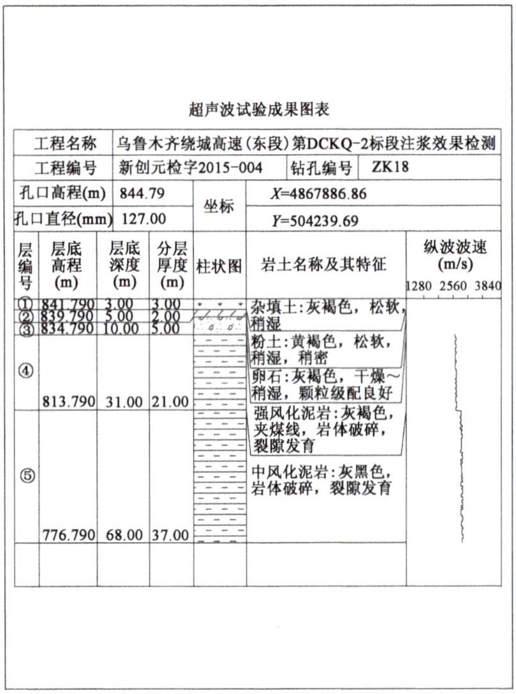

图 10.41　ZK18 孔超声波测试成果图

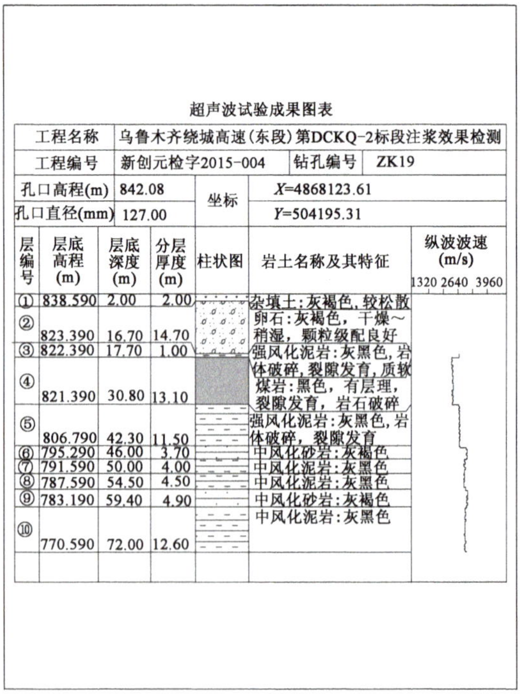

图 10.42　ZK19 孔超声波测试成果图

从图10.39~图10.42可以看出:ZK15孔强风化基岩平均超声纵波波速2702m/s,换算后平均超声波横波波速1562m/s;煤层平均超声纵波波速2352m/s,换算后平均超声波横波波速1360m/s;中风化基岩平均超声纵波波速2857m/s,换算后平均超声波横波波速1651m/s。ZK17孔强风化基岩平均超声纵波波速2745m/s,换算后平均超声波横波波速1587m/s;煤层平均超声纵波波速2358m/s,换算后平均超声波横波波速1363m/s;中风化基岩平均超声纵波波速2861m/s,换算后平均超声波横波波速1654m/s。ZK18孔强风化基岩平均超声纵波波速2650m/s,换算后平均超声波横波波速1532m/s;中风化基岩平均超声纵波波速2863m/s,换算后平均超声波横波波速1655m/s。ZK19孔强风化基岩平均超声纵波波速2659m/s,换算后平均超声波横波波速1537m/s;强风化煤层平均超声纵波波速2357m/s,换算后平均超声波横波波速1362m/s;中风化基岩平均超声纵波波速2900m/s,换算后平均超声波横波波速1676m/s。

3)钻孔波速检测成果与分析

根据检测情况,对各检测孔检测指标汇总分析,汇总分析后的检测成果见表10.22、表10.23。

钻孔波速检测成果一览表　　　　表10.22

钻孔性质	孔号	合格标准	地层岩性	平均横波波速（m/s）	超声波法平均纵波波速（m/s）	超声波换算的横波波速（m/s）	平均纵波波速增长值(m/s)/率(%)	成果评价
背景值孔	ZK29	—	粉土	234	—	—		卵石平均横波波速为367m/s,强风化基岩平均纵波波速2377m/s,煤岩平均纵波波速1901m/s,中风化基岩平均纵波波速2702m/s
			卵石	384	—	—		
			强风化基岩	—	2441	1441		
			煤岩		2053	1187		
			中风化基岩	—	2733	1581		
背景值孔	ZK30	—	卵石	356				
			强风化基岩		2338	1351		
			煤岩		2052	1186		
			中风化基岩		2733	1580		
背景值孔	ZK31	—	粉土	219				
			卵石	362				
			强风化基岩		2149	1242		
			煤岩		2043	1.181		
			中风化基岩		2691	1555		
检测孔	ZK1	空隙或空洞采空区的平均横波波速大于250m/s	卵石	444	—	—	—	合格
			中风化基岩	—	2856	1651	154/5.7	
			强风化基岩		2462	1423	311/14.5	
			煤岩	—	—	—	—	

续上表

钻孔性质	孔号	合格标准	地层岩性	平均横波波速(m/s)	超声波法平均纵波波速(m/s)	超声波换算的横波波速(m/s)	平均纵波波速增长值(m/s)/率(%)	成果评价
检测孔	ZK2	空隙或空洞采空区的平均横波波速大于250m/s	卵石	454	—	—	—	合格
检测孔	ZK3		卵石	456	—	—	—	合格
			强风化基岩	—	2866	1657	489/20.6	
			中风化基岩	—	2836	1639	134/5.0	
检测孔	ZK4		卵石	466	—	—	—	合格
			强风化基岩	—	2648	1531	271/21.4	
			中风化基岩	—	2871	1660	169/6.3	
检测孔	ZK5		卵石	473	—	—	—	合格
			强风化基岩	—	2611	1509	234/9.8	
			中风化基岩	—	2862	1654	160/5.9	
检测孔	ZK6		卵石	472	—	—	—	合格
			强风化基岩	—	2645	1529	268/11.3	
			煤岩	—	—	—	—	
			中风化基岩	—	2920	1688	218/8.1	
检测孔	ZK7		卵石	408	—	—	—	合格
			强风化基岩	—	2693	1557	316/13.3	
			煤岩	—	—	—	—	
			中风化基岩	—	2911	1557	209/7.7	
检测孔	ZK8		粉土	224	—	—	—	合格
			卵石	445	—	—	—	
			强风化基岩	—	2650	1532	273/11.5	
			煤岩	—	—	—	—	
			中风化基岩	—	2915	1682	273/11.5	
检测孔	ZK9		粉土	235	—	—	—	合格
			卵石	460	—	—	—	
			强风化基岩	—	2648	1531	271/11.4	
			煤岩	—	—	—	—	
			中风化基岩	—	2863	1655	161/1.0	
检测孔	ZK10		粉土	173	—	—	—	合格
			卵石	423	—	—	—	
			强风化基岩	—	2551	1475	400/18.6	
			煤岩	—	—	—	—	

续上表

钻孔性质	孔号	合格标准	地层岩性	平均横波波速（m/s）	超声波法平均纵波波速（m/s）	超声波换算的横波波速（m/s）	平均纵波波速增长值（m/s）/率(%)	成果评价
检测孔	ZK10		中风化基岩	—	2914	1684	212/7.8	合格
检测孔	ZK11		杂填土	205	—	—	—	合格
			卵石	489	—	—	—	
			强风化基岩	—	2647	1350	270/11.4	
			煤岩	—	2360	1364	459/24.1	
			中风化基岩	—	2849	1647	147/5.4	
检测孔	ZK12		粉土	190	—	—	—	合格
			卵石	422	—	—	—	
			强风化基岩	—	2745	1587	368/15.5	
			煤岩	—	2358	1363	159/5.9	
			中风化基岩	—	2861	1654	159/5.9	
检测孔	ZK13		粉土	190	—	—	—	合格
			卵石	422	—	—	—	
			强风化基岩	—	2632	1621	255/10.7	
			煤岩	—	2362	1365	461/24.3	
			中风化基岩	—	2734	1580	357/15.0	
检测孔	ZK14		粉土	190	—	—	—	合格
			卵石	422	—	—	—	
			强风化基岩	—	2734	1580	357/15.0	
			煤岩	—	2338	1351	437/23.0	
			中风化基岩	—	2909	1682	207/7.7	
检测孔	ZK15		粉土	190	—	—	—	合格
			卵石	422	—	—	—	
			强风化基岩	—	2702	1562	325/13.7	
			煤岩	—	2352	1360	451/23.7	
			中风化基岩	—	2857	1651	155/5.7	
检测孔	ZK17		粉土	190	—	—	—	合格
			卵石	435	—	—	—	
			强风化基岩	—	2745	1587	368/15.5	
			煤岩	—	2358	1363	159/5.9	
			中风化基岩	—	2861	1654	159/5.9	
检测孔	ZK18		粉土	190	—	—	—	合格
			卵石	422	—	—	—	

续上表

钻孔性质	孔号	合格标准	地层岩性	平均横波波速（m/s）	超声波法平均纵波波速（m/s）	超声波换算的横波波速(m/s)	平均纵波波速增长值(m/s)/率(%)	成果评价
检测孔	ZK18		强风化基岩	—	2650	1532	273/11.5	合格
			煤岩	—	—	—	—	
			中风化基岩	—	2863	1655	161/6.0	
检测孔	ZK19		粉土	190	—	—	—	合格
			卵石	422	—	—	—	
			强风化基岩	—	2659	1537	282/11.9	
			煤岩	—	2357	1362	456/24.0	
			中风化基岩	—	2900	1676	198/7.3	
检测孔	ZK21		粉土	190	—	—	—	合格
			卵石	412	—	—	—	
			强风化基岩	—	2681	1550	304/12.8	
			煤岩	—	2358	1363	159/5.9	
			中风化基岩	—	2959	1710	257/9.5	
检测孔	ZK23		粉土	190	—	—	—	合格
			卵石	422	—	—	—	
			强风化基岩	—	2650	1532	273/11.5	
			煤岩	—	2354	1361	453/23.8	
			中风化基岩	—	2861	1654	159/5.9	
检测孔	ZK24		粉土	190	—	—	—	合格
			卵石	422	—	—	—	
			强风化基岩	—	2650	1532	273/11.5	
			煤岩	—	2350	1358	449/23.6	
			中风化基岩	—	2855	1650	153/5.7	
检测孔	ZK25		粉土	190	—	—	—	合格
			卵石	422	—	—	—	
			强风化基岩	—	2645	1529	268/11.3	
			煤岩	—	2358	1363	182/6.7	
			中风化基岩	—	2884	1667	159/5.9	
检测孔	ZK26		粉土	190	—	—	—	合格
			卵石	422	—	—	—	
			强风化基岩	—	2647	1530	270/11.4	
			煤岩	—	—	—	—	
			中风化基岩	—	2892	1672	190/7.0	

续上表

钻孔性质	孔号	合格标准	地层岩性	平均横波波速(m/s)	超声波法平均纵波波速(m/s)	超声波换算的横波波速(m/s)	平均纵波波速增长值(m/s)/率(%)	成果评价
检测孔	ZK28		粉土	190	—	—	—	合格
			卵石	422	—	—	—	
			强风化基岩	—	2667	1542	290/12.2	
			煤岩	—	2347	1357	446/23.5	
			中风化基岩	—	2858	1652	156/5.8	

超声波检测成果汇总表　　　　　　　　　　表10.23

地层	注浆前超声波波速(m/s)	注浆后超声波波速(m/s)	注浆后超声波波速增长值(m/s)/率(%)	注浆前超声波换算的横波波速(m/s)	注浆后超声波换算的横波波速(m/s)	注浆后超声波换算的横波波速增长值(m/s)/率(%)
强风化基岩层	2377	2673	296/12.5	1374	1545	171/12.5
煤层	1901	2350	449/23.6	1099	1358	259/23.6
中风化基岩	2702	2865	163/6.0	1562	1656	94/6.0

本次检测主要针对基岩地层,但在检测过程中测得杂填土的横波波速平均值为246m/s、粉土层的横波波速平均值为228m/s、卵石层的横波波速平均值为367m/s。通过背景值与注浆后检测值的对比分析,卵石层的横波波速平均值为437m/s,横波波速增长了70m/s、提高比率为19.1%。

通过背景值与注浆后检测值的对比分析,注浆后强风化基岩层纵波波速增长了296m/s、横波波速增长了171m/s、提高比率为12.5%,煤层纵波波速增长了449m/s、横波波速增长了259m/s、提高比率为23.6%,中风化基岩层纵波波速增长了163m/s、横波波速增长了94m/s、提高比率为6.0%。岩体的横波波速大于250.0m/s,表明注浆后岩土体横波波速有所提高,密实度得到加固。

10.4.5　三标段注浆工程质量检测成果分析

1)单孔法波速测试

钻孔内测试25个/477m(采样间隔1.0m),其中:背景值测试孔3个,注浆后检测孔22个。在25个孔中,选取4个典型钻孔(图10.43~图10.46),特征如下。

从图10.43~图10.46可以看出:ZK4孔为测试孔,卵石层单孔法平均横波波速为341m/s。ZK9孔为测试孔,卵石层单孔法平均横波波速为355m/s。ZK14孔为测试孔,卵石层单孔法平均横波波速为332m/s。ZK18为测试孔,卵石层单孔法平均横波波速为355m/s。

2)钻孔超声波检测

钻孔内测试25个/2048m(采样间隔0.5m),其中:背景值测试孔3个,注浆后检测孔22个。在25个孔中,选取4个典型钻孔(图10.47~图10.50),特征如下。

图 10.43 ZK4 孔单孔波速测试成果图

图 10.44 ZK9 孔单孔波速测试成果图

图 10.45 ZK14 孔单孔波速测试成果图

图 10.46 ZK18 孔单孔波速测试成果图

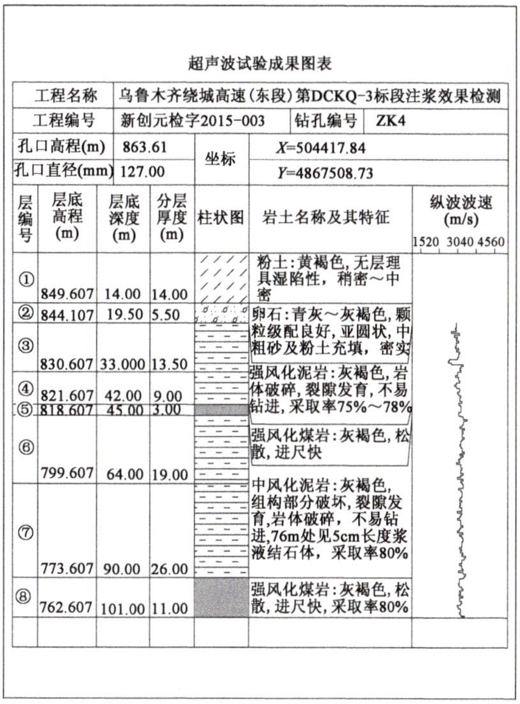

图 10.47 ZK4 孔超声波测试成果图

超声波试验成果图表

工程名称	乌鲁木齐绕城高速(东段)第DCKQ-3标段注浆效果检测			
工程编号	新创元检字2015-003		钻孔编号	ZK4
孔口高程(m)	863.61	坐标	X=504417.84	
孔口直径(mm)	127.00		Y=4867508.73	

层编号	层底高程(m)	层底深度(m)	分层厚度(m)	柱状图	岩土名称及其特征	纵波波速(m/s) 1520 3040 4560
①	849.607	14.00	14.00		粉土:黄褐色,无层理,具湿陷性,稍密~中密	
②	844.107	19.50	5.50			
③	830.607	33.000	13.50		卵石:青灰~黄褐色,颗粒级配良好,亚圆状,中粗砂及粉土充填,密实	
④	821.607	42.00	9.00		强风化泥岩:灰褐色,岩体破碎,裂隙发育,不易钻进,采取率75%~78%	
⑤	818.607	45.00	3.00			
⑥	799.607	64.00	19.00		强风化煤岩:灰褐色,松散,进尺快	
⑦	773.607	90.00	26.00		中风化泥岩:灰褐色,组构部分破坏,裂隙发育,岩体破碎,不易钻进,76m处见5cm长度浆液结石体,采取率80%	
⑧	762.607	101.00	11.00		强风化煤岩:灰褐色,松散,进尺快,采取率80%	

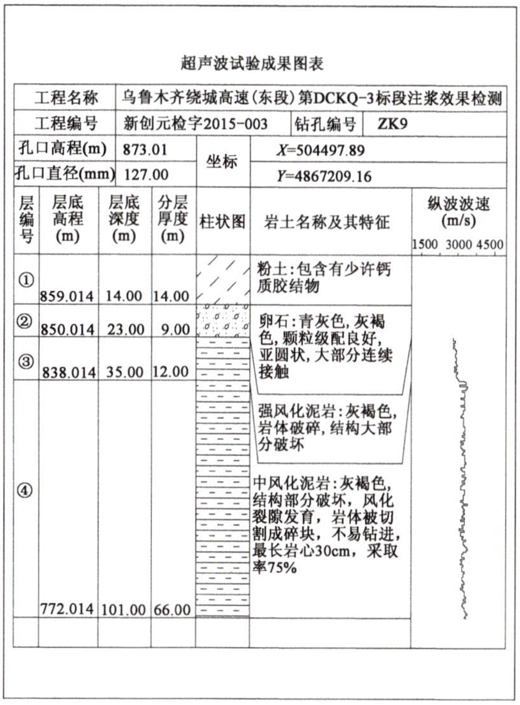

图 10.48 ZK9 孔超声波测试成果图

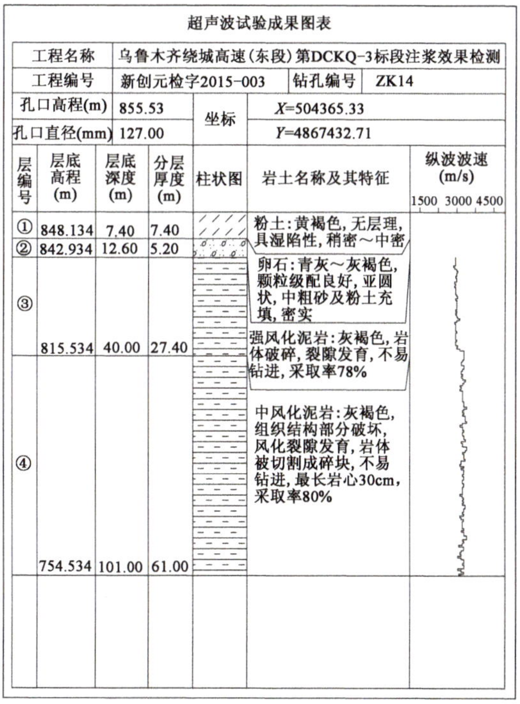

超声波试验成果图表

工程名称	乌鲁木齐绕城高速(东段)第DCKQ-3标段注浆效果检测			
工程编号	新创元检字2015-003		钻孔编号	ZK9
孔口高程(m)	873.01	坐标	X=504497.89	
孔口直径(mm)	127.00		Y=4867209.16	

层编号	层底高程(m)	层底深度(m)	分层厚度(m)	柱状图	岩土名称及其特征	纵波波速(m/s) 1500 3000 4500
①	859.014	14.00	14.00		粉土:包含有少许钙质胶结物	
②	850.014	23.00	9.00		卵石:青灰色,灰褐色,颗粒级配良好,亚圆状,大部分连续接触	
③	838.014	35.00	12.00			
④	772.014	101.00	66.00		强风化泥岩:灰褐色,岩体破碎,结构大部分破坏；中风化泥岩:灰褐色,组构部分破坏,风化裂隙发育,岩体被切割成碎块,不易钻进,最长岩心30cm,采取率75%	

图 10.49 ZK14 孔超声波测试成果图

超声波试验成果图表

工程名称	乌鲁木齐绕城高速(东段)第DCKQ-3标段注浆效果检测			
工程编号	新创元检字2015-003		钻孔编号	ZK14
孔口高程(m)	855.53	坐标	X=504365.33	
孔口直径(mm)	127.00		Y=4867432.71	

层编号	层底高程(m)	层底深度(m)	分层厚度(m)	柱状图	岩土名称及其特征	纵波波速(m/s) 1500 3000 4500
①	848.134	7.40	7.40		粉土:黄褐色,无层理,具湿陷性,稍密~中密	
②	842.934	12.60	5.20		卵石:青灰~黄褐色,颗粒级配良好,亚圆状,中粗砂及粉土充填,密实	
③	815.534	40.00	27.40		强风化泥岩:灰褐色,岩体破碎,裂隙发育,不易钻进,采取率78%	
④	754.534	101.00	61.00		中风化泥岩:灰褐色,组织结构部分破坏,风化裂隙发育,岩体被切割成碎块,不易钻进,最长岩心30cm,采取率80%	

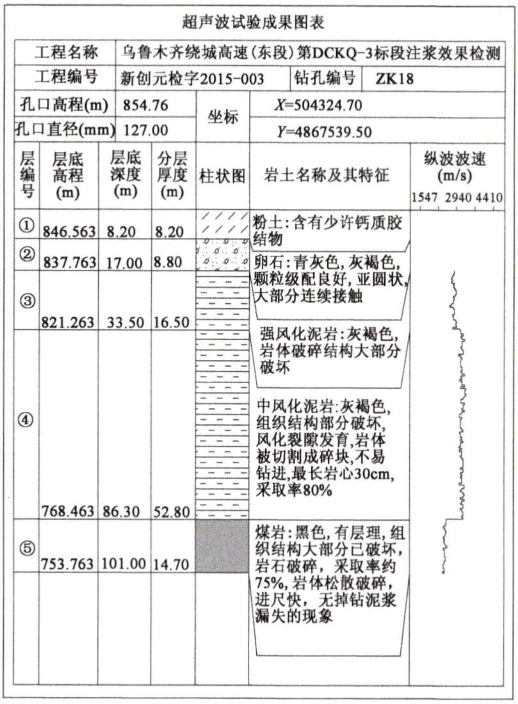

图 10.50 ZK18 孔超声波测试成果图

超声波试验成果图表

工程名称	乌鲁木齐绕城高速(东段)第DCKQ-3标段注浆效果检测			
工程编号	新创元检字2015-003		钻孔编号	ZK18
孔口高程(m)	854.76	坐标	X=504324.70	
孔口直径(mm)	127.00		Y=4867539.50	

层编号	层底高程(m)	层底深度(m)	分层厚度(m)	柱状图	岩土名称及其特征	纵波波速(m/s) 1547 2940 4410
①	846.563	8.20	8.20		粉土:含有少许钙质胶结物	
②	837.763	17.00	8.80		卵石:青灰色,灰褐色,颗粒级配良好,亚圆状,大部分连续接触	
③	821.263	33.50	16.50		强风化泥岩:灰褐色,岩体破碎结构大部分破坏	
④	768.463	86.30	52.80		中风化泥岩:灰褐色,组织结构部分破坏,风化裂隙发育,岩体被切割成碎块,不易钻进,最长岩心30cm,采取率80%	
⑤	753.763	101.00	14.70		煤岩:黑色,有层理,组织结构大部分已破坏,岩石破碎,采取率约75%,岩体松散破碎,进尺快,无掉钻泥浆漏失的现象	

从图 10.47～图 10.50 可以看出:ZK4 孔强风化基岩平均超声纵波波速 3026m/s,换算后平均超声波横波波速 1749m/s;强风化煤层平均超声纵波波速 3152m/s,换算后平均超声波横波波速 1822m/s;中风化基岩平均超声纵波波速 3206m/s,换算后平均超声波横波波速 1853m/s。ZK9 孔强风化基岩平均超声纵波波速 2925m/s,换算后平均超声波横波波速 1691m/s;中风化基岩平均超声纵波波速 3235m/s,换算后平均超声波横波波速 1870m/s。ZK14 孔强风化基岩平均超声纵波波速 2990m/s,换算后平均超声波横波波速 1728m/s;中风化基岩平均超声纵波波速 3241m/s,换算后平均超声波横波波速 1873m/s。ZK18 孔强风化基岩平均超声纵波波速 2835m/s,换算后平均超声波横波波速 1639m/s;强风化煤层平均超声纵波波速 2470m/s,换算后平均超声波横波波速 1428m/s;中风化基岩平均超声纵波波速 3199m/s,换算后平均超声波横波波速 1849m/s。

3)钻孔波速检测成果与分析

根据检测情况,对各检测孔检测指标汇总分析,汇总分析后的检测成果见表 10.24、表 10.25。

钻孔波速检测成果一览表　　　　　　　　表 10.24

钻孔性质	孔号	合格标准	地层岩性	平均横波波速(m/s)	超声波法平均纵波波速(m/s)	超声波换算的纵波波速(m/s)	平均纵波波速增长值(m/s)/率(%)	成果评价
背景值孔	ZK1	—	粉土	200	—	—		强风化基岩平均纵波波速 2670 m/s,煤岩平均纵波波速 2054m/s,中风化基岩平均纵波波速 2976m/s
			卵石	320	2575	1488		
			强风化基岩	206	2583	1493		
			中风化基岩	—	3038	1756		
背景值孔	ZK2	—	粉土	191	—	—		
			卵石	340	—	—		
			强风化基岩	—	2479	1433		
			中风化基岩	—	2864	1655		
背景值孔	ZK3	—	粉土	115	—	—		
			卵石	355	2943	1701		
			强风化基岩	—	2950	1705		
			中风化基岩	—	3024	1748		
检测孔	ZK4	空隙或空洞采空区的平均横波波速大于250m/s	粉土	243	—	—	—	合格
			卵石	341	3040	1757	370/13.8	
			强风化基岩	—	3026	1749	356/13.3	
			强风化基岩	—	3152	1822	1098/53.5	
			中风化基岩	—	3206	1853	230/7.7	
检测孔	ZK5		粉土	175	—	—	—	合格
			卵石	310	2690	1531	54/5.7	
			强风化基岩	—	2830	1636	160/6.0	

续上表

钻孔性质	孔号	合格标准	地层岩性	平均横波波速（m/s）	超声波法平均纵波波速（m/s）	超声波换算的纵波波速（m/s）	平均纵波波速增长值（m/s）/率(%)	成果评价
检测孔	ZK5		中风化基岩	—	3188	1843	212/7.1	合格
检测孔	ZK6		粉土	179	—	—	—	合格
			卵石	355	2790	1612	120/4.4	
			强风化基岩	—	2879	1664	209/7.8	
			中风化基岩	—	3150	1821	174/5.8	
检测孔	ZK7		粉土	179	—	—	—	合格
			卵石	323	—	—	—	
			强风化基岩	300	3003	1736	333/12.5	
			中风化基岩	—	3212	1857	236/7.9	
检测孔	ZK8		粉土	182	—	—	—	合格
			卵石	401	2950	1705	280/10.4	
			强风化基岩	—	2927	1692	257/9.6	
			中风化基岩	—	3189	1843	213/7.2	
检测孔	ZK9	空隙或空洞采空区的平均横波波速大于250m/s	粉土	182	—	—	—	合格
			卵石	355	2750	1589	80/2.9	
			强风化基岩	—	2925	1691	255/9.6	
			中风化基岩	—	3235	1870	259/8.7	
检测孔	ZK10		粉土	191	—	—	—	合格
			卵石	312	2931	1694	261/9.7	
			强风化基岩	—	3144	1717	474/17.8	
检测孔	ZK11		粉土	184	—	—	—	合格
			卵石	265	2993	1730	323/12.1	
			强风化基岩	—	2918	1687	248/9.3	
			中风化基岩	—	3188	1843	212/7.1	
检测孔	ZK12		粉土	162	—	—	—	合格
			卵石	381	2782	1608	112/4.1	
			强风化基岩	—	2915	1685	245/9.2	
			中风化基岩	—	3146	1818	170/5.7	
检测孔	ZK13		粉土	132	—	—	—	合格
			卵石	331	2710	1566	40/1.4	
			强风化基岩	—	2937	1698	267/10.0	
			中风化基岩	—	3158	1825	182/6.1	
检测孔	ZK14		粉土	171	—	—	—	合格

续上表

钻孔性质	孔号	合格标准	地层岩性	平均横波波速（m/s）	超声波法平均纵波波速（m/s）	超声波换算的纵波波速（m/s）	平均纵波波速增长值（m/s）/率(%)	成果评价
检测孔	ZK14	空隙或空洞采空区的平均横波波速大于250m/s	卵石	332	3111	1798	431/16.1	合格
			强风化基岩	—	2990	1728	320/12.0	
			中风化基岩	—	3241	1873	265/8.9	
检测孔	ZK15		粉土	121	—	—	—	合格
			卵石	321	2891	1671	221/8.2	
			强风化基岩	—	3013	1742	343/12.8	
			强风化基岩	—	2928	1692	874.42.6	
			中风化基岩	—	3180	1838	204/6.9	
检测孔	ZK16		粉土	173	—	—	—	合格
			卵石	374	2854	1649	184/6.8	
			强风化基岩	—	2840	1642	170/6.4	
			中风化基岩	—	3171	1833	195/6.6	
检测孔	ZK17		粉土	172	2823	1631	153/57.3	合格
			卵石	334	2822	1628	166/58.2	
			强风化基岩	—	2847	1646	177/6.6	
			中风化基岩	—	3180	1838	204/6.9	
检测孔	ZK18		粉土	121	—	—	—	合格
			卵石	355	2947	1703	277/10.3	
			强风化基岩	—	2835	1639	165/6.2	
			强风化基岩	—	2470	1428	416/20.3	
			中风化基岩	—	3199	1849	223/7.5	
检测孔	ZK19		粉土	232	—	—	—	合格
			卵石	332	2731	1578	61/2.2	
			强风化基岩	—	2781	1608	111/4.2	
			强风化基岩	—	2582	1492	528/25.7	
			中风化基岩	—	3177	1836	201/6.8	
检测孔	ZK20		粉土	183	—	—	—	合格
			卵石	367	2731	1578	61/2.2	
			强风化基岩	—	2848	1646	178/6.7	
			中风化基岩	—	3197	1848	221/7.4	
检测孔	ZK21		粉土	181	—	—	—	合格
			卵石	323	2762	1521	336/23.7	
			强风化基岩	—	2786	1610	116/4.3	

续上表

钻孔性质	孔号	合格标准	地层岩性	平均横波波速（m/s）	超声波法平均纵波波速（m/s）	超声波换算的纵波波速(m/s)	平均纵波波速增长值(m/s)/率(%)	成果评价
检测孔	ZK21	空隙或空洞采空区的平均横波波速大于250m/s	中风化基岩	—	3201	1850	255/7.6	合格
检测孔	ZK22		粉土	152	—	—	—	合格
			卵石	251	3031	1752	361/13.5	
			强风化基岩	—	2841	1642	171/6.4	
			中风化基岩	—	3179	1838	203/6.8	
检测孔	ZK23		粉土	203	—	—	—	合格
			卵石	354	2741	1584	71/2.6	
			强风化基岩	—	2841	1642	171/6.4	
			中风化基岩	—	3179	1838	203/6.8	
检测孔	ZK24		粉土	223	2884	1667	214/8.0	合格
			卵石	304	2778	1605	108/4.0	
			强风化基岩	—	2773	1603	103/3.9	
			中风化基岩	—	3187	1842	211/7.1	
检测孔	ZK25		粉土	167	3050	1763	380/14.2	合格
			卵石	354	3123	1805	453/17.0	
			强风化基岩	—	2845	1645	175/6.6	
			中风化基岩	—	3177	1836	201/6.8	

超声波检测成果汇总表　　　　表10.25

地层	注浆前超声波波速（m/s）	注浆后超声波波速（m/s）	注浆后超声波波速增长值(m/s)/率(%)	注浆前超声波换算的横波波速(m/s)	注浆后超声波换算的横波波速(m/s)	注浆后超声波换算的横波波速增长值(m/s)/率(%)
强风化基岩	2670	2901	231/8.7	1544	1677	133/8.7
煤岩	2053	2754	701/34.2	1187	1591	404/34.2
中风化基岩	2976	3190	214/7.2	1720	1844	124/7.2

本次检测主要针对基岩地层，但在检测过程中测得粉土层的横波波速平均值为161m/s，卵石层的横波波速平均值为305m/s，注浆后卵石层横波波速平均值为335m/s，横波波速增长了30m/s，提高比率为9.8%。

通过背景值与注浆后检测值的对比分析，注浆后强风化基岩层纵波波速增长了231m/s、横波波速增长了133m/s、提高比率为8.6%，煤层纵波波速增长了701m/s、横波波速增长了404m/s、提高比率为34.2%，中风化基岩层纵波波速增长了214m/s、横波波速增长了124m/s、提高比率为7.2%。岩土体的横波波速均大于250.0m/s，表明注浆后岩土体横波波速有所提高，密实度得到加固，注浆加固效果良好。

10.4.6 四标段注浆工程质量检测成果分析

1)单孔法波速测试

钻孔内测试15个/353m(采样间隔1.0m),其中:背景值测试孔3个,注浆后检测孔12个。在15个孔中,选取4个典型钻孔(图10.51~图10.54),特征如下:

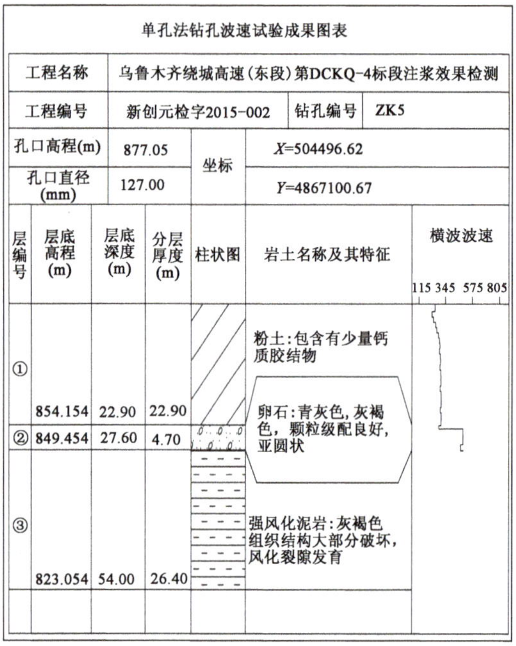

图10.51 ZK5孔单孔波速测试成果图

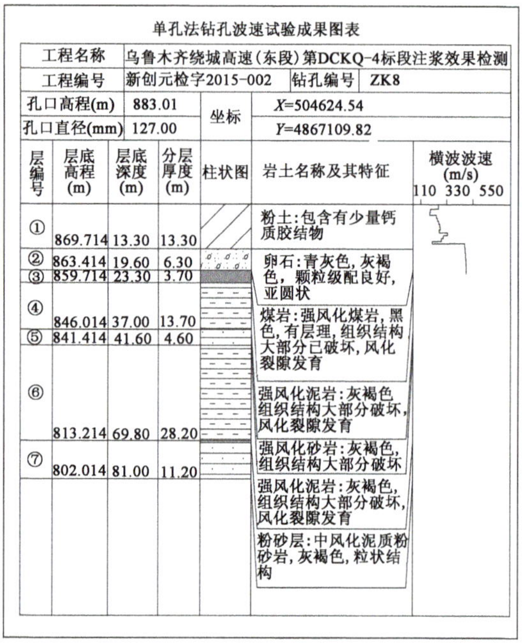

图10.52 ZK8孔单孔波速测试成果图

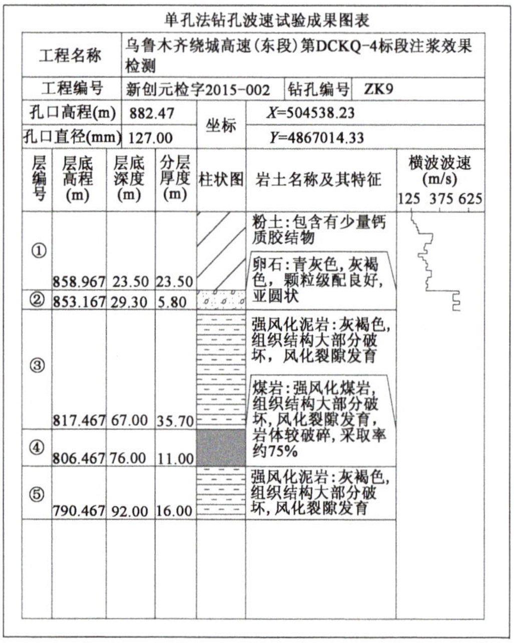

图10.53 ZK9孔单孔波速测试成果图

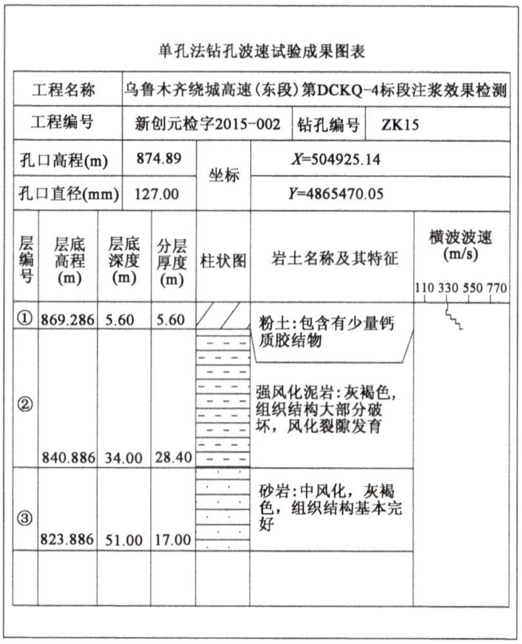

图10.54 ZK15孔单孔波速测试成果图

从图 10.51~图 10.54 可以看出:ZK5 孔为测试孔,粉土层单孔法平均横波波速为 237 m/s;卵石层单孔法平均横波波速为 425m/s。ZK8 孔为测试孔,粉土层单孔法平均横波波速为 254m/s;卵石层单孔法平均横波波速为 441m/s。ZK9 孔为测试孔,粉土层单孔法平均横波波速为 224m/s;卵石层单孔法平均横波波速为 463m/s。ZK15 为测试孔,卵石层单孔法平均横波波速为 455m/s。

2)钻孔超声波检测

钻孔内测试 15 个/353m(采样间隔 0.5m),其中:背景值测试孔 3 个,注浆后检测孔 12 个。在 15 个孔中,选取 4 个典型钻孔(图 10.55~图 10.58),特征如下。

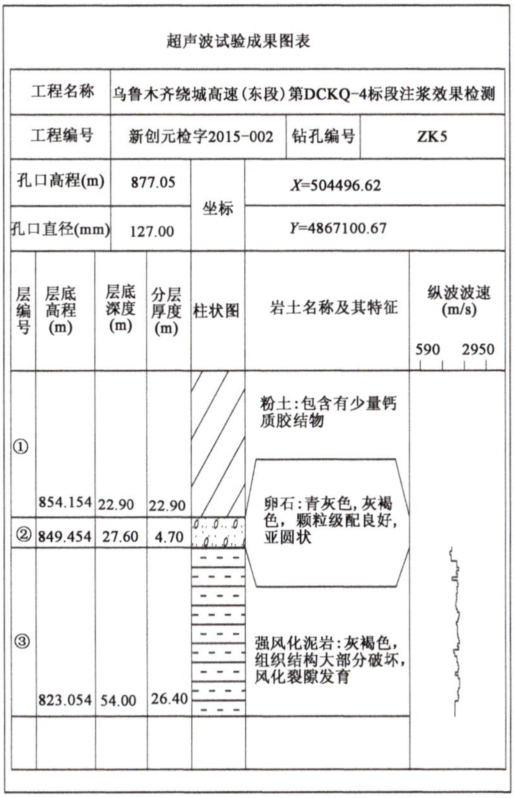

图 10.55　ZK5 孔超声波测试成果图

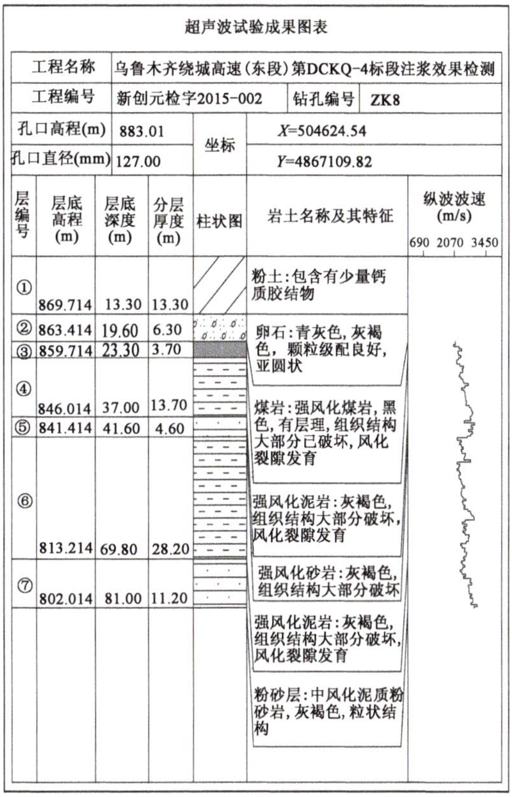

图 10.56　ZK8 孔超声波测试成果图

从图 10.55~图 10.58 可以看出:ZK5 孔强风化基岩平均超声纵波波速 2516m/s,换算后平均超声波横波波速 1454m/s。ZK8 孔强风化基岩平均超声纵波波速 2569m/s,换算后平均超声波横波波速 1485m/s;强风化煤层平均超声纵波波速 2381m/s,换算后平均超声波横波波速 1376m/s;中风化基岩平均超声纵波波速 2733m/s,换算后平均超声波横波波速 1580m/s。ZK9 孔强风化基岩平均超声纵波波速 2537m/s,换算后平均超声波横波波速 1466m/s;强风化煤层平均超声纵波波速 2417m/s,换算后平均超声波横波波速 1397m/s;中风化基岩平均超声纵波波速 3022m/s,换算后平均超声波横波波速 1747m/s。ZK15 孔中风化基岩平均超声纵波波速 2964m/s,换算后平均超声波横波波速 1713m/s。

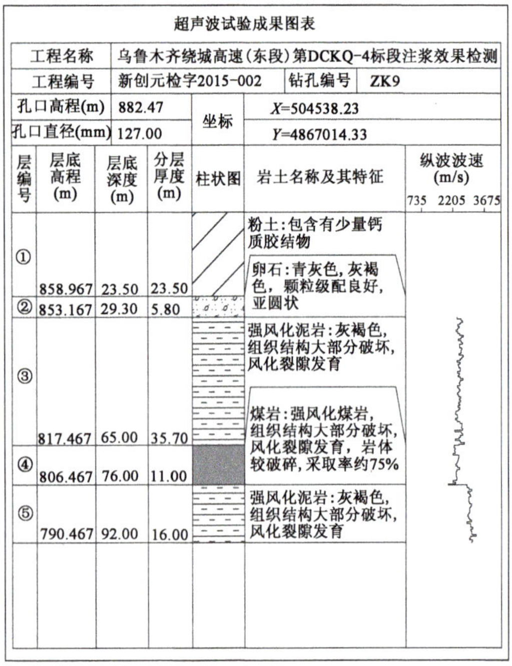

图 10.57 ZK9 孔超声波测试成果图 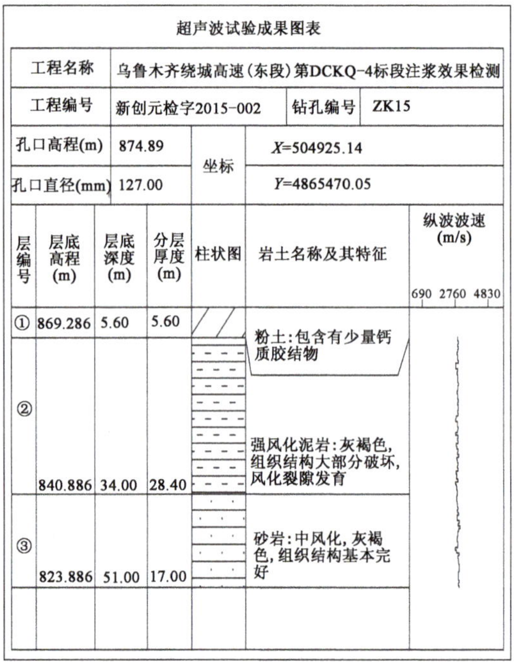　　　　　图 10.58 ZK15 孔超声波测试成果图

3）钻孔波速检测成果与分析

根据检测情况，对各检测孔检测指标汇总分析，汇总分析后的检测成果见表 10.26、表 10.27。

钻孔波速检测成果一览表　　表 10.26

钻孔性质	孔号	合格标准	地层岩性	平均横波波速（m/s）	超声波换算的纵波波速（m/s）	超声波换算的横波波速（m/s）	平均纵波波速增长值(m/s)/率(%)	成果评价
背景值孔	ZK1		粉土	165	—	—		强风化基岩平均纵波波速 2134 m/s，煤岩平均纵波波速 2054m/s，中风化基岩平均纵波波速 2559m/s
			卵石	223	—	—		
			强风化基岩		2115	1223		
背景值孔	ZK2	—	粉土	232	—	—		
			卵石	477	—	—		
			强风化基岩	—	2053	1187		
			强风化基岩		2171	1255		
			中风化基岩		2468	1427		
背景值孔	ZK3		粉土	185	—	—		
			卵石	476	—	—		
			强风化基岩		2114	1222		
			中风化基岩		2650	1532		
			微风化基岩		2809	1624		

续上表

钻孔性质	孔号	合格标准	地层岩性	平均横波波速（m/s）	超声波换算的纵波波速(m/s)	超声波换算的横波波速(m/s)	平均纵波波速增长值(m/s)/率(%)	成果评价
检测孔	ZK4	空隙或空洞采空区的平均横波波速大于250m/s	粉土	198	—	—	—	合格
			卵石	454	—	—	—	
			强风化基岩		2392	1383	259/12.1	
检测孔	ZK5		粉土	237	—	—	—	合格
			卵石	425	1820	1052	231/21.4	
			强风化基岩		2515	1454	382/17.9	
检测孔	ZK6		粉土	293	—	—	—	合格
			卵石	655	2740	1583	234/14.9	
			强风化基岩		2544	1471	409/19.2	
			中风化基岩		2956	1709	397/15.5	
检测孔	ZK7		粉土	154	—	—	—	合格
			卵石	341	—	—	—	
			强风化基岩		2574	1488	441/20.7	
检测孔	ZK8		粉土	254	—	—	—	合格
			卵石	441	—	—	—	
			强风化基岩		2569	1485	525/24.6	
			强风化煤岩		2380	1376	327/15.9	
			中风化基岩		2733	1580	174/6.8	
检测孔	ZK9		粉土	224	—	—	—	合格
			卵石	463	2076	1200	324/12.5	
			强风化基岩		2536	1466	403/18.9	
			强风化煤岩		2416	1397	363/17.7	
			中风化基岩		3022	1747	463/18.1	
检测孔	ZK10		粉土	212	—	—	—	合格
			卵石	467	—	—	—	
			强风化基岩		2456	1420	323/15.1	
			强风化煤岩		2477	1432	424/20.1	
检测孔	ZK11	空隙或空洞采空区的平均横波波速大于250m/s	粉土	167	—	—	—	合格
			卵石	523	—	—	—	
			强风化基岩		2729	1578	596/27.9	
			强风化基岩		2614	1511	560/27.2	
			中风化基岩		3070	1775	512/20.0	
检测孔	ZK12		卵石	346	—	—	—	合格

续上表

钻孔性质	孔号	合格标准	地层岩性	平均横波波速（m/s）	超声波换算的纵波波速（m/s）	超声波换算的横波波速（m/s）	平均纵波波速增长值（m/s）/率（%）	成果评价
检测孔	ZK12		泥岩		2788	1611	545/34.6	合格
			中风化基岩		2804	1621	245/9.6	
检测孔	ZK13	空隙或空洞采空区的平均横波波速大于250m/s	卵石	355	—	—	—	合格
			泥岩	—	2765	1598	321/12.5	
			中风化基岩		2911	1683	352/13.8	
检测孔	ZK14		卵石	444	—	—	—	合格
			砂岩	—	2788	1611	246/8.4	
			中风化基岩		2925	1691	367/14.3	
检测孔	ZK15		卵石	455	—	—	—	合格
			泥岩	—	2887	1668	134/12.5	
			中风化基岩		2963	1713	405/15.8	

超声波检测成果汇总表　　　表10.27

地层	注浆前超声波波速（m/s）	注浆后超声波波速（m/s）	注浆后横波波速增长值（m/s）/率（%）	注浆前超声波换算的横波波速（m/s）	注浆后超声波换算的横波波速（m/s）	注浆后超声波换算的横波波速增长值（m/s）/率（%）
强风化基岩	2143	2551	408/19.0	1239	1475	236/19.0
煤岩	2053	2473	420/20.5	1187	1429	249/20.5
中风化基岩	2559	2923	364/14.2	1479	1690	211/14.2

本次检测主要针对基岩地层，但在检测过程中测得粉土层的横波波速平均值为236m/s，卵石层的横波波速平均值为392m/s，注浆后卵石层的横波波速平均值为424m/s，横波波速增长了32m/s、提高比率为8.2%。

通过背景值与注浆后检测值的对比分析，注浆后强风化基岩层纵波波速增长了408m/s、横波波速增长了236m/s、提高比率为19.0%，煤层纵波波速增长了420m/s、横波波速增长了249m/s、提高比率为20.5%，中风化基岩层纵波波速增长了364m/s、横波波速增长了211m/s、提高比率为14.2%。岩土体的横波波速均大于250.0m/s，表明注浆后岩土体横波波速有所提高，密实度得到加固，注浆加固效果良好。

10.4.7　单孔法波速检测和超声波检测分析与结论

为了检测注浆工程的效果，检验测试方法的适用性，对注浆前后非注浆区（非采空塌陷段）进行了全孔测试，并按照岩性（如泥岩、砂岩、泥质砂岩等）分段、分类进行了波速统计对比，获取了良好的背景资料。在此基础上，进行钻孔内单孔波波速与超声波速测试，较为准确地评价了采空区注浆工程的质量。

1）单孔法波速检测

该方法主要针对浅层岩土层,在本次检测中主要检测第四系松散物,将一标段、二标段、三标段以及四标段的检测成果统计汇总(表10.28),成果表明:

(1)通过对单孔法波速检测值研究,第四系卵石层注浆前横波平均波速为343m/s,注浆后横波平均波速为401m/s,横波波速增长了58m/s、提高比率为17.0%。其他岩层测试数据较少,只具有一定的参考意义。

(2)注浆工程对卵石层有一定的影响,由于卵石层相对稳定,空隙以及裂隙不发育,注浆前后波速变化不大,检测成果与实际情况吻合。

单孔法波速检测值(m/s)成果汇总表　　　　表10.28

岩　层		一标段			二标段	三标段	四标段	注浆前横波平均值(m/s)/注浆后横波平均值(m/s)+增长值(m/s)/增长率(%)
		主线区	F、G区	A~E区				
卵石层	背景孔	367	269	360	367	305	392	343/401 + 58/17.0
	测试孔	451	319	440	437	335	424	
强风化泥岩	背景孔	—	494	—	—	—	—	494/535 + 41/8.3
	测试孔	—	557	513	—	—	—	
强风化煤岩	背景孔	—	480	—	—	—	—	480/635 + 155/27.8
	测试孔	—	557	712	—	—	—	

2)超声波波速检测

该方法主要针对深层岩土层,在本次检测中主要检测以强风化煤层为主,其次为强风化基岩与中风化基岩,将一标段、二标段、三标段以及四标段的检测成果统计汇总(表10.29),成果表明:

超声波横波波速检测值(m/s)成果汇总表　　　　表10.29

岩　层		一标段			二标段	三标段	四标段	注浆前横波平均值(m/s)/注浆后横波平均值(m/s)+增长值(m/s)/增长率(%)
		主线区	F、G区	A~E区				
强风化基岩	背景孔	1243	—	1347	1544	1544	1239	1383/1535 + 152/11.0
	测试孔	1439	—	1408	1677	1677	1475	
强风化煤岩	背景孔	1184	—	1239	1187	1187	1187	1197/1451 + 254/21.2
	测试孔	1317	—	1327	1591	1591	1429	
中风化基岩	背景孔	1453	—	1462	1720	1720	1479	1567/1707 + 140/8.9
	测试孔	1676	—	1483	1844	1844	1690	

(1)煤层注浆前横波平均波速为1197m/s,注浆后横波平均波速为1451m/s,横波波速增长了254m/s,提高比率为21.2%。由于煤层是受注层,空洞、裂隙发育,水泥粉煤灰结石体多,注浆前后波速变化大,两者差值为254m/s,处理前后波速比为1:1.11,注浆效果较好。

(2)强风化基岩注浆前横波平均波速为1383m/s,注浆后横波平均波速为1535m/s,横波波速增长了152m/s,提高比率为11.0%。由于强风化基岩大多数位于煤层之上,裂隙发育,水泥粉煤灰结石体较多,注浆前后波速变化较大,两者差值为152m/s,处理前后波速比为1:1.11,

注浆对该岩层影响较大,注浆效果较好。

(3)中风化基岩注浆前横波平均波速为1567m/s,注浆后横波平均波速为1707m/s,横波波速增长了140m/s、提高比率为8.9%。由于中风化基岩大多数位于煤层之下,裂隙不发育,水泥粉煤灰结石体较少,相对于其他两个岩层,注浆前后波速变化不大,两者差值为140m/s,处理前后波速比为1:1.09,注浆对该岩层影响较大,注浆有一定的效果。

3)检测结论

施工区与注浆工程有关的主要岩层为:卵石层、强风化基岩、强风化煤层以及中风化基岩四个,通过单孔波速和超声波波速检测,成果表明:第四系卵石层注浆前横波平均波速为343m/s,注浆后横波平均波速为401m/s,横波波速增长了58m/s、提高比率为17.0%。煤层注浆前横波平均波速为1197m/s,注浆后横波平均波速为1451m/s,横波波速增长了254m/s、提高比率为21.2%。强风化基岩注浆前横波平均波速为1383m/s,注浆后横波平均波速为1535m/s,横波波速增长了152m/s、提高比率为11.0%。中风化基岩注浆前横波平均波速为1567m/s,注浆后横波平均波速为1707m/s,横波波速增长了140m/s、提高比率为8.9%。按照《采空区公路设计与施工技术细则》(JTG/T D31-03—2011)规定,岩土体的横波波速均大于250.0m/s,表明注浆后岩土体横波波速有所提高,密实度得到加固,注浆加固效果良好。

10.5 地面高密度电法检测分析与研究

10.5.1 地面高密度电法检测原理与方法

1)地面高密度电法概述

在自然界中,由于岩石的种类、成分、结构、湿度和温度等因素不同,而具有不同的电学性质。高密度电法是以这种电性差为基础,利用仪器观测天文或人工的电场变化或岩土体电性差异,来解决某些地质问题的物探方法。主要是通过不同岩层或同一岩层由于成分和机构等因素的不同,而具有不同的电阻率,利用接地电极将直流电接入地下,建立稳定的人工电场,在地表观测某点垂直方向或某剖面的水平方面的电阻率变化,从而了解岩层的分布或构造地质特点。由于高密度电法可以实现电阻率的快速采集和现场数据处理,从而改变电法的传统模式。它集电剖面和电测深于一体,采用高密度布点,进行二维的电断面测量,提供的数据量大、信息多,并且观测精度较高、速度快,是寻找构造破碎带及划分电性差别较大介质界面最直观而有效的物探方法之一。

2)设备以及工作原理

本次高密度电法检测采用重庆地质仪器厂生产的DUK-2A高密度电法测试系统(图10.59),其主要性能如下:电压测试范围±6V;电压测量精度±1%;电流测量范围0~5A;电流测量精度±1%;输入阻抗≥50MΩ;50Hz工频压制≥80dB。

图10.59 高密度电法仪器

高密度电法的基本工作原理与常规电阻率法大体相同,它是以岩土体的电性差异为基础的一种电探方法,根据在施加电场作用下地层传导电流的分布规律,推断地下具有不同电阻率的地质体的赋存情况。高密度电法的原理是地下介质间的导电性差异,和常规电阻率法一样,它通过 A、B 电极向地下供电流 I,然后在 M、N 极间测量电位差 ΔV,从而可求得该点(M、N 之间)的视电阻率值(图 10.60)。根据实测的视电阻率剖面进行计算、分析,便可获得地层中的电阻率分布情况,从而可以划分地层,确定异常地层等。

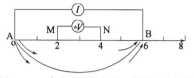

图 10.60　高密度电阻率法工作原理示意图

高密度电法数据采集系统(图 10.61)由主机、多路电极转换器、电极系统三部分组成。多路电极转换器通过电缆控制电极系统各电极的供电与测量状态。主机通过通信电缆、供电电缆向多路电极转换器发出工作指令,向电极供电并接收、存储测量数据。数据采集结果自动存入主机,主机通过通信软件把原始数据传输给计算机。计算机将数据转换成处理软件要求的数据格式,经相应处理模块进行畸变点剔除、地形校正等预处理后,做视电阻率等值线图。在等值线图上根据视电阻率的变化特征结合钻探、地质调查资料进行地质解释,并绘制出物探成果解释图。

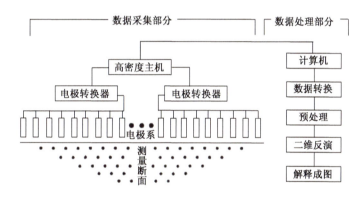

图 10.61　高密度电法系统示意图

3)设备以及工作原理

(1)注浆前背景值的试验点布置在注浆区域外且平行于拟建道路方向。

(2)注浆后大部分平行于路线方向均匀布线,局部垂直路线布线。

4)检测质量要求

高密度电法检测结果为地层二维视电阻率断面,根据电阻率的差别,推断出注浆范围及加固效果。通过在明显采空区位置进行高密度电法试验得到的采空区注浆体的电阻率与标准值(注浆前实地测试)比较,评价工程注浆效果质量。

10.5.2　一标段注浆工程质量检测成果分析

一标段注浆治理工程可分为三大部分:第 DCKQ-1 标段(主线 K19+630~K19+960)检测,西山连接线 A~E 区检测和连接线 F 区、G 区检测。

1)主线 K19+630~K19+960 检测

本区高密度电法检测共计9条/1033点。

(1)典型测线特征

GMD03测线:位于K19+630左侧35m~K19+960左侧60m处,该测线电阻率整体表现为浅部低深部高的特征。结合地调资料推测,本测线地表覆盖层主要为第四系黄土状粉土、卵石土,粉土电阻率相对较低,卵石土电阻率相对较高,该层分布连续,厚度较大且分布不均匀,厚度10~70m。下伏基岩主要为砂岩、泥岩、煤,基岩起伏较大,岩体较破碎,裂隙发育,电阻率值相对较高;测线里程110~449m段为注浆区域,整体电阻率较未注浆区域有所提高,结合钻探资料推测该测线位置注浆效果整体较好,整体视电阻率大于100Ω·m,其中测线里程320m段地表低阻为黄土状粉土的表现(粉土电阻率较低),下部高阻为卵石土的表现,较未注浆区域电阻率有所升高;测线里程365m为中心区域,出现低阻异常,结合地调资料推测为采空塌陷区因注浆后含水量较大所致,经钻孔揭露此区域内有少量浆液充填,推测为注浆效果一般区域;测线里程225m为中心深部,出现低阻异常,电阻率为10~40Ω·m的电性异常区域,结合地调资料推测为局部含煤所致。具体等值线图及分析图见图10.62、图10.63。

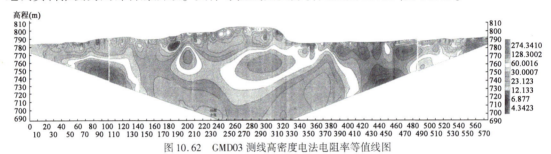

图10.62 GMD03测线高密度电法电阻率等值线图

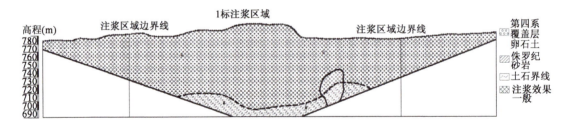

图10.63 GMD03测线物探解释断面图

GMD05测线:位于K19+630左侧3m~K19+960处,该测线电阻率整体表现为浅部低深部高的特征,结合地调资料推测,本测线地表覆盖层主要为第四系黄土状粉土、卵石土,粉土电阻率相对较低,卵石土电阻率相对较高,该层分布连续,厚度较大且分布不均匀,厚度10~65m。下伏基岩主要为砂岩、泥岩、煤,基岩面起伏较大,岩体较破碎,裂隙发育,电阻率值相对较高;测线里程113~445m段为注浆区域,整体电阻率较未注浆区域有所提高,结合钻探资料推测该测线位置注浆效果整体较好,整体视电阻率大于100Ω·m,整条测线地表及浅部低阻为黄土状粉土的表现(粉土电阻率较低),下部高阻为卵石土的体现,较未注浆区域电阻率有所升高;测线里程255m、335m为中心深部,出现相对较低低阻异常,电阻率为10~40Ω·m的电性异常区域,结合地调资料推测为局部含煤所致(经高压注浆后电阻率较未注浆的局部含煤区电阻率有所升高)。具体等值线图及分析图见图10.64、图10.65。

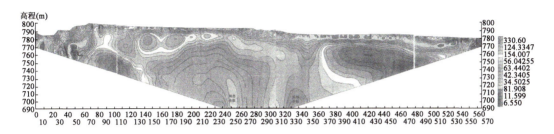

图 10.64　GMD05 测密度电法电阻率等值线图

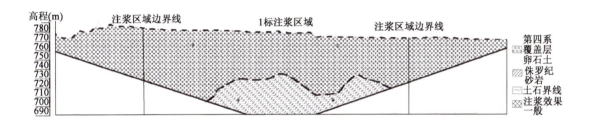

图 10.65　GMD05 测线物探解释断面图

GMD08 测线：位于 K19+630 右侧 95m～K19+960 右侧 95m 处，该测线电阻率整体表现为浅部低深部高的特征。结合地调资料推测，本测线地表覆盖层主要为第四系黄土状粉土、卵石土，粉土电阻率相对较低，卵石土电阻率相对较高，该层分布连续，厚度较大且分布不均匀，厚度 15～55m。下伏基岩主要为砂岩、泥岩、煤，基岩面起伏较大，岩体较破碎，裂隙发育，电阻率值相对较高；测线里程 116～438m 段为注浆区域，整体电阻率较未注浆区域有所提高，结合钻探资料推测，该测线位置注浆效果整体较好，整体视电阻率大于 $100\Omega \cdot m$，整条测线地表及浅部低阻为黄土状粉土的表现（粉土电阻率较低），下部高阻为卵石土的体现，较未注浆区域有所提高；测线里程 222～254m 段深部出现相对低阻异常，电阻率为 10～40$\Omega \cdot m$ 的电性异常区域，结合地调资料推测为局部含煤所致（经高压注浆后电阻率较未注浆的局部含煤区电阻率有所升高）。具体等值线图及分析图见图 10.66、图 10.67。

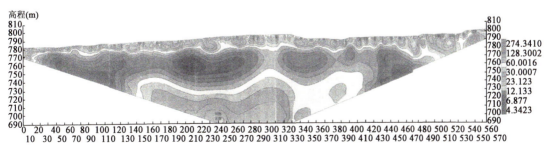

图 10.66　GMD08 测线高密度电法电阻率等值线图

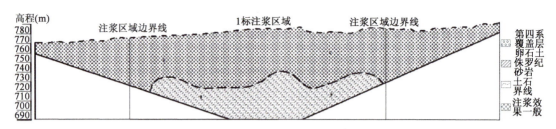

图 10.67 GMD08 测线物探解释断面图

(2)其他测线特征

GMD01 测线:位于 K19+630 左侧 110m~K19+960 左侧 120m 处,该测线电阻率整体表现为浅部高深部低的特征。结合地调资料推测,本测线地表覆盖层主要为第四系黄土状粉土、卵石土,粉土电阻率相对较低,卵石电阻率相对较高,该层分布连续,厚度较大且分布不均匀,厚度 10~50m。下伏基岩主要为砂岩、泥岩、煤,基岩起伏较大,岩体较破碎,裂隙发育,电阻率值相对较高;该测线为未注浆区域试验测线,该测线整体电阻率较注浆区域低;该测线 255~375m 段为采空塌陷区域,塌陷区土体松散不密实,且为地表水排水通道(土体含水),故电阻率值较低。

GMD02 测线:位于 K19+630 左侧 80m~K19+960 左侧 90m 处,该测线电阻率整体表现为浅部低深部高的特征。结合地调资料推测,本测线地表覆盖层主要为第四系黄土状粉土、卵石土,粉土电阻率相对较低,卵石电阻率相对较高,该层分布连续,厚度较大且分布不均匀,厚度 10~50m。下伏基岩主要为砂岩、泥岩、煤,基岩起伏较大,岩体较破碎,裂隙发育,电阻率值相对较高;测线里程 108~450m 段为注浆区域,整体电阻率较未注浆区域有所提高,结合钻探资料推测该测线位置注浆效果整体较好,整体视电阻率大于 $100\Omega\cdot m$,其中测线里程 80~260m 段地表低阻为黄土状粉土的表现(粉土电阻率较低),下部高阻为卵石土的表现,较未注浆区域电阻率有所提高;测线里程 365m 为中心区域出现低阻异常,电阻率为 $10~40\Omega\cdot m$ 的电性异常区域,结合地调资料推测为采空塌陷区因注浆后含水量较大所致,经钻孔揭露此区域内有少量浆液充填,推测为注浆效果一般区域;测线里程 235m、315m 为中心深部出现低阻异常,结合地调资料推测为局部含煤所致。

GMD04 测线:位于 K19+630 左侧 12m~K19+960 左侧 15m 处,该测线电阻率整体表现为浅部低深部高的特征。结合地调资料推测,本测线地表覆盖层主要为第四系黄土状粉土、卵石土,粉土电阻率相对较低,卵石电阻率相对较高,该层分布连续,厚度较大且分布不均匀,厚度 10~55m。下伏基岩主要为砂岩、泥岩、煤,基岩起伏较大岩体较破碎,裂隙发育,电阻率值相对较高;测线里程 111.5~445m 段为注浆区域,整体电阻率较未注浆区域有所提高,结合钻探资料推测该测线位置注浆效果整体较好,整体视电阻率大于 $100\Omega\cdot m$,其中测线里程 130~370m 段地表低阻为黄土状粉土的表现(粉土电阻率较低),下部高阻为卵石土的体现,较未注浆区域电阻率有所升高;测线里程 415m 为中心区域出现低阻异常,结合地调资料推测为采空塌陷区因注浆后含水量较大所致,经钻孔揭露此区域内有少量浆液充填,推测为注浆效果一般区域;测线里程 145m 位置出现低阻异常,电阻率为 $10~40\Omega\cdot m$ 的电性异常区域,结合钻探资料推测为富水区域(钻探揭露有浆液充填);测线里程275m为中心深部出现低阻异常,结合地调资料推测为局部含煤所致。

GMD06测线:位于K19+630右侧28m～K19+960右侧35m处,该测线电阻率整体表现为浅部低深部高的特征。结合地调资料推测,本测线地表覆盖层主要为第四系黄土状粉土、卵石土,粉土电阻率相对较低,卵石土电阻率相对较高,该层分布连续,厚度较大且分布不均匀,厚度10m～55m。下伏基岩主要为砂岩、泥岩、煤,基岩面起伏较大岩体较破碎,裂隙发育,电阻率值相对较高;测线里程114～443m段为注浆区域;整体电阻率较未注浆区域有所提高,结合钻探资料推测该测线位置注浆效果整体较好,整体视电阻率大于100Ω·m;测线里程134m位置浅部出现一低阻异常,结合钻探资料推测为富水区;测线里程255～290m段深部出现相对低阻异常,电阻率为10～40Ω·m的电性异常区域,结合地调资料推测为局部含煤所致(经高压注浆后电阻率较未注浆的局部含煤区电阻率有所升高)。

GMD07测线:位于K19+630右侧73m～K19+960右侧80m处,该测线电阻率整体表现为浅部低深部高的特征。结合地调资料推测,本测线地表覆盖层主要为第四系黄土状粉土、卵石土,粉土电阻率相对较低,卵石土电阻率相对较高,该层分布连续,厚度较大且分布不均匀,厚度12～55m。下伏基岩主要为砂岩、泥岩、煤,基岩面起伏较大,岩体较破碎,裂隙发育,电阻率值相对较高,测线里程116～438m段为注浆区域,整体电阻率较未注浆区域有所提高,结合钻探资料推测该测线位置注浆效果整体较好,整体视电阻率大于100Ω·m,整条测线地表及浅部低阻为黄土状粉土的表现(粉土电阻率较低),下部高阻为卵石土的体现,较未注浆区域有所提高;测线里程240～305m段深部以及385～425m段深部出现相对低阻异常,电阻率为10～40Ω·m的电性异常区域,结合地调资料推测为局部含煤所致(经高压注浆后电阻率较未注浆的局部含煤区电阻率有所升高)。

GMD09测线:位于K19+630右侧125m～K19+960右侧125m处,该测线电阻率整体表现为浅部高深部低的特征,该测线在未注浆区域内。结合地调资料推测,本测线地表覆盖层主要为第四系黄土状粉土、卵石土,粉土电阻率相对较低,卵石土电阻率相对较高,该层分布连续,厚度较大且分布不均匀,厚度10～55m。下伏基岩主要为砂岩、泥岩、煤,基岩面起伏较大,岩体较破碎,裂隙发育,电阻率值相对较高。测线为未注浆区域试验测线,测线整体电阻率较注浆区域低,测线地表低阻层为黄土状粉土的表现,下部高阻为卵石层。测线里程326～380m段为物探推测采空塌陷,采空区内含水的电阻率较低;测线里程200～285m段深部低阻推测为含煤。

(3)主线区高密度电法特征

未注浆区域GMD01测线结果表明:该测线电阻率整体表现为浅部高深部低的特征,结合地调资料推测,第四系厚度10～50m,基岩主要为砂岩、泥岩、煤,基岩起伏较大,岩体较破碎,裂隙发育。该测线整体电阻率较注浆区域低。测线里程255～375m段为采空塌陷区域,塌陷区土体松散不密实,且为地表水排水通道(土体含水),故电阻率值较低。

未注浆区域GMD09测线结果表明:该测线电阻率整体表现为浅部高深部低的特征,第四系厚度10～55m,电阻率相对较低;基岩主要为砂岩、泥岩、煤,基岩面起伏较大,岩体较破碎,裂隙发育,电阻率值相对较高。测线里程326～380m段为物探推测采空塌陷,采空区内含水的电阻率较低。测线里程200～285m段深部低阻推测为含煤。

注浆区域测线结果表明:测线电阻率整体表现为浅部高深部低的特征,第四系厚度10~55m,电阻率相对较低;基岩主要为砂岩、泥岩、煤,基岩面起伏较大,岩体较破碎,裂隙发育,电阻率值相对较高。注浆区域整体电阻率较未注浆区域有所提高。结合钻探资料推测,该测线位置注浆效果整体较好,整体视电阻率大于$100\Omega \cdot m$,在不同的测线上,深部出现相对低阻异常,电阻率为$10 \sim 40\Omega \cdot m$的电性异常区域,结合地质资料推测为局部含煤所致(经高压注浆后电阻率较未注浆的局部含煤区电阻率有所升高)。

2)西山连接线A~E区检测

本区高密度电法检测共计6条/180点。

(1)各区测线的分析评价结果

A区GMD1测线位于采空区注浆区域外(K16+543左侧32m~K16+573左侧35m处),为对比测线,电阻率相对较小,整体表现为浅部电阻率高局部较低;测线里程32m左右出现的低阻带状异常体推测为断层构造带;测线里程65m左右出现的低阻带状异常体推测为断层构造带(编号:F6,产状约240°∠79°);测线里程88m左右出现的低阻带状异常体推测为断层构造带(编号:F7,产状约47°∠79°);浅部的中~高阻体推测为填土层,其中在测线125~145m之间的电阻率值相对高。具体等值线图及分析图见图10.68、图10.69。

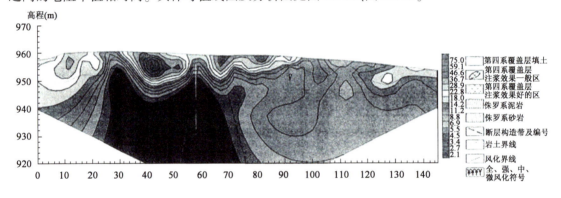

图10.68 GMD01测线高密度电法电阻率等值线图

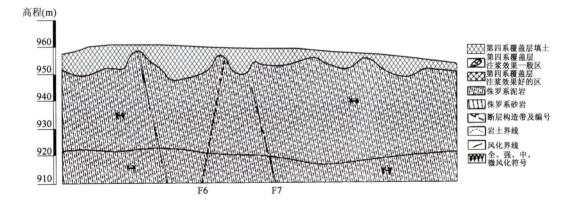

图10.69 GMD01测线物探解释断面图

A区GMD02测线:位于K16+543左侧19m～K16+573左侧18m处,该区的GMD2号测线电阻率相对较小,整体表现为浅部电阻率高局部较低;测线里程88m左右出现的低阻带状异常体推测为断层构造带(编号:F6,产状约240°∠79°);测线里程113m左右出现的低阻带状异常体推测为断层构造带(编号:F7,产状约47°∠79°);浅部的中～高阻体推测为填土层,厚度5～35m,其中在测线125～145m之间的电阻率值相对高,推测为B区注浆区(注浆后视电阻率明显变大,并且连成一体,推测注浆效果好),在注浆区(A区)内浅部基体连成一体,表面注浆效果整体较好,但是在填土层底部(85m为中心位置)出现相对较低的小团块状异常,推测该处的注浆效果一般(因含水量较大而呈现低阻特征);靠近注浆区的F6断层构造带因注浆使得其深部低阻表现不明显(推测有水泥液注入)。具体等值线图及分析图见图10.70、图10.71。

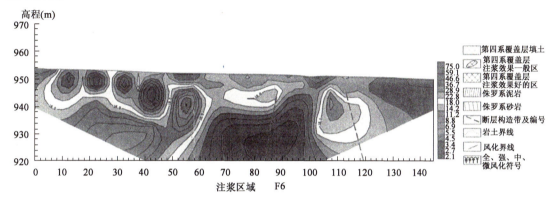

图10.70 GMD02测线高密度电法电阻率等值线图

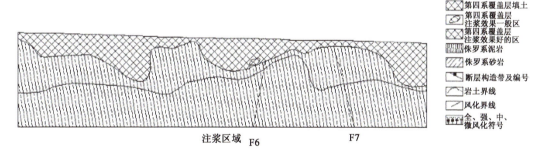

图10.71 GMD02测线物探解释断面图

B区GMD03测线:位于K16+612左侧19m～K16+677左侧30m处,该区的GMD3号测线电阻率相对较小,整体表现较高局部较低;测线里程120～140m之间出现的低阻区域(位于注浆区外),推测为含煤的泥岩层区;测线里程20m左右出现的低阻带状异常体,结合地调资料推测为断层构造带(编号:F7,产状约47°∠79°);浅部的中～高阻体推测为填土层,厚度0～20m,在注浆区(B区)内部连成一体,推测注浆效果好,但在浅部出现小范围的相对低阻区,推测注浆效果一般(因含水量较大而呈现低阻特征);测线起始位置0～7m左右位置为F6断层,且为A区注浆区域,注浆使得其浅部低阻表现不明显,电阻率表现为低～中阻(推测有水泥浆液注入),注浆效果一般。结合地调资料,测线60m、70m附近位置为煤层采空区后回填区域,电阻率表现为中~高阻,表面煤层采空后回填较密实,浅部注浆效果较好。具体等值线图及分析图见图10.72、图10.73。

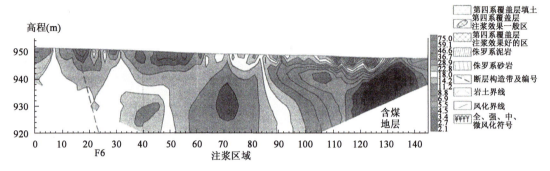

图10.72　GMD03测线高密度电法电阻率等值线图

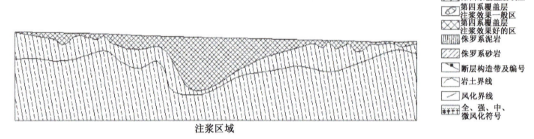

图10.73　GMD03测线物探解释断面图

C区GMD04测线:位于K16+625右侧10m~K16+706右侧15m处,该区的GMD4号测线电阻率相对较小,整体表现较高,局部较低;测线里程85~125m之间出现的低阻区域(位于注浆区外及注浆区一边的深部区内),推测为含煤的泥岩区,浅部电阻率呈高阻并联成一体,推测注浆效果好;测线里程60m左右出现的低阻带状异常体,结合地调资料推测为煤层;浅部的中~高阻体推测为填土层,厚度1~20m,在注浆区(C区)内浅部基本连成一体,表明注浆效果整体好,其中在测线右侧注浆边线位置可能存在水泥浆液向右侧较大规模扩散现象,测线中心附近的高阻异常体向下延伸大,推测为采空区的主要位置(回填注浆效果好,视电阻率高,同下伏的中风化泥岩不大);根据地质资料可知,测线70m附近位置为煤层采空区域,该位置出现团块状低阻异常,推测该处的注浆效果一般(也可能由于注浆时水下渗形成低阻异常)。具体等值线图及分析图见图10.74、图10.75。

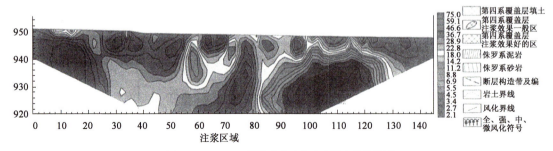

图10.74　GMD04测线高密度电法电阻率等值线图

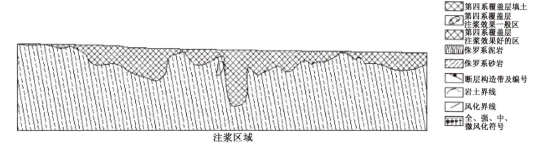

图 10.75 GMD04 测线物探解释断面图

D 区 GMD05 测线：位于 K16+907 左侧 30m～K16+957 左侧 35m 处，该区的 GMD5 号测线电阻率相对较小，整体表现为浅部电阻率变化较大；浅部的高阻体和测线 100～130m 之间的深部高阻体推测为素土层，厚度 3～40m；由于 100～130m 之间的高阻异常体位于注浆区边上，推测注浆过程中水泥浆液已经充填（未充填区因填土不密实而含有一定量的水而表现为低～中阻率特征），该测线注浆效果较好；测线局部低阻体结合钻探资料推测为含煤地层，该剖面上中风化基岩面深度大都超过了测试深度。[测线上局部填土层下方存在黏土层（残坡积土），由于其视电阻率和强风化岩石差异较小，解释剖面上将其划入全～强风化层。]具体等值线图及分析图见图 10.76、图 10.77。

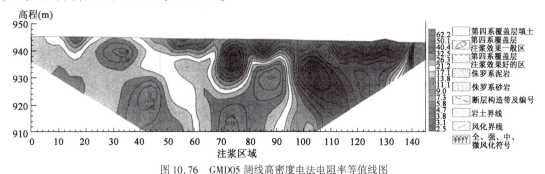

图 10.76 GMD05 测线高密度电法电阻率等值线图

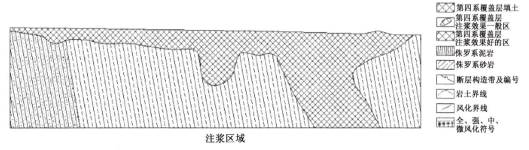

图 10.77 GMD05 测线物探解释断面图

E 区 GMD06 测线：位于 K16+916 右侧 36m～K16+976 右侧 31m 处，该区的 GMD6 号测线电阻率相对较小，整体表现为浅部电阻率变化较大；浅部的高阻体和测线里程 20m 为中心区填土表现为低阻特征（位于注浆加固区外，该处没有注浆，不密实且含水量大）；浅部的高阻体和测线里程 120～140m 之间的深部高阻推测为填土层，厚度 2～25m，该处注浆效果整体好,但在 76.0m 为中心的浅部出现低阻区异常,推测注浆效果一般(因土体不密实,含水量较大等因素呈现低阻特征);测线里程 80～100m 之间为在测线中心附近的高阻异常体向下延伸大,推测为采空区的主要位置(回填注浆效果好,视电阻率高,同下伏的中风化泥岩区别不大)。具体等值线图及分析图见图 10.78、图 10.79。

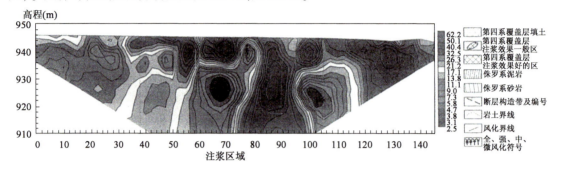

图 10.78　GMD06 测线高密度电法电阻率等值线图

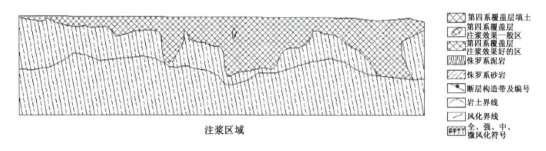

图 10.79　GMD06 测线物探解释断面图

(2)主线区高密度电法特征

未注浆区域 GMD1 测线结果表明:电阻率相对较小,整体表现为浅部电阻率高局部较低;测线里程 32m 左右出现的低阻带状异常体推测为断层构造带;测线里程 65m 左右出现的低阻带状异常体推测为断层构造带(编号:F6,产状约 240°∠79°);测线里程 88m 左右出现的低阻带状异常体推测为断层构造带(编号:F7,产状约 47°∠79°);浅部的中～高阻体推测为填土层,其中在测线 125～145m 之间的电阻率值相对高。

注浆区域测线结果表明:整体表现为浅部电阻率高局部较低;断层构造带为低阻带状异常体;深部电阻率值相对高,推测为注浆区注浆后,视电阻率明显变大,并且连成一体,推测注浆效果好,在注浆区浅部基体连成一体,表明注浆效果整体较好。局部煤层采空区域,出现团块状低阻异常,根据地质资料可知,推测该处的注浆效果一般(也可能由于注浆时水下渗形成低阻异常)。

3)西山连接线 F、G 区检测

本区高密度电法检测共计 5 条/300 点。

(1)各区测线的分析评价结果

GMD01 测线:位于 F 区匝道上(K17+787～K17+933 路基左侧),该测线电阻率整体表现为浅部低深部高的特征。结合地调资料推测,本测线地表覆盖层主要为第四系人工填土、冲洪积卵石土,因该层中含水电阻率相对较低,该层分布连续,厚度较大且分布不均匀,厚度15~25m。下伏基岩主要为泥岩、煤,局部夹薄层砂岩,基岩起伏较大,岩体较破碎,裂隙发育,电阻率值相对较高。测线里程80~224m段为注浆区域,整体电阻率较未注浆区域有所提高,结合钻探资料推测该测线位置注浆效果整体较好,整体视电阻率大于100Ω·m,其中测线里程80m为中心位置浅部、131m为中心位置浅部以及164~204m段浅部出现低阻异常,电阻率为10~40Ω·m的电性异常区域,结合钻孔资料推测为富水区域(钻孔揭露浆液充填较好,推测为因为含水量较大而引起的低阻异常)。地表里程95m附近位置出现电阻率梯度异常,结合地调资料推测为断层破碎带(编号F6),经高压注浆之后断层位置电阻率明显增高,断层在电阻率等值线图中表现稍不明显,推测断层所在位置注浆效果也较好。具体等值线图及分析图见图10.80、图10.81。

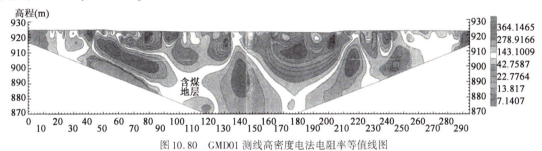

图10.80 GMD01测线高密度电法电阻率等值线图

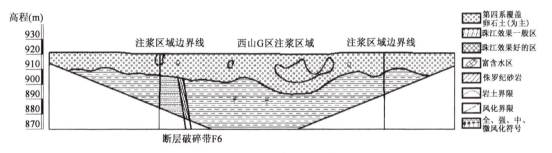

图10.81 GMD01测线物探解释断面图

GMD02测线:位于K17+787左侧70m处匝道~K17+933左侧40m处,该测线电阻率整体表现为浅部低深部高的特征。结合地调资料推测,本测线地表覆盖层主要为第四系人工填土、冲洪积卵石土,因该层中含水电阻率相对较低,该层分布连续,厚度较大且分布不均匀,厚度15~25m。下伏基岩主要为泥岩、煤,局部夹薄层砂岩,基岩起伏较大,岩体较破碎,裂隙发育,电阻率值相对较高。测线里程136~259m段为注浆区域,整体电阻率较未注浆区域有所提高,结合钻探资料推测该测线位置注浆效果整体较好,其中测线里程70m为中心位置浅部、105m为中心位置浅部、134m为中心位置浅部以及152~188m段浅部出现低阻异常,电阻率为10~40Ω·m的电性异常区域,结合钻孔资料推测为富水区域(钻孔揭露浆液充填较好,推测为因为含水量较大而引起的低阻异常)。地表里程98m附近位置出现电阻率梯度异常,结合地调资料推测为断层破碎带(编号F6),经高压注浆之后断层位置电阻率明显增高,断层在电阻率等值线图中表现稍不明显,推测断层所在位置注浆效果也较好。具体等值线图及分析图见图10.82、图10.83。

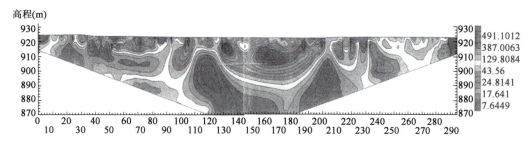

图 10.82 GMD02 测线高密度电法电阻率等值线图

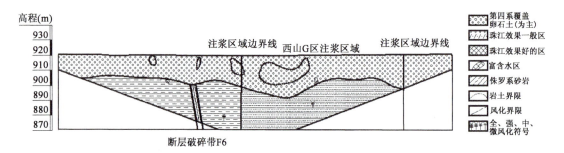

图 10.83 GMD02 测线物探解释断面图

GMD03 测线:位于 K17+787 左侧 100m 处匝道～K17+933 左侧 45m 处,该测线电阻率整体表现为浅部低深部高的特征,结合地调资料推测,本测线地表覆盖层主要为第四系人工填土、冲洪积卵石土,因该层中含水电阻率相对较低,该层分布连续,厚度较大且分布不均匀,厚度 15～20m。下伏基岩主要为泥岩、煤,局部夹薄层砂岩,基岩起伏较大,岩体较破碎,裂隙发育,电阻率值相对较高,整体视电阻率大于 $80\Omega \cdot m$。测线里程 71～211m 段为注浆区域,整体电阻率较未注浆区域有所提高,结合钻探资料推测该测线位置注浆效果整体较好,其中测线里程 115m 附近位置、198m 附近位置出现低阻异常,电阻率为 10～40Ω·m 的电性异常区域,结合钻孔资料推测为含煤地层引起。地表里程 80m 附近位置出现电阻率梯度异常,结合地调资料推测为断层破碎带(编号 F6),经高压注浆之后断层位置电阻率明显增高,断层在电阻率等值线图中表现稍不明显,推测断层所在位置注浆效果也较好。具体等值线图及分析图见图 10.84、图 10.85。

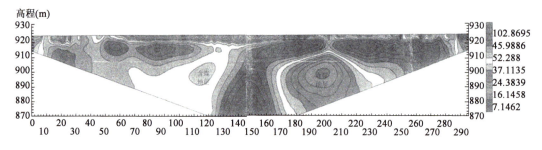

图 10.84 GMD03 测线高密度电法电阻率等值线图

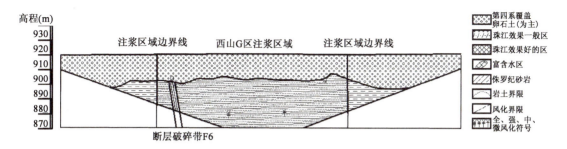

图 10.85　GMD03 测线物探解释断面图

GMD04 测线:位于 K17+787 左侧 20m 处匝道~K17+933 左侧 20m 处,该测线电阻率整体表现为浅部低深部高的特征。结合地调资料推测,本测线地表覆盖层主要为第四系人工填土、冲洪积卵石土,因该层中含水电阻率相对较低,该层分布连续,厚度较大且分布不均匀,厚度 10~25m。下伏基岩主要为泥岩、煤,局部夹薄层砂岩;基岩起伏较大,岩体较破碎,裂隙发育,电阻率值相对较高。测线里程 94~254m 段为注浆区域,整体电阻率较未注浆区域有所提高,整体视电阻率大于 $100\Omega \cdot m$,结合钻探资料推测该测线位置注浆效果整体较好,其中测线里程 114m 附近位置、234m 附近位置出现低阻异常,电阻率为 $10~40\Omega \cdot m$ 的电性异常区域,结合钻孔资料推测为富水区域(钻孔揭露浆液充填较好,推测为因为含水量较大而引起的低阻异常)。地表里程 90m 附近位置出现电阻率梯度异常,结合地调资料推测为断层破碎带(编号 F6),经高压注浆之后断层位置电阻率明显增高,断层在电阻率等值线图中表现稍不明显,推测断层所在位置注浆效果也较好。具体等值线图及分析图见图 10.86、图 10.87。

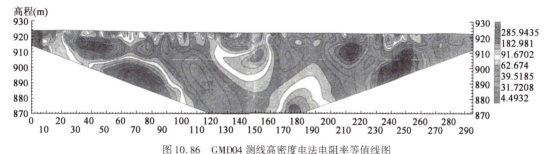

图 10.86　GMD04 测线高密度电法电阻率等值线图

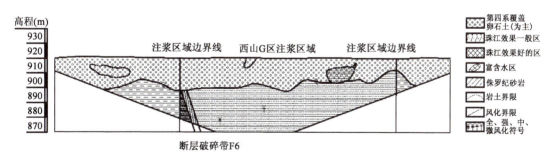

图 10.87　GMD04 测线物探解释断面图

GMD05 测线:位于 K17+787 左侧 160m~K17+933 左侧 160m 处,为对比测线,该测线电阻率整体表现为浅部低深部高的特征。该测线布设在未进行高压注浆区域,整体视电阻率较低。结合地调资料推测,本测线地表覆盖层主要为第四系人工填土、冲洪积卵石土,因该层中含水电阻率相对较低,该层分布连续,厚度较大且分布不均匀,厚度10~25m。下伏基岩主要为泥岩、煤,局部夹薄层砂岩;基岩起伏较大,岩体较破碎,裂隙发育,电阻率值相对较高,整体视电阻率大于60Ω·m。测线里程210m段附近位置出现低阻异常,结合钻孔资料推测为含煤地层引起。测线里程20~46m段浅部位置、86~112m段浅部位置以及126~136m段浅部位置出现低阻异常,电阻率为10~40Ω·m的电性异常区域,结合钻孔资料推测为富水区域(地下水稳定水位较低,推测为因为含水量较大而引起的低阻异常)。地表里程86m附近位置出现电阻率梯度异常,结合地调资料推测为断层破碎带(编号F6),断层破碎带内电阻率较低,岩体破碎,富含裂隙水。

(2)西山连接线F、G区高密度电法特征

未注浆区域GMD05测线结果表明:该测线电阻率整体表现为浅部高深部低的特征,第四系厚度10~25m,电阻率相对较低;基岩主要为砂岩、泥岩、煤;基岩面起伏较大,岩体较破碎,裂隙发育,电阻率值相对较高,整体视电阻率大于60Ω·m。测线里程210m段附近位置出现低阻异常,结合钻孔资料推测为含煤地层引起。测线里程20~46m段浅部位置、86~112m段浅部位置以及126~136m段浅部位置出现低阻异常,电阻率为10~40Ω·m的电性异常区域,结合钻孔资料推测为富水区域(地下水稳定水位较低,推测为因为含水量较大而引起的低阻异常)。地表里程86m附近位置出现电阻率梯度异常,结合地调资料推测为断层破碎带(编号F6),断层破碎带内电阻率较低,岩体破碎,富含裂隙水。

注浆区域测线结果表明:测线电阻率整体表现为浅部高深部低的特征,第四系厚度10~25m,电阻率相对较低;基岩主要为砂岩、泥岩、煤;基岩面起伏较大,岩体较破碎,裂隙发育,电阻率值相对较高,注浆区域,整体电阻率较未注浆区域有所提高,结合钻探资料推测该测线位置注浆效果整体较好,整体视电阻率大于100Ω·m,在不同的测线上,出现低阻异常,电阻率为10~40Ω·m的电性异常区域,结合钻孔资料推测为含煤地层或富水区域(地下水稳定水位较低,推测为因为含水量较大而引起的低阻异常)。同时,相应位置出现电阻率梯度异常,结合地调资料推测为断层破碎带,断层破碎带内电阻率较低,岩体破碎,富含裂隙水。

10.5.3 二标段注浆工程质量检测成果分析

本区高密度电法检测共计9条/1080点。

1)典型测线特征

GMD01测线:位于K21+220左侧60m~K21+880左侧58m处,该测线视电阻率相对较低,整体表现为浅部电阻率相对较高中部略低深部高,有煤层分布段较低的特征。测线261~923m段为本次注浆段,该段整体视电阻率值较未注浆区域有所升高,物探推测该测线所在位置注浆效果整体较好。测线250~550m段、650~980m段视电阻率值整段略低,推测为受煤层(低阻)所影响。测线460~530m段探测深度范围内中部,出现视电阻率团块状低阻异常,结合钻探资料推测为注浆效果一般区域;测线840~915m段探测深度范围内深部出现视电阻率条带状异常,结合钻探资料推测为注浆效果一般区域。具体等值线图及分析图见图10.88、图10.89。

第10章 采空区注浆工程质量检测

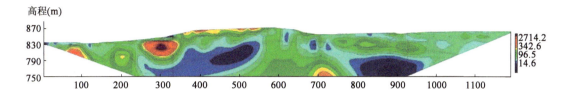

图 10.88　GMD01 测线高密度电法电阻率等值线图

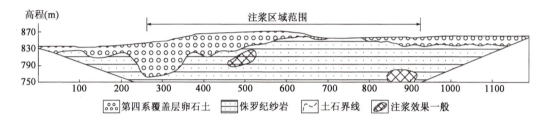

图 10.89　GMD01 测线物探解释断面图

GMD04 测线：位于 K21+220 左侧 20m～K21+880 左侧 18m 处，该测线视电阻率相对较低，整体表现为浅部电阻率相对较高中部略低深部高，有煤层分布段较低的特征。测线 263～924m 段为本次注浆段，该段整体视电阻率值较未注浆区域有所升高，物探推测该测线所在位置注浆效果整体较好。测线 250～520m 段、630～1040m 段视电阻率值整段略低，推测为受煤层（低阻）影响所致。测线 263～280m 段探测深度范围内中部，出现视电阻率团块状低阻异常，结合钻探资料推测为注浆效果一般区域；测线 375～455m 段探测深度范围内中部出现视电阻率团块状异常，结合钻探资料推测为注浆效果一般区域；测线 460～495m 段探测深度范围内浅部出现视电阻率条带状异常，结合钻探资料推测为注浆效果一般区域；测线 630～640m 段探测深度范围内中部出现视电阻率值低阻异常，结合钻探资料推测为注浆效果一般区域；测线 805～840m 段探测深度范围内深部出现视电阻率值低阻异常。结合钻探资料推测为注浆效果一般区域。具体等值线图及分析图见图 10.90、图 10.91。

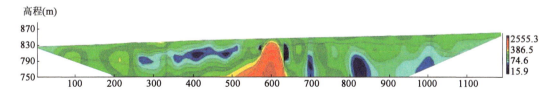

图 10.90　GMD04 测线高密度电法电阻率等值线图

GMD05 测线：位于 K21+220 右侧 18m～K21+880 右侧 19m 处，该测线电阻率相对较低，整体表现为浅部电阻率相对较高中部略低深部高，有煤层分布段较低的特征。测线 266～925m 段为本次注浆段，该段整体视电阻率较未注浆区域有所升高，物探推测该测线所在位置注浆效果整体较好。测线 230～530m 段、680～1020m 段电阻率整段略低，出现视电阻率团块状低阻异常,结合钻探资料推测为注浆效果一般区域。测线 345~380m 段探测深度范围内中部出现视电阻率团块状异常,结合钻探资料推测为注浆效果一般区域;测线 470~530m 段探测深度范围内浅部出现视电阻率条带状异常,结合钻探资料推测为注浆效果一般区域;测线 690~740m 段探测深度范围内中部视电阻率值低阻异常,结合钻探资料推测为注浆效果一般区域。具体等值线图及分析图见图10.92、图10.93。

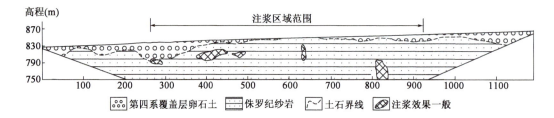

图 10.91 GMD04 测线物探解释断面图

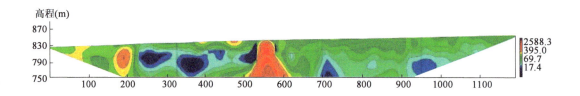

图 10.92 GMD05 测线高密度电法电阻率等值线图

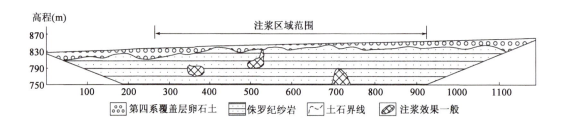

图 10.93 GMD05 测线物探解释断面图

2)其他测线特征

GMD02 测线:位于 K21+220 左侧 45m~K21+880 左侧 42m 处,该测线视电阻率相对较低,整体表现为浅部电阻率相对较高中部略低深部高,有煤层分布段较低的特征。测线 263~924m 段为本次注浆段,该段整体视电阻率值较未注浆区域有所升高,物探推测该测线所在位置注浆效果整体较好。测线 250~550m 段、660~960m 段视电阻率值整段略低,推测为受煤层(低阻)影响所致。测线 275~330m 段探测深度范围内深部,出现视电阻率团块状低阻异常,结合钻探资料推测为注浆效果一般区域;测线 380~530m 段探测深度范围内中部出现视电阻率条带状异常,结合钻探资料推测为注浆效果一般区域;测线 835~895m 段探测深度范围内深部出现视电阻率条带状异常,结合钻探资料推测为注浆效果一般区域。

GMD03 测线:位于 K21+220 左侧 30m~K21+880 左侧 30m 处,该测线视电阻率相对较低,整体表现为浅部电阻率相对较高中部略低深部高,有煤层分布段较低的特征。测线 263~924m 段为本次注浆段,该段整体视电阻率值较未注浆区域有所升高,物探推测该测线所在位置注浆效果整体较好。测线 240~570m 段、630~1040m 段视电阻率值整段略低,推测为受煤层(低阻)影响所致。测线 265~315m 段探测深度范围内深部,出现视电阻率团块状低阻异常,结合钻探资料推测为注浆效果一般区域;测线 430~500m 段探测深度范围内中部出现视电阻率条带状异常,结合钻探资料推测为注浆效果一般区域;测线 785~924m 段探测深度范围内深部出现视电阻率条带状异常,结合钻探资料推测为注浆效果一般区域。

GMD06 测线:位于 K21+220 右侧 30m~K21+880 右侧 21m 处,该测线电阻率相对较低,整体表现为浅部电阻率相对较高中部略低深部高,有煤层分布段较低的特征。测线 267~926m 段为本次注浆段,该段整体视电阻率较未注浆区域有所升高,物探推测该测线所在位置注浆效果整体较好。测线 265~570m 段、645~1040m 段视电阻率整段略低,推测为受煤层(低阻)影响而致。测线 280~310m 段探测深度范围内中部,出现视电阻率团块状异常。结合钻探资料推测为注浆效果一般区域;测线 390~420m 段探测深度范围内中部出现视电阻率团块状异常,结合钻探资料推测为注浆效果一般区域;测线 470~565m 段探测深度范围内中部出现视电阻率团块状异常,结合钻探资料推测为注浆效果一般区域;测线 540~565m 段探测深度范围内中部视电阻率值条带状异常,结合钻探资料推测为注浆效果一般区域;测线 660~690m 段探测深度范围内深部出现视电阻率低阻异常,物探推测为注浆效果一般区域;测线 810~860m 段探测深度范围内深部出现视电阻率值低阻异常,物探推测为注浆效果一般区域。

GMD07 测线:位于 K21+220 右侧 42m~K21+880 右侧 35m 处,该测线视电阻率相对较低,整体表现为浅部电阻率相对较高中部略低深部高,有煤层分布段较低的特征。测线 268~926m 段为本次注浆段,该段整体视电阻率值较未注浆区域有所升高,物探推测测线所在位置注浆效果整体较好。测线 240~580m 段、730~1030m 段视电阻率值略低,推测为受煤层(低阻)影响而致,其中测线 400~500m 段探测深度范围内中部、540~565m 段探测深度范围内中部视电阻率值更低,物探推测为注浆效果一般区域;测线 650~690m 段探测深度范围内深部出现视电阻率值低阻异常,物探推测为注浆效果一般区域;测线 820~855m 段探测深度范围内深部出现视电阻率值低阻异常,物探推测为注浆效果一般区域。

GMD08 测线:位于 K21+220 右侧 52m~K21+880 右侧 60m 处,该测线视电阻率相对较低,整体表现为浅部电阻率相对较高中部略低深部高,有煤层分布段较低的特征。测线 268~927m 段为本次注浆段,该段整体视电阻率值较未注浆区域有所升高,物探推测测线所在位置注浆效果整体较好。测线 250~560m 段视电阻率值略低,推测为受煤层(低阻)影响而致,其中测线 385~410m 段探测深度范围内浅部、410~490m 段探测深度范围内深部物探推测为注浆效果一般区域;测线 835~905m 段探测深度范围内深部出现视电阻率值低阻异常,物探推测为注浆效果一般区域。

GMD09 测线:位于 K21+220 右侧 65m~K21+880 右侧 75m 处,该测线视电阻率值较低,呈浅部低中部较低深部较高的特征,为未注浆区域的试验测线。该测线地表覆盖层主要为第四系冲洪积粉土、卵石土,部分地段基岩出露,电阻率相对较低,下伏基岩主要为西山窑组砂岩,厚度不均。探测深度范围内下伏基岩上部主要为全~强风化层,下部主要为中风化层,电阻率值高。测线里程240~290m段出现带状低阻异常区域,推测为采空回填区、富水;测线里程300~460m段、500~580m段出现电阻率值带状低阻异常,结合地调资料推测为受含煤地层影响而表现电阻率值较低;测线里程730~1000m段探测深度范围内深部出现电阻率值带状低阻异常,结合地调资料推测为富水区。

3)二标段高密度电法特征

注浆区域GMD09测线结果表明:该测线电阻率整体较低,呈浅部低中部较低深部较高的特征,第四系厚度0~25m;下伏基岩电阻率值相对较高,整体视电阻率大于80Ω·m,测线里程240~290m段出现带状低阻异常区域,推测为采空回填区、富水;测线里程300~460m段、500~580m段出现电阻率值带状低阻异常,结合地调资料推测为受含煤地层影响而表现电阻率值较低;测线里程730~1000m段探测深度范围内深部出现电阻率值带状低阻异常,结合地调资料推测为富水区。

注浆区域测线结果表明:整体表现为浅部电阻率高局部较低,深部电阻率值相对高,推测为注浆区注浆后视电阻率明显变大,整体视电阻率大于80Ω·m,并且连成一体,推测注浆效果好,在注浆区浅部基体连成一体,表明注浆效果整体较好。

10.5.4 三标段注浆工程质量检测成果分析

本区高密度电法检测共计9条/1044点。

1)典型测线特征

GMD03测线:位于K21+880左侧10m~K22+280左侧15m处,该测线电阻率整体较低,表现为浅部相对较高、中部略低、深部高的特征。测线地表覆盖层主要为第四系冲洪积粉土、卵石土,电阻率相对较低,厚度10~35m。下伏基岩主要为泥岩,下伏基岩上部主要为全~强风化层,下部主要为中~微风化层,电阻率值相对较高。测线里程84~468m段为注浆区域,整体电阻率较未注浆区域电阻率有所提高,整体视电阻率大于80Ω·m,结合钻孔资料综合推测整体注浆效果较好。测线里程263m附近位置出现电阻率值带状低阻异常,电阻率为10~40Ω·m的电性异常区域,结合地调资料推测为碗窑沟断裂(编号:F2,产状69°∠80°),该断层为逆冲断层,受其影响,测线里程260~310m段深部岩体破碎,富含裂隙水,电阻率相对较低,推测为富水区。具体等值线图及分析图见图10.94、图10.95。

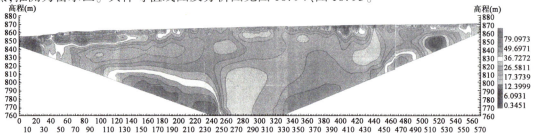

图10.94 GMD03测线高密度电法电阻率等值线图

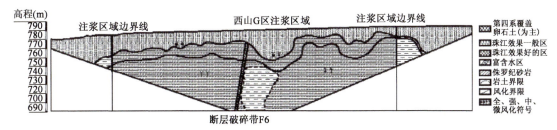

图 10.95 GMD03 测线物探解释断面图

GMD05 测线:位于 K21+880 右侧 11m~K22+280 右侧 7m 之间,该测线电阻率整体较低,表现为浅部相对较高、中部略低、深部高的特征。测线地表覆盖层主要为第四系冲洪积粉土、卵石土,电阻率相对较低,厚度 10~35m。下伏基岩主要为泥岩,下伏基岩上部主要为全~强风化层,下部主要为中~微风化层,电阻率值相对较高,整体视电阻率大于 $100\Omega \cdot m$。测线里程 82~470m 段为注浆区域,整体电阻率较未注浆区域电阻率有所提高,结合钻孔资料综合推测整体注浆效果较好。测线里程 261m 附近位置出现高密度电法梯度异常,电阻率为 10~$40\Omega \cdot m$ 的电性异常区域,结合地调资料推测为碗窑沟断裂(编号:F2,产状 69°∠80°),该断层为逆冲断层,受其影响,测线里程 262~308m 段深部岩体破碎,富含裂隙水,电阻率相对较低,推测为富水区。具体等值线图及分析图见图 10.96、图 10.97。

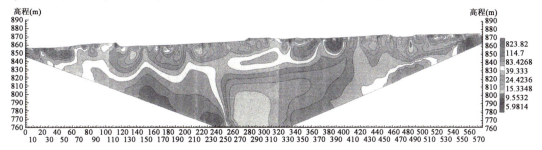

图 10.96 GMD05 测线高密度电法电阻率等值线图

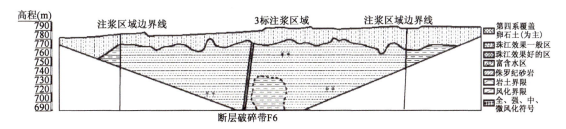

图 10.97 GMD05 测线物探解释断面图

GMD08 测线:位于 K21+880 右侧 48m~K22+280 左侧 44m 处,该测线电阻率整体较低,表现为浅部相对较高、中部略低、深部高的特征。测线地表覆盖层主要为第四系冲洪积粉土、卵石土,电阻率相对较低,厚度 10~20m。下伏基岩主要为泥岩,下伏基岩上部主要为全~强风化层,下部主要为中~微风化层,电阻率值相对较高。整体视电阻率大于 $80\Omega \cdot m$,测线里程 76~476m 段为注浆区域,整体电阻率较未注浆区域电阻率有所提高,结合钻孔资料综合推测整体注浆效果较好。其中测线里程 149~238m 段表现低阻,推测为粉土的体现(粉土电阻率较低);测线里程 269m 附近位置出现高密度电法梯度异常,电阻率为 10~40Ω·m 的电性异常区域,结合地调资料推测为碗窑沟断裂(编号:F2,产状 69°∠80°),该断层为逆冲断层,受其影响,测线里程 274~312m 段深部岩体破碎,富含裂隙水,电阻率相对较低,推测为富水区。具体等值线图及分析图见图 10.98、图 10.99。

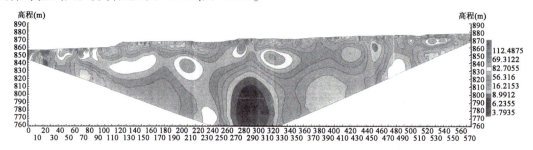

图 10.98 GMD08 测线高密度电法电阻率等值线图

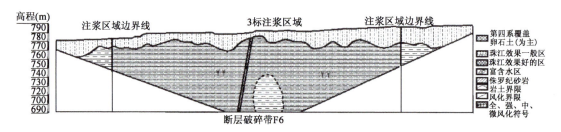

图 10.99 GMD08 测线物探解释断面图

2)其他测线特征

GMD01 测线:位于 K21+880 左侧 30m 处~K22+280 左侧 37m 处,该测线电阻率整体较低,表现为浅部低深部高的特征,为未注浆的试验测线。测线地表覆盖层主要为第四系冲洪积粉土、卵石土,电阻率相对较低,厚度 10~30m,下伏基岩主要为泥岩,下伏基岩上部主要为全~强风化层,下部主要为中~微风化层,电阻率值相对较高。整体视电阻率大于 50Ω·m,测线 70~125m 段出现低阻异常区域,结合地调资料推测为采空区(地面出现裂缝、塌陷)。测线里程 180m 为中心高程 842m 附近位置出现低阻异常区域,电阻率为 10~40Ω·m 的电性异常区域,推测为富水区域,区内岩体较破碎,裂隙发育,富含裂隙水。测线里程 264m 附近位置出现高密度电法梯度异常,结合地调资料推测为碗窑沟断裂(编号:F2,产状 69°∠80°),该断层为逆冲断层。

GMD02 测线:位于 K21+880 左侧 18m~K22+280 左侧 24m 处,该测线电阻率整体较低,表现为浅部相对较高、中部略低、深部高的特征,为未注浆的试验测线。测线地表覆盖层主要为第四系冲洪积粉土、卵石土,电阻率相对较低,厚度 10~30m。下伏基岩主要为泥岩,下伏基岩上部主要为全~强风化层,下部主要为中~微风化层,电阻率值相对较高。整体视电阻率大于 50Ω·m,测线里程 85~468m 段为注浆区域,整体电阻率较未注浆区域电阻率有所提高,结合钻孔资料综合推测整体注浆效果较好。测线里程 263m 附近位置出现电阻率值带状低阻异常,电阻率为 10~40Ω·m 的电性异常区域,结合地调资料推测为碗窑沟断裂(编号:F2,产状

69°∠80°),该断层为逆冲断层。

GMD04 测线:位于 K21+880 左侧 1m~K22+280 左侧 6m 处,该测线电阻率整体较低,表现为浅部相对较高、中部略低、深部高的特征。测线地表覆盖层主要为第四系冲洪积粉土、卵石土,电阻率相对较低,厚度 10~30m,下伏基岩主要为泥岩,下伏基岩上部主要为全~强风化层,下部主要为中~微风化层,电阻率值相对较高。整体视电阻率大于 $80\Omega \cdot m$,测线里程 83~469m 段为注浆区域,整体电阻率较未注浆区域电阻率有所提高,结合钻孔资料综合推测整体注浆效果较好。测线里程 265m 附近位置出现高密度电法梯度异常,电阻率为 $10~40\Omega \cdot m$ 的电性异常区域,结合地调资料推测为碗窑沟断裂(编号:F2,产状 69°∠80°),该断层为逆冲断层,受其影响,测线里程 264~284m 段和 332~356m 段深部岩体破碎,富含裂隙水,电阻率相对较低,推测为富水区。

GMD06 测线:位于 K21+880 右侧 32m~K22+280 右侧 28m 处,该测线电阻率整体较低,表现为浅部相对较高、中部略低、深部高的特征。测线地表覆盖层主要为第四系冲洪积粉土、卵石土,电阻率相对较低,下伏基岩主要为泥岩,厚度 10~30m。下伏基岩上部主要为全~强风化层,下部主要为中~微风化层,电阻率值相对较高。整体视电阻率大于 $80\Omega \cdot m$,测线里程 81~471m 段为注浆区域,整体电阻率较未注浆区域电阻率有所提高,结合钻孔资料综合推测整体注浆效果较好。测线里程 264m 附近位置出现高密度电法梯度异常,电阻率为 $10~40\Omega \cdot m$ 的电性异常区域,结合地调资料推测为碗窑沟断裂(编号:F2,产状 69°∠80°),该断层为逆冲断层,受其影响,测线里程 268~300m 段深部岩体破碎,富含裂隙水,电阻率相对较低,推测为富水区。

GMD07 测线:位于 K21+880 右侧 41m~K22+280 右侧 37m 处,该测线电阻率整体较低,表现为浅部相对较高、中部略低、深部高的特征。测线地表覆盖层主要为第四系冲洪积粉土、卵石土,电阻率相对较低,厚度 5~10m。下伏基岩主要为泥岩,下伏基岩上部主要为全~强风化层,下部主要为中~微风化层,电阻率值相对较高。整体视电阻率大于 $80\Omega \cdot m$,测线里程 80.5~472m 段为注浆区域,整体电阻率较未注浆区域电阻率有所提高,结合钻孔资料综合推测整体注浆效果较好。其中测线里程 149~238m 段表现低阻,推测为粉土的体现(粉土电阻率较低);测线里程 268m 附近位置出现高密度电法梯度异常,电阻率为 $10~40\Omega \cdot m$ 的电性异常区域,结合地调资料推测为碗窑沟断裂(编号:F2,产状 69°∠80°),该断层为逆冲断层,受其影响,测线里程 278~306m 段深部岩体破碎,富含裂隙水,电阻率相对较低,推测为富水区。

GMD09 测线:位于 K21+880 右侧 62m~K22+280 右侧 60m 处,该测线电阻率整体较低,表现为浅部低深部高的特征,为未注浆的试验测线。测线地表覆盖层主要为第四系冲洪积粉土、卵石土,电阻率相对较低,厚度 10~20m。下伏基岩主要为泥岩,下伏基岩上部主要为全~强风化层,下部主要为中~微风化层,电阻率值相对较高。整体视电阻率大于 $80\Omega \cdot m$,测线里程 300~375m 段为注浆区域,推测为富水区域,区内岩体较破碎,裂隙发育,富含裂隙水。测线里程 288m 附近位置出现高密度电法梯度异常,电阻率为 $10~40\Omega \cdot m$ 的电性异常区域,结合地调资料推测为碗窑沟断裂(编号:F2,产状 69°∠80°),该断层为逆冲断层。

3)三标段高密度电法特征

未注浆区域 GMD1 测线结果表明:该测线电阻率整体较低,表现为浅部低深部高的特征,第四系厚度 10~30m。下伏基岩电阻率值相对较高,整体视电阻率大于 $50\Omega \cdot m$,测线 70~

125m 段出现低阻异常区域,结合地调资料推测为采空区(地面出现裂缝、塌陷)。测线里程 180m 为中心高程 842m 附近位置出现低阻异常区域,电阻率为 10~40Ω·m 的电性异常区域,推测为富水区域,区内岩体较破碎,裂隙发育,富含裂隙水。测线里程 264m 附近位置出现高密度电法梯度异常,结合地调资料推测为碗窑沟逆冲断裂。

注浆区域测线结果表明:整体表现为浅部电阻率高局部较低;断层构造带为低阻带状异常体;深部电阻率值相对高,推测为注浆区注浆后视电阻率明显变大,整体视电阻率大于 80Ω·m,并且连成一体,推测注浆效果好,在注浆区浅部基体连成一体,表明注浆效果整体较好。

10.5.5　四标段注浆工程质量检测成果分析

本区高密度电法检测共计 8 条/795 点。

1)典型测线特征如下:

GMD03 测线:位于 K22+280~K22+580 之间,该测线电阻率整体较低,表现为浅部低深部高的特征。测线地表覆盖层主要为第四系冲洪积粉土、卵石土,电阻率相对较低,下伏基岩主要为泥岩,厚度 5~15m,下伏基岩上部主要为全~强风化层,下部主要为中~微风化层,电阻率值相对较高。整体视电阻率大于 100Ω·m,测线里程 281~575m 段出现低阻异常区域,整体电阻率较未注浆区域电阻率有所提高,结合钻孔资料综合推测整体注浆效果较好,其中测线里程 290m、442m、528m 附近位置出现电阻率值带状低阻异常,结合地调资料推测为受含煤地层影响表现电阻率值较低。测线里程 53m 附近位置出现高密度电法梯度异常,电阻率为 10~40Ω·m 的电性异常区域,结合地调资料推测为碗窑沟断裂(编号:F2,产状 69°∠80°),该断层为逆冲断层。具体等值线图及分析图见图 10.100、图 10.101。

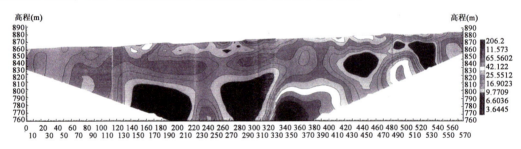

图 10.100　GMD03 测线高密度电法电阻率等值线图

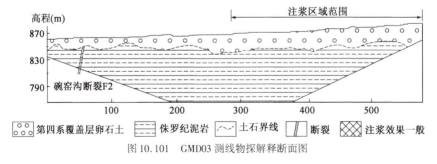

图 10.101　GMD03 测线物探解释断面图

GMD04 测线:位于 K22+280 右侧 46m~K22+580 右侧 46m 处,该测线电阻率整体较低,表现为浅部低深部高的特征。测线地表覆盖层主要为第四系冲洪积粉土、卵石土,电阻率相对较低。下伏基岩主要为泥岩,厚度 10~50m,下伏基岩上部主要为全~强风化层,下部主要为中~微风化层,电阻率值相对较高。整体视电阻率大于 100Ω·m,测线里程 374~667.5m 段为注浆区域,整体电阻率较未注浆区域电阻率有所提高,结合钻孔资料综合推测整体注浆效果较好,其中测线里程 152m 附近位置出现电阻率值低,测线里程 53m 附近位置出现高密度电法梯度异常,电阻率为 10~40Ω·m 的电性异常区域,结合地调资料推测为碗窑沟断裂(编号:F2,产状 69°∠80°),该断层为逆冲断层。具体等值线图及分析图见图 10.102、图 10.103。

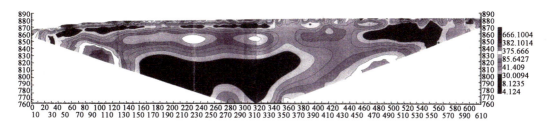

图 10.102　GMD04 测线高密度电法电阻率等值线图

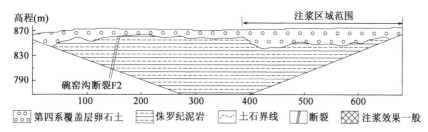

图 10.103　GMD04 测线物探解释断面图

GMD06 测线:位于 K22+280 左侧 48m~K22+580 左侧 48m 处,该测线电阻率整体较低,表现为浅部低深部高的特征。测线地表覆盖层主要为第四系冲洪积粉土、卵石土,电阻率相对较低,厚度 10~30m。下伏基岩主要为泥岩,下伏基岩上部主要为全~强风化层,下部主要为中~微风化层,电阻率值相对较高。整体视电阻率大于 100Ω·m,测线里程 281~575m 段为注浆区域,整体电阻率较未注浆区域电阻率有所提高,结合钻孔资料综合推测整体注浆效果较好,其中测线里程 340~430m 段表现低阻,电阻率为 10~40Ω·m 的电性异常区域,推测为粉土的体现(粉土电阻率较低)。测线里程 460m 为中心位置深部以及 460m 为中心位置高程586m 附近出现两个低阻区域,推测为受地下煤层引起(煤表现为低阻)。具体等值线图及分析图见图 10.104、图 10.105。

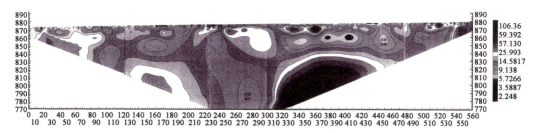

图 10.104　GMD06 测线高密度电法电阻率等值线图

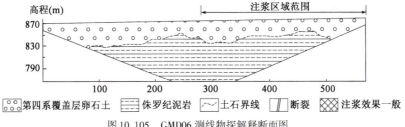

图 10.105 GMD06 测线物探解释断面图

2) 其他测线特征

GMD01 测线:位于 K22+280 左侧 74m～K22+580 左侧 74m 处,该测线电阻率整体较低,表现为浅部低深部高的特征,为未注浆的试验测线。测线地表覆盖层主要为第四系黄土状粉土、卵石土,电阻率相对较低,厚度 10～30m。下伏基岩主要为全～强风化层,下部主要为中～微风化层,电阻率值相对较高。整体视电阻率大于 $50\Omega \cdot m$,测线里程 120～240m 段出现低阻异常区域,结合地调资料推测为采空区(地面出现裂缝、塌陷)。测线里程 260～290m 段出现低阻异常区域,区内岩体较破碎,裂隙发育,富含裂隙水。测线里程 490m 附近位置出现电阻率值带状低阻异常,电阻率为 10～$40\Omega \cdot m$ 的电性异常区域,结合地调资料推测为受含煤地层影响而表现电阻率值较低。

GMD02 测线:位于 K22+280 右侧 90m～K22+580 右侧 90m 处,该测线电阻率整体较低,表现为浅部低深部高的特征,为未注浆的试验测线。测线地表覆盖层主要为第四系冲洪积粉土、卵石土,电阻率相对较低。下伏基岩主要为泥岩,厚度 10～30m,下伏基岩上部主要为全～强风化层,下部主要为中～微风化层,电阻率值相对较高。整体视电阻率大于 $40\Omega \cdot m$,测线里程 130～180m 段出现低阻异常区域,结合地调资料推测为采空区(地面出现裂缝、塌陷)。测线里程 242～286m 段出现低阻异常区域,区内岩体较破碎,裂隙发育,富含裂隙水。测线里程 438m 附近位置出现电阻率值带状低阻异常,电阻率为 10～$40\Omega \cdot m$ 的电性异常区域,结合地调资料推测为受含煤地层影响而表现电阻率值较低。

GMD05 测线:位于 K22+280 右侧 30m～K22+580 右侧 30m 处,该测线电阻率整体较低,表现为浅部低深部高的特征,为未注浆的试验测线。测线地表覆盖层主要为第四系冲洪积粉土、卵石土,厚度 10～60m。下伏基岩主要为泥岩,下伏基岩上部主要为全～强风化层,下部主要为中～微风化层,电阻率值相对较高。整体视电阻率大于 $50\Omega \cdot m$,测线里程 149～422.5m 段为注浆区域,整体电阻率较未注浆区域电阻率有所提高。结合钻孔资料综合推测整体注浆效果较好,其中测线里程 152m 附近位置出现低阻,电阻率为 10～$40\Omega \cdot m$ 的电性异常区域,推测为粉土的体现(含水量较大,且粉土电阻率较低)。

GMD07 测线:位于 K22+280 左侧 23m～K22+580 左侧 23m 处,该测线电阻率整体较低,表现为浅部低深部高的特征。测线地表覆盖层主要为第四系冲洪积粉土、卵石土,电阻率相对较低,厚度 10～80m。下伏基岩主要为泥岩,下伏基岩上部主要为全～强风化层,下部主要为中～微风化层,电阻率值相对较高。整体视电阻率大于 $70\Omega \cdot m$,测线里程 149～422.5m 段为注浆区域,整体电阻率较未注浆区域电阻率有所提高,结合钻孔资料综合推测整体注浆效果较好,其中测线里程 149～238m 段表现低阻,电阻率为 10～$40\Omega \cdot m$ 的电性异常区域,推测为粉土的体现(粉土电阻率较低)。测线里程 215m 为中心位置深部以及 300m 为中心位置出现两个低阻区域,推测为地下煤层引起(煤表现为低阻)。

GMD08 测线:位于 K22+556 左侧 300m~K22+556 右侧 300m 处,该测线走向与该处煤层走向方向相近,受该处煤层影响,该测线电阻率整体较低,表现为浅部低深部高的特征。测线地表覆盖层主要为第四系冲洪积粉土、卵石土,电阻率相对较低,厚度 10~80m。下伏基岩主要为泥岩,下伏基岩上部主要为全~强风化层,下部主要为中~微风化层,电阻率值相对较高。整体视电阻率大于 $100\Omega \cdot m$,测线里程 0~236m、358~575m 段表现为低阻特征,位于煤层采空区,该段电阻率低,为未注浆区域,推测为不密实且含水量较大;测线里程 236~358m 段为注浆区域,整体电阻率较未注浆区域电阻率有所提高,推测为粉土表现;测线里程 336m 为中心位置高程 852m 附近电阻率低,电阻率为 10~40$\Omega \cdot m$ 的电性异常区域,结合钻孔资料(钻孔揭露有浆液充填,裂隙发育)推测为含水量较大引起。

3)四标段高密度电法特征

未注浆区域 GMD01 测线结果表明:该测线电阻率整体较低,表现为浅部低深部高的特征,第四系厚度 10~30m,下伏基岩电阻率值相对较高,整体视电阻率大于 $50\Omega \cdot m$,测线里程 120~240m 段出现低阻异常区域,结合地调资料推测为采空区(地面出现裂缝、塌陷)。测线里程 260~290m 段出现低阻异常区域,区内岩体较破碎,裂隙发育,富含裂隙水。测线里程 490m 附近位置出现电阻率值带状低阻异常,电阻率为 10~40$\Omega \cdot m$ 的电性异常区域,结合地调资料推测为受含煤地层影响而表现电阻率值较低。

注浆区域测线结果表明:整体表现为浅部电阻率高局部较低;断层构造带、煤层以及富含水的破碎岩体为低阻带状异常体;深部电阻率值相对高,推测为注浆区注浆后视电阻率明显变大,整体视电阻率大于 $100\Omega \cdot m$,并且连成一体,推测注浆效果好;在注浆区浅部基体连成一体,表明注浆效果整体较好。

10.5.6 高密度电法检测分析与结论

通常情况下,电阻率值以采空区空洞为最高,其次顺序为第四系覆盖、煤层、砂岩、泥岩及含水裂隙岩层为最低。地层中煤层被采空后,破坏了岩石的完整性和连续性,故该处电阻率值明显高于周边完整岩石处的电阻率,表现出明显的局部特高阻,当采空区被水充填其电阻率呈低阻反应,若采空区发生塌陷,其充填物比围岩松散、潮湿而呈中阻或相对低阻的特征。未采空正常地层电阻率分布为明显完整、连续水平层状特征;浅部采空或巷道电阻率曲线呈圆状或横向椭圆状特高阻(空区完整未充水)、中低阻(空区垮落)、低阻(空区垮落充水或空区充水),如果浅部空区体积较大,空区上部因变形裂隙发育,其电体积效应扩展到地表,在电阻率断面图上形成从地表向深部延伸的高阻或中低阻半圆或半椭圆异常体;深部采空则形成从最底部向上延伸的高阻或中低阻半圆或半椭圆异常体。

本次高密度电法检测结果表明:

(1)浅部采空区呈现从地表向深部延伸的半圆或半椭圆异常体;深部采空区呈现从最底部向上延伸的中低阻半圆或半椭圆异常体,注浆后电阻率明显提高,整体在 80~100$\Omega \cdot m$ 以上,加固处理后电阻率明显升高,表明充填效果明显。

(2)煤层(煤柱)呈半椭圆低阻异常体,电阻率为 10~40$\Omega \cdot m$ 的电性异常区域,注浆后,电阻率有提高,但不明显,说明加固处理的充填效果不明显。

(3)断层(破碎带)呈现阶梯式低阻异常体,在注浆区内,电阻率有提高,但不明显,说明加固处理的充填效果不明显。第四系呈现浅部电阻率低深部电阻率高的特征,第四系厚度在10~55m之间。

(4)局部煤层采空区域,出现团块状低阻异常,根据地质资料,推测该处的注浆效果一般(也可能由于注浆时水下渗形成低阻异常)。

(5)地面高密度物探工作能很好地评价施工范围内的注浆工程质量,资料分析表明:本注浆工程煤层加固处理后电阻率明显升高,注浆充填效果明显。

10.6 地面瞬变电磁法检测分析与研究

10.6.1 地面瞬变电磁法检测原理与方法

1)地面瞬变电磁法概述

瞬变电磁法又叫时间域电磁法,简称TEM,它是近年来国内外发展很快、地质效果较好的一种电法勘探分支方法,在国际上被称作是电法的二次革命。它属于时间域人工场源电磁方法,是以大地中岩矿石导电性和导磁性差异为物理前提,根据电磁感应原理观测、研究电磁场空间和时间分布规律,以寻找地下良导矿体或解决相关地质问题的一种勘察方法。瞬变电磁法工作过程可以分为发射、电磁感应和接收三部分。它利用一不接地回线发射稳定电流。当发射回线中的稳定电流突然切断后,根据电磁感应原理,发射回线中电流的突然变化将在其周围产生一次磁场。在良导体内产生二次电流,由于二次电流随时间变化,所以在其周围又产生新的磁场,称为二次磁场。由于良导体内感应电流的热损耗,二次磁场大致按指数规律随时间衰减,形成瞬变磁场。由于瞬变磁场研究的是导体内涡流的过渡过程,观察是在脉冲间隙期间进行的,不存在一次场源的干扰。又由于脉冲是多种频率的合成,不同延时观测的主要频率不同,不同的电性层一次场的传播能力不同,因而勘测的深度也不同。瞬变电磁法与其他测深方法相比,具有探测深度大、信息量丰富、工作效率高等优点。近年来,该方法得到迅速发展,主要运用于金属矿勘察、构造填图、油气田、煤田、地下水、地热以及冻土带和海洋地质等方面的研究,在国内外已取得令人瞩目的效果。

2)设备以及工作原理

本次检测采用美国Zonge公司生产的$GD^3 2 II$多功能电法工作站的TEM测量系统(图10.106),包括NT~30发射机、$GD^3 2 II$接收机、TEM~3高精度磁探头、直流电池组和发射回线等。通过试验确定的最佳野外数据采集参数如下:①仪器:$GD^3 2 II$(sn:85)型电法工作站TEM测试系统;②装置:大定源回线装置;③发射框电阻:5Ω;④发射导线截面积:$6mm^2$;⑤供电电流:9.7A;⑥外接最大供电电压:48V;⑦接收天线磁矩:$10000m^2$;⑧关断延迟时间:130μs;⑨叠加次数:256次;⑩发射线框:300m×300m;⑪频率:8Hz。

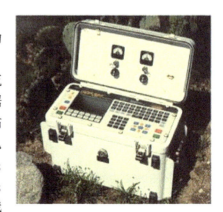

图10.106 瞬变电磁法仪器

瞬变电磁法,又称为时间域电磁法(TEM),其通过不接地回线或接地长导线供以双极性脉冲电流,当回线中的稳定电流突然切断后,根据电磁感应理论,发射回线中电流突然变化必将在其周围产生磁场,该磁场称为一次磁场(图10.107中A)。一次磁场在周围传播过程中,如遇地下良导电的地质体,将在其内部激发产生感应电流,又称涡流或二次电流。由于导电地质体是非线性的,所以脉冲电流从峰值跃变到零,一次磁场立即消失,而涡流并不立即消失,有一个瞬变过程,这个过程的快慢与导体的电性参数(体积规模和埋深以及发射电流的形态和频率)有关,地质体导电性越好,涡流的热耗损越小,瞬变过程越长,这种涡流瞬变过程,在空间形成相应的瞬变磁场(图10.107中B),又称为二次磁场。通过接收线圈测量二次磁场空间分布形态(图10.107中C),就可发现地下异常地质体的存在,并确定异常体的电性结构和空间分布形态。

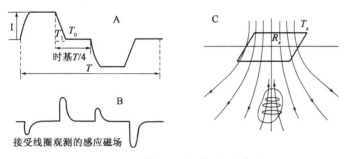

图10.107 瞬变电磁法工作原理示意图

3)瞬变电磁法检测的布置原则

在注浆区域内外平行于路线方向均匀布线。

4)检测质量要求

首先将瞬变电磁法所有测点时间数据变换为频率数据,得到其振幅、相位及相关曲线,对所有测点的功谱文件数据进行一维单点反演得到电阻率曲线,根据每个测点的反演测试成果的视电阻率值取对数后绘制断面图,根据取对数后的视电阻率差别,推断出注浆范围及加固效果。通过在明显采空区位置进行瞬变电磁法试验得到的采空区注浆的电阻率与标准值比较,评价工程注浆效果质量。

10.6.2 一标段注浆工程质量检测结果分析

一标段注浆治理工程可分为三大部分:主线 K19+630~K19+960 检测,西山连接线 A~E 区检测和连接线 F、G 区检测。仅在主线 K19+630~K19+960 段进行了检测,本区瞬变电磁法检测共计 297 点(10/20m)。

1)典型测线特征

TEM00 测线:位于 K19+630~K19+960 右侧 4m 处,该测线走向与该处煤层走向方向大角度相交,测线整体视电阻率相对较低,浅部视电阻率较高。该测线地表覆盖层主要为第四系冲洪积粉土、卵石土,厚度 30~40m,下伏基岩主要为砂岩、泥岩,下伏基岩上部主要为强风化层,下部主要为中~微风化层,视电阻率值相对较高,整体视电阻率大于 $100\Omega \cdot m$,整体电阻率较未注浆区域有所提高,结合钻探资料推测该测线位置注浆效果整体较好。测线里程 870~

910m 段表现为低阻异常特征,电阻率为 10~40Ω·m 的电性异常区域,地调资料表明该异常位于煤层位置及附近,推测该处为未采的煤层(安全煤柱区,测点距离该处为 20m,导致低阻异常体范围有所扩大);测线里程 K19+770 附近出现的相对低阻区,推测为煤夹层导致的低阻相对异常,电阻率为 10~40Ω·m 的电性异常区域;测线里程 K19+660 附近出现的相对低阻区,电阻率为 10~40Ω·m 的电性异常区域,推测为富水区(钻探揭露有水泥浆液充填,位于强风化层内,裂隙相对较发育)。等值线图与分析图见图 10.108、图 10.109。

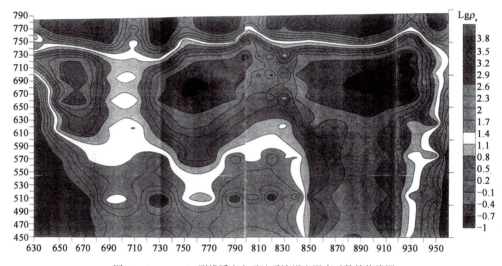

图 10.108 TEM00 测线瞬变电磁法反演视电阻率对数等值线图

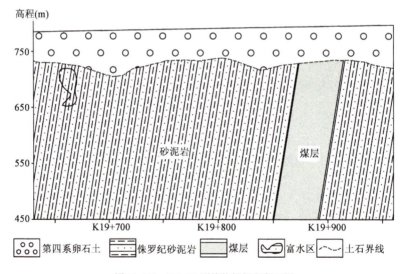

图 10.109 TEM00 测线物探解释断面图

TEM11 测线:位于 K19+630 左侧 10m~K19+960 左侧 15m,该测线走向与该处煤层走向方向大角度相交,测线整体视电阻率相对较低,浅部视电阻率较高。该测线地表覆盖层主要为第四系冲洪积粉土、卵石土,27~30m,下伏基岩主要为砂岩、泥岩,下伏基岩上部主要为强风化层,下部主要为中~微风化层,视电阻率值相对较高,整体视电阻率大于 100Ω·m,整体电阻率较未注浆区域有所提高，结合钻探资料推测该测线位置注浆效果整体较好。测线里程870~920m段表现为低阻异常特征，电阻率为10~40Ω·m的电性异常区域，地调资料表明该异常位于煤层位置及附近，推测该处为未采的煤层（安全煤柱区，测点距离该处为20m，导致低阻异常体范围有所扩大）。等值线图与分析图见图10.110、图10.111。

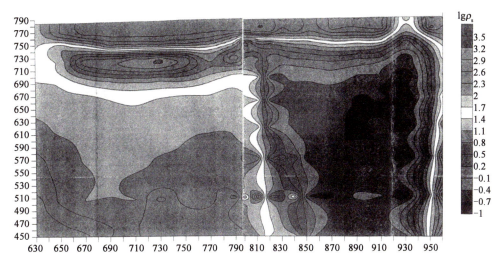

图10.110　TEM11测线瞬变电磁法反演视电阻率对数等值线图

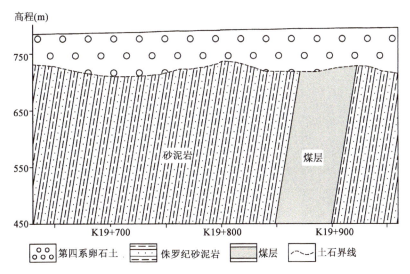

图10.111　TEM11测线物探解释断面图

TEM21测线：位于K19+630右侧6m~K19+960右侧12m处，该测线走向与该处煤层走向方向大角度相交，测线整体视电阻率相对较低，浅部视电阻率较高。该测线地表覆盖层主要为第四系冲洪积粉土、卵石土，20~30m，下伏基岩主要为砂岩、泥岩，下伏基岩上部主要为强风化层，下部主要为中~微风化层，电阻率值相对较高，整体视电阻率大于100Ω·m，整体电阻率较未注浆区域有所提高，结合钻探资料推测该测线位置注浆效果整体较好。测线里程K19+870~K19+910表现为低阻异常特征，电阻率为10~40Ω·m的电性异常区域，地调资料表明该处位于煤层位置及附近,推测该处为未采的煤层(安全煤柱区,测点距离该处为20m,导致低阻异常体范围有所扩大)。等值线图与分析图见图10.112、图10.113。

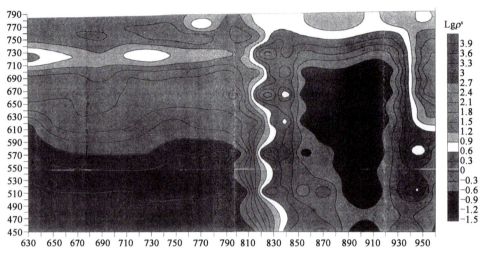

图10.112　TEM21测线瞬变电磁法反演视电阻率对数等值线图

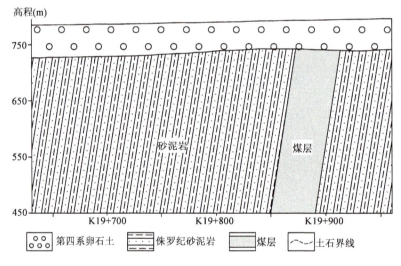

图10.113　TEM21测线物探解释断面图

2)其他测线特征

TEM12测线:位于K19+630左侧25m~K19+960左侧24m处,该测线走向与该处煤层走向方向大角度相交,测线整体视电阻率相对较低,浅部视电阻率较高。该测线地表覆盖层主要为第四系冲洪积粉土、卵石土,20~30m,下伏基岩主要为砂岩、泥岩,下伏基岩上部主要为强风化层,下部主要为中~微风化层,视电阻率值相对较高,整体视电阻率大于80Ω·m,整体电阻率较未注浆区域有所提高,结合钻探资料推测该测线位置注浆效果整体较好。测线里程870~920m段表现为低阻异常特征,电阻率为10~40Ω·m的电性异常区域,地调资料表明该异常位于煤层位置及附近,推测该处为未采的煤层(安全煤柱区,测点距离该处为20m,导致低阻异常体范围有所扩大)。

TEM13 测线:位于 K19+630 左侧 37m～K19+960 左侧 40m 处,该测线走向与该处煤层走向方向大角度相交,测线整体视电阻率相对较低,浅部视电阻率较高。该测线地表覆盖层主要为第四系冲洪积粉土、卵石土,40～50m,下伏基岩主要为砂岩、泥岩,下伏基岩上部主要为强风化层,下部主要为中～微风化层,视电阻率值相对较高,整体视电阻率大于 $80\Omega \cdot m$,整体电阻率较未注浆区域有所提高,结合钻探资料推测该测线位置注浆效果整体较好。测线里程 K19+820 附近出现相对低阻区,推测为煤夹层导致的低阻相对异常,电阻率为 $10～40\Omega \cdot m$ 的电性异常区域;测线里程 K19+850～K19+930 之间的低阻带状异常推测为碗窑沟断裂的断层(编号:F1),由于该断层为逆冲断层导致断层附近岩石破碎(表现为低阻特征),注浆导致浅部及断层上盘附近岩石电阻率有明显增大。

TEM14 测线:位于 K19+630 左侧 51m～K19+960 左侧 50m 处,该测线走向与该处煤层走向方向大角度相交,测线整体视电阻率相对较低,浅部视电阻率较高。该测线地表覆盖层主要为第四系冲洪积粉土、卵石土,30～40m,下伏基岩主要为砂岩、泥岩,下伏基岩上部主要为强风化层,下部主要为中～微风化层,视电阻率值相对较高,整体视电阻率大于 $80\Omega \cdot m$,整体电阻率较未注浆区域有所提高,结合钻探资料推测该测线位置注浆效果整体较好。测线里程 K19+630～K19+700 之间岩土界面下方视电阻率相对较低,电阻率为 $10～40\Omega \cdot m$ 的电性异常区域,推测为富水区(钻探揭露有水泥浆液充填,位于强风化层内,裂隙相对较发育)。测线里程 K19+850～K19+930 之间的低阻带状异常推测为碗窑沟断裂的断层(编号:F1),由于该断层为逆冲断层,导致断层附近岩石破碎(表现为低阻特征),注浆导致浅部及断层上盘附近岩石电阻率有明显增大。

TEM15 测线:位于 K19+630 左侧 66m～K19+960 左侧 63m 处,该测线走向与该处煤层走向方向大角度相交,测线整体视电阻率相对较低,浅部视电阻率较高。该测线地表覆盖层主要为第四系冲洪积粉土、卵石土,50～60m,下伏基岩主要为砂岩、泥岩,下伏基岩上部主要为强风化层,下部主要为中～微风化层,视电阻率值相对较高;整体视电阻率大于 $100\Omega \cdot m$,整体电阻率较未注浆区域有所提高,结合钻探资料推测该测线位置注浆效果整体较好。测线里程 K19+850～K19+920 之间低阻带状异常,推测为碗窑沟断裂的断层(编号:F1),电阻率为 $10～40\Omega \cdot m$ 的电性异常区域,由于该断层为逆冲断层,导致断层附近岩石破碎(表现为低阻特征)。

TEM16 测线:位于 K19+630 左侧 85m～K19+960 左侧 83m 处,该测线走向与该处煤层走向方向大角度相交,测线整体视电阻率相对较低,浅部视电阻率较高。该测线地表覆盖层主要为第四系冲洪积粉土、卵石土,40～60m,下伏基岩主要为砂岩、泥岩,下伏基岩上部主要为强风化层,下部主要为中～微风化层,视电阻率值相对较高,整体视电阻率大于 $100\Omega \cdot m$,整体电阻率较未注浆区域有所提高,结合钻探资料推测该测线位置注浆效果整体较好。测线里程 K19+840～K19+920 之间低阻带状异常,推测为碗窑沟断裂的断层(编号:F1),电阻率为 $10～40\Omega \cdot m$ 的电性异常区域,由于该断层为逆冲断层导致断层附近岩石破碎(表现为低阻特征)。

TEM22 测线:位于 K19+630 右侧 15m～K19+960 右侧 21m 处,该测线走向与该处煤层走向方向大角度相交,测线整体视电阻率相对较低,浅部视电阻率较高。该测线地表覆盖层主要为第四系冲洪积粉土、卵石土,60~65m,下伏基岩主要为砂岩、泥岩,下伏基岩上部主要为强风化层,下部主要为中~微风化层,视电阻率值相对较高,整体电阻率较未注浆区域有所提高,整体视电阻率大于80Ω·m,结合钻探资料推测该测线位置注浆效果整体较好。测线里程K19+790~K19+810之间表现为低阻异常特征,电阻率为10~40Ω·m的电性异常区域,推测该处为煤层。测线里程K19+950深部表现为相对低阻特征,电阻率为10~40Ω·m的电性异常区域,推测该处受到碗窑沟断裂的断层影响岩石裂隙相对较发育(呈较低阻特征)。

TEM23测线:位于K19+630右侧30m~K19+960右侧34m处,该测线走向与该处煤层走向方向大角度相交,测线整体视电阻率相对较低,浅部视电阻率较高。该测线地表覆盖层主要为第四系冲洪积粉土、卵石土,60~70m;下伏基岩主要为砂岩、泥岩,下伏基岩上部主要为强风化层,下部主要为中~微风化层,视电阻率值相对较高,整体电阻率较未注浆区域有所提高,结合钻探资料推测该测线位置注浆效果整体较好。测线里程K19+790为中心较深部,表现为低阻异常特征,推测该处为煤层。

TEM24测线:位于K19+630右侧43m~K19+960右侧47m处,该测线走向与该处煤层走向方向大角度相交,测线整体视电阻率相对较低、浅部视电阻率较高特征。该测线地表覆盖层主要为第四系冲洪积粉土、卵石土,60~70m,下伏基岩主要为砂岩、泥岩,下伏基岩上部主要为强风化层,下部主要为中~微风化层,视电阻率值相对较高,整体电阻率较未注浆区域有所提高,整体视电阻率大于80Ω·m,结合钻探资料推测该测线位置注浆效果整体较好。测线里程K19+790为中心较深部,表现为低阻异常特征,电阻率为10~40Ω·m的电性异常区域,推测该处为煤层。

TEM25测线:位于K19+630右侧57m~K19+960右侧58m处,该测线走向与该处煤层走向方向大角度相交,测线整体视电阻率相对较低,浅部视电阻率较高。该测线地表覆盖层主要为第四系冲洪积粉土、卵石土,50~60m,下伏基岩主要为砂岩、泥岩,下伏基岩上部主要为强风化层,下部主要为中~微风化层;视电阻率值相对较高,整体视电阻率大于80Ω·m,整体电阻率较未注浆区域有所提高,结合钻探资料推测该测线位置注浆效果整体较好。测线里程K19+780为中心较深部,表现为低阻异常特征,电阻率为10~40Ω·m的电性异常区域,推测该处为煤层。

TEM26测线:位于K19+630右侧78m~K19+960右侧80m处,该测线走向与该处煤层走向方向大角度相交,测线整体视电阻率相对较低,浅部视电阻率较高。该测线地表覆盖层主要为第四系冲洪积粉土、卵石土,45~65m,下伏基岩主要为砂岩、泥岩,下伏基岩上部主要为强风化层,下部主要为中~微风化层,视电阻率值相对较高,整体视电阻率大于80Ω·m,整体电阻率较未注浆区域有所提高,结合钻探资料推测该测线位置注浆效果整体较好。测线里程K19+780为中心较深部,表现为低阻异常特征,电阻率为10~40Ω·m的电性异常区域,推测该处夹有煤层。测线里程K19+730为中心较深部,表现为低阻异常特征,电阻率为10~40Ω·m的电性异常区域,推测该处为岩石裂隙发育区。

TEM27测线:位于K19+630右侧110m~K19+960右侧115m处,该测线走向与该处煤层走向方向大角度相交,测线整体视电阻率相对较低,浅部视电阻率较高。该测线地表覆盖层主要为第四系冲洪积粉土、卵石土,20~30m,下伏基岩主要为砂岩、泥岩,下伏基岩上部主要为强风化层,下部主要为中~微风化层。测线里程K19+730为中心较深部,表现为低阻异常特征,电阻率为 10~40Ω·m 的电性异常区域,推测该处为岩石裂隙发育区;测线里程 K19+830~K19+950 之间深部低阻区域推测为采空区(充填不密实)。

3)一标段瞬变电磁场法特征

未注浆区域 TEM27 测线结果表明:测线整体视电阻率相对较低,浅部视电阻率较高。第四系厚度为 20~30m。测线里程 K19+730 为中心较深部,表现为低阻异常特征,电阻率为 10~40Ω·m 的电性异常区域,推测该处为岩石裂隙发育区;测线里程 K19+830~K19+950 之间深部低阻区域推测为采空区。

注浆区域测线结果表明:测线整体视电阻率相对较低,浅部视电阻率较高。第四系,20~70m。下伏基岩主要为砂岩、泥岩,下伏基岩上部主要为强风化层,下部主要为中~微风化层,视电阻率值相对较高,整体电阻率较未注浆区域有所提高,结合钻探资料推测该测线位置注浆效果整体较好。断层构造带、煤层以及富含水的破碎岩体为低阻带状异常体。

10.6.3 瞬变电磁法检测分析与结论

采空区在瞬变电磁场法电阻率断面图上的形态与高密度法电阻率断面图上的形态相似,注浆后,裂隙和采空破碎岩体固结,形成一整体,电阻率变化稳定,低阻区电阻率升高,电阻率等值线由扭曲趋于稳定平直,与注浆前相比,在注浆后电阻率等值线"块"特征明显,说明注浆后岩体的稳定性、完整性和导电性的均一程度均有提高。

本次瞬变电磁法检测结果表明:

(1)采空区呈现的圆或椭圆低阻异常体,注浆后电阻率明显提高,整体在 80Ω·m 以上,加固处理后电阻率的升高明显,表明充填效果明显。

(2)煤层(煤柱)呈现半椭圆低阻异常体,注浆后,电阻率有提高,但不明显,说明加固处理的充填效果不明显。

(3)整体视电阻率相对较低,浅部视电阻率较高。第四系厚度 20~60m。局部煤层采空区域或岩层区域,出现近圆状低阻异常,根据地质资料可知,推测注浆效果一般或为含水的岩石裂隙发育区。

(4)地面瞬变电磁场物探工作能很好地评价施工范围内的注浆工程质量,资料分析表明:本注浆工程煤层加固处理后电阻率明显升高,说明注浆充填效果好。

10.7 地面变形监测分析与研究

10.7.1 地面变形监测依据

(1)监测技术标准
①《采空区公路设计与施工技术细则》(JTG/T D31-03—2011)。
②《工程测量规范》(GB 50026—2007)。
③《乌鲁木齐绕城高速公路(东线)铁厂沟煤田采空区治理工程施工图设计》(江苏省交通科学研究院股份有限公司)。
④国家其他测量规范、强制性标准。

(2)坐标、高程系统

①平面坐标系统:1980年国家大地坐标系。

②高程系统:1985 高程基准。

10.7.2 主要技术指标

(1)监测精度指标

根据设计文件及相关规范,将采空区监测等级定为三级,监测项目、测点布设和监测精度见表10.30。

监测项目、测点布设和监测精度表 表10.30

序 号	监测项目	监测对象	测点布设	仪 器	监测最小精度
1	测斜管	监测岩体内部变形	沿路线纵向每100m 间隔布设1个测斜监测点	测斜管、测斜仪	0.01mm
2	位移边桩	监测岩体位移和沉降	沿路线纵向每100m 两侧各布设1 个位移和沉降监测点	电子水准仪	0.5mm

(2)监测周期

每个监测对象的周期分为施工期和稳定期两个阶段,在监测点埋设一周基本稳定后开始首次监测,公路通车前每月监测一次,通车后每两个月监测一次。

(3)监测项目的控制值

变形监测控制标准见表10.31。

变形监测控制标准 表10.31

倾斜 i(mm/m)	$\leqslant \pm 3.0$
竖曲率 k($\times 10^{-3}$/m)	$\leqslant \pm 0.2$
水平变形 ε(mm/m)	$\leqslant \pm 2.0$

10.7.3 监测控制网的布设和施测

(1)监测控制网点的布设原则

①根据测量数据资料布设监测控制网点。

②布设的监测控制网点必须完全吻合水准网基准点基本数据,满足规定的施测精度。

③布设的监测控制网点,应保证其正确性和精度。

(2)监测控制网点的埋设

监测控制网点的埋设位置应选择在采空区影响半径之外,其数量及分布应在保证观测精度的前提下,便于施工、施测和保护。

(3)监测控制网点的施测

利用原始水准控制点,将监测控制点采用电子水准仪按三等水准的精度施测,组成变形监测的高程监测控制网,同时联测原有的线路高程控制点,检核基准点的稳定性。

三等水准网测量技术标准执行《国家三等水准测量规范》有关要求,具体见表10.32。

三等水准网测量技术要求一览表　　　　　　　　　　　表10.32

等级	$M_\triangle$	M_W	测段、路线往返测 高差不符值(mm)	附合(环)闭合差 (mm)	检测已测测 段高差之差(mm)
三等	1.0	2.0	$\pm 4\sqrt{K}$	$\pm 4\sqrt{L}$	$\pm 6\sqrt{R}$

注：K-测段、区段、路线长度(km)；L-附合(环)线长度(km)；R-检测测段长度(km)；R 小于1km时按1km计算；$M_\triangle$-每公里水准测量偶然中误差；M_W-每公里水准测量全中误差。

三等水准测量采用莱卡电子水准仪(标称精度为0.3mm/km)进行观测并自动记录，该仪器是目前精度最高的自动安平水准仪。仪器使用磁卡作为存储介质，观测时将测站限差预先输入后，仪器本身固化的电子手簿可判断观测成果是否合格，仪器使用条码尺自动读数、存储。

10.7.4　监测点的布设

1) 监测点的埋设

DCKQ-2标段测斜监测点共埋设3个，沿路线纵向每100m间隔布设1个；位移和沉降监测点共埋设6个，沿路线纵向每100m两侧各布设1个，为12个。共计15个。

2) 位移和沉降监测点监测

(1) 外业监测

利用DNA03型电子水准仪(标称精度为：0.3mm/km)按《工程测量规范》(GB 50026—2007)规定的三级沉降观测要求闭合水准形式测定各观测点的沉降值，每次观测应用同套仪器由相同的人员观测，每次观测前需对所利用的工作点、基准点进行检测。

①仪器选择及检验。

观测使用经过检定的DNA03型电子水准仪、因瓦合金标尺，按光学测微法观测。使用的水准仪、水准标尺，在项目开始前应进行检验，项目进行中也应进行定期检验。检验应符合 $i<15''$，水准标尺分米分划线误差和米分划间隔真长与名义长度之差应小于0.1mm。

②观测方法及要求。

沉降观测闭合水准或附合水准的测站数一般应限制在30站以内。支线水准必须进行往返或单程双测站观测，支线水准观测的站数不应超过5站。沉降观测的视线长度、前后视距差、视线高度等应符合表10.33、表10.34之规定。

水准观测的视线长度、前后视距差和视线高度(m)　　　表10.33

等级	视线长度	前后视距差	前后视距累积差	视线高度
二级	30	0.5	1.5	0.5
三级	50	2.0	3	0.3

水准观测限差(mm)　　　表10.34

等级	基辅分划读数之差	基辅分划所测 高差之差	往返较差及附 合或环线闭合差	单程双测站所 测高差较差	检测已测测段 高差之差
二级	0.3	0.4	$0.3\sqrt{N}$	$0.2\sqrt{N}$	$0.4\sqrt{N}$
三级	0.5	0.7	$0.6\sqrt{N}$	$0.7\sqrt{N}$	$0.8\sqrt{N}$

（2）数据处理与报警

①现场测量得到的观测数据，首先要进行测站平差，对于电子水准仪，可以利用仪器自带的软件进行检查和平差，确认观测数据无误后再加入数据库中，数据库不仅要保存经计算处理的数据还必须保存原始观测数据。

经测站平差的数据存储在计算机上后，再利用统计模型进行粗差探测检验，确认不含粗差后再整体平差，并最终提交以下观测成果：观测点平面布置图、观测成果表、相临地基沉降的 $d\text{-}s$（距离、沉降）曲线图，当出现不均匀沉降或沉降量接近临界值时，及时报警。

②预警

当达到上述临界值80%时就要发出预警，以便有关部门采取措施，调整施工方法。

③报警

当达到或超过临界值时就要向有关部门报警。

3）测斜监测点监测

（1）监测原理及技术要点

在岩土工程中测斜仪装置主要用来量测岩土体中各点的水平位移。测斜装置包含三部分：测斜仪、测斜管和数字式测读仪，其中测斜管埋设于岩土体内，量测时将测斜仪伸入测斜管内，并由引出线将测斜管的水平位移量值瞬时反映在测读仪上。

①量测方法。

测斜观测分正测和反测，观测时先进行正测（每个测斜仪的导轮架上都标有一个正方向），再进行反测，一般每0.5m读数一次，测斜探头放入测斜管底应等候5min，以便探头适应管内水温，观测时应注意仪器探头和电缆线的密封性，以防探头数据传输部分进水。

测斜观测时每0.5m标记一定要卡在相同位置，每次读数一定要等候电压值稳定才能读数，确保读数准确性。

②计算公式。

首先，必须设定好基准点，基准点可以设在测斜管顶部或底部。若测斜管底部进入基岩较深的稳定岩土层，则底部可以作为基准点。对于悬挂式（底部未进入基岩的）可以将管顶作为基准点，每次量测前必须采用光学仪器或其他手段确定基准点的坐标。

当被测岩土体产生变形时，测斜管轴线产生挠度，用测斜仪确定测斜管轴线各段的倾角，便可计算出土体（桩体、墙体）的水平位移。测斜观测分析计算图如图10.114所示。设基准点为 O 点，坐标为 (X_0, Y_0)，于是测斜管轴线各测点的平面坐标由下列两式确定：

$$X_j = X_0 + \sum_{i=1}^{j} L\sin\alpha_{xi} = X_0 + L \cdot f \cdot \sum_{i=1}^{j} \Delta\varepsilon_{xi} \quad (10.4)$$

$$Y_j = Y_0 + \sum_{i=1}^{j} L\sin\alpha_{yi} = Y_0 + L \cdot f \cdot \sum_{i=1}^{j} \Delta\varepsilon_{yi} \quad (10.5)$$

式中：i——测点序号，$i = 1, 2, \cdots, j$；

L——测斜仪标距或测点间距（m）；

f——测斜仪率定常数；

$\Delta\varepsilon_{xi}$——X 方向第 i 段正、反测应变读数差之半；

$\Delta\varepsilon_{yi}$——Y 方向第 i 段正、反测应变读数差之半。

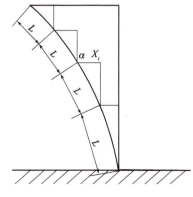

图10.114 测斜观测分析计算图

为消除量测装置零漂移引起的误差,每一测段两个方向的倾角都应进行正、反两次量测,即

$$\Delta \varepsilon_{xi} = \frac{(\varepsilon_x^+)_i - (\varepsilon_x^-)_i}{2} \qquad (10.6)$$

$$\Delta \varepsilon_{yi} = \frac{(\varepsilon_y^+)_i - (\varepsilon_y^-)_i}{2} \qquad (10.7)$$

当 $\Delta \varepsilon_{xi}$ 或 $\Delta \varepsilon_{yi}$ >0 时,表示向 X 轴或 Y 轴正向倾斜,当 $\Delta \varepsilon_{xi}$ 或 $\Delta \varepsilon_{yi}$ <0 时,表示向 X 轴或 Y 轴负向倾斜,由上式可计算出测斜管轴线各测点水平位置,比较不同测次各测点水平坐标,便可知道土体、桩体、墙体的水平位移量。

(2)测斜监测点的布设

监测岩土体内部变形的测斜管采用钻孔埋设,埋设与安装应遵守下列原则:

①按照设计要求布设位置进行测斜管的埋设。

②按照设计要求埋设 50m 长度的测斜管。

③用钻机成孔,成孔后将测斜管逐节组装并放入钻孔内,下入钻孔内预定深度后,向测斜管与孔壁之间的空隙进行回填,以固定测斜管。

④回填材料宜用中粗砂缓慢进行,注意采取措施避免塞孔使回填料无法下降形成空洞。回填后通过灌水和间隔一定时间后的检查,在发现回填料有下沉时,进行补充回填。回填工作要确保测斜管与土体同步变形。

⑤测斜管上下管间应对接良好,无缝隙,接头处用自攻螺丝牢固固定、用封箱胶密封。

⑥测斜管安放就位后调正方向,使管内的一对测槽垂直于测量面(平行于位移方向)。

⑦调整方向后盖上顶盖,保持测斜管内部的干净、通畅和平直。管顶宜高出地面 10~50cm。

⑧做好清晰的标示和可靠的保护措施。进行钻孔和测斜管之间的回填。

⑨埋设时间应在边坡开挖或降水之前,并至少提前两周完成。

(3)测斜监测点的监测方法

侧向位移监测测斜仪在测斜管内进行。测斜管应在测试前 5 天装设完毕,在 3~5 天内重复测量不少于 3 次,判明处于稳定状态后,进行测试工作。其步骤如下:

①用模拟测头检查测斜管导槽。

②使测斜仪测读器处于工作状态,将测头导轮插入测斜管导槽内,缓慢地下放至管底,然后由管底自下而上沿导槽全长每隔 0.5m 读一次数据,记录测点深度和读数。测读完毕后,将测头旋转 180°插入同一对导槽内,以上述方法再测一次,测点深度同第一次相同。

③每一深度的正反两读数的绝对值宜相同,当读数有异常时应及时补测。

(4)基准值测定

待测斜管达到稳定状态后,用测斜仪对同一测斜管作 3 次重复测量,以 3 次测量的算术平均值作为侧向位移计算的基准值。

10.7.5 采空区注浆治理变形监测数据与分析

1)监测岩体位移和沉降数据

监测岩体位移和沉降数据点为 14 个,编号为 BZ-1 至 BZ-14,观测时间为 2015 年 11 月 16

日至 2016 年 12 月 16 日，观测 12 次，历时 396 天。各观测点成果见图 10.115～图 10.128。

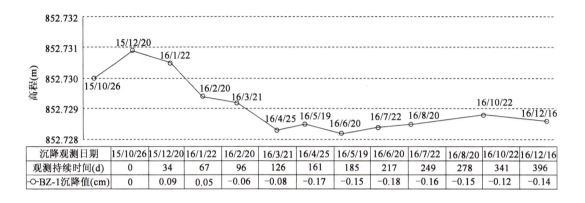

图 10.115　BZ-1 边桩沉降曲线图

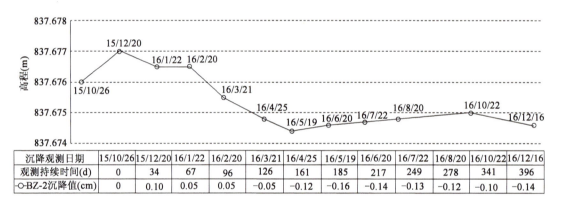

图 10.116　BZ-2 边桩沉降曲线图

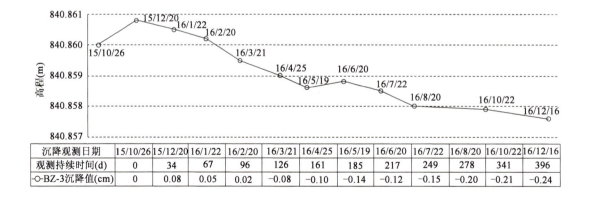

图 10.117　BZ-3 边桩沉降曲线图

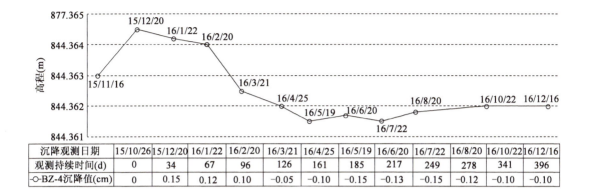

图 10.118　BZ-4 边桩沉降曲线图

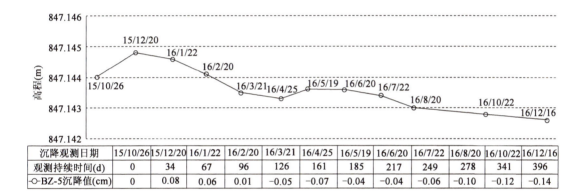

图 10.119　BZ-5 边桩沉降曲线图

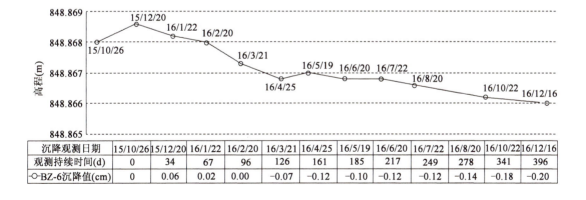

图 10.120　BZ-6 边桩沉降曲线图

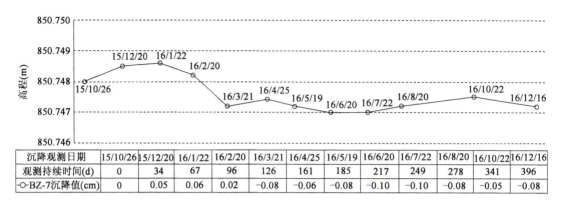

图 10.121 BZ-7 边桩沉降曲线图

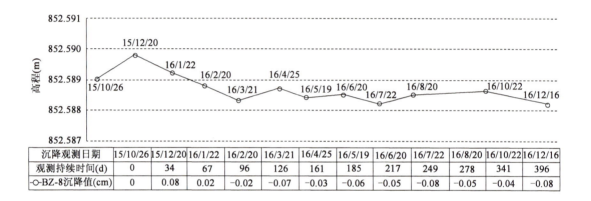

图 10.122 BZ-8 边桩沉降曲线图

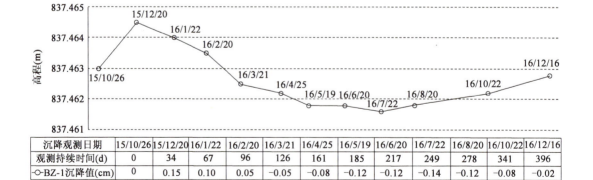

图 10.123 BZ-9 边桩沉降曲线图

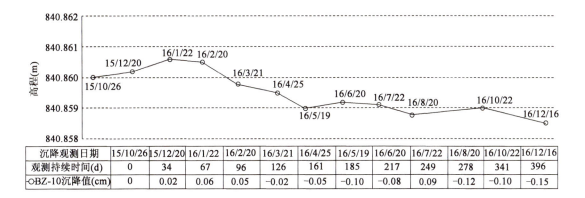

图 10.124　BZ-10 边桩沉降曲线图

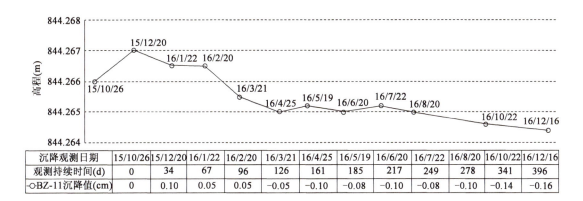

图 10.125　BZ-11 边桩沉降曲线图

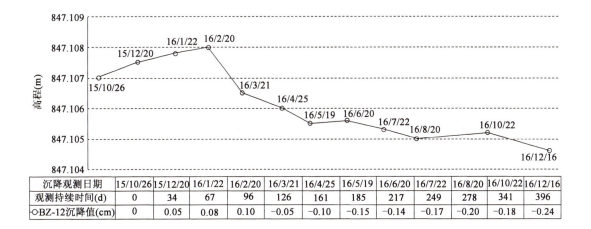

图 10.126　ZK-12 变桩沉降曲线图

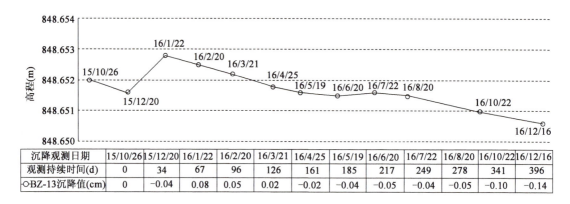

图 10.127　BZ-13 边桩沉降曲线图

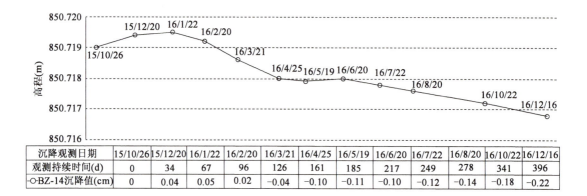

图 10.128　BZ-14 边桩沉降曲线图

根据 14 个位移边桩监测点沉降变形曲线图，分析治理后的采空区地表位移和沉降情况，具体见表 10.35。

各垂直位移监测点数据分析表　　　　　　　表 10.35

监测点名	1 个月		3 个月		6 个月		12 个月	
	沉降量（mm）	沉降速率（mm/月）	沉降量（mm）	沉降速率（mm/月）	沉降量（mm）	沉降速率（mm/月）	沉降量（mm）	沉降速率（mm/月）
BZ-1	0.9	0.8	-1.1	-1.1	0.2	0.3	-0.2	-0.1
BZ-8	0.8	0.7	-0.4	-0.4	-0.3	-0.4	-0.4	-0.2
BZ-7	0.5	0.4	-0.4	-0.4	-0.2	-0.2	-0.3	-0.2
BZ-14	0.4	0.3	-0.3	-0.3	-0.1	-0.1	-0.4	-0.2
BZ-6	0.6	0.5	-0.2	-0.2	0.2	0.2	-0.2	-0.1
BZ-13	-0.4	-0.4	-0.3	-0.3	-0.2	-0.2	-0.2	-0.2
BZ-5	0.8	0.7	-0.5	-0.5	0.3	0.4	-0.2	-0.1
BZ-12	0.5	0.4	0.2	0.2	-0.5	-0.6	-0.6	-0.3

续上表

监测点名	1个月		3个月		6个月		12个月	
	沉降量 (mm)	沉降速率 (mm/月)	沉降量 (mm)	沉降速率 (mm/月)	沉降量 (mm)	沉降速率 (mm/月)	沉降量 (mm)	沉降速率 (mm/月)
BZ-4	1.5	1.3	-0.2	-0.2	-0.5	-0.6	0	0.0
BZ-11	1	0.9	0	0.0	0.2	0.3	-0.2	-0.1
BZ-3	0.8	0.7	-0.3	-0.3	-0.4	-0.5	-0.3	-0.2
BZ-10	0.2	0.2	-0.1	-0.1	-0.5	-0.5	-0.5	-0.3
BZ-2	1	0.9	0	0.0	-0.4	-0.5	-0.4	-0.2
BZ-9	1.5	1.3	-0.5	-0.5	-0.4	-0.5	0.6	0.3

(1)地表沉降量、沉降速率变化数值很小。

(2)位移边桩出现上浮,上浮幅度在-1.1~1.5mm之间,沉降区间合理,判断本段落处于稳定状态。

按照《采空区公路设计与施工技术细则》(JTG/T D31-03—2011)第4.2条规定,场地稳定性的标准见表10.36。

按地表沉降观测确定采空区场地稳定性等级评价标准　　　　表10.36

稳定等级	地表下沉量(mm)			
	1个月	3个月	6个月	12个月
稳定	≤5	≤15	≤30	≤60
基本稳定	5~10	15~30	30~60	60~120
欠稳定	10~30	30~60	60~120	120~240
不稳定	≥30	≥60	≥120	≥240

综上所述,治理后的采空区地表沉降观测值仅有微小波动,总体沉降量在-1.1~1.5mm之间,分别满足采空区场地稳定性等级评价标准的1个月、3个月、6个月以及12个月地表下沉量稳定值,根据上述评价标准判断治理后的采空区场地整体处于稳定状态。

2)监测岩体内部变形数据

监测岩体内部数据点为7个,编号为CX-1至CX-7,观测时间为2015年11月16日至2016年12月16日,初始1次,观测11次。各观测点成果见图10.129~图10.135。

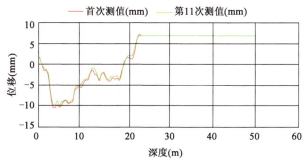

图10.129　CX-1点内部变形数据图

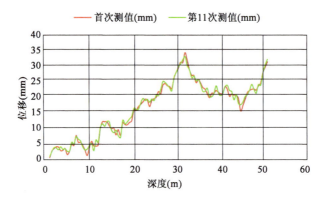

图 10.130　CX-2 点内部变形数据图

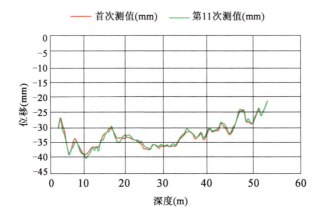

图 10.131　CX-3 点内部变形数据图

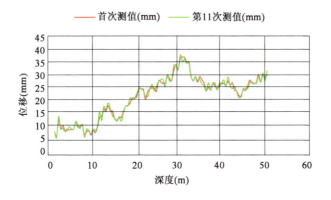

图 10.132　CX-4 点内部变形数据图

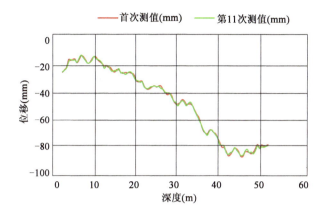

图 10.133　CX-5 点内部变形数据图

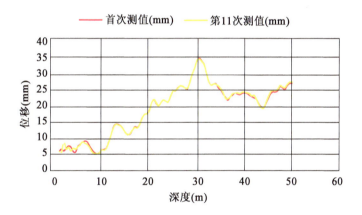

图 10.134　CX-6 点内部变形数据图

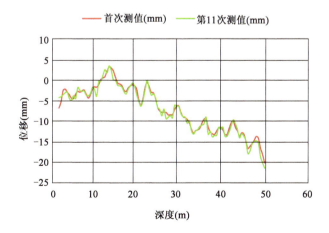

图 10.135　CX-7 点内部变形数据图

根据测斜管监测点监测数据和曲线图,分析治理后采空区岩体内部变形情况见表10.37。

内部位移变化范围表　　　　　表10.37

监测点编号	第十一期位移(mm)		累积位移(mm)		第十一期最大偏移速率(mm/月)
	最大	最小	最大	最小	
CX-1	0.22	-0.07	1.23	-0.62	0.28
CX-2	0.31	-0.43	2.04	-1.92	0.39
CX-3	0.10	-0.12	1.12	-1.73	0.13
CX-4	0.07	-0.12	2.23	-2.23	0.09
CX-5	1.87	-1.92	1.81	-1.83	2.34
CX-6	0.04	-0.13	3.11	-1.26	0.05
CX-7	0.45	-0.43	2.63	-2.29	0.56

岩体内部月水平偏移速率和偏移量较小,其中:第十一期月水平偏移速率最大为CX-5,偏移量为-1.92mm,偏移速率为2.34mm/月。累计偏移量最大为CX-6底部,为3.11mm。通过对观测数据分析,岩体内部偏移值很小,累计偏移量在-2.29～3.11mm之间,判断治理后的采空区内部岩体整体处于稳定状态。

10.7.6　采空区注浆治理后变形监测分析与结论

参照开采沉陷学理论,针对矿层开采岩层移动情况进行下述的地表移动盆地内移动和变形计算分析。在采空区地面任意取2、3、4三个点为研究对象,可给出移动盆地内地表移动和变形的计算公式如下:

(1)点 n 的下沉值

$$w_n = H_{n-0} - H_{n-m} \quad (\text{mm}) \quad (10.8)$$

(2)点 n 的水平移动值

$$u_n = L_{n-m} - L_{n-0} \quad (\text{mm}) \quad (10.9)$$

(3)点2至点3间的倾斜值

$$i_{2-3} = \frac{w_3 - w_2}{l_{2-3}} = \frac{\Delta w_{2-3}}{l_{2-3}} \quad (\text{mm/m}) \quad (10.10)$$

(4)点3的曲率值

$$K_{2-3-4} = \frac{i_{3-4} - i_{2-3}}{\frac{1}{2}(l_{2-3} - l_{3-4})} = \frac{2\Delta i_{2-3-4}}{l_{2-3} - l_{3-4}} \quad (10^{-3}/\text{m}) \quad (10.11)$$

(5)点2至点3间的水平变形值

$$\varepsilon_{2-3} = \frac{u_3 - u_2}{l_{2-3}} = \frac{\Delta u_{2-3}}{l_{2-3}} \quad (\text{mm/m}) \quad (10.12)$$

以上式中:H_{n-0}、H_{n-m}——地表 n 点在首次和 m 次观测时的高程;

L_{n-0}、L_{n-m}——首次观测和 m 次观测时地表 n 点至观测线控制点 R 间的水平距离;

$l_{n-(n+1)}$——n 点至 $n+1$ 点的水平距离。

根据开采沉陷学理论上述的计算公式,由于本次观测只进行了地面垂直沉降方面的研究,因此,仅能估算出倾斜值,按照编号顺序(相邻两个或三个编号点)进行估算,估算结果见表 10.38。

根据开采沉陷学理论估算倾斜 i 变形值表　　　　表 10.38

位置	倾斜 i(mm/m)	备注
BZ-1	—	
BZ-8	0.008	
BZ-7	0.002	
BZ-14	0.002	
BZ-6	0	
BZ-13	0.008	
BZ-5	0.002	
BZ-12	0.011	
BZ-4	0.002	
BZ-11	0.007	
BZ-3	0.007	
BZ-10	0.006	
BZ-2	0.004	
BZ-9	0.001	

本次地面变形观测结果表明:

(1)治理后的采空区地表沉降观测值仅有微小波动,总体沉降量在 -1.1~1.5mm 之间,根据上述评价标准判断治理后的采空区场地整体处于稳定状态。

(2)岩体内部偏移值很小,累计偏移量在 -3.63~7.99mm 之间,水平月偏移速率最大 0.60mm/月,偏移速率较小,判断治理后的采空区内部岩体整体处于稳定状态。

(3)参照开采沉陷学理论,估算后地面倾斜 i(mm/m)在 0~0.011 之间;水平变形与竖曲率 k($\times 10^{-3}$/m)由于没有进行水平监测,故没有相关数据。满足规范规定的倾斜 i(mm/m) < 3.0,分析表明:本注浆工程充填效果好,地面沉降小,达到了公路工程的要求。

10.8　本 章 小 结

(1)依托工程采空区注浆施工项目的质量检测工作,按照《采空区公路设计与施工技术细则》(JTG/T D31-03—2011)规定,选择必要的检测项目与内容,并根据本采空区注浆工程的特点,增加一些检测方法和内容。检测方法包括:钻孔检测;钻孔超声波检测;单孔法波速检测;高密度电法检测;瞬变电磁法检测。其中:前三项为必要的检测方法,后两项是增加的项目。

(2)检测钻探统计资料表明:本次检测孔共计 87 个,其中见三层煤钻孔 2 个,占总数 2%;见二层煤钻孔 5 个,占总数 6%;见一层煤钻孔 31 个,占总数 37%;无煤孔 47 个,占总数 54%;见到水泥结石体钻孔 72 个,占总数的 83%。

(3)根据对现场钻孔岩芯的揭露情况进行分析,在大多数钻孔岩芯中都有浆液结石体存在,深度在2.0～282.0m之间,以裂隙充填为主,水泥浆充填物呈灰白—浅白色,固结状态,沿裂隙面分布,裂隙厚度多为0.1～0.3cm。从外观上观察水泥粉煤灰浆硬化体,发现浆液在凝结时,出现明显的分层现象,下部水泥含量和致密程度高于上部,说明浆液在充填采空区、裂隙或空洞区时因地下水的作用出现离析现象。

(4)在部分钻孔岩芯中有煤的存在,一种情况是完整的煤块岩芯,这说明该层位为煤层开采过程中预留的煤柱,由于有煤柱的支撑该层位稳定性较好;另一种情况是煤层与围岩的碎屑体以及水泥结石体组成体,说明该层位煤层被采空后顶板发生塌陷且浆液充填了此采空区,没有发生钻进进尺过快的情况,则说明该层位比较稳定。

(5)岩芯采取率在75%～95%之间;在专门提取水泥结石体的取芯孔内取出4个样品,平均无侧限抗压强度为1.79MPa,满足技术规范不小于0.6MPa的要求。在钻进过程中只有极少钻孔出现掉钻,说明采空区的注浆效果整体较好。

(6)施工区与注浆工程有关的主要岩层为:卵石层、强风化基岩、强风化煤层以及中风化基岩四个,单孔法波速检测主要为第四系卵石层,其注浆前横波平均波速为343m/s,注浆后横波平均波速为401m/s,横波波速增长了58m/s、提高比率为17.0%。按照《采空区公路设计与施工技术细则》(JTG/T D31-03—2011)规定,岩土体的横波波速均大于250.0m/s,表明注浆后岩土体横波波速有所提高,密实度得到加固,注浆加固效果良好。

(7)孔内超声波波速检测结果表明:煤层注浆前横波平均波速为1197m/s,注浆后横波平均波速为1451m/s,横波波速增长了254m/s、提高比率为21.2%。强风化基岩注浆前横波平均波速为1383m/s,注浆后横波平均波速为1535m/s,横波波速增长了152m/s、提高比率为11.0%。中风化基岩注浆前横波平均波速为1567m/s,注浆后横波平均波速为1707m/s,横波波速增长了140m/s、提高比率为8.9%。按照《采空区公路设计与施工技术细则》(JTG/T D31-03—2011)规定,岩土体的横波波速均大于250.0m/s,表明注浆后岩土体横波波速有所提高,密实度得到加固,注浆加固效果良好。

(8)地面高密度电法检测结果表明:浅部采空区呈现从地表向深部延伸的半圆或半椭圆低阻异常体;深部采空区呈现从最底部向上延伸的中低阻半圆或半椭圆异常体,注浆后电阻率明显提高,整体电阻率在80～100Ω·m以上,加固处理后电阻率的明显升高,表明充填效果明显。

(9)地面高密度电法检测结果表明:煤层(煤柱)呈现半椭圆低阻异常体,注浆后,电阻率有提高,但不明显,说明加固处理的充填效果不明显。断层(破碎带)呈现阶梯式低阻异常体,在注浆区内,电阻率有提高,但不明显,说明加固处理的充填效果不明显。第四系呈现浅部电阻率低深部电阻率高的特征,第四系厚度在10～55m之间。局部煤层采空区域,出现团块状低阻异常,根据地质资料,推测该处的注浆效果一般(也可能由于注浆时水下渗形成低阻异常)。

(10)地面高密度物探工作能很好地评价施工范围内的注浆工程质量,资料分析表明:本注浆工程煤层加固处理后电阻率明显升高,注浆充填效果明显。

(11)地面高密度电法检测结果表明:采空区呈现圆或椭圆低阻异常体,注浆后电阻率明显提高,换算后整体电阻率在80Ω·m以上,加固处理后电阻率明显升高,表明充填效果明显。

(12)地面高密度电法检测结果表明:整体视电阻率相对较低,浅部视电阻率较高。第四系厚度在 20~60m 之间。煤层(煤柱)呈现半椭圆低阻异常体,注浆后,电阻率有提高,但不明显,说明加固处理的充填效果不明显。局部煤层采空区域或岩层区域,出现近圆状低阻异常,根据地质资料,推测注浆效果一般或为含水的岩石裂隙发育区。

(13)地面瞬变电磁场物探工作能很好地评价施工范围内的注浆工程质量,资料分析表明:本注浆工程煤层加固处理后电阻率明显升高,注浆充填效果好。

参 考 文 献

[1] 王树威.小煤窑采空区综合探测技术的应用研究[D].西安:西安科技大学,2012.
[2] 董云,阎宗岭.土石混填路基沉降变形特征的二维力学模型试验研究[J].岩土工程学报,2007(6):943-947.
[3] 沈泰,邹竹荪.地质力学模型材料研究和若干试验技术的探讨[J].长江科学院院报,1988(4):12-23.
[4] 朱鸿鹄,朱维申,殷建华,等.地下开挖模型试验的光纤监测[J].中国矿业大学学报,2010(6):826-830.
[5] 刘书贤.急倾斜多煤层开采地表移动规律模拟研究[D].北京:煤炭科学研究总院,2005.
[6] 王兵,杨为民,王辉,等.路基下煤矿采空区地表塌陷特征及其形成机理[J].公路,2007(10):101-105.
[7] 童立元,邱钰,刘松玉,等.高速公路与下伏煤矿采空区相互作用规律探讨[J].岩石力学与工程学报,2010,29(11):2271-2276.
[8] 杨路平.某高速公路下伏采空区稳定性计算和处置[D].重庆:重庆交通大学,2013.
[9] 刘强.阳翼高速公路采空区注浆浆液扩散规律研究[D].西安:西安科技大学,2013.
[10] 华道友,平寿康.大倾角煤层矿压显现立体相似模拟[J].矿山压力与顶板管理,1999,16(3/4):97-100.
[11] 黄建功.大倾角煤层采场顶板运动结构分析[J].中国矿业大学学报,2002,31(5):411-414.
[12] 童立元,邱钰,刘松玉,等.高速公路与下伏煤矿采空区相互作用规律探讨[J].岩石力学与工程学报,2010,29(11):2271-2276.
[13] 石平五,张幼振.急斜煤层放顶煤开采"跨层拱"结构分析[[J].岩石力学与工程学报,2006,25(1):79-82.
[14] 吴绍倩,石平五.急倾斜煤层矿压显现规律的研究[J].西安矿业学院学报,1990,(2):4-8.
[15] 石平五,高召宁.急斜特厚煤层开采围岩与覆盖层破坏规律研究[J].煤炭学报,2003,28(1):13-16.
[16] 邵小平,石平五,贺桂成.急斜放顶煤开采顶板卸载拱结构分析[J].北京科技大学学报,2007,29(5):447-451.
[17] 曹树刚.急倾斜煤层采场围岩力学结构的探讨[J].重庆大学学报,1992,15(13):128-133.
[18] 闫少宏.急斜煤层开采上覆岩层运动的有限变形分析[J].矿山压力与顶板管理,1994(03):24-29.
[19] 王明立.急倾斜煤层开采岩层破坏机理及地表移动理论研究[D].北京:煤科总院开采设计研究总院,2008.

[20] 朱川曲,缪协兴.急倾斜煤层顶煤可放性评价模型及应用[J].煤炭学报,2002,27(2):134-138.
[21] 黄建功.大倾角煤层采场顶板运动结构分析[J].中国矿业大学学报,2002(6):411-414.
[22] 付武斌,邓喀中,张立亚.房柱式采空区煤柱稳定性分析[J].煤矿安全,2011,(01):136-139.
[23] 何志攀.新建公路下伏采空区的稳定性分析和治理技术研究[D].长沙:中南大学,2004.
[24] 杨帆.急倾斜煤层采动覆岩移动模式及机理研究[D].阜新:辽宁工程技术大学,2006.
[25] 张成良,杨绪祥,李凤,等.大型采空区下持续开采空区稳定性研究[J].武汉理工大学学报,2010,(08):117-120.
[26] 尹光志,鲜学福,代高飞,等.大倾角煤层开采岩移基本规律的研究[J].岩土工程学报,2001(4):450-453.
[27] 朱少杰.大埋深煤层群残煤上行开采地表沉降规律的研究[D].太原:太原理工大学,2013.
[28] 刘书贤.急倾斜多煤层开采地表移动规律模拟研究[D].北京:煤炭科学研究总院,2005.
[29] 郭弯弯.采空区环境下高速公路构筑物变形指标确定和稳定性处置[D].重庆:重庆交通大学,2013.
[30] 祁丽华.公路采空区地表稳定性评价[D].北京:中国地质大学,2007.
[31] 谷拴成,洪兴.概率积分法在山区浅埋煤层地表移动预计中的应用[J].西安科技大学学报,2012,(01):45-50+69.
[32] 杨梅忠,任秀芳,于远祥.概率积分法在煤矿采空区地表变形动态评价中的应用[J].西安科技大学学报,2007,(01):39-42.
[33] 吴盛才,贺跃光,徐鹏,等.概率积分法预计高速公路采空区地表变形[J].安全与环境工程,2010,(05):119-122.
[34] 赵清义.最大水平移动和最大水平变形值公式的探讨[J].矿山测量,1985,(04):32-37.
[35] 王生俊,贾学民,韩文峰,等.高速公路下伏采空区剩余沉降量FLAC3D计算方法[J].岩石力学与工程学报,2005(19):147-152.
[36] 何国清.矿山开采沉陷学[M].徐州:中国矿业大学出版社,1989.
[37] 张聚国,栗献中.昌汉沟煤矿浅埋深煤层开采地表移动变形规律研究[J].煤炭工程,2010(11):74-76.
[38] 李永明,刘长友,黄炳香,等.急倾斜煤层覆岩破断和裂隙演化的采厚效应[J].湖南科技大学学报(自然科学版),2012(3):10-15.
[39] 黄平路,陈从新,肖国峰,等.复杂地质条件下矿山地下开采地表变形规律的研究[J].岩土力学,2009(10):3020-3024.
[40] 陈晓斌,张家生,安关峰,等.高速公路采空区地面变形计算方法[J].岩土工程学报,2007(2):191-197.
[41] 孟挺.新疆乌鲁木齐市某急倾斜煤层老采空区场地稳定性分析[D].西安:西安科技大学,2013.
[42] 徐敏,杨振宇,王山山.模型材料力学性能参数试验研究[J].工程与试验,2011(4):

28-30.

[43] 来兴平,伍永平,曹建涛,等.复杂环境下围岩变形大型三维模拟实验[J].煤炭学报,2010(1):31-36.

[44] 来兴平,伍永平,蔡美峰.FLAC在地下巷道离层破坏非线性数值模拟中的应用[J].西安科技学院学报,2000(3):193-195,217.

[45] 封云聪,刘文永,谢源.采空区应力分布的有限元分析计算,[J].矿冶,1996,5(1):20-23.

[46] 李治国.季节冻土区高填路堤稳定性分析[D].哈尔滨:哈尔滨工业大学,2008.

[47] 袁灯平,马金荣,董正筑.利用ANSYS进行开采沉陷模拟分析[J].济南大学学报(自然科学版),2001,15(4),336-345.

[48] 何峰,王来贵,于永江.采空区悬顶岩梁模型及其流变分析[J].采矿与安全工程学报,2005,22(4):84-85.

[49] 于涛,王来贵.覆岩离层产生机理[J].辽宁工程技术大学学报,2006,25(增):132-134.

[50] 邱贤德,黄木坤,王心飞.数值计算在采空区稳定性评价中的应用[J].矿山压力与顶板管理,2002,(4):105-107.

[51] 余学义.采空区对高等级公路影响预计评价方法[J].矿山压力与顶板控制,1997,(3):24-28.

[52] 谭勇强.采动区地表曲率变形与砌体建筑的地基与基础[J].煤炭科学技术,2003(11):24-26.

[53] 王生俊,贾学民,韩文峰,等.高速公路下伏采空区剩余沉降量FLAC^{3D}计算方法[J].岩石力学与工程学报,2005,(19):147-152.

[54] 张耀平,曹平,袁海平,等.复杂采空区稳定性数值模拟分析[J].采矿与安全工程学报,2010,(02):233-238.

[55] 张海波,宋卫东.基于FLAC^{3D}数值模拟的采空区稳定性分析[J].黄金,2013,34(03):31-34.

[56] 程秋亭,邓飞,陈艳红,等.采空区稳定性数值模拟分析[J].有色金属科学与工程,2015,(02):85-88.

[57] 刘晓明,罗周全,杨承祥,等.基于实测的采空区稳定性数值模拟分析[J].岩土力学,2007,(S1):521-526.

[58] 屠洪盛,屠世浩,白庆升,等.急倾斜煤层工作面区段煤柱失稳机理及合理尺寸[J].中国矿业大学学报,2013,(01):6-11+30.

[59] 秦涛,刘永立,冯俊杰,等.急倾斜煤层巷帮变形失稳数值模拟[J].辽宁工程技术大学学报(自然科学版),2013,(05):582-586.

[60] 来兴平,伍永平,蔡美峰.FLAC在地下巷道离层破坏非线性数值模拟中的应用[J].西安科技学院学报,2000(3):193-195,217.

[61] 王来贵,赵尔强,初影.急倾斜煤层开采诱发地表裂缝数值模拟[J].哈尔滨工业大学学报,2011(S1):245-247.

[62] 余学义,王鹏,李星亮.大采高浅埋煤层开采地表移动变形特征研究[J].煤炭工程,2012(7):61-63,67.